国有企业合规
前沿与实务探索

佟智慧　王　立　等　著

浙江工商大学 出版社
ZHEJIANG GONGSHANG UNIVERSITY PRESS
·杭州·

图书在版编目(CIP)数据

国有企业合规前沿与实务探索 / 佟智慧等著 . — 杭州 : 浙江工商大学出版社,2023.6(2024.7 重印)
 ISBN 978−7−5178−5472−2

 I. ①国… II. ①佟… III. ①国有企业−企业法−研究−中国 IV. ① D922.291.914

 中国国家版本馆 CIP 数据核字(2023)第 080406 号

国有企业合规前沿与实务探索
GUOYOU QIYE HEGUI QIANYAN YU SHIWU TANSUO

佟智慧　王　立　等著

责任编辑	徐　凌
责任校对	林莉燕
封面设计	朱嘉怡　蔡思婕
责任印制	包建辉
出版发行	浙江工商大学出版社
	(杭州市教工路 198 号　邮政编码 310012)
	(E-mail:zjgsupress@163.com)
	(网址:http://www.zjgsupress.com)
	电话:0571-88904980,88831806(传真)
排　　版	杭州舒卷文化创意有限公司
印　　刷	杭州高腾印务有限公司
开　　本	710 mm×1000 mm　1/16
印　　张	24.5
字　　数	364 千
版 印 次	2023 年 6 月第 1 版　2024 年 7 月第 2 次印刷
书　　号	ISBN 978-7-5178-5472-2
定　　价	78.00 元

本书各章分工撰写名单

第一章　佟智慧　赵　攀　温　涛
第二章　佟智慧　张旭慧　赵临东
第三章　佟智慧　陈周洁　罗陈鑫　周子旋
第四章　王　立　吴尚蒙　何林华
第五章　王　立　蔡琦华　徐而立　马立群
第六章　王　立　江璐迪　周艺玮　赵伊能
第七章　佟智慧　王　浩　孙昊旻

序 一

作为企业生产力的合规

近年来，不论是在学术界还是实务界，对企业合规的研究渐成显学。对企业而言，合规已成为生产力的一部分，合规管理已从单一的规避风险目的转变为具备价值创造的功能。合规指合乎规范，核心内涵是指符合一定的规则或者准则。企业合规是指防止企业因未能遵循各项经营活动与法律、法规和准则而可能遭受的由监管执法、司法裁判带来的财产损失或名誉损失的风险，避免行政处罚、民事赔偿、刑事制裁等。目前，合规管理已经成为企业必需的、专门的风险管理技术。

有人认为，合规属于企业的成本和负担，甚至认为合规管理限制了业务发展，制约了价值创造，压抑了企业的活力，其实不然。合规管理本身就是一种创造价值、创造生产力的活动：首先，合规管理能够有效地规避风险，促进企业规范操作，避免资产减值和财产损失，属于反向创造生产力。同时，合规管理为企业拓宽经营渠道，是企业创新的动力。其次，合规管理通过密切关注和追踪法律法规、监管规定与市场规则的最新发展，就法律法规对企业业务发展的影响作出及时有效的评估，企业可以在更大范围内和更深程度上利用市场经济的交易规则和法律规则设计出不同的产品，满足更高的需求，通过创新业务带来巨大的经济利益。同时，良好的合规管理能够提升企业的信誉，使其无形资产增加，由此源源不断地为企业带来经济收益。最后，合规文化虽不是直接的生产力，但其作为企业的软实力，能够反作用于经济基础，有利于确保企业稳健运行、提高执行力、提升竞争力。企业应通过加强合规人才队伍建设、健全合规部门的组织管理、加强合规文化建设、推行合规检查与监督等途径，主动完善内部合规管理体系。

本书的两位主要作者是我的学生，均有扎实的法学理论功底及丰富的企业合规实务经验。佟智慧长期在国有企业集团（世界500强上市公司）一线法律合规业务部门任职，负责主管综合监督部、审计部、公司律师部等，这些部门的职能与国有企业法律合规息息相关。同时，她还担任浙江省律师协会公司专业委员会副主任、杭州仲裁委员会仲裁员等职务，在接触和处理各类公司纠纷时形成了自己的系统感悟。王立任教于杭州师范大学，深入研究公司、证券、金融法律多年，参与国家哲学社会科学基金重点项目"互联网融资法律制度创新构建研究"等多项重大课题，合著《民法典时代的金融交易规则》，发表论文20余篇。同时，他也在律师事务所兼职，在公司、金融、破产等领域有着丰富的实务经验。

本书针对国有企业合规管理中遇到的实践问题，系统研究了国有企业合规管理的一般理论，并结合最新国有企业合规法律法规展开实务前沿分析，对国企合规实践有着很强的指导价值。我认为，这本书起码在如下三方面做了特色性研究：

首先，系统构建了国有企业合规管理的一般制度框架，具有一定的理论价值。依据中央和地方相关规定、借鉴国内外先进的实践经验，本书认为合规管理体系的建设主要包括合规管理的组织体系、运行体系、保障体系三大部分，并特别强调了合规管理体系的数字化建设。该制度框架的梳理，对国有企业合规实务具有提纲挈领的作用。

其次，完整地检索了最新国有企业合规法律法规，可作为读者的高效实务手册。国有企业合规法律、行政法规、部门规章及相关规范性文件非常分散，涉及公司治理、投融资管理、招投标合规、反垄断规制、刑事合规等诸多方面，相关法律法规体系近年来都在不断更新。本书做了大量工作，完整地呈现了最新的法律体系，便于读者快速适用。

最后，深入分析国有企业合规前沿问题与实务痛点，具有强烈的问题意识。本书作者具有多年国有企业合规管理实践经验，深谙国企合规实践中的问题与痛点，挑选了合规管理架构、公司治理、集团管理、投融资合规、招投标法律合规、反垄断合规、刑事合规等作为核心议题展开深入分析，尝试向读者展示国有企业合规管理的全貌，并提供实务操作指引。

　　在企业合规问题日趋重要的当下，本书的出版正当其时。通过系统深入的理论梳理、全面介绍及对实务问题有针对性的解决，希望本书在为读者带来价值的同时，亦能为我国企业合规事业添砖加瓦。

吴弘

2023年4月

（作者吴弘系华东政法大学教授、博士生导师。）

序　二

国有企业合规的一般与特殊

经过改革开放40多年的实践，我国经济逐渐形成了国有企业、民营企业和外资企业三足鼎立的架构。在这个架构中，国有企业处于十分重要的地位，不仅因为其资产总量庞大，更重要的是国有企业构成了中国经济运行的重要基座。从放权让利到政企分开与两权分离，再到公司制、股份制改革，乃至延续至今的混合所有制改革，国有企业改革一直在积极稳妥推进。在深化改革、持续开放的大背景下，系统梳理国有企业的合规建设对增强国有企业的市场竞争力、合规"出海"、创新立国等都有着重要意义。

与一般商事主体相比，国有企业合规有额外的监管和司法要求，呈现出更为复杂的合规体系。一般商事主体须遵循《民法典》《公司法》《证券法》《招标投标法》《反垄断法》《刑法》等一般法律规范的合法合规要求，但作为具有国资属性的国有企业，在前述法律法规基础上还需遵循《企业国有资产法》《中央企业合规管理办法》《上市公司国有股权监督管理办法》等专门性的法律法规与监管要求。因此，与一般商事主体合规相比，国有企业合规既具有一般性又具有特殊性。

《国有企业合规前沿与实务探索》以大量翔实的法律法规、案例及详略得当的分析，向读者全面展示了国有企业合规建设的复杂性，对国有企业合规的一般要求和特殊要求都作了充分的梳理。我相信这是很有价值的。

第一，本书结合国有企业的特殊要求，对企业合规的一般理论作了高度抽象与归纳，形成了自己的合规管理操作架构。作者认为，依据中央和地方已陆续公布的国有企业合规管理的相关规定，借鉴国内国际企业合规管理的实践经验，合规管理体系的建设应当包括合规管理组织体系、合规管理运行体系、合规管理保障体系三个部分，并强调了贯穿这三个部分的合规管理体系数字化建设。这个框架不仅对国有企业合规建设具有指导意义，且对大型民营企业、外资企业都有强烈的示范效应。本书对这个框架进行了详细阐述，是企业合规的一般操作和特殊操作的有机结合。

第二，国有企业在公司治理上有着极强的特殊性，即国有企业须将党的基层建设科学、有机地内嵌至国有企业的内部治理结构中，充分回应政府调控需求与自主发挥企业家精神之间的张力问题。因此，国有企业合规中的公司治理制度顶层设计显得尤为特殊。但这种特殊性并未脱离公司治理中强调权力制衡、监督隔离的一般原理，在考虑国有企业党委和董事会、监事会的职能交替问题时，依然要综合考量党委职能的确权路径与权责边界，并妥当地安置决策部门、执行部门与监督部门之间的功能性冲突。这些讨论也并非国有企业的特殊问题。

第三，国有企业合规在资产交易、投融资环节有着很强的特殊性。比如，为了保护国有资产的保值增值、保护公共资源安全，国有资产交易、投融资中多设有国有资产监管部门的特殊批准程序。这些批准程序在奉行合同意思自治的一般商事交易中并非必要。这些批准程序一方面限制了国有企业的某些高风险行为，另一方面也在很多场合赋予国有企业以特殊行业的特殊资源。当国有企业与一般商事主体发生交易时，公平竞争问题就会凸显出来，给实务操作带来各种问题，这同样是一个特殊性与一般性交织的问题。

第四，在招投标程序中，看似《招标投标法》的规则对所有商事主体一视同仁，是个一般合规问题，但国有企业招标项目周期长、程序复杂、金额较大、专业性强，历来是合规与廉政风险较高的领域，具有强烈的特殊性。在国有企业招投标领域，长期以来普遍实行多头监管的监管体制，中央及地方均有不同部门出台不同效力等级的法律、法规、规章、文件等对招投标进行规定，还有公权力机关以答问的形式对规定文义之罅隙予以细化、明确，这也因此对相关专业人员及法律工作者提出了更高的要求。面对纷繁复杂的适用标准，明确厘清招投标范围，避免因招投标程序瑕疵引发合法性、合规性风险具有重大意义。另外，值得注意的是，近年来争议不断的"必须招标的项目范围"问题，实际上基本指向的是国有企业相关项目。因此，招投标合规是普通商事主体的一般问题，更是国有企业合规的特殊问题。

以上仅为书中分析诸多要点中的数例，但足以说明本书的受众并不局限于国有企业从业人员，所有企业的董监高、合规法务等人员都能在阅读本书后有所收获。在此将本书推荐给大家。

郑金都

2023年4月

（作者郑金都系中华全国律师协会副会长。）

目 录
CONTENTS

国有企业合规管理体系

第一节 国有企业合规管理体系概述

一、加强国有企业合规管理的重要意义

强化企业合规管理是贯彻落实全面依法治国战略、推进法治企业建设的重要举措。国有企业是国有经济最主要的实现形式，是中国特色社会主义的重要物质基础和政治基础，是推进国家现代化、保障人民共同利益的重要力量，是中国共产党执政兴国的重要支柱和依靠力量。国有企业应该成为其他企业合规管理体系建设的模范和标杆。《中华人民共和国公司法》（以下简称《公司法》）修订草案一读稿第一百五十四条明确规定："国家出资公司应当依法建立健全内部监督管理和风险控制制度，加强内部合规管理。"可见，合规管理的要求已经在国家层面上升到了立法高度。

（一）深入贯彻落实习近平法治思想的基本要求

习近平总书记高度重视企业合规经营，他多次作出重要指示批示，强调企业合规管理要跟上。[1]党的十八届三中全会提出："全面深化改革的总目标是完善和发展中国特色社会主义制度，推进国家治理体系和治理能力现代化。"党的十八届四中全会作出"全面推进依法治国"的重大战略部署，五中全会、六中全会也再次强调全面依法治国的重要意义。2020年12月，中共中央印发了《法治社会建设实施纲要（2020—2025年）》，明确要"引导企业树立合规意识，切实增强企业管理者和职工的法治观念"。中央依法治国办把强法治、促合规纳入全面依法治国大局统筹推进，最高

---

[1]《习近平在企业家座谈会上的讲话》，光明网，2020年7月22日，最后访问时间：2022年12月13日，https://news.gmw.cn/2020-07-22/content_34015783.htm。

人民检察院牵头建立涉案企业合规第三方监督评估机制，司法部将合规管理作为"八五"普法重要内容，推动企业合规管理已成为有关部门的普遍共识和有力实践。社会各方依法办事、依规办事，是法治国家、法治政府、法治社会一体化建设中最基本的行为准则，也是落实全面依法治国的基本要求。

2018年12月，中央经济工作会议首次提出要"推动由商品和要素流动型开放向规则等制度型开放转变"。未来，随着开放力度的不断加大，我国将在政策法律、制度机制、行为规则等多方面进行深度调整，对国内企业的经营管理、合规管理提出更多要求。

建设法治国企，关键是落实法治要求和树立法治思维，保障企业健康发展，依法治企，强调遵循法律法规、制度规则。公司治理体系和治理能力现代化是国家治理体系和治理能力现代化的一个组成部分，合规管理体系是整个公司治理体系的重要组成部分。国有企业应积极贯彻党中央、国务院及有关部委的部署要求，把强化合规管理提升到贯彻习近平法治思想的高度上来认识，放到落实全面依法治国战略的全局中来部署，拉升到保障企业高质量发展的层面来推动。国有企业要坚持"两个一以贯之"[①]，全面推进依法治企合规经营，推进合规管理与企业生产经营深度融合，健全完善现代国有企业制度，大胆改革，创新工作机制，建立起有规范、有举措、有实效的合规管理体系。

（二）满足外部行政监管的现实需要

党的十八大以来，党中央、国务院把转变政府职能作为深化经济体制改革的关键，政府简政放权并逐步向整治市场环境、监管市场运营的角色转变，合规监管成为政府监管的重要内容，违规处罚也成为政府加强监管的重要手段。有些企业之前认为理所应当的事、习以为常的行为，今后将难以为继。

举例来说，2021年4月10日，国家市场监督管理总局依法对阿里巴巴

---

① "两个一以贯之"的具体内容是：坚持党对国有企业的领导是重大政治原则，必须一以贯之；建立现代企业制度是国有企业改革的方向，也必须一以贯之。引自习近平总书记2016年10月在全国国有企业党的建设工作会议上的讲话。

集团控股有限公司在中国境内网络零售平台服务市场实施"二选一"垄断行为作出行政处罚，责令其停止违法行为，并处以其2019年销售额4%、计182.28亿元罚款。后阿里巴巴发布声明称："对于处罚诚恳接受，坚决服从，并将强化依法经营，进一步加强合规体系建设，更好履行社会责任。"①此外，除《行政处罚决定书》外，国家市场监督管理总局还一同公布了《行政指导书》。《行政指导书》要求当事人严格落实平台企业主体责任、完善企业内部合规控制制度，并积极保护平台内经营者和消费者的合法权益，积极制定整改措施并且连续三年向总局报送年度自查合规报告。以新兴行业（如直播行业）的合规为例，在市场监管体制尚未收紧之前，相关企业应事先对直播业务进行合规化管理或改进，以应对监管政策的调整，同时防范迈入灰色空间，否则极有可能导致直播平台逐步异化为存在赌博、色情等违法现象的不法平台，滋生违法犯罪。当然，对于国有企业而言，鉴于其在国民经济中的特殊地位及被要求承担更多的社会责任，建立合规体系的要求也更为现实和迫切。

行政监管对一个国有企业而言有着举足轻重的影响。在"双随机、一公开""失信联合惩戒"等新型监管机制的要求下，国有企业违规成本和代价陡然上升，进而倒逼企业形成配套的合规管理体系，以应对"大监管时代"的新形势。未来国内的市场监管将进一步趋于严格，国有企业建立合规体系及与主管部门进行恰当沟通将愈发重要。

（三）企业健康可持续发展的必然选择

改革开放40多年来，中国的国际地位迅速提升，目前已成为世界第二大经济体，与之相伴的是中国企业的发展壮大。但是，很多中国企业的法治信仰和合规意识并没有跟上时代的步伐，一些企业甚至付出了惨痛的代价，比如中兴通讯事件。2010年至2016年期间，中兴通讯在知晓美国对伊朗长期实施制裁的情况下，仍将内含美国制造的受限类配件和软件产品出口到伊朗，从而获得与伊朗签订的数亿美元的合同及销售额。2016年，中

①王巡山：《市场监管总局依法对阿里巴巴集团处罚　阿里回应：坚决服从！》，中经在线，2021年4月11日，最后访问时间：2022年12月13日，http://www.cctvjingji.com/part-1/875.html。

兴通讯被美国列入禁止出口零部件的实体清单。2017年3月，在和美国商务部签订和解协议之后，中兴通讯不仅没有借机弥补自身合同漏洞，反而未执行和解协议中承诺的条款。2018年4月，美国商务部宣布对中兴通讯重启禁止令，主要理由为中兴通讯欺骗、虚假陈述和一再违反美国法律。后中兴通讯为此支付了14亿美元的罚款和保证金，其全体董事会成员辞职，美国向中兴通讯派驻高管和合规官。直至2022年3月23日，美国法院才裁定结束对中兴通讯的5年合规观察期。

中兴通讯事件是中国企业合规管理中的里程碑事件，合规风险对企业产生了颠覆式的影响。2018年8月，经国家质量监督检验检疫总局、国家标准化管理委员会正式批准、发布的《合规管理体系指南（GB/T 35770—2017）》实施，成为中国企业开展合规管理的重要指导性文件。2018年11月，国务院国有资产监督管理委员会（以下简称国资委）颁布《中央企业合规管理指引（试行）》（以下简称《合规指引（试行）》），对央企的合规管理提出了具体要求。很多跨国企业和大型中央企业已经进行了丰富的合规管理实践。2021年10月17日，国务院国资委发布了《关于进一步深化法治央企建设的意见》的通知，为中央企业深入推进合规管理体系建设设定了明确的目标，即到2025年中央企业基本建立全面覆盖、有效运行的合规管理体系。2022年8月23日，国务院国资委发布了《中央企业合规管理办法》（以下简称《合规办法》），并于2022年10月1日生效。《合规办法》成为央企合规管理体系后续建设及完善的主要法律依据，是深入贯彻党中央决策部署的重要举措，对于推动央企切实加强合规管理，建设世界一流企业，实现高质量发展意义重大。与《合规指引（试行）》规定的地方国企"可以参照本指引"不同的是，《合规办法》明确规定地方国企"参照本办法"，国家对国有企业强化合规管理的决心可见一斑。

二、企业合规为企业创造价值

企业合规的价值更多地体现为对企业发展的长期影响，这一影响很难用具体的数额标准来衡量，但其价值显而易见。这一价值目前在我国主要体现为以下几点：

第一，企业建立合规管理体系可避免企业为员工的个人行为"买单"，构筑企业责任与员工责任的防火墙。对于企业来说，通过建立有效的合规体系来区分单位主观犯罪意志和自然人个人的犯罪意志，进而区分企业责任和个人责任，以免企业的其他无辜股东、员工的合法权益受到损害，是企业的客观需要。举例来说，2017年，兰州市中院就雀巢公司员工侵犯公民个人信息案作出终审裁定，其裁判说理部分的重要论据是"雀巢公司政策、员工行为规范等证据证实，雀巢公司禁止员工从事侵犯公民个人信息的违法犯罪行为，员工违反公司管理规定，为提升个人业绩而实施犯罪为个人行为"。法院以雀巢公司企业合规管理体系为依据，否认了被告人（雀巢公司员工）提出的其实施犯罪行为系"公司行为"的辩护理由，认定单位不存在犯罪构成要件中的主观意志因素，从而将单位意志与个人意志进行切割。①

第二，在反不正当竞争领域，企业建立合规管理体系可以作为免责的抗辩事由。例如，2017年修订的《中华人民共和国反不正当竞争法》首次在商业贿赂领域引入严格责任制度，对于企业员工存在贿赂行为的，一律推定为经营者的行为。企业只有在"有证据证明该工作人员的行为与为经营者谋取交易机会或者竞争优势无关"时，才能不负法律责任。按相关主管部门的意见，该款所指证据是"指经营者（企业）已制定合法合规合理的措施，采取有效措施进行监管"，不放纵或者变相放纵工作人员实行贿赂行为。②也就是说，企业证明自己建立了有效的预防商业贿赂措施，在反

---

① 《兰州市中级人民法院：6名雀巢员工从多家医院非法获取公民个人信息》，安全内参，2018年7月25日，最后访问时间：2022年12月13日，https://www.secrss.com/articles/4144。
② 吴楠：《国家工商总局反垄断与反不正当竞争执法局局长就新〈反不正当竞争法〉接受记者专访》，南昌市市场监督管理局（知识产权局）网站，2017年11月24日，最后访问时间：2022年12月16日，http://sgj.nc.gov.cn/ncsgj/gkjdcl/201805/e955e8be20964d6eb2af2d98c152c30a.shtml。

商业贿赂方面采取了有效的监督、管理、识别、报告措施，以显示企业没有放纵员工的商业贿赂行为。可以预期的是，未来在反垄断、反不正当竞争、知识产权及商业秘密保护等领域，企业合规管理体系将具备一定的企业无责任抗辩事由的效力。

第三，在部分行政监管领域，企业合规可推动行政部门与企业达成行政和解。合规的行政监管激励是指行政部门在确立了强制合规制度的前提下，引入了对应的合规激励机制，包括在向涉嫌行政违法的企业提出纠正违法行为、消除或者减轻违法行为后果的方案中，作为与其达成行政和解的前提条件，并根据企业建立合规管理制度的情况，对其采取从轻、减轻处罚甚至不予追究行政责任。例如，2015年，证监会发布了《行政和解试点实施办法》，在证券期货监管领域试点行政和解制度。该办法发布以来，产生了两个行政和解的案例：其一是中国证券监督委员会公告〔2019〕11号，该案中，中国证监会与高盛（亚洲）有限责任公司、北京高华证券有限责任公司及2家公司涉事的9名行政和解申请人达成了行政和解协议；其二是中国证监会与上海司度、富安达基金、中信证券、千石资本、国信证券案，在处罚对象满足缴纳高额行政和解金、承诺完善企业合规措施等要求后，解除了相关调查审理程序。[1]

第四，在刑事领域，企业刑事合规可以减免企业刑事责任。关于企业合规带来的刑责减免问题，也是企业合规关注的重要问题，现阶段各地也在积极探索相应的刑事合规制度。例如，2020年9月，浙江省岱山县人民检察院发布《涉企案件刑事合规办理规程（试行）》，将涉刑企业的合规承诺、合规整改等内容与刑事办案相结合，在整改期满经公开听证后，由检察机关决定是否采取相对不起诉处理或提出从轻量刑建议。再如，2020年10月，上海市长宁区检察机关对一批涉嫌虚开发票的企业及经营者采用"相对不起诉＋检察建议"的方式，考虑到涉案企业已补缴税款、运营平稳、积极承担社会责任、未有其他违法行为，且相关负责人有自首或坦

---

[1] 明思金融团队：《证监会已披露的行政和解案例解读（上）》，明思律师，2021年10月29日，最后访问时间：2022年12月16日，http://www.mingsilawyer.com/lawTalksXq.php?id=506。

白情节，且到案后自愿认罪认罚，因此检察机关经过综合考虑，决定对涉刑企业作出相对不起诉决定，并出具《检察建议书》帮助企业完善税务合规。[1]企业刑事合规通过赋予企业合规管理的刑法积极义务，在扩大单位犯罪范围的同时，将刑事合规作为限缩处罚范围的出罪事由和刑罚减免的情节，进而构建我国的刑事合规制度。

总体而言，企业建立合规管理体系是企业发展的大势所趋，也是企业在做大做强后对自身发展机制的有益调整和规范。国有企业应结合所处行业、市场交易特点，在进行合规管理时因事、因地、因人制宜，在新一轮改革创新中，自觉合规、主动合规，构建符合企业实际的合规管理体系，在加强依法合规经营、追求合规价值的过程中率先垂范，起到标杆作用。

三、合规管理与内部控制、风险管理的关系

从2004年《国有企业法律顾问管理办法》颁布起，国家有关部门连续发布了一系列涉及风控、合规方面的文件。2006年发布《中央企业全面风险管理指引》，2008年发布《企业内部控制基本规范》，2018年发布《合规指引（试行）》，2022年发布《合规办法》，形成了内部控制、风险管理、合规管理三套体系。合规管理与内部控制、风险管理三者之间既有区别又有非常紧密的联系，它们从不同的角度对风险进行管理。内部控制的目标是保证企业经营管理合法合规、资产安全、财务报告及相关信息真实完整，从而提高经营效率和效果，促进企业实现发展战略。内部控制通过对业务层面风险的管理，分析风险动因，控制日常经营行为，从而防止诱发重大风险的因素发酵。因此，内部控制更侧重流程管理，与生产经营结合最为紧密，属于风险管理第一道防线。内部控制体系运行识别出的重大风险，往往通过编制重大风险解决方案进行预防。风险管理主要是以国资委全面风险管理指引为引导，建立的包括风险辨识、风险分析和评价的

---

[1] 简宁、屠瑜：《检察机关对一批虚开发票企业作出相对不起诉决定 原因是……》，新浪网，2020年10月19日，最后访问时间：2022年12月16日，https://news.sina.com.cn/o/2020-10-19/doc-iiznezxr6880329.shtml。

方法论。通过风险评估进行排序，优先管理排名靠前的风险，通过对剩余风险的评估，确定企业风险可接受水平，并对重大风险实施责任和目标化管理，定期回顾、总结和报告，纠正控制措施，主要目的是防范和化解重大风险。合规管理主要以国家法律、法规，国际条约、惯例，企业内部章程、制度的遵循为出发点，梳理合规义务清单，确定重点领域、重点环节和重点人员，防范企业重要合规风险事项的发生。笔者认为，从宏观的角度去理解，内部控制、风险管理和合规管理三者管控目标是一致的，最终都是为了控制企业的风险。

国务院国资委于2019年颁布《关于加强中央企业内部控制体系建设与监督工作的实施意见》，提出企业应当依法合规开展各项经营活动，实现"强内控、防风险、促合规"的管控目标。但如何建立有效运行的合规管理体系、如何落地实施、如何处理合规管理体系与其他管控体系之间的关系等问题，困扰着企业管理层，影响着企业合规管理体系建设的有效开展。笔者所就职的物产中大集团为国有上市公司，早在2015年就按照证监会内部控制体系建设要求，建立了以企业目标为导向、以内部环境为基础、以风险管控为核心、以流程管理为载体、以制度规定为支撑、以考核监督为保障的综合管理体系，形成了"有标准、有执行、有评价、有优化"的内控体系运行机制。浙江省国资委在2022年3月印发了《浙江省省属企业合规管理指引（试行）》，物产中大集团作为受浙江省国资委监管的企业，也必须遵守该指引的相关要求，建立合规管理体系。那么，是否要在原有的内部控制体系之外单独建立一套合规管理体系呢？答案是否定的。

以物产中大集团为例，合规管理体系的建立可以与已有的内控体系进行融合与协同，从而达到最优的效果，如表1-1所示。

表1-1　内部控制与合规管理的协同

序号	内控运行机制	内控要求	内控与合规协同的方面	内控与合规协同的成果
1	内控标准	1.搭建内控体系，公司对主要高风险领域及关键业务流程进行对标梳理、评估风险、识别关键控制，编写内控手册，将企业目标、影响目标实现的风险、风险控制措施、内控责任部门、内控执行的制度和表单等有机结合，并配以流程图、不相容岗位职责，明确各类业务的操作流程、各级员工的职责分工及各项风险的控制举措；2.根据公司战略和业务发展，持续更新完善内控手册；3.对重要业务、一线单位，加强内控手册的推广应用	1.建立健全合规管理制度；2.建立合规风险识别预警机制；3.加强合规风险应对，制定预案；4.建立合规工作会议机制；5.建立健全合规审查机制；6.建立违规举报和调查问责机制；7.建立合规咨询机制；8.形成合规报告	1.在内控手册中，可增加合规管理工作（合规工作会议、审核、咨询、举报、调查问责、报告等）的内容；2.针对识别的合规风险点及应对措施，在原内控手册梳理的各流程节点的基础上，进一步补充完善相关控制节点，并增加合规风险的标识
2	内控执行	根据内控手册要求，通过优化组织架构、建立授权体系、修订制度规范、完善业务表单、制定负面清单、加强信息系统建设、开展制度培训等管理手段，进一步树立管理制度化、制度流程化、流程信息化的内控理念，建立科学有效的内控体系执行机制，严格落实各项管控要求，确保内控体系有效执行	1.强化合规管理信息化建设；2.培育合规文化	将合规管理的要求嵌入管理制度，通过管理制度化、制度流程化、流程信息化，加强制度执行的刚性约束
3	内控评价	1.根据内控手册要求，每年开展年度内控自评；2.在审计中，将企业内控作为审计项目的重点内容	1.开展合规管理评估、审计；2.开展合规风险检查排查和评价	在内控评价、审计过程中，将合规管理作为内控评价、审计的重点内容
4	内控优化	1.加强内控缺陷整改，完善内控手册；2.加强内控体系建设考核；3.严肃问责	1.加强合规考核；2.完善激励约束机制	属于合规管理方面的内控缺陷，通过内控整改机制、合规考核等方式强化整改

　　企业原有内部控制体系中的流程主要将关键节点审核、审批作为重点控制，要求与企业规章制度基本保持一致，合规性管控要求体现不强。内控流程强调经营风险，合规管理强调合规风险，两者均以风险预防为核

心。现阶段，大多数企业的合规风险是通过合规义务清单进行控制的，而合规义务清单一般是由律师按照外部法律梳理的，具有法律条文全面性、广泛性的特点，形成的合规义务清单是一个大而全的数据库，与业务活动衔接不是很紧密，将合规管理的要求和业务活动紧密结合，更具实际执行意义。所以，应该在内控流程中嵌入合规要求，将业务风险和合规风险进行融合，体现在业务流程图中，这样可以清晰地提醒流程执行者业务环节的风险点与合规要求。在一张业务流程图中，实现内部控制与合规管理的充分融合。①

合规管理从本质上来说也是风险控制。内部控制流程、风险管理与合规管理的融合，形成一套风险控制管理体系，成为风控领域发展的必然趋势，即"从不同的角度说风险的事"，用一套体系解决相似的管理问题。

因此，国有企业合规管理体系的建设要在融入企业既有内部控制、风险管理的基础之上实现融合发展。依据中央和地方已陆续公布的国有企业合规管理的相关规定，借鉴国内国际先行先试企业合规管理的实践经验，合规管理体系的建设主要包括合规管理的组织体系、运行体系、保障体系及合规管理体系的数字化建设。权责清晰、协调高效的合规管理组织体系是合规管理的根基，是有效运行的基础。组织体系搭建之后，需要有效运行才能发挥实际作用，这就需要进一步配置科学的运行体系，方能形成合力。组织运行体系的持久发力、行稳致远除了依赖自身的科学性外，也离不开合规文化、考核评价等一系列制度的全方位保障。计算机、大数据等技术在各领域的应用已如火如荼，在此新时代、新局势下，合规管理的数字化改革恰逢其时，应强化数字赋能、提质增效，为实现企业合规目标提供技术保障。总之，只有将合规管理体系的每个构成要素落实到位，才能真正发挥合规管理体系的合力，实现合规管理的目标。

---

① 王秀男、吴华阳、杨柏豪、刘增启、孙沿东、张亚平：《内控、风险与合规三位一体的管控体系协同研究》，《航空财会》2022年第1期，第16—20页。

第二节　国有企业合规管理组织体系

《合规办法》第二章规定了多个层级的企业合规组织，并确定了其合规管理职责：党委（党组）、董事会、经理层、主要负责人、合规委员会、首席合规官、业务及职能部门、合规管理部门，以及纪检监察机构和审计、巡视巡察、监督追责等部门。

2018年国家发改委、外交部、商务部等七部门发布的《企业境外经营合规管理指引》从三大方面来规范企业的合规管理架构：（1）合规治理结构，包括三个子层级，即决策（决策层）、管理（高级管理层）和执行（各执行部门及境外分支机构）；（2）合规管理机构，包括合规委员会、合规负责人、合规管理部门；（3）合规管理协调，包括合规管理部门与业务部门分工协作、合规管理部门与其他监督部门分工协作、企业与外部监管机构沟通协调及企业与第三方沟通协调。

浙江省国资委发布的《浙江省省属企业合规管理指引（试行）》第五条明确规定："省属企业应当明确董事会、监事会、经理层的合规管理职责，建立包括合规委员会、合规管理负责人、合规管理牵头部门、业务部门在内的合规管理体系，健全覆盖各层级企业、贯穿各业务领域的合规管理组织架构，完善工作机制，明确工作规则。"

笔者认为，按照公司法人治理结构，可以将企业的合规管理组织分成治理层、决策层、管理层、执行层，充分发挥各个管理层级在合规管理中的能动作用。治理层充分发挥党委的领导作用，统筹把握合规管理工作的原则和方向；决策层主要包括企业的董事会及董事会下设的合规委员会，应以保证企业合规经营为目的，通过顶层设计解决合规管理工作中的权力配置问题，并进行重大事项决策；管理层主要包括总经理、合规负责人，应分配充足的资源，建立、制定、实施、评价、维护和改进合规管理体系；执行层包括合规管理部门、公司业务及职能部门，这些部门应及时识别归口管理领域的合规要求，改进合规管理措施，执行合规管理制度和程序，落实相关工作要求。此外，纪检监察机构和审计、巡视巡察、监督追责等部门履行合规管理监督职责[①]。以下重点阐述公司治理层、决策层、管理层和执行层的合规管理职责。

一、治理层

治理层主要是指国有企业的党委（党组）。习近平总书记指出："坚持党的领导、加强党的建设，是我国国有企业的光荣传统，是国有企业的'根'和'魂'，是我国国有企业的独特优势。"[②]所以，应该充分发挥党委（党组）在合规管理体系建设中的重要作用。《合规办法》中还新增了"党委（党组）作用"条款：党委（党组）发挥把方向、管大局、促落实的领导作用，推动合规要求在本企业得到严格遵循和落实，不断提升依法合规经营管理水平。

二、决策层

决策层主要包括企业的董事会及董事会下设的合规委员会。董事会负责决定企业合规管理目标，对企业合规管理承担责任，其合规管理职责主要包括：审议批准合规管理基本制度、体系建设方案和年度报告等；研究决定合规管理重大事项；推动完善合规管理体系并对其有效性进行评价；

---

①《合规办法》已删除监事会的合规管理监督职责，改由纪检监察机构和审计、巡视巡察、监督追责等部门履行合规管理监督职责。

②《习近平在全国国有企业党的建设工作会议上强调：坚持党对国企的领导不动摇》，新华网，2016年10月11日，最后访问时间：2022年12月12日，http://www.xinhuanet.com/politics/2016-10/11/c_1119697415.htm。

决定合规管理部门设置及职责。①

　　企业董事会应当设立合规委员会，合规委员会主任由企业主要负责人担任，合规委员会负责统筹协调企业合规管理工作。其主要职责包括：研究决定企业合规管理重大事项，对企业重大决策事项进行合规审查并提出合规意见或建议；指导企业各部门及其合规管理员、各级子公司和分支机构的合规管理工作；协调处理企业各部门之间或各部门负责人与合规管理员之间的合规管理工作，将存在处理分歧、无法协调的合规管理事项或者经审查认为可能存在重大合规管理风险的合规事项提交董事会审议；审查、监督企业合规管理制度的科学性、合理性、有效性及执行情况，评价企业合规管理工作等。

三、管理层

　　管理层主要包括总经理、合规负责人。企业可结合实际任命专职的首席合规官，也可由总法律顾问或企业相关负责人担任合规负责人。《合规办法》已明确要求中央企业的首席合规官由总法律顾问兼任，不新增领导岗位和职数。首席合规官或合规负责人是企业合规管理工作具体实施的负责人和日常监督者，不应分管与合规管理相冲突的部门。首席合规官或合规负责人主要履行以下合规职责：领导合规管理部门开展工作；参与企业重大决策并提出意见或建议；向董事会、合规委员会汇报企业合规管理重大事项；召集和主持合规管理工作会议；组织起草企业合规管理战略规划、合规管理年度报告等。

四、执行层

　　执行层包括合规管理部门、公司业务及职能部门。企业可结合实际设置专门的合规管理部门，或者由具有合规管理职能的相关部门承担合规管

---

① 《合规办法》第八条。

理职责。合规管理部门主要履行以下合规职责：组织起草合规管理基本制度、具体制度、年度计划和工作报告等；负责规章制度、经济合同、重大决策的合规审查；组织开展合规风险识别、预警和应对处置，根据董事会的授权开展合规管理体系有效性评价；受理职责范围内的违规举报，提出分类处置意见，组织或者参与对违规行为的调查；组织或者协助业务及职能部门开展合规培训，受理合规咨询，推进合规管理信息化建设。

业务部门履行合规管理的主体责任，负责本领域日常合规管理工作，其主要合规管理职责包括：建立健全本部门业务合规管理制度和流程，开展合规风险识别评估，编制风险清单和应对预案；定期梳理重点岗位合规风险，将合规要求纳入岗位职责；负责本部门经营管理行为的合规审查；及时报告合规风险，组织或者配合开展应对处置；组织或者配合开展违规问题调查和整改。

业务部门负责一线业务合规风险防范，业务部门负责人及业务人员承担合规管理主体责任，是抓好合规管理的第一道防线；合规管理部门负责组织协调支持合规管理工作，承担合规管理体系建设牵头责任，是合规风险应对的第二道防线；纪检监察、审计等部门负责合规审计和监督企业整体风险防控，承担合规管理的监督责任，其中内部审计部门负责对合规管理体系有效性、适当性和充分性进行独立监督评估及合规审计，纪检监察部门负责职权范围内违规事件的监督、执纪、问责等工作，是强化合规管理监督评价的第三道防线，共同推动合规管理有序运行。

在实践中，决策层和管理层对合规风险高度重视，将合规审查作为决策的必经程序，充分听取合规相关部门的意见，这对合规管理组织体系的有效运行是至关重要的。否则，合规管理将形同虚设。中兴通讯事件正反映了其决策层对合规管理的不重视，且没有相应的制度和程序对决策层和管理层进行约束。合规管理是一项全局性工作，只有建立与公司治理体系相匹配、与公司岗位职责相结合、与内控风控等现有管理体系相融合的权责清晰、协调高效的合规管理组织体系，上下联动，才能使合规管理行之有效，真正成为广大员工的行动自觉。

第三节　国有企业合规管理运行体系

合规管理的有效落地和运行离不开运行体系的支撑，一般而言，完整的运行体系至少应包括合规管理制度、合规风险识别评估预警机制、合规风险应对机制、违规问责机制、合规管理评价等组成部分，方能形成一个有机的整体。然而，如何更好地结合国有企业的特征，建立完善有效的合规运行体系，仍是一个值得进一步深入研究的课题。经过20余年的制度准备，当前大部分国企已经建立了相对完整的内控体系、风控体系。如前所述，合规管理本质上也是风险控制，可以与内控体系、风控体系深度融合，形成一套企业内部风险控制管理体系。本节将从企业的内部视角出发，探讨如何在国有企业既有内控体系又有风控体系的基础之上构建企业的合规管理运行体系。

一、合规管理制度

任何体系的有效运行都需要配套制度体系的支撑，合规管理亦然。由于合规管理的特殊性，相关制度的制定必须是权威的、得到充分授权的。总体合规框架制度的拟定，应当由专业合规部门（或借助外部专业力量）起草，由党委会、股东会、董事会审议通过基本制度并对相关机构和人员进行赋权；同时，基于目前国有企业的人员配备现状，各个部门、各个条线、各个岗位的具体合规要求或合规指引，应当在合规部门的统筹之下，由各个部门自行确认其具体的合规要求，包括应当合规的"规"所包括的具体范围、相关规定的更新、具体落实的要求等，形成包括《合规办法》、合规行为准则、重点领域专项合规管理制度等总分有序、条块分明的体系性文件，其具体分类如下。

（一）结构性和程序性制度

1.结构性制度

结构性制度，即成立专门的合规管理机构和部门并赋予其权力的制度。结构性制度为程序性制度的有效运行提供了前提和框架，常见的管理机构包括合规委员会（或风控委员会、审计委员会等）、首席合规官、合规部（或法务合规部、风控部等）。股东会、董事会应对合规委员会给予充分授权，并确保首席合规官具备较高的权力、处于组织的高级职位，以便其开展合规工作。考虑到目前已有不少中央企业、地方国有企业设立了总法律顾问一职，《合规办法》明确规定了首席合规官由总法律顾问兼任，不新增职数。笔者认为，未来待合规体系相对完善深入后，相关规定应当适度放开，可根据企业的实际情况考虑是否单设。例如，在合规方面走在前列的华为公司，其合规团队不但独立于法务团队，甚至其合规团队人员也远超法务团队人数。

2.程序性制度

程序性制度，即有效识别、应对合规风险，发挥合规作用的相关制度。程序性制度可划分为遵从对象的"规"和程序控制的"合"两个方面。遵从对象也就是合规的"规"，简言之，"规"无外乎"外法、商道、内规"。这些概念的范围经由《合规办法》的发布，得到了进一步明确。其中外法包括国家法律法规、监管规定，这些是由企业外部的国家机关或部门制定的对国有企业行为有约束力的各项规范性制度。商道包括行业准则和国际条约、规则，这些是行业性或国际性的相关规定。内规包括公司章程、相关规章制度等，这些是企业自主制定的关于业务、财务、行政、风控等方面的各项管理制度。程序控制即通过一套完整的管理机制使合规得以落实的具体流程，包括合规风险识别评估预警、合规风险应对、合规审查、合规报告、违规追责问责、有效性评价等机制。

（二）重点合规条线制度

鉴于合规制度体系的复杂性，很难通过一套制度覆盖所有的业务方面。合规部门在收集、整理与业务相关的各种规定后，还需要将其嵌入相应条线的业务和管理流程，形成针对不同合规领域的有效节点控制。即将外法、商道、内规与具体的业务流程相关联，提炼各部门、条线必须遵守的条款，与具体岗位相关联、匹配，形成各条线岗位的合规要点。这种制度的优势在于其集中体现了在具体某个领域内的所有相关规定，便于条线化专项管理。条线的划分方式因其不同，常见的比较明确的条线有反商业贿赂、反洗钱、反垄断、数据等，另外，也有公司治理、刑事合规、行政合规、海外合规、反垄断、知识产权等。不同的分类方式各有不同，亦有重叠之处，常见的核心条线及其主要内容包括①：

（1）公司治理合规。以章程为核心，规范党委会、股东会、董事会、监事会、管理层、执行层、党组织、职工代表大会等各治理主体权利和义务，包括重大经营管理决策合法合规性审查机制及适应合规管理要求的各项内部规章制度。

（2）刑事合规。包括刑事违法事件应对处置机制、内外部刑事违法风险评价、预防犯罪教育培训、投诉举报、审查处理、线索移送等工作制度，目的在于降低企业刑事责任风险。

（3）行政合规管理。主要是遵守法律法规规章和国家有关部门的政策规定、监管要求、业务指引，包括产品质量、安全生产、劳动用工、财务税收、节能减排、环境保护、数据安全、信息保护、广告宣传、规划建设、交通运输、卫生防疫等各方面的行政监管政策和规定。

（4）海外合规管理。主要是针对跨境贸易、对外投资、承包工程等不同业务的风险防控，包括遵守东道国法律法规、监管政策和相关国际规则，落实市场准入、安全审查、外汇管理、劳工保护、反洗钱、反贿赂等方面合规要求，注重保护环境和履行社会责任，防范经济制裁、出口管制、技术封锁等方面的法律经营风险，切实维护我国企业在海外的合法权益。

（5）反垄断合规管理。制定内部反垄断规章制度及工作流程，避免在参与市场竞争、扩大经营规模过程中出现签订垄断协议、滥用市场支配地位、违规实施经营者集中等垄断行为。

---

① 《司法部办公厅关于加强公司律师参与企业合规管理工作的通知》（司办通〔2021〕98号），司法部办公厅2021年12月16日印发。

（6）知识产权合规管理。主要是关于专利、商标、著作权等各类知识产权的申请、取得、维护等工作，强化商业秘密、个人信息和数据安全保护，规范科技创新成果许可和转让，防范应对知识产权侵权行为。

从合规体系的庞杂程度来看，不是通过单一一项程序就得以贯彻实施的，应建立企业合规文件版本库，还要建立内外法规变化的动态响应机制，及时评估、调整相应的合规点和控制措施。在合规体系的初步建立阶段，可以在内控体系的基础上进行细化，勾勒出合规的基本框架面貌，从而将合规要求落实在整个内控体系的各个节点上，从流程和岗位两个维度真正将合规要求具体落实。

二、合规风险识别评估预警机制

合规风险识别评估预警是合规管理体系建设的基石，包括识别、评估、预警三个方面的内容。正确的合规风险识别评估预警直接决定合规管理体系的有效性，其中，识别合规风险是企业建立合规管理体系的一大难点和重点。风险识别后的评估和预警更加强调的是准确、及时、高效，以免合规风险扩大。

（一）建立有效的风险识别制度

合规风险识别是合规体系发挥作用的起点。目前，在实践领域，企业合规人员尚缺乏行之有效的合规风险识别方法和工具，多数依靠经验判断、业务讨论等传统方法。以识别的主体为标准进行划分，可以将识别机制分为一般机制与投诉机制。

一般机制是指主要由专职或兼职的合规人员在日常专项工作中识别、发现合规问题、合规风险的机制。这种机制主要在审批流、工作流中发挥经常性、常规性作用。一个成熟、完善的合规计划应努力识别和管理所有合规风险，其中两种常用的风险识别方法是制定风险清单和采访关键员工，最终形成风险管理数据库并定期更新。无论采取何种方法，合规风险的多样性和复杂性都要求业务负责人和风险责任人参与风险识别。

投诉机制是指由非专业人员在工作中发现合规问题，进而自发向有关内部部门投诉的机制。这种机制主要发挥偶发性作用，包括以下主要内容：明确举报渠道、保护举报人权益、奖励有效举报。企业合规举报渠道大致可分为线下举报渠道和线上举报渠道两类，包括公开检举、匿名举报，同时要设置专门的举报邮箱和举报电话。鉴于部分违规行为的敏感性，应当对举报人及相关人员等进行保护，以免其受到打击报复或者陷入其他不利境地。合规举报奖励制度主要是对举报者予以精神层面、物质层面的激励与支持。以京东集团为例，其设立了每年高达1000万元的反腐败奖励专项基金。此外，对于负责企业举报信息管理工作的部门或者岗位人员，应进行垂直管理，确保其工作的保密性和独立性，业绩考核、职级升迁和工资待遇等由上级部门和领导决定，尽量脱离本级的不当干预。

需要补充说明的是，合规问题的识别也可能是由企业外部发起的。例如，国资监管部门、金融监管部门、税务部门、司法部门等通过外部检查，也可能识别和发现合规性问题。由于这些并不在企业可以控制的范围内，故不再赘述。

（二）建立高效的评估和预警模式

合规问题识别后应立即对其开展评估，"对风险发生的可能性、影响程度、潜在后果等进行分析"[1]，评估体系可视问题的复杂程度、危害程度、影响面等因素由不同层级进行评估。涉及公司战略和发展方向、复杂程度高、影响大的合规问题应提交合规委员会，在首席合规官的组织下进行评估；普通业务类合规问题可在合规管理部门的组织下召集相关部门进行评估。评估过程中需要外部专家协助的，应及时筛选出合适的专家介入。《合规办法》明确了合规经费，这也为聘请外部专家提供了便利。

预警方面需要视具体情况展开，"对典型性、普遍性或者可能产生严重后果的风险及时预警"[2]。具体而言，对于识别明确、简单清晰的情况，应在发现后简易评估并立即发布预警；对于相对复杂、边界模糊的情况，应在全面评估后再针对具体情况进行相应预警。总体而言，预警的实效性高于准确性，对于灰色地带的合规问题，若短时间内难以获得准确的评估结论，也应当先进行初步预警、提示风险，最终可在评估结论出具后进行修正。

---

①《合规办法》第二十条。
②《合规办法》第二十条。

（三）识别评估预警机制的体系安排

从国有企业合规安排的现状来看，合规风险的识别评估预警机制可以结合全面风险管理的"三道防线"来落实。尽管《合规办法》未明确提及"三道防线"的说法，但该办法的第十三条、十四条、十五条都作了类似的表述，且合规风险本身也属于风险管理的范畴。[①]结合全面风险管理指引的要求，可以将合规管理部门设在第二道防线，划入广义的"风险职能管理部门"。

必须明确的是，第一道防线，即各有关职能部门和业务单位，其承担职责范围内合规管理的主体责任，对本身业务领域所适用的合规规范最为熟悉，所以其主要职责之一就是对业务本身进行风险识别和评估，确保业务的合规性，应该在事前和事中发挥作用。第二道防线是风险管理职能部门和董事会下设的风险管理委员会，主要从战略层面把控合规风险，需要向公司各部门和分支机构的业务活动提供技术支持，收集、整理相关规定构建合规数据库、风险清单，出台相关制度，组织相关培训，协调、监督各部门和分支机构开展合规管理各项工作，应该在事前发挥作用。第三道防线是内部审计部门和董事会下设的审计委员会，主要从事后管理的角度发现、改正问题，从审计角度对企业经营管理是否符合合规规范进行监督和检查。尽管在审计中也可能识别合规风险，但综合来看，合规风险的识别评估预警应当主要由第一道防线和第二道防线来完成，尤其是《合规办法》明确了在各业务部门和职能部门中设置合规管理员，且明确要求由业务骨干担任，更是为合规风险的识别评估预警创造了便利条件。

三、合规风险应对机制

无论是企业主动发现了合规问题或合规风险，还是经由举报、审计、检查等发现了合规问题，相关部门都需要及时启动应对机制，及时止损，

---

① 2016年6月6日国务院国资委印发的《中央企业全面风险管理指引》第十条提出，具备条件的企业可建立风险管理三道防线，即各有关职能部门和业务单位为第一道防线，风险管理职能部门和董事会下设的风险管理委员会为第二道防线，内部审计部门和董事会下设的审计委员会为第三道防线。

防止风险的扩大。合规风险发生后，如何具体应对是企业需要重点考虑和落实的。因此，应当建立详细的风险应对预案，从对内、对外两个纬度建立应对机制。

1.对外机制

对外机制包括：（1）根据合规问题的严重程度判断是否需要向相关外部机构报送，如果需要，应当与所涉及的外部机构，例如政府相关部门、调查机构、监管机构等立刻建立联系，表明公司已经立即介入相关事项的调查，在第一时间赢得外部的理解和支持；（2）根据具体情况，迅速与专业机构进行对接，例如律师事务所、会计师事务所、咨询公司等专业机构，着手准备具体的应对方案；（3）根据外部机构的要求，报送整改过程的阶段性文件，整改完成后提交整改报告。

2.对内机制

对内机制包括：（1）立即建立由首席合规官牵头、相关公司领导层参与、各相关内部部门和机构加入的专项合规风险应对小组；（2）迅速开展内部调查，核查清楚违规事实、影响程度、波及范围，撰写专项调研报告；（3）根据调研情况结合外部专家意见，撰写专项整改报告，列明各项具体举措及整改期限；（4）严格根据整改报告按照不同的合规风险等级进行逐项整改，分配整改责任，健全规章制度，优化业务流程，落实整改措施，堵塞管理漏洞；（5）向公司内部通报合规风险的发生及处置的全过程，以防类似问题的再次发生。

3.循环开展

根据所涉合规问题的复杂程度，整个应对整改的过程可能需要循环往复开展，这方面，可以参照采用PDCA（Plan-Do-Check-Action）循环法。PDCA循环法是美国质量管理专家休哈特博士首先提出的，被世界著名质量管理专家戴明采纳、宣传并普及，所以又称戴明环。[1]根据合规问题的具体情况，首先制定整改计划（P），其次根据整改计划实施（D），然后由合规管理部门检查（C），最后对检查结果进行处理（A），对成功经验加以

---

[1]姜先良：《企业合规与律师服务》，法律出版社2021年版，第127页。

肯定，需要继续改进的则进入下一轮PDCA循环。如此循环往复，最终达到合规要求。《合规管理体系指南（GB/T 35770—2017）》也采用了类似的循环模式来改善和完成合规要求，如图1-1所示。

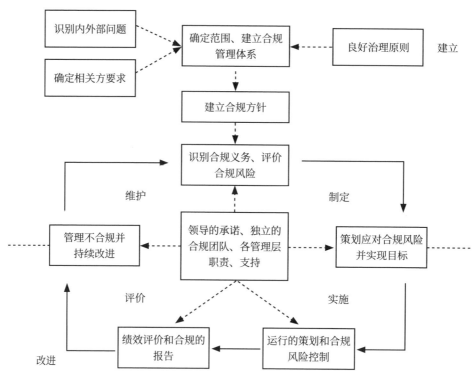

图1-1　合规问题整改循环模式

4.协同运作机制

合规风险的应对需要有全局观，所以认识合规风险之间的相互关系及合规风险管理与其他企业风险管理之间的关系非常重要。如果孤立地管理合规风险，很可能会导致管理低效甚至风险之间的冲突，因此，建立协同运作机制十分必要。《合规办法》第二十六条明确规定中央企业应当结合实际建立健全合规管理与法务管理、内部控制、风险管理等协同运作机制，加强统筹协调，避免交叉重复，提高管理效能。建立风险全局观的关键在于，将合规风险管理纳入企业风险管理，并在合规管理部门和其他部门之间建立定期沟通机制，同时对合规管理与企业运行效率之间的关系作适当安排。

四、违规问责机制

"徒法不足以自行",合规机制的运行离不开完善的问责机制。只有构建了权责清晰、约束有效的违规问责机制,形成"违规必究"的问责氛围,合规才能真正落到实处。问责机制的建立应当遵循如下原则:(1)责权相匹配;(2)公开透明;(3)问责的适用性。其中,适用性的把握最为艺术,既不宜过于宽泛,事事皆问责,又不能只问责重大问题,而没有发挥问责机制的常规防备作用。同时,也要防范因问责过苛导致"懒政""不作为"的现象。国务院国资委近年来陆续发布了一系列关于违规问责方面的文件,包括2016年国务院办公厅发布的《关于建立国有企业违规经营投资责任追究制度的意见》(国办发〔2016〕63号,以下简称《违规追责意见》)、2018年国务院国资委发布的《中央企业违规经营投资责任追究实施办法(试行)》(以下简称《违规追责办法》)等,已经从框架和细节上对央企违规经营投资责任追究的范围、标准、责任认定、追究处理、职责和工作程序等作出规定,对规范国有企业经营投资行为、遏制国有企业违规经营投资活动具有重大现实意义。地方国有企业在建立自身的问责制度时可资参照。

(一)责任主体要明确,追责范围应清晰

在责任主体方面,应当对违规行为进行详细分类区分,分清领导责任、实施责任、监督责任等不同责任类型,对相应的责任主体详细规定不同的问责方式。需要注意的是,现代企业的运作,往往是多部门(子公司)协同作战,这时明确责任边界尤为重要。例如,发起部门的责任、参与部门的责任,主要部门的责任、协同部门的责任,上级部门的责任、下级部门的责任,业务部门的责任、管理部门的责任,等等。国有企业还可以借助党委在违规责任追究方面加强统一领导,强化党委的主体责任。2016年,中共中央印发《中国共产党问责条例》,同年出台的《违规追责意见》和2018年推出的《违规追责办法》正是在国有企业改革和国有资产管理领域具体落实《中国共产党问责条例》和习近平新时代中国特色社会主义思想的有效实践。《合规办法》更是将坚持党的领导作为开展合规工

作的首要原则，其第五条明确要求"充分发挥企业党委（党组）领导作用，落实全面依法治国战略部署有关要求，把党的领导贯穿合规管理全过程"。

追责的范围应当有清晰的边界，既要保持制度刚性，起到警示作用，又要避免打击大家工作、创新的积极性。笔者认为，追责方面应参照遵循《中华人民共和国刑法》（以下简称《刑法》）的谦抑性原则，只能在问责制度明确的范围内问责，不宜任意扩大。关于追责范围，《违规追责办法》规定了包括10个方面54种需要追责的情形：集团管控、购销管理、工程承包建设、转让产权及上市公司股权和资产、固定资产投资、投资并购、改组改制、境外经营投资、资金管理、风险管理等，使追责有据可依、有规可循。制度制定时，能够量化的尽量量化，能够区分责任的尽量区分，把问题和困难尽量考虑在前面，使制度的可执行性不打折扣。

（二）问责流程设计合理，追责方式明晰

在问责流程的设计方面，应当坚持职责分离，调查部门独立调查、问责机构独立问责、决策过程民主集中，既要给予被问责机构充分的解释、说明的机会，又要坚持原则、问责彻底，还应当在制度设计方面给予复核、纠错的机会，留有余地。具体问责的流程如图1-2所示。

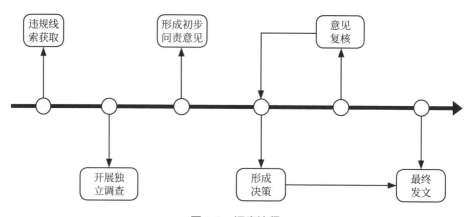

图1-2　问责流程

现有各类问责规定中，共有14种不同问责方式，包括批评教育、作出书面检查、给予通报批评、公开道歉、诫勉谈话、组织处理、调离岗位、停职检查、引咎辞职、辞职、免职、降职、党纪政纪处分、移送司法机关依法处理等。国有企业可以结合自身业务的特点，将合规管理与组织绩效和个人绩效管理挂钩，与个人收入、晋升通道、机会利益等多个方面、多个维度建立制度链接，以便获得更好的管理效果。还要加强对追责问责的监督，使追责问责机制真正发挥"惩前毖后，治病救人"的作用。

需要注意的是，因为合规管理毕竟是相对较新的管理要求，问责时，也应当坚持习近平总书记所说的"三个区分开来"：把干部在推进改革中因缺乏经验、先行先试出现的失误和错误，同明知故犯的违纪违法行为区分开来；把上级尚无明确限制的探索性试验中的失误和错误，同上级明令禁止后依然我行我素的违纪违法行为区分开来；把为推动发展的无意过失，同为谋取私利的违纪违法行为区分开来。[①]只有这样，才能保护国有企业干部和员工创新的积极性和主动性，避免产生"为合规而合规、不敢作为"的懒政思维。

五、合规管理评价

合规管理评价是企业全面合规管理体系建设内容的一部分，目的在于及时发现合规缺陷，及时弥补合规管理漏洞。合规管理评价本身已构成企业的一项外部合规义务，例如《合规办法》第二十七条已提出明确要求，"中央企业应当定期开展合规管理体系有效性评价，针对重点业务合规管理情况适时开展专项评价，强化评价结果运用"。需要指出的是，《合规办法》中的"评价"并非对某个具体合规问题的评价，而是对整个合规管理体系进行有效性评价，在此前的其他文件及认证体系标准中，更多采用的是"评估"的概念。

（一）开展合规管理评价的意义

通过合规管理评价，可以有效发现企业合规管理的短板，及时查漏补缺。开展合规管理有效性评价，是验收工作成果、对标先进的必要步骤。对于一个完整的全面合规体系建设项目而言，在合规体系和其他基础设施

[①]出自2016年1月18日习近平总书记在省部级主要领导干部学习贯彻党的十八届五中全会精神专题研讨班上的讲话。

搭建完毕之后，只有开展合规管理评价，才能对相关工作成果进行验收，检测合规项目规划所设定目标是否达成，从而形成项目闭环。与此同时，也只有经过合规管理评价，才能够对标先进、找到差距，明确下一步努力方向。另外，企业经过评价机构的贯标、认证，其合规管理体系的有效性和先进性将更具说服力，也更易于被商业伙伴甚至监管机构认可。

（二）开展合规管理评价的方法

合规管理评价在国内尚处于起步阶段，企业采用内外结合的合规管理评价制度可以取得更好的效果。内部评价可以在较短的时间跨度内开展，频次更高，工作开展更容易；外部评价可以在相对较长的时间跨度内开展，优点是更加客观、全面。目前从国内来看，开展合规管理评价的大多为大型会计师事务所、律师事务所，他们相对而言经验更丰富。2020年11月11日，全美反舞弊性财务报告委员会发起组织发布了《合规风险管理：应用COSO ERM框架》，包含5个要素及20项原则，可用以作为评估的参考。另外，国际化标准组织于2021年4月13日发布了ISO修订的新版《合规管理体系认证标准（ISO 37301：2021）》，国内也有国家推荐性标准《合规管理体系指南（GB/T 35770—2017）》，亦可作为评价依据。

合规管理评价应坚持问题导向和结果导向，评价内容应涵盖：（1）合规制度的完整性，是指企业是否建立了合规管理部门，是否有合规方面的系统性管理制度，制度是否已经全面覆盖并及时更新。（2）合规制度体系的有效性，是指企业具备实施合规管理体系的条件、意识和能力，并提供了足够的资源保障，通过合规管理体系的实施实现了合规目标，形成了合规文化。（3）合规问题发生后纠正的及时性，是指合规风险发生后，企业是否能在较短的时间内迅速进行纠偏，以避免损失的进一步扩大。（4）合规风险的级别评定，企业可能面对不同的合规风险，合规评价的一个重要目标是要对各种不同的合规风险评定不同级别，包括发生的"可能性"及其"影响"，尤其重要的是要识别影响企业发展的核心合规风险。

常用的评价方法是矩阵法。先运用表单工具，收集到初步的合规风险描述集合，接着按风险评价的三个环节，即识别、分析与评价，对风险进行描述、归类、分析和排序，最终得到合规风险矩阵。

（三）应注意的其他问题

在社会化大生产高度发达的今天，合规问题已经牵一发而动全身，我们不但需要注意自身的合规问题，也应当注意合作伙伴的合规性。战略合作中的分包商、运营商、供应商和经销商等合作伙伴，甚至是合作银行、运输单位都可能会给本企业带来重大的合规风险。由于信息获取渠道受限，控制或监督第三方合规的难度可想而知，但对于部分敏感企业，尤其是国际化程度较高的生产型企业，有必要在涉及第三方时先进行风险评价，并在随后定期开展风险评价。此类风险评价应考虑第三方扮演的角色、重要性及可能影响与第三方相关的风险等级的其他因素。

合规义务、监管要求的更新发展，要求合规管理有效性评价须动态开展。当前，正值俄乌冲突愈演愈烈之际，以美国为首的西方阵营对其他有涉俄业务的国家、企业大肆挥舞制裁的大棒，更加为我们敲响了合规的警钟。国内外合规"强监管"时代已经来临，合规监管的规范性文件不断发布，监管执法力度不断加大，对企业的合规要求也在不断提高、不断细化、不断升级。对企业而言，仅靠搭建合规管理体系并不能保证企业始终合规运行，必须要基于合规监管的不断发展，对企业的合规管理体系进行动态评价、动态完善，这是一个长期持续的过程。[①]

[①]刘相文、汤敏志、李振伟、卢鹰旋：《中国企业如何进行合规管理有效性评估？》，"中伦视界"微信公众号，2021年11月29日，最后访问时间：2022年12月17日，https://mp.weixin.qq.com/s/qnoBd0wYZgnmc6ifnE_fWQ。

第四节 国有企业合规管理保障体系

再好的政策都不能"只上墙不落地",好政策的落地、落实,需要强化制度保障。国有企业的合规管理要真正实现从"纸面合规"进入"实际合规",需要构建科学的保障体系。《合规指引(试行)》以专章形式要求中央企业建立合规管理的保障体系,经过近4年的实践,《合规办法》总结了近年来央企合规管理的实践经验,虽改变了专章形式,但仍然保留并增设部分条款完善企业合规管理的保障制度,以满足实践需要、切实保障合规管理体系的全面覆盖和有效运行。按照相关规定及合规管理的实践,国有企业合规管理的保障体系之构建应包含合规文化、合规考核评价和信息化建设等内容。

一、培育全方位的企业合规文化

优秀的企业文化是企业发展的灵魂,是企业长盛不衰、基业长青的保障。合规文化是优秀企业文化的重要组成部分,源于企业的生产经营,又超然于企业经营之外,是企业合规管理的基石和文化保障。国际标准《合规管理体系要求及使用指南(ISO 37301:2021)》在引言中开宗明义:"为获得长远发展,组织必须基于利益相关方的需求和期望,建立并维护合规文化","合规的可持续性体现在将合规融入组织文化,以及员工的行为意识"。

该指南第3.28条将合规文化定义为"贯穿整个组织的价值观、道德规范、信仰和行为,并与组织结构和控制系统相互作用,产生有利于合规的行为规范"。《合规办法》第五章以专章形式规范指导企业的合规文化建设，具体包含党委（党组）的专题学习，强化合规意识；常态化合规培训；合规宣传教育及引导全体员工自觉践行合规理念等。笔者认为国有企业的合规文化培育建设主要有以下三点：

（1）提高"关键少数"的合规意识，发挥表率引领作用。国有企业全面合规管理，领导干部是关键。《合规办法》第二十九条增设"合规管理纳入党委（党组）法治专题学习"的合规义务，推动企业领导人员强化合规意识，带头依法依规开展经营管理活动。党委（党组）作为国有企业经营管理的"关键少数"，其合规意识的强弱对企业合规文化的培育、合规管理运行的有效性均起着决定性作用。因此，国有企业的合规管理必须坚持和加强党的全面领导，由党委（党组）等领导干部带头合规、示范合规。"关键少数"领导合规也符合一般企业合规管理的通行原则，《合规管理体系要求及使用指南》第5.1.2条"合规文化"明确要求对整个组织所要求的共同行为准则，治理机构最高管理者和各管理层应作出积极的、明示的、一致的且持续的承诺。在实践中，中国移动在合规文化建设中由管理层向全集团作出合规承诺和表态，企业领导班子集体签署合规倡议，提出"严守法纪、尊崇规则、践行承诺、尚德修身"的合规精神和理念，强调了做依法合规的自觉尊崇者、模范践行者和坚定捍卫者的责任和使命。①

因此，国有企业领导干部特别是企业治理层、决策层和管理层应加大力度倡导合规文化建设，身体力行，树立良好的榜样，在企业经营过程中时刻践行依法合规、诚信经营的价值观，将履行推进合规建设第一责任人职责情况列入年终述职内容，推动企业切实抓好合规管理。

（2）建立常态化合规培训机制。合规培训是企业导入合规理念、厚植合规文化的重要方式，人人合规，企业方能行稳致远。《合规办法》第三十条要求中央企业建立常态化合规培训机制，将合规管理作为管理人员、重点岗位人员和新入职人员培训必修内容。实践表明，通过多种形式

---

① 宜欣：《中国移动：争做新时代法治央企先锋　以法治保障企业稳健前行》，中国工信新闻网，2020年5月18日，最后访问时间：2022年12月17日，https://www.cnii.com.cn/gxxww/rmydb/202005/t20200518_177881.html。

的教育培训，可以在企业内部营造人人合规的良好氛围，让合规成为全体员工的行动自觉。建立分层分类的合规培训体系，将入职培训、专业培训、全员培训紧密结合，区分不同层级、不同领域，突出重点岗位、重点人群，有针对性地开展常态化合规管理培训，有利于推动人人合规、事事合规、时时合规。比如，中国移动经过多年探索，建立了多层次、多维度、多领域的特色合规培训体系，推动全员合规，形成了全员崇尚合规、践行合规、捍卫合规的文化氛围。[1]此外，国有企业应积极创新，改进宣传教育方式，把合规要求与员工的工作和生活相结合，用身边发生的真实案例引导员工依法合规，提高合规宣传教育的实效。比如，中国石油集团在2021年度全员合规培训中创新性地采用了微电影的方式，拍摄《合规是底线》《合规从我做起》等影视作品，通过8个真实案例生动地演绎了企业生产经营中的合规和违规案例，从正反两方面切实教育引导员工遵法规、守合同、重信用。[2]通过这些新颖的合规教育培训方式，企业内事事合规、时时合规的理念深入人心，全员合规意识都得到持续提升。

（3）强化合规宣传教育，发布合规手册。《合规办法》要求央企加强合规宣传教育，及时编发合规手册，强化全员守法诚信、合规经营意识。合规宣传教育需要重视发挥典型模范引领带动作用。树典型立标杆，开展优秀合规实践案例、合规文化建设示范等表彰活动，充分发挥实践案例的指导性作用和先进典型的引领性作用。组织开展合规文化建设经验交流推广活动，实现合规文化的共享和传播。编制全员合规行为手册，明确广大员工对外交往、维护公司利益等方面的基本要求、行为准则和禁止性规定，促进全员合规。比如，笔者所在的物产中大集团在合规文化培育方面有着较好的实践经验，集团将每年的11月9日定为"风险安全日"，并开展了一系列的主题活动，提高全员合规意识，强化风险防控。又如，中国

---

[1]宜欣：《中国移动：争做新时代法治央企先锋 以法治保障企业稳健前行》，中国工信新闻网，2020年5月18日，最后访问时间：2022年12月17日，https://www.cnii.com.cn/gxxww/rmydb/202005/t20200518_177881.html。

[2]王芳、王子健：《中国石油集团开展2021年度全员合规培训》，中国石油新闻中心，2021年7月26日，最后访问时间：2022年12月17日，http://news.cnpc.com.cn/system/2021/07/26/030039534.shtml。

南方航空将手册管理作为合规管理体系建设的重要抓手，倡导践行"一切行为形成制度，一切制度纳入手册，一切手册落实到行动"的合规管理理念，全面构筑以手册管理为基础和特色的"5＋1"合规管理机制，企业合规经营管理水平得到持续提升。[1]

二、强化企业合规管理考核评价

企业合规管理的保障体系离不开考核评价机制。考核评价链接褒奖惩处机制，褒奖合规、惩治违规是对合规行为的鼓励引导、对违规行为的打击遏制，能够有力保障合规管理制度的全面覆盖和有效运行。《合规办法》第二十八条要求中央企业将合规管理作为法治建设重要内容，纳入对所属单位的考核评价。《合规管理体系要求及使用指南》第5.1.2条"合规文化"亦有一致性规定，明确要求企业最高管理者应鼓励、倡导和支持企业合规的行为，应阻止且不容忍损害合规的行为。因此，国有企业应充分发挥考核指挥棒的作用，建立合规绩效考核制度，细化合规评价指标，对合规建设任务完成情况进行考核评分，采用业务经营指标与合规管理指标平衡计分的考核办法，加大对合规管理指标的考核力度，考核的结果与薪酬相挂钩，将合规职责履行情况作为员工考核、干部任用、评优评先等工作的重要依据，被考核者自然会对合规管理工作充分重视。

合规考核评价机制作为合规管理保障体系的重要组成部分，对合规管理的保障作用已在企业的合规管理实践中得到充分检验。比如，中国船舶集团创新性地将合规管理融入法治建设体系，并将其作为法治建设的重要内容纳入对成员单位的经营业绩考核体系，确保集团及各成员单位合规管理的有效落地。国家电网有限公司将合规管理工作纳入绩效考核，保障企业合规管理的有效落地，其在各成员单位考核清单中设计"合规性审查审核"任务，督促落实重大决策、重要制度、重大合同和重要文件的合法

---

[1]林晓春：《大力加强合规管理 推动南航高质量发展》，人民政协网，2022年3月21日，最后访问时间：2022年12月17日，http://www.rmzxb.com.cn/c/2022-03-21/3077504.shtml。

合规性审核；在金融业务中将违规风险事件次数纳入绩效考核，提升"风险防控达标率"考核权重；在国际业务中设计"合规风险防控达标率"指标，确保境外业务的合规经营。

值得关注的是，《合规办法》较《合规指引（试行）》的一个重大变化是引入了外部评价机制，即国资委的监督问责机制，其第七章"监督问责"第三十七条规定企业"因合规管理不到位引发违规行为的，国资委可以约谈相关企业并责成整改；造成损失或者不良影响的，国资委根据相关规定开展责任追究"。前句创设了独立完整的合规管理领域的行政责任，即企业因为合规管理不到位引发违规行为的，可能会面临国资委的约谈和责令整改等行政监管措施；后句属于转引规定，仅有构成要件，未独立创设法律责任，其实施需要援引其他规范。早在2021年3月，国资委就已出台《国资监管责任约谈工作规则》，明确针对中央企业发生的重大问题、资产损失或风险隐患及其他造成或可能造成严重不良后果的重大事项，及时开展责任约谈和督促整改工作。《合规办法》增设的约谈条款系其在合规管理领域的具体运用。在实践中，监管部门近年来针对企业违规风险时常采取约谈、责令整改等行政监管措施，社会效果显著。比如，交通运输部门于2022年1月对满帮集团、货拉拉、滴滴货运、快狗打车等4家互联网道路货运平台公司进行约谈，对滴滴出行、曹操出行、T3出行、美团出行等4家网约车平台公司进行提醒，要求他们重视自身违规风险，强化合规运营。①再比如，应急管理部、国资委于2022年6月20日约谈了中石化集团公司主要负责人，要求其加强安全生产领域的合规管理，确保重点领域合规管理发挥实效，勇担社会责任，彰显央企担当。②

---

① 《交通运输部：对满帮集团、货拉拉、滴滴货运、快狗打车4家平台公司进行约谈》，央视网，2022年9月30日，最后访问时间：2022年12月17日，http://news.cctv.com/2022/09/30/ARTIAI5EfdxSRhL1umIhHhMj220930.shtml。

② 郭彦伟：《应急管理部联合国资委约谈中石化集团公司》，中国国家应急广播网，2022年6月20日，最后访问时间：2022年12月17日，http://www.cneb.gov.cn/yjjxw/gnxw/20220620/t20220620_525874706.html。

三、夯实企业合规管理的信息化技术支撑

企业的合规风险管理强调全员性、系统性，是一个由企业全体员工参与，旨在把合规风险控制在风险容量以内，增进企业价值的过程，而这需要企业全面、实时监测自身各种合规风险，但企业集团往往因现有合规管理人员规模有限、工具传统等客观因素，难以形成全领域、全方位的高效管理。此时有必要加快建设合规管理的信息化，利用大数据等信息技术赋能企业合规管理，提高效率、节约资源，为实现企业合规管理的战略目标提供合理保证。《合规办法》第六章"信息化建设"要求中央企业加强合规管理信息化建设，实现合规风险的程序管控、实时动态监测与即时预警、快速处置。

第五节 国有企业合规管理的数字化改革

一、数字化改革的内涵

数字化最早源于美国著名的IT咨询公司Gartner Group（高德纳，又译顾能公司），包含Digital、Digitalization、Digitalbusiness-transformation三层含义，即数字式、数字化、数字业务转型。[1]根据其定义，数字化是指"通过二进制代码表示的物理项目或活动。当用作形容词时，它描述了最新数字技术在改善组织流程，改善人员、组织与事物之间的交互或使新的业务模型成为可能方面的主要用途"，数字化改革则是指"利用数字技术来改变商业模式并提供新的收入和价值创造机会，这是转向数字业务的过程"[2]。在国内，根据官方定义，数字化转型或改革是指"传统企业通过将生产、管理、销售各环节都与云计算、互联网、大数据相结合，促进企业研发设计、生产加工、经营管理、销售服务等业务数字化转型"[3]。从前述定义可以看出，数字化改革强调的是运用数字相关的技术来表示相关的活动并提高获得效益的水平。根据《数字化魔方：数字化转型的创新思维模

---

[1] 秦朔：《告诉你一个真实的数字化》，"秦朔朋友圈"微信公众号，2021年7月12日，最后访问时间：2022年3月16日，https://mp.weixin.qq.com/s/6Yard1bsPTAlvLbstqWpOw。

[2] 享能汇工作室：《数字化转型闲谈——为什么数字化转型是模式的转变》，"享能汇"微信公众号，2021年3月15日，最后访问时间：2022年3月16日，https://mp.weixin.qq.com/s/4g33SHA60hNjaq2HXhn5oQ。

[3]《关于印发〈中央企业合规管理指引（试行）〉的通知》，国务院国有资产监督管理委员会网站，2021年8月16日，最后访问时间：2022年3月21日，http://www.sasac.gov.cn/n2588035/n2588320/n2588335/c20235237/content.html。

式》一书中的说法，数字化改革的本质是运用技术推动业务转型，成功的数字化改革是业务改革、技术改革乃至组织改革在内的一致成功。[①]数字化改革至少包含了以下几方面的内涵：

（1）数字化改革是数字技术，包括云计算、互联网、大数据广泛和深入的应用，使相关资料、信息、流程等可以通过数字化的形式准确无误地表达出来。

（2）数字化改革要达到的初步目标乃是数字赋能，即通过数字化的形式对企业的生产、管理、销售等各环节进行赋能，提高企业生产的效率，降低成本、增加营收，以技术的应用来推动企业高质量、高效率、可持续的发展。

（3）数字化改革最根本原因在于企业要适应社会需求的快速发展，以及如何面对市场的不确定性，为了在未来能更好地适应社会发展的需求及激烈的市场竞争，企业需要通过数字化改革使企业的服务和产品更加符合客户的体验和个性化需求。

（4）从资源配置的角度看，数字化改革的目标是要更好地打通各类资源的快速链接和应用，不断优化资源配置，最大限度地提高资源的利用率，避免资源的过度浪费。

（5）数字化改革会促使所有的组织（包括各类企业等）思考如何从工业时代的组织向数字时代的组织进行切换，以求可以构建企业的新型竞争优势。[②]

总之，从社会层面上看，数字化改革是社会发展进步的必然趋势和要求，特别是针对工业4.0、人工智能制造等新发展趋势，如何进行数字化改革是企业必须要思考和解决的核心问题之一。从市场需求上看，面对社会需求的个性化发展、卖方市场占绝对优势的形势及日益严峻的竞争环境，企业需要不断地自我升级，提高提供服务和产品的效率、能力和水平，尽力适应社会发展的不确定性，满足客户个性化的需求，只有这样才能长久

---

①韦玮、张恩铭、徐卫华：《数字化魔方：数字化转型的创新思维模式》，机械工业出版社2020年版，第9页。
②安筱鹏：《数字化转型的八个关键问题》，《中国经济评论》2021年第7期，第18—21页。

立于不败之地。从社会资源上看，为应对社会资源的有限性及自然环境保护的急迫性，更需要通过数字化的应用，进一步提高资源的利用效率，减少不必要的资源浪费，建立可持续的绿色发展理念和方式。

对数字化内涵的正确认识是企业正确探讨和深入推进数字化改革的前提，只有正确把握数字化改革的内涵，才能在国有企业合规管理体系中更好地切合企业实际，运用好"数字化"这把尖刀利器，更好地提高国有企业的运营效率，保障国有企业合法合规经营。

二、国有企业合规管理体系中的数字化

根据《合规办法》的定义，国有企业合规管理是指企业以有效防控合规风险为目的，以提升依法合规经营管理水平为导向，以企业经营管理行为和员工履职行为为对象，开展的包括建立合规制度、完善运行机制、培育合规文化、强化监督问责等有组织、有计划的管理活动。通过相关的管理体系使国有企业及其员工的经营管理行为符合法律法规、监管规定、行业准则和企业章程、规章制度及国际条约、规则等要求。

国有企业合规管理是一个涉及企业全流程的复杂系统工程，涉及企业发展的各个方面和环节，包括制度的制定、制度的执行、员工的管理、风险的审查与提示、责任的追究、考核评价等。国有企业合规管理也是一个全方位的管理方式，涉及公司的股东、董事、监事等高级管理人员，也包括公司内的每个普通员工，更涉及庞杂繁多的多种法律法规，包括各类法律法规、监管规定、行业准则、企业章程、规章制度，以及国际条约、规则等。

（一）国有企业合规管理体系进行数字化的必要性

首先，数字化改革可以全面整合合规管理资源，为国有企业合规管理体系的建设打下坚实基础。根据《合规办法》的要求，中央企业应当强化合规管理信息化建设，通过信息化手段优化管理流程，记录和保存相关信息。运用大数据等工具，加强对经营管理行为依法合规情况的实时在线监控和风险分析，实现信息集成与共享。但在实践中，国有企业合规管理涉及的领域和环节非常多，相关法律法规、规则繁杂多样、层次多、领域

广。从合规领域讲，国有企业合规涵盖市场交易、安全环保、产品质量、劳动用工、财务税收、知识产权和商业伙伴等八个重点领域；从环节上讲，国有企业合规涵盖合规管理制度、合规风险识别、合规风险应对、合规审查、违规问责、合规管理评估、合规考核评价等。为了确保多个领域及全过程多个环节的合规性，就需要研究从民事到刑事、从商事到国际惯例、从社会规则到环境保护等众多类型的法律法规、行业准则及道德准则等。

要应对这些复杂的需求，国有企业需要尽快建设并采用一套行之有效的合规数字化管理系统，快速高效地检索到具体相关的合规要求，在企业快速发展的过程中，确保企业合法合规，最大限度地降低国有企业的合规管理的运营成本。合规管理所依据的法律、规章制度多种多样，所涉及的内容、过程也异常复杂，国有企业的业务类型往往繁杂众多，需要通过数字化改革的方式对其进行整合。通过数字化改革的应用，一方面，可以帮助国有企业快速检索到需要的合规依据，为判断国有企业是否合规打下基础；另一方面，借助这一契机，可以进一步优化和建立起国有企业信息化管理平台，打通各个业务链条，促使业务前台、中台、后台的紧密连接和协作，实现合规风险的全流程管控。

其次，通过数字化改革，整合公司内部信息化系统，可以提高国有企业决策的效率性和合理性，从而降低国有企业的合规风险。虽然在国有企业实际经营中应用数字化的系统并不少见，比如OA办公系统、人力资源管理系统、财务管理系统、生产管理系统等的应用，但这些系统往往缺乏统一的平台进行整理归纳和分析，极易造成不同系统间的数据割裂，长此以往不但会降低公司的经营效率，还会由于信息反馈的不及时、数字的独立存放及无法统一进行监管等带来合规上的风险。国有企业合规管理体系的建设涉及企业经营管理的各个层面和环节，需要一套能够整合企业各个层面和环节的数据和系统，以提高实时分析、监控乃至预测企业在经营管理中可能面临各种合规风险的能力，提高国有企业决策的效率性和合规性。

同时，在国有企业运营过程中，各类决策的作出又需要依据较多的资料和信息进行参考，相关资料信息的采集、汇总、整理得准确与否会直接影响企业决策的合理与否，若企业决策不合理，则一定会给企业合规管理带来巨大风险。为了确保决策所依照的资料、数据的准确性，就需要充分发挥数字化威力，防范人工因素可能带来的数字错误，比如通过借助大数据挖掘技术，从庞大潜在数据信息库中快速高效地挖掘出具有重要商业价值的信息，不但可以大大提高数据的准确性和针对性，也可以有效地提高国有企业决策的效率和合理性，而决策合理性的充足又可以更好地确保国有企业经营的合法合规。

再次，数字化改革通过提升国有企业的合规管理能力，进而可以帮助国有企业更好地应对市场竞争的压力。如果没有数字化改革的应用，就无法提高国有企业合规管理体系的建设，企业应对市场竞争的压力将变得困难重重。数字化改革中最重要的一项就是要不断推进国有企业信息化平台的建设，进行国有企业信息化平台建设是国有企业进行数字化改革的基础。企业信息化平台的建设对企业合规管理体系的建设具有举足轻重的作用，可以实现甚至是自动实现法律合规风险的分段监控、节点管控和全程监督，可以在合规的事前监督、事中监督中实现自动化管控，将风险管控端口前移，更多地在法律合规风险的预防上发挥作用，全面提升国有企业风险的合规管理水平，甚至可以通过数字化的改革帮助国有企业，以国有企业合规管理体系的建设为突破点，实现国有企业发展的弯道超车。

同时，面对社会需求的个性化发展及日益严峻的竞争环境，单独依靠人力进行筛查和监管，不论是效率还是质量，都无法满足企业发展及对合规的迫切需求，由于人力的有限性，难以对企业经营的全过程进行把控，也很难留存相关的业务证据，当相关合规风险发生时，缺乏有力的证据保留，会导致国有企业无法采取有效的方式来减少违规所造成的后果。通过数字化建设，则可以轻易实现完备的证据保全，对整个交易流程进行全方位的把控和留痕，避免因证据的缺失而导致诉讼上的不利地位。

最后，通过数字化改革，可以有效防范国有企业信息数据安全和网络安全问题。数字化改革可以有效提高国有企业信息数据和网络的安全性。信息数据安全的保护在国有企业合规管理早期，由于缺少重视和安全管理意识，整体管理模式较为粗放。随着社会不断发展，企业信息数据的不断积累，以及整个社会对信息安全保护重视程度的不断增加，人们意识到数据信息安全保护不仅只是互联网企业的专利，也是每个企业，包括各类国有企业都应该重视的问题。要提高企业信息数据的合规性管理，就需要不断地对其进行数字化改革，通过数字化改革、信息化平台建设的不断完善及企业电子数据管理库的建设，可以将各类企业信息数据按等级进行分类管理，设定相应的保密等级，对不同的访问用户设置不同的翻阅权限范围，进而真正实现对企业信息数据的分类管理和权限管理，从数据管理的源头上着手来防止企业信息数据出现合规风险，确保信息数据的安全。

同时，随着互联网的不断发展和应用，网络安全问题也成了国有企业不得不面临的重大合规风险之一。在业务交易过程中，特别是对客户信息的识别获取及评估上，有时仍无法对客户进行有效的风险评估。要解决这一问题并防范好网络安全，需要通过数字化改革的方式，依托新技术，以新兴的科技来防范企业的合规风险。随着国有企业数字化改革进程的不断深化，国有企业将会更加依赖高效、精准的合规科技手段，并使其能在新兴风险管控领域发挥重要作用，以有效应对网络安全所带来的合规风险。

总之，关于企业的数字化改革，国家决策层面早已吹响了企业数字化改革的号角，作为占据国民经济主导作用的国有企业，更需要把握时机，借力数字化转型，在全球疫情导致经济下滑的情形下，在"危"中找"机"，充分利用企业数字改革所能带来的新型合规管理的方式，提升国有企业合规管理水平，切实防范国有企业合规风险。

（二）国有企业合规管理体系数字化的现状及困境

面对国有企业合规管理体系建设的复杂性，要想建设好国有企业合规管理体系，需要数字化的深度参与。实际上，国有企业在合规管理中早已自觉或不自觉地使用了数字化方式。为了更好地发挥数字化的功能，很多国有企业也都首先建立了自己的数字化信息平台，以期通过信息化平台的建设提高国有企业数字化的水平及合规管理工作的有效性和针对性，但是国有企业合规管理体系数字化的现状却仍是不容乐观的。

根据德勤（Deloitte）2017年发布的国企改革《依法治企合规经营》白皮书，仅有32%的受访企业新建了合规体系，其余大部分企业均处于体系整合、评价、改进阶段。在合规管理系统工具方面，企业主要利用专业开发的信息系统（24%）和ERP系统（21%）来完成合规工作，少部分企业采用了简单的桌面工具，相比而言，大型跨国公司正逐步探索运用大数据和信息化手段收集合规管理信息、分析合规管理成效，利用合规系统进行业务审核，通过数据挖掘开展合规调查，提高合规管理效率。根据国有企业合规信息化系统使用现状的统计，其中超过三分之一的国有企业没有采用任何信息化系统进行合规工作，只有不到四分之一的企业使用了专门的合规管理工具。[1]

另外，以笔者所在企业为例，作为世界500强之一的国内供应链集成服务的龙头企业，近几年面临的合规风险也逐步增大，为满足股东对公司的可持续健康发展的要求、政府相关监管部门监管的要求，以及不断加强国有企业内部合规管控和企业内部管理效率的要求，为了在集团公司范围内系统地提升企业管理能力和效率，集团启动了包括企业合规管理在内的数字化体系建设项目，但在实际的实施过程中，仍面临着不同的挑战。

首先，集团不仅拥有众多的子、孙公司，也更涉及不同的业务板块，其中最主要的核心业务板块就包括但不限于供应链集成服务、供应链金融、高端实业制造等。各个子、孙公司之间不管是业务上还是管理上都是相互独立的，不同子、孙公司的内部管理水平也不一，合规体系又是企业的新生管理体系，如何能够使各层级下属单位较好地接受合规及数字化建设的理念是面临的难题之一，统一、整体地推进合规管理体系的数字化建设，是企业面临的首要挑战。

其次，在企业内部实施过程中，会面临不同的条线需求，包括业务条线、管理条线、法务条线、财务条线等，不同的条线对数字化建设的要求不一样，复杂程度也不一样，有的已存于现有的数字化信息平台或系统，这就需要考虑怎样让不同的数字化系统之间进行对接；而有的则不存于现有的信息化系统，这就需要考虑如何从零开始进行建设，并且需要考虑确保正在建设的数字化系统能和已存在的数字化系统进行有效对接等。

---

[1]德勤Deloitte：《德勤发布国企改革系列白皮书之六〈依法治企 合规经营〉》，"德勤Deloitte"微信公众号，2017年3月2日，最后访问时间：2022年3月17日，https://mp.weixin.qq.com/s/6o4wEFEhXrrRlNjyszIWTg。

最后，在落实的过程中，往往会出现"纸上"的制度很健全，实际落实层面不理想的尴尬局面。领导层可能会想当然地认为合规数字化的建设，只要投入人力、物力、财力就一定能够做好，但实践却复杂得多，数字化信息系统的修改、完善、升级等，不仅涉及资金投入的问题，还涉及人才的选择与储备、信息技术的沉淀和更新，以及与现有各业务领域管理体系相结合等问题。而在集团进行合规管理体系的实际建设中，不仅出现了实际进展严重落后的问题，也面临着合规管理体系信息化人才严重缺乏的困难。

总之，国有企业合规管理体系的数字化改革不仅是一项复杂的工程，也是国有企业合规管理体系建设必不可少的选项，缺乏数字化的改革，国有企业合规管理体系的建设将困难重重。虽然国有企业在实际的运营中，也会通过建立不同的信息化平台努力探索和利用数字化这把尖刀利器，但通过对国有企业合规管理体系数字化实际应用的深入观察，我们可以发现，国有企业合规管理体系数字化建设的现状实际上并不乐观。当然，导致这种情况出现的原因有很多，包括合规管理体系数字化建设本身的复杂性、企业内部业务的复杂性、已有的信息化平台系统的不统一、合规管理数字化人才的短缺等。但无论如何，建好合规管理体系数字化都是国有企业义不容辞的责任和义务，国有企业需要在自身合规管理体系与数字化的深度融合上，不断地进行探讨和研究。

三、深度融合国有企业合规管理体系与数字化改革

深度融合国有企业合规管理体系与数字化改革是国有企业合规管理体系有效建设的必然选择。就如前文所述一样，国有企业合规管理体系的建立本身就是一项极其复杂的工程，国有企业在进行合规管理体系建设时，需要建设一个能够覆盖全方位、全流程，整合企业内部合规要求、业务流程、信息利用等的信息化平台，通过信息化平台的应用可以实现风险评估集中化、风险监控常态化、风险效果可量化。按照理想的合规管理信息化系统建设的要求，应该将静态的各项合规制度、流程规则、职责分工与动态的流程监管、奖惩机制等内容充分融合，以合规风险管理全流程的视角，将合规管理的各

项职能映射到系统操作中，形成闭环式的合规风险防控机制。[①]

充分发挥数字化改革对国有企业合规管理体系建设的推进作用，是国有企业进行数字化改革的应有之义。数字化改革的直接目的是要实现国有企业业务的转型、创新与增长，其核心是业务转型，其工具乃是数字技术。通过数字化技术将企业相关文档、材料等从纸质形式或线下模式转化成数字信号形式，并进行存储、关联与使用，最终打通业务系统相关的所有数据，实现业务流程的线上化，从而提高业务效率。[②]数字化改革与国有企业合规管理体系的深度融合，其结果是企业战略的实现，要做好数字化改革与国有企业合规的深度融合至少需要从以下几个方面努力。

（一）不断提高对国有企业合规管理数字化改革的深刻认知

行动之前认知先行。对国有企业合规管理的数字化改革，如果认知不到位则很难成功，也无法做好国有企业合规管理体系与数字化改革的深度融合。认知上的提高，具体体现在对市场、政策、数字化改革及其紧迫性等认知的提高。

1.提高对市场竞争的充分认知

一方面，随着自身的不断转型和市场化改革，国有企业需要深度参与市场竞争，不断提高自身的经营能力，来应对未来发展的不确定性。未来是数字经济的时代，国有企业要想在未来市场中占有一席之地，必须拥抱数字化改革，拥抱新兴技术，以适应日益个性化、动态化、协同化的市场需求。将数字技术与国有企业治理体系相融合，可以创新业务开展模式，提升效能。另一方面，数字化转型也是国有企业实现高质量发展的内在要求，加快推进数字化改革，有利于国有企业及时改造提升传统动能、培育发展新动能，在数字经济大潮中实现更高质量的发展。[③]

2.提高对国家政策、监管上的充分认知

在政策上，2021年国家市场监督管理总局印发的《企业境外反垄断合

①吴魏：《企业营商风险与合规指引》，法律出版社2020年版，第132页。

②韩磊：《企业的数字化转型探索》，《张江科技评论》2021年第1期，第39—41页。

③万力源、叶根英、李会兰：《关于国有企业数字化转型的思考和建议》，《数字经济》2021年第10期，第44—47页。

规指引》及2022年10月1日正式生效的《合规办法》，都将中央企业的合规管理上升到了国家宏观政策层面，也为其他国有企业的合规管理体系的建设提供了权威参考依据。国有企业是具有国家主导地位的经济体，肩负着推动经济及整个社会高质量发展的职责使命，必须在全面推进依法治企、依法合规运营中激发市场活力，全力保障国有资产保值增值，夯实中国特色社会主义经济基础。[①]在监管上，国有企业的合规经营，是各级国资委对国有企业经营过程中的核心监管点。国务院国资委在《关于全面推进法治央企建设的意见》中，也特别强调，要着力强化依法合规经营，国有企业的合规不仅是依法治企的需要，也是国资监管部门对国企监管的核心要求。

3.提高对数字化改革的统一认知度

数字化转型的关键驱动要素是数据。但当前国有企业对什么是数字化、数字化与信息化的关系、数字化与智能化的关系、数字化转型包括哪些方面等问题仍未有明确答案。企业内各方对数字化的认知也不统一，数字化转型缺乏统一性和系统性认知，从而导致国有企业的数字化改革存在较大的盲目性和跟风性。要想有力地推动数字化改革在国有企业合规管理中的关键作用，需要企业上下梳理出统一的对数字化改革的认知，认识到合规管理及数字化改革不仅仅只是一种工具，更是一种文化、一种价值观，企业及企业的员工应当从心底里认可合规管理和数字化改革。[②]只有这样统一思想、统一布局、统一行动，才能更好地确保数字化改革进程的顺利。

4.提高对国有企业合规管理进行数字化改革紧迫性的认知

无论是从国有企业面临的外部竞争环境，还是国有企业内部合规风险的不断暴露，国有企业作为党执政兴国的重要支柱和依靠力量，必须将国有企业合规管理中的数字化改革作为一项重要的战略任务和政治任务来抓，以数字化改革、新兴技术的应用为支撑，结合国有企业的"十四五"规划，加速国有企业的数字化改革进程。

---

①刘春梅：《基于合规管理探究国有企业高质量发展的有效路径》，《财经界》2021年第24期，第41—42页。

②周渊：《新形势下企业法律风险与企业合规管理探讨》，《法制与社会》2021年第19期，第149—150页。

（二）继续完善国有企业合规管理数字化改革的顶层设计

国有企业顶层设计的齐备可以为国有企业的发展和合规风险防控提供强有力的支撑。国有企业顶层设计的内容包括公司组织管理结构的设计、合规管理体系的建设和培训、合规管理部门的设置及协同等。

1.企业的组织管理机构设计

企业的组织管理机构设计包括股东会、董事会、监事会及其他经营管理层的权限设置，制定合理的股东会、董事会、经营管理层之间的权责，强化监事会的监督管理职责，明确将公司合规管理体系的建设及相应数字化改革的职责填充至股东会、董事会及公司经营管理层的职责范围内，并将其作为重要的绩效考核依据，进一步在公司章程中落实合规管理的要求，可以有效地为国有企业后续从事合规管理和数字化改革工作提供有力的组织支撑。

2.合规管理体系的建设和培训

建立一套行之有效的合规管理体系是推动国有企业健康生存和可持续发展的重要基础，是确保企业各业务环节的合规可视、可量、可控的重要手段。在合规管理体系中最为重要的就是要建立起相应的合规管理制度和合规手册，并对公司的相关人员定期进行合规制度培训，将合规管理落地落实。让合规管理体系融汇于企业自上而下的管理和企业经营过程中，使公司的合规性管理占据企业经营管理的全过程。[①]

3.建立专门的合规管理部门

国有企业合规的重要性是不言而喻的，为了更好地开展国有企业合规工作，有必要建立专门的合规管理部门，健全合规管理系统，落实合规管理责任。在负责的合规管理部门中，也要明确对应的主体责任，将合规管理的相关工作明确到人。同时合规管理部门应与其他管理部门进行充分协同，建立定期会议制，邀请其他相关部门，如廉洁风险防控等部门共同参加，沟通协调重大事项，在国有企业合规工作中明确有效的专门管理部门。

---

① 杨斌：《新形势下国有企业合规管理体系建设研究》，《江西师范大学学报（哲学社会科学版）》2020年第4期，第96—102页。

4.不断提高合规管理部门与其他部门的协同性

在国有企业的组织机构管理上，董事会、监事会、经理层的相关职责要在公司章程中进行明确，通过具体的职责分工来协同做好国有企业合规管理及风险控制工作。国有企业的合规管理部门应由公司的"一把手"主管，明确主管领导的第一责任人职责，以及全体员工的主体责任；国有企业的合规管理应与企业内部业务流程的控制保持一致性和协同性，建立合规管理部门与业务部门的协同配合机制。签订合规风险责任书、承诺书，实施合规分级授权，激发自主管理动力。[①]

（三）继续加强合规管理及数字化改革人才、技术的保障和提升

1.合规管理及数字化改革人才队伍、技术的建设

无论是国有企业合规管理体系的建立，还是国有企业数字化的改革，都离不开人才队伍的建设。人才是企业合规管理体系、数字化改革的基础能力，企业要识别、吸纳及培养合规管理人才和数字化改革人才，通过人才队伍的建设来提高合规管理的水平，并为数字化改革的研发、应用和运维等提供人员保障，持续不断地提高企业全体员工的合规管理意识和数据素养，持续推进企业合规管理与数字化改革的深度融合。[②]

2.推进企业合规管理及数字化改革的机制和文化的建设

一方面，针对国有企业合规建设和数字化改革，需要不断地加强制度保障，建立起适应国有企业合规管理和数字化改革的企业运行机制，全面推进企业的合规管理流程、业务流程、商业模式等方面的数字化改革创新。另一方面，需不断建立和形成国有企业合规管理和数字化改革的文化，努力培养合规文化、创新文化、数据文化，鼓励和推广应用数据驱动进行合规管理，并以此为据作出合理分析和决策，不断构建合规管理建设与数字化改革的土壤和环境，完善容错和激励机制。[③]

---

①张栋良：《国有企业合规管理策略》，《中国外资》2021年第12期，第108—109页。

②万力源、叶根英、李会兰：《关于国有企业数字化转型的思考和建议》，《数字经济》2021年第10期，第44—47页。

③万力源、叶根英、李会兰：《关于国有企业数字化转型的思考和建议》，《数字经济》2021年第10期，第44—47页。

（四）以建设智能化信息化平台为突破口，渐进式地进行数字化改革和合规管理建设

1.根据自身实际经营采取对应的数字化改革和合规管理建设策略

数字化改革的规划与实施需要结合企业自身的实际情况开展。一方面，需要对国有企业现有的数字化改革、合规管理体系建设的现状给予充分的认知，即相比于民营企业、外资企业，国有企业的数字化比例是偏低的。另一方面，需要对国有企业自身的业务类型、发展状况、面临的难题等有充分的认知，无论是企业合规管理体系的建立还是数字化改革的建设，其首要目的是要解决国有企业所面临的发展问题。国有企业在进行合规管理体系建设和数字化改革中，需要根据自身的实际发展情况采取对应的数字化及合规管理体系策略。

2.采用渐进式的数字化改革策略

在《合规指引（试行）》中，国务院国资委列举了四类企业打造数字化转型标杆。一是制造类企业数字化转型示范，典型应用场景如智能工厂、数字化车间、智能炼厂、智能钢厂等智能现场；二是能源类企业数字化转型示范，典型应用场景如智慧电网、智慧管网、智能电站、智能油田、智能矿山等智能现场；三是建筑类企业数字化转型示范，典型应用场景如智慧城市、智慧调度、物资监管、数字交付等；四是服务类企业数字化转型示范，典型应用场景如智慧营销、智慧物流、智慧金融、智慧旅游、智慧供应链等。针对上述四类企业，国有企业可以积极进行对标，找准突破口，选取与数字经济联系紧密的应用场景重点发力，打通关键性应用场景，渐进式进行数字化转型。[1]

3.坚持自主创新，充分发挥数字化改革在国有企业合规管理体系中的关键作用

国有企业作为国民经济的主导力量，在社会经济发展过程中起着顶梁柱和引领全局的作用。在企业合规管理体系建设和数字化改革的过程中，国有企业既要考虑统筹兼顾发展与安全，也更需要充分发挥数字化改革在

---

[1] 万力源、叶根英、李会兰：《关于国有企业数字化转型的思考和建议》，《数字经济》2021年第10期，第44—47页。

国有企业合规管理体系中的关键作用。在实践中，国有企业应坚持开放包容的心态，以自主创新为切入点，不断增强核心技术的自主研发和应用能力，围绕新兴技术，如5G、云计算、人工智能等，努力打造国际领先、安全可控的数字化改革技术体系，不断提升企业数字化改革对企业合规管理体系建设的关键作用。

推进国有企业合规管理体系建设与数字化改革的深入融合是一项缓慢而又复杂的工作。无论是企业还是企业员工，需要做的事都有很多。从对其思想认知的重视，到国有企业顶层组织管理结构设计的配套，再到国有企业相关人才、技术、保障机制的建设，都需要国有企业投入较大的人力、物力和财力。在进行国有企业合规管理的过程中，需要选择或者搭建适合企业自身的数字化、信息化平台，需要建立专项负责合规的部门，需要合规部门、业务部门与信息技术部门团队密切合作，不断优化与提升平台，循序渐进，不断进行修正和完善。

在建立好相应的数字化、信息化平台后，也需要发挥其在国有企业合规管理中的作用，真正实现以数字技术为手段，以国有企业合规管理为依托，在国有企业的风险预防、识别、反馈、处置等各个方面发挥积极的作用，切实推动国有企业深度参与市场经济，激发国有企业的活力和发展动力，推动国有企业高质量、高效率、可持续地发展。

国有企业公司治理合规

第一节　党委领导与国企治理

党委在国有企业公司治理中有着领导核心作用，在合规管理中也同样具有领导作用。2016年10月，习近平总书记在全国国企党建工作会议上指出："要处理好党组织和其他治理主体的关系，明确权责边界，做到无缝衔接，形成各司其职、各负其责、协调运转、有效制衡的公司治理机制。"2017年12月，中央经济工作会议进一步要求加强国有企业党的领导和党的建设，推动国有企业完善现代企业制度，健全公司法人治理结构。如何发挥党委在国企合规管理中的作用，如何划分党委与董事会的决策权限，如何加强国有企业"三重一大"决策的合规性，是国企合规管理的实践重点与难点。

一、党委在国企合规管理中的作用

（一）国有企业党委在国企合规管理中发挥着领导作用

国有企业党委在公司法人治理结构中的法定地位，决定了国有企业党委在合规管理中的领导地位。2016年10月，习近平总书记在全国国企党建工作会议上指出："坚持党对国有企业的领导是重大政治原则，必须一以贯之；建立现代企业制度是国有企业改革的方向，也必须一以贯之。"中国特色现代国有企业制度，"特"就特在把党的领导融入公司治理各环节，把企业党组织嵌入公司治理结构，明确党组织在公司法人治理结构中的法定地位，有利于发挥国有企业党组织作用，正确处理国有企业党组织与股东会、董事会、监事会和经理层的关系。这样的定位，既能加强和改进党对国有企业的领导，又适应了建立现代企业制度的要求，是一项史无前例的重大制度创新。[①]2022年10月通过修正的《中国共产党章程》（以下简称《党章》）第三十三条明确规定"国有企业党委（党组）发挥领导作用，把方向、管大局、保落实，依照规定讨论和决定企业重大事项"。2022年10月1日起施行的《合规办法》将坚持党的领导作为中央企业合规管理工作的原则之一，并明确中央企业党委（党组）发挥把方向、管大局、促落实的领导作用。[②]为此，国有企业合规管理必须坚持党的领导，统筹把握国企合规管理工作的方向和原则；通过坚持党的领导，建立科学决策、有效制衡、权责明确、协调运转的公司治理体系，确保国有企业公司治理合规运转，保障党中央关于深化法治建设、加强合规管理的重大决策部署在企业得到全面贯彻落实。

（二）党委与其他治理主体在合规管理功能上互补

2019年12月，中共中央发布《中国共产党国有企业基层党组织工作条例（试行）》（以下简称《工作条例》），规定国有独资、全资企业和国有资本绝对控股企业重大经营管理必须经党委（党组）研究讨论后，再由董事会或经理层作出决定；党组织研究是董事会、经理层决策重大问题的前置程序。国有企业党委通过对重大事项前期研究讨论，确保国有企业重大问题的决策符合党和国家大政方针，符合法律法规、党内法规、监管规定、行业准则及公司章程、规章制度等要求，增加重大经营决策的科学性和民主性，提高国有企业经营效率和绩效，保证党和国家利益不受侵害。代表股东利益的党委成员在参与治理过程中能够及时获取国有企业各项决策的制定、执行和监督情况的信息，有效缓解国有企业股东与管理者之间的信息不对称问题。同时，以习近平同志为核心的党中央，结合加强国企党建工作，从党管国有企业、党管国企干部、党抓国企作风、党立国企规矩、全心全意依靠工人阶级等方面进行了全方位、深层次的布局谋划。[③]各级党组织和广大党员领导干部作为推进合规管理的支柱力量，充分发挥能动作用，带头示

---

①荆棘：《没有放之四海而皆准的现代企业制度》，《求是》2017年第5期，第54—56页。
②《合规办法》第五条、第七条。
③孔宪峰：《坚持党的领导、加强党的建设，是国有企业的"根"和"魂"》，《求是》2021年第18期，第24—28页。

范推进，综合协调引领，将合规管理要求真正自上而下全面落实。

（三）党委在国企合规管理中具有监督制衡作用

《工作条例》第十四条规定了"双向进入、交叉任职"领导机制，即符合条件的党委（党组）班子成员可以通过法定程序进入董事会、监事会、经理层，董事会、监事会、经理层成员中符合条件的党员可以依照有关规定和程序进入党委（党组）。嵌入公司治理结构的党委是党在国有企业的代表，维护党和国家利益是其职责所在，因此嵌入公司治理结构的党委成员在参与国有企业各项重大经营决策时会以股东利益最大化为目标，能够有效地监督和约束管理者行为，促使企业认真执行股东各项决策，抑制其损害企业绩效和股东利益的自利行为，并确保重大经营决策和流程符合法律法规及公司章程规定。嵌入董事会、监事会和经理层中的党委成员一方面能够站在股东立场做好本职工作，另一方面能够更加有效地监督董事会、监事会和经理层中的其他成员，促使国有企业在内部控制的实施过程中选择较为严谨的风险评估方法和严格控制在可承受范围之内。另外，通过全面从严治党，加强党建工作，开展党风廉政建设等方式，确保党员行为符合国家法律法规、党内法规及企业规章制度，减少腐败行为发生。

二、党委与董事会的决策权限划分

《公司法》《党章》《工作条例》《国有企业公司章程制定管理办法》等相关法律法规对国有企业党委及董事会的职责作了规定，但对党委的决策权限范围未具体规定。在实践中，有些国有企业，特别是下属二、三级国有企业，对党委决策范围不清晰，党委与董事会的决策权限也未具体划分。

（一）党委的决策权限

现有法律规定了党委应参与讨论和决定企业重大事项，明确了重大经营管理事项需经党委前置研究讨论，但对党委的职权规定比较原则化，党委具体决策事项需由企业自行规定。

《公司法》并未规定具体的党委决策权限。《党章》第三十三条规定："国有企业党委（党组）发挥领导作用，把方向、管大局、保落实，依照规定讨论和决定企业重大事项……参与企业重大问题的决策；加强党组织的自身建设，领导思想政治工作、精神文明建设、统一战线工作和工会、共青团、妇女组织等群团组织。"《党章》对国有企业党委（党组）的职权规定比较原则化，既规定了国有企业党委（党组）讨论和决定企业重大事项，又规定了国有企业党委（党组）参与企业重大问题的决策，对具体决策哪些重大事项未进行规定。

《工作条例》第十一条规定，国有企业党委（党组）发挥领导作用，把方向、管大局、保落实，依照规定讨论和决定企业重大事项。主要职责包括：加强企业党的政治建设，贯彻执行党的路线方针政策，研究讨论企业重大经营管理事项，加强对企业选人用人的领导和把关，履行企业党风廉政建设主体责任，加强基层党组织建设和党员队伍建设等。其第十五条规定，国有企业重大经营管理事项必须经党委（党组）研究讨论后，再由董事会或者经理层作出决定，并列举了研究讨论的主要事项。包括：贯彻党中央决策部署和落实国家发展战略的重大举措；企业发展战略、中长期发展规划，重要改革方案；企业资产重组、产权转让、资本运作和大额投资中的原则性方向性问题；企业组织架构设置和调整，重要规章制度的制定和修改；涉及企业安全生产、维护稳定、职工权益、社会责任等方面的重大事项，以及其他应当由党委（党组）研究讨论的重要事项。同时规定，国有企业党委（党组）应当结合企业实际制定研究讨论的事项清单，厘清党委（党组）和董事会、监事会、经理层等其他治理主体的权责。从前述规定看出，《工作条例》对党委前置研究讨论的重大经营管理事项进行了规定，但对重大经营管理事项之外的重大事项决策主体未作具体规定，而是把党委（党组）讨论决定清单交给了企业，由企业结合实际情况自行确定。

另外，《国有企业公司章程制定管理办法》第九条规定，公司党组织条款应当按照《党章》《工作条例》等有关规定，写明党委（党组）或党支部（总总支）的职责权限、机构设置、运行机制等重要事项，明确党组织研究讨论是董事会、经理层决策重大问题的前置程序。

（二）董事会的决策权限

董事会是企业的经营决策机构，定战略、作决策、防风险，依照法定程序决策企业重大经营管理事项。《公司法》及《上市公司章程指引（2022年修订）》等有关法律法规对董事会职权作了规定，具体如下：

《公司法》第四十六条规定，董事会对股东会负责，决定公司的经营计划和投资方案，决定公司内部管理机构的设置，决定聘任或者解聘公司经理及其报酬事项，并根据经理的提名决定聘任或者解聘公司副经理、财务负责人及其报酬事项，以及公司章程规定的其他职权。

《国有企业公司章程制定管理办法》第十条规定，董事会条款应当明确董事会定战略、作决策、防风险的职责定位和董事会组织结构、议事规则；载明出资人机构或股东会对董事会授予的权利事项；明确董事的权利义务、董事长职责；明确总经理、副总经理、财务负责人、总法律顾问、董事会秘书由董事会聘任；明确董事会向出资人机构（股东会）报告、审计部门向董事会负责、重大决策合法合规性审查、董事会决议跟踪落实及后评估、违规经营投资责任追究等机制。

《上市公司章程指引（2022年修订）》第一百零七条规定："董事会行使下列职权：……（八）在股东大会授权范围内，决定公司对外投资、收购出售资产、资产抵押、对外担保事项、委托理财、关联交易、对外捐赠等事项。"

另外，《合规指引（试行）》第五条规定，董事会的合规管理职责主要包括：（1）批准企业合规管理战略规划、基本制度和年度报告；（2）推动完善合规管理体系；（3）决定合规管理负责人的任免；（4）决定合规管理牵头部门的设置和职能；（5）研究决定合规管理有关重大事项；（6）按照权限决定有关违规人员的处理事项。

在实践中，国有企业在公司章程中对董事会决策事项进行规定，如由董事会聘任或解聘公司总会计师、总工程师、总经济师、首席合规官、安全总监等高级管理人员；在股东大会授权范围内，决定公司重大的投融资、收购出售资产、资产抵押、资产重组、担保事项、委托理财、关联交易、对外捐赠等事项。

通过分析党委及董事会的职权，可以看出党委研究决定的是党和国家的方针、政策在企业的贯彻执行意见和落实措施，决定以党委名义发出的重要文件，研究决定党委自身建设及党建工作等有关内容。董事会是企业的经营决策机构，定战略、作决策、防风险，依照法定程序决策企业重大经营管理事项，包括决定公司的经营计划和投资方案、公司内部管理机构的设置、聘任或解聘公司经理、副经理、财务负责人及其报酬事项、公司总经理、董事会秘书的聘任及公司章程规定的其他事项，各企业在规定党委和董事会职权时一定要进行明确区分，以防两者决策权限不清。

三、党委与董事会、经理层之间的关系

党委发挥领导作用，不是直接领导企业具体开展合规管理工作，更不能直接作为企业开展合规管理的决策和指挥中心。党委主要通过参与重大事项决策、落实党管干部原则来发挥作用，监督各项决策在企业得到全面贯彻落实。

（一）党委与董事会、经理层依法决策的关系

1.党委前置研究讨论的是企业重大经营管理事项

《工作条例》第十五条规定，国有企业重大经营管理事项必须经党委（党组）研究讨论后，再由董事会或者经理层作出决定。主要包括：贯彻党中央决策部署和落实国家发展战略的重大举措；企业发展战略、中长期发展规划，重要改革方案；企业资产重组、产权转让、资本运作和大额投资中的原则性方向性问题；企业组织架构设置和调整，重要规章制度的制定和修改；涉及企业安全生产、维护稳定、职工权益、社会责任等方面的重大事项；其他应当由党委（党组）研究讨论的重要事项。

从上述规定看，国有企业党委研究讨论的是重大经营管理事项，是事关企业全局的原则性、方向性问题及重要人事任免等重大事项，通过党委研究讨论"前置程序"这一制度设计，来保证监督董事会、经理层的重大决策，符合党的方针政策和国家的法律法规及企业的发展战略。

2.党委前置研究不代表前置决定

国有企业党委前置研究主要是对重大经营管理事项进行把关定向，看是否符合党的理论和路线方针政策，是否贯彻党中央决策部署和落实国家发展战略，是否有利于促进企业高质量发展、增强企业竞争力、实现国有资产保值增值，是否有利于维护社会公众利益和职工群众合法权益要求。党委应当把握好定位，而不是代替董事会、经理层决策。如果党委发现董事会、经理层的重大决策不符合党的方针政策和国家的法律法规或严重脱离实际时，应及时提出意见；如党委的意见得不到采纳，董事会、经理层的错误决策得不到纠正，党委有权利和责任向上级党组织反映。因此，重大事项不是由党委决定的，而是经党委前置研究讨论后，最后由董事会或经理层作出决定，党委前置研究不等于前置决定。

（二）坚持党管干部原则与董事会、经理层选人用人的关系

1.企业党委班子与法人治理结构同步建设

党管干部、党管人才是党的领导在干部人才等人事工作中的体现。国有企业董事会、监事会、经理层在定期换届改选时，将企业党委班子与法人治理结构同步建设；通过"双向进入、交叉任职"的领导体制安排，实现党委班子与董事会、监事会、经营班子等现代公司法人治理结构的相互融合。党委、董事会在酝酿和研究下属企业法人治理结构组成人员人选时，要与下属企业党委领导班子人选一并考虑、一起研究。党委书记与董事长原则上应由一人担任；党委班子成员分别依法进入董事会、监事会或经营班子，从而实现国有企业党委班子与法人治理结构的有机融合。

2.党委需对重要干部任免把好关

在现代企业制度下，《公司法》保障董事会依法选择经营管理者，经营管理者依法行使用人权。保障董事会、经理层选人用人权，并不意味着党委可以当"甩手掌柜"。党委应严格执行国有企业领导人员"对党忠诚、勇于创新、治企有方、兴企有为、清正廉洁"的选任标准[1]，在选任标准、规范程序、参与考察、推荐人选方面把好关，即严格把好人选廉洁

---

① 《工作条例》第十六条。

关，在选拔任用干部之前，要充分听取所在企业纪委对拟任人选的意见，严格执行干部选拔任用党风廉政建设"一票否决制"；健全干部选拔任用信息公开制度，加强对干部选拔任用工作的监督，坚决防止和严厉查处选人用人上的不正之风和腐败问题；强化干部选拔任用责任追究，对违反规定程序和条件进行干部任免的，对相关责任人进行问责。为此，重要干部任免，由国有企业党委组织考察把好关，经党委会集体讨论后作出决议，对需要提交董事会审议任免的，以党委的名义向董事会推荐，并经法定程序进行任免。

四、"三重一大"集体决策制度

为切实加强国有企业反腐倡廉建设，推动其真正科学高效规范岗位职能权限，促进完善合规管理，2010年6月，中共中央办公厅、国务院办公厅印发《关于进一步推进国有企业贯彻落实"三重一大"决策制度的意见》（以下简称"三重一大"决策制度），提出国有企业和国有控股企业"三重一大"事项，（即重大决策、重要人事任免、重大项目安排和大额度资金运作），必须由领导班子集体作出决定。《合规指引（试行）》第十四条第二款规定，要严格落实"三重一大"决策制度，加强对决策事项的合规论证把关，保障决策依法合规。然而国有企业在执行"三重一大"决策制度时仍存在一些合规问题。

（一）主要存在的问题

1.决策流程不规范

部分国有企业虽已建立了"三重一大"决策制度，但决策流程不规范，未执行最高领导末位发言制，会上最高领导率先表达自己的想法，而后再由其他成员表态，造成企业班子成员"有言不敢言"的情形，导致民主决策在一定程度上流于形式。部分企业在决策前论证调研不充分，造成决策实施后达不到预期效果，导致决策失误，甚至有可能造成国有资产损失。

2.决策后管理不善或者执行不力

董事会、党委会、经理层决策决定后，决策是否执行、如何执行、执行效果如何，很少在事后就决策执行的情况在会上进行反馈和通报。此外，一些重大事项在决策执行过程中会发生调整变更现象，而调整变更的集体决策过程往往容易被忽视或漠视，从而导致集体决策的要求未能贯穿始终。

3.决策资料管理不规范

部分国有企业重大事项集体决策资料保存不完整、不齐全，无法还原决策真实过程，如缺少决策对应的会议资料、会议记录过于简洁、反映不出决策程序、会议记录上有部分领导未签字等情形。有时存在资料后补情况，部分会议存在会议签到表、会议记录签字与会议纪要列明参会人员不符的情况。

(二)对国有企业实施"三重一大"决策的合规建议

针对国有企业实施"三重一大"决策时存在的问题，提出以下建议：

1.制定本企业"三重一大"决策制度

为规范国有企业决策行为，保证决策的科学化、民主化，提高决策水平，防范决策风险，国有企业应结合企业实际，制定本企业"三重一大"决策制度，明确党委会、董事会决策权限及决策范围，细化决策程序和操作流程，确保重大事项集体决策的可操作性，避免流于形式。同时，将法律审核嵌入决策过程，确保国有企业重大事项决策依法依规。

2.建立决策执行跟踪机制

加强决策的执行跟踪，明确"三重一大"决策执行督办部门，对决策事项的执行和完成情况进行督查，制定重大事项督查督办清单，定期跟踪决策执行进展，向决策人员通报决策执行办理情况。对年度重点工作或关系企业全局发展的重大决策事项，督办部门可开展调研或组织检查，切实掌握实际执行情况，检查、督促企业各项决策落实到位。负责决策执行的责任部门或单位应当制定决策实施方案，明确责任领导及具体承办机构及责任人，确保落实决策的工作质量和进度，并根据督办部门的要求定期将决策执行情况进行上报。督办事项办结后，进行归档留存。

3.强化监督检查

充分发挥监事会及审计、纪检等各有关部门的监督作用，履行好"三重一大"决策制度执行监督。要把督促检查重大事项决策制度落实情况作为考核班子、干部和党风廉政建设的重要内容，通过年度考核等途径，不断深化对贯彻执行重大事项决策制度的监督检查。有条件的企业，可通过信息化建设，利用数字化手段完善企业重大事项决策流程，提高决策工作效率和决策质量水平。

4.建立决策问责追究机制

坚决制止和严肃查处严重违反民主集中制原则和滥用职权造成企业重大损失者的错误行为，防止和杜绝个人独断专行、少数人说了算和"暗箱操纵"。对未履行规定程序或者未经授权擅自决策、盲目决策、拍脑袋决策、决策执行不力等行为造成重大损失的，坚决追责问责。涉及违纪违法、涉嫌犯罪的，按照规定移送纪检监察机构、司法机关处理。实施责任追究要实事求是，分清集体责任和个人责任、主要领导责任和重要领导责任。追究集体责任时，领导班子主要负责同志和直接分管的领导班子成员承担主要领导责任，参与决策的班子其他成员承担重要领导责任。对错误决策提出明确反对意见但没有被采纳的，不承担领导责任。错误决策由领导干部个人决定或者批准的，追究该领导干部个人的责任。

5.建立容错纠错机制

建立健全激励干部担当作为的容错纠错机制，为担当者担当、为负责者负责、为干事者撑腰。积极运用容错理念处理事项、评价工作、对待干部，激发广大干部正确面对市场竞争和挑战的信心。对领导干部履职行权过程中出现的失误错误，慎重对待、认真研判，对符合容错适用情形的[①]，一般可免责或者从轻、减轻处理。对符合容错条件的，考核时不作负面评价，评先评优时不受影响。同时，要准确把握容错界限，对违纪违法行为必须严肃查处，防止混淆问题性质、拿容错当"保护伞"、搞纪律

---

①中共中央办公厅于2018年5月印发《关于进一步激励广大干部新时代新担当新作为的意见》，对建立激励机制和容错纠错机制，进一步激励广大干部新时代新担当新作为提出意见。北京市委办公厅等相关部门分别印发了《关于激励干部担当作为实施容错纠错工作办法（试行）》等文件，并规定容错适用的情形，各企业可根据中央及所在地方政策规定制定具体的容错适用情形。

"松绑"，确保容错在纪律红线、法律底线内进行。坚持有错必纠、有过必改，对苗头性、倾向性问题早发现早纠正，对失误错误及时采取补救措施，帮助干部吸取教训、改进提高，让他们放下包袱、轻装上阵。

6.加强宣传教育

加大对重大事项集体决策制度的学习宣传。组织企业领导人员及中层以上骨干，对重大事项的相关政策、决策原则、范围、程序等进行认真学习，通过召开专题会议、进行专项培训等方式，使领导干部深入领会重大事项集体决策主要精神，切实提高对重大事项集体决策制度重要性的认识，增强企业贯彻落实重大事项集体决策工作的自觉性和主动性。

五、小 结

国有企业党委在国企治理合规中发挥着领导作用，与其他治理主体在合规管理功能上互补，并对国企公司治理合规管理进行监督制衡。要厘清党委和董事会、经理层的关系，党委前置研究讨论的是企业重大经营管理事项，党委前置研究不代表前置决定，企业党委班子与法人治理结构同步建设，党委需对重要干部任免把好关。同时，党委、董事会对重大事项决策时要合规，厘清党委和董事会的决策权限，加强国有企业"三重一大"决策的合规性。

第二节　监事会与外派监事

监事，是公司中常设的监察机关的成员，又称"监察人"，负责监察公司的财务情况、公司高级管理人员的职务执行情况，以及其他由公司章程规定的监察职责。在中国，由监事组成的监察机构称为监事会，是股份有限公司和国有独资公司必备的法定监督机关。由于公司股东分散，专业知识和能力差别很大，为了防止董事会、经理层滥用职权，损害公司和股东利益，就需要在股东大会上选出这种专门监督机关，代表股东大会行使监督职能。然而，监事会内部合规问题及其监督职责往往被企业所忽视[①]，如何确保监事会自身符合合规各项要求，如何对董事会、经理层的职务行为进行合规监督是本节的讨论重点。

一、国有企业监事会（监事）的合规性要求

国有企业监事会（监事）的设置及监事会会议程序不仅要符合《公司法》等外部法律法规（即外法）要求，也要符合公司内部规章制度（即内规）要求，先从外法规定来看，国有企业监事会（监事）有以下重要合规要点。

（一）股份有限公司、国有独资公司应设监事会，须有职工监事代表

根据《公司法》的规定，有限责任公司设监事会，其成员不得少于三

[①]中共浙江省审计委员会办公室、浙江省审计厅于2021年12月发布的《审计发现共性问题清单》提及，监事会设立及履职不到位，无职工代表，或虽有职工代表但未通过公司职代会选举，也未在工商登记机关备案，未召开监事会，未履行监事会职责，是国有企业法人治理结构不完善的问题主要表现形式之一。

人，股东人数较少或者规模较小的有限责任公司，可以设一至二名监事，不设监事会；监事会应当包括股东代表和适当比例的公司职工代表，其中职工代表的比例不得低于三分之一，具体比例由公司章程规定；股份有限公司设监事会，其成员不得少于三人；国有独资公司监事会成员不得少于五人。

从上述规定看，公司监事是《公司法》强制要求设立的，并且要求所有股份有限公司、国有独资公司都应设立监事会，且在监事会中应有不低于三分之一的职工代表。对于股东人数较少或者规模较小的有限责任公司是否设置监事会可根据各自公司的情况在公司章程中进行规定。

（二）监事资格应合规

《公司法》规定，董事、高级管理人员不得兼任监事。如有出现《公司法》第一百四十六条规定的情形之一的，不得担任公司的董事、监事、高级管理人员；在任职期间内，如出现前述规定的情形之一的，公司应当解除其职务。[①]在实践中，往往缺乏对董监高人员资格合规之监督。虽然，上市公司在选举董事、监事时，要求股东大会在选举通知中事先充分披露董事、监事候选人的详细资料，包括董事、监事候选人的个人信息、与本公司或本公司控股股东及实际控制人是否存在关联关系、持有本公司股份数量及是否受过中国证监会及其他有关部门的处罚或证券教育所的惩戒[②]，但董事、监事在任职时未有对不发生《公司法》第一百四十六条规定的情形作出相关承诺，也未对董事、监事的相关情况是否符合《公司法》规定进行调查核实。法律上对董事、监事在任职期间出现该情形时也未设置主

[①]《公司法》第一百四十六条规定，有下列情形之一的，不得担任公司的董事、监事、高级管理人员：（1）无民事行为能力或者限制民事行为能力；（2）因贪污、贿赂、侵占财产、挪用财产或者破坏社会主义市场经济秩序，被判处刑罚，执行期满未逾5年，或者因犯罪被剥夺政治权利，执行期满未逾5年；（3）担任破产清算的公司、企业的董事或者厂长、经理，对该公司、企业的破产负有个人责任的，自该公司、企业破产清算完结之日起未逾3年；（4）担任因违法被吊销营业执照、责令关闭的公司、企业的法定代表人，并负有个人责任的，自该公司、企业被吊销营业执照之日起未逾3年；（5）个人所负数额较大的债务到期未清偿。公司违反前款规定选举、委派董事、监事或者聘任高级管理人员的，该选举、委派或者聘任无效。董事、监事、高级管理人员在任职期间出现本条第（1）款所列情形的，公司应当解除其职务。

[②]《上市公司章程指引（2022年修订）》第五十七条。

动告知之义务，特别是在任职期间内出现《公司法》规定个人所负数额较大的债务到期未清偿的情形时，公司较难掌握其个人相关信息，缺少对该信息的知情权。为此，一旦监事出现不符合法律规定的情形，公司解除其监事职务要滞后很长时间，甚至无法采取解除其监事职务的措施。

（三）职工监事任免程序不同于股东监事

职工监事与股东监事共同组成监事会，共同行使监事会职权，他们的地位是平等的，但两者的任免程序不同。根据《公司法》规定，股东监事由股东（大）会选举和更换，监事会中的职工代表由公司职工通过职工代表大会、职工大会或者其他形式民主选举产生。因此，公司在设立职工监事时要注意其任免程序，职工监事的具体选任不由股东（大）会选任，而是由本企业的职工代表大会或者工会选举更换；当选的监事不仅要符合《公司法》规定的监事资格，而且必须是本企业的职工。

（四）监事在任职期内即使辞职也应履职

《公司法》规定，监事可以连选连任，监事任期届满未及时改选，或者监事在任期内辞职导致监事会成员低于法定人数的，在改选出的监事就任前，原监事仍应当依照法律、行政法规和公司章程的规定，履行监事职务。监事如果在任期内达到退休年龄或离职的，企业应及时进行监事改选；否则，即使监事已经达到退休年龄或离职，在未改选前，仍应由原监事履行监事职务。对于离职的监事，建议在离职前先辞去监事职务，否则还需承担监事职责。

（五）监事会会议程序应合规

《公司法》规定监事会每年度至少召开一次会议，监事可以议题召开临时监事会会议，监事会的议事方式和表决程序，除《公司法》规定外，由公司章程规定，监事会决议应当经半数以上监事通过，监事会应当将所议事项的决定制成会议记录，出席会议的监事应当在会议记录上签名。对于股份有限公司，监事会还需每6个月至少召开一次会议，否则，将有可能会被认为监事会监督职责不到位。另外，监事会务必要保存好会议记录，特别是股份有限公司，因股东人数较多，股东有权查阅监事会会议决议，提出建议或者质询。

（六）监事反对意见应有记录

监事会决议可能出现内容或程序性瑕疵，包括决议内容违反法律或章程的规定，形成程序违反章程和法律的规定，等等。当其中一名监事认为监事会决议内容或程序违法时，须说明违法决议的法律和现实后果并告知其他监事。如果该监事已采取前述措施，但仍未能阻止相关决议进入表决程序，则此时其必须投反对票，并设法将其投反对票的事实记录在会议记录中，即使在匿名表决的情况下也同样如此。这是监事免于承担不必要的责任，进行个人自我保护的手段之一。

二、监事会监督的主要内容

《合规指引（试行）》规定，监事会的合规管理职责主要包括：监督董事会的决策与流程是否合规；监督董事和高级管理人员合规管理职责履行情况；对引发重大合规风险负有主要责任的董事、高级管理人员提出罢免建议；向董事会提出撤换公司合规管理负责人的建议。另外，《中华人民共和国证券法》（以下简称《证券法》）、《公司法》等有关法律法规对监事会（监事）的职责作了细化规定，归纳起来，监事会及不设监事会的监事主要监督以下内容：

（一）监督董事会的决策与流程

从监督内容来看，监事会不仅需要对董事会的决策流程是否依法依规进行监督，还需要对董事会的决策内容是否符合相关的法律法规及其他与其有关的政策性文件、公司及股东等有关规定进行监督。前者重在程序性监督，即只要合规即可。后者不仅仅要监督决策内容是否符合法律法规，还需对董事会的决策依据是否充分，董事会决策人员是否尽到勤勉、忠实义务进行监督。

从监督时间来看，监事会既对企业后续的经营管理进行展望性监督，也对其已开展的决策事项进行回顾性监督。就前者而言，监事会通过列席董事会会议就有关决策内容及决策流程是否合规发表意见的方式来实现，后者则可通过检查或调查方式对董事会已定的决策和流程进行监督。

（二）监督董事和高级管理人员的合规管理职责履行情况及职务行为

监事会监督董事和高级管理人员合规管理职责履行情况，对董事、高级管理人员执行公司职务的行为进行监督，这意味着只有在董事和高级管理人员承担责任后，才考虑监事会对董事和高级管理人员合规管理职责履行情况进行监督审查。此类审查通常为事后审查，监事会不参与董事会、高级管理人员的具体经营，监事会无权利也无义务对合规管理体系设置提出意见。但在事后审查中，监事会对董事和高级管理人员的职务行为及其在合规管理职责履职情况中的不作为、不合规或者不按照股东会决议执行、损害公司利益的行为可以提出建议。如董事、高级管理人员违反法律、行政法规、公司章程或者股东会决议的，监事会、不设监事会的公司监事可提出对其罢免的建议；当董事、高级管理人员的行为损害公司的利益时，可要求董事、高级管理人员予以纠正。[①]

（三）监督董事、高管及合规管理负责人

根据《合规指引（试行）》，监事会有权对引发重大合规风险负有主要责任的董事、高级管理人员提出罢免建议；向董事会提出撤换公司合规管理负责人的建议，但监事会提出人员罢免和撤换建议的前提是该人员对引发重大合规风险负有主要责任；对于引发一般合规风险或者虽重大合规风险但不负有主要责任的，监事会有权以其损害公司利益为由对其提出相关建议，并要求董事、高级管理人员予以纠正。

（四）监督企业财务等其他经营事项

《公司法》规定，监事会、不设监事会的公司的监事具有检查公司财务的职权。监事会、不设监事会的公司的监事发现公司经营情况异常，可以进行调查。监事会在开展监督时，不仅可以检查企业财务，还通过对董事和高级管理人员职务行为等监督，检查财务及其他经营事项，包括制度的执行情况、合同的履行情况、流程审批情况等。

如国务院国资委办公厅于2004年12月向各中央企业发布的《关于监事

---

① 《公司法》第五十三条。

会对中央企业收购活动进行专项检查的通知》①规定，由国有重点大型企业监事会结合2004年度监督检查一并对中央企业收购活动和落实该通知情况进行专项检查，检查内容包括企业收购活动是否符合国家产业政策和严格遵守国家宏观调控的有关规定，是否符合企业发展战略和规划，收购前是否经过充分论证、慎重决策、有效规避风险，以及完善收购活动管理制度情况等。另外，国务院国资委发布的《关于中央企业管理提升活动情况纳入监事会当期监督有关事项的通知（2012）》中规定的检查内容非常广，包括与被检查项目有关的内容外，还要求企业党委（党组）进行专题汇报。

（五）上市公司规定的其他监督职责

结合《证券法》《上市公司信息披露管理办法（2021年修订）》的有关规定，监事会应当对董事会编制的证券发行文件和定期报告进行审核，并提出书面审核意见；在审核董事会定期报告时，要在书面审核意见中说明董事会编制和审议程序是否符合法律、行政法规和中国证监会的规定，报告的内容是否能够真实、准确、完整地反映上市公司的实际情况，从而确保董事会定期报告真实、合法。同时，还对公司董事、高级管理人员履行信息披露职责的行为进行监督，关注公司信息披露情况，发现信息披露存在违法违规问题的，应当进行调查并提出处理建议。

由此可见，监事会作为专门监督机关，可通过上述监督，防止董事会独断专行，督促董事、高级管理人员依法依规履职，维护企业财产安全，保障股东合法权益。

三、监事会合规监督之手段

根据目前的法律规定及企业实践，在履行监督职责时，监事会可自行选择采取的手段，包括：

---

① 《关于监事会对中央企业收购活动进行专项检查的通知》，国务院国有资产监督管理委员会网站，2005年1月17日，最后访问时间：2022年12月17日，http://www.sasac.gov.cn/n2588035/n2588320/n2588335/c4259532/content.html。

1.查阅权

查阅公司账簿和财产情况是《公司法》规定的监事会的基本职权，董事、高级管理人员应当如实向监事会或者不设监事会的有限责任公司的监事提供财务会计资料及与经营管理活动有关的情况和资料，不得妨碍监事会或者监事行使职权。董事会主动提交或根据监事会要求提交的报告材料是监事会监督的常用信息源。

2.调查权

《公司法》规定，监事会发现公司经营情况异常，可以进行调查；必要时，可以聘请会计师事务所等协助其工作，费用由公司承担。监事会一般每年对企业定期检查1至2次，并可以根据实际需要不定期地对企业进行专项检查。在实践中，国有企业监事会常以专项方式对企业开展调查，如河北省国资委于2017年7月26日发出了《关于对派驻监事会企业资金管控情况开展专项检查的通知》，决定于2017年7月下旬至11月上旬对派驻监事会企业的资金管控情况开展专项检查[1]，以及上述提到的对中央企业收购活动进行专项检查等。在调查中，监事会可与企业经营管理人员和其他人员进行沟通、向职工了解情况、要求企业作出说明、向外部有关部门和银行调查了解企业财务状况和经营管理情况等。监事会每次对企业进行检查结束后，应当及时完成检查报告，检查报告一般包括检查的情况、存在的问题及对存在问题的处理建议等；检查完毕后，还对存在的问题整改情况进行跟踪检查。

3.参会权

根据《公司法》规定，监事可以列席董事会会议，并对董事会决议事项提出质询和建议。同时，董事会会议应当于会议召开十日前通知全体监事，这说明，通知监事列席董事会会议也是董事会的义务。另外，根据《公司法》规定，监事会还可主动提议召开董事会临时会议，三分之一以上的监事会也可以提议召开董事会临时会议，董事长应当自接到提议后10日内召集和主持董事会会议。

---

[1] 河北省国资委：《关于对派驻监事会企业资金管控情况开展专项检查的通知》，河北省人民政府网站，2017年8月7日，最后访问时间：2022年12月17日，http://info.hebei.gov.cn/hbszfxxgk/329975/329994/330394/6747119/index.html。

4.诉讼权

董事、监事、高级管理人员执行公司职务时违反法律、行政法规或者公司章程的规定，给公司造成损失的，应当承担赔偿责任。发生前述情形的，有限责任公司的股东、股份有限公司连续180日以上单独或者合计持有公司1%以上股份的股东，可以书面请求监事会或者不设监事会的有限责任公司的监事向人民法院提起诉讼。①这说明监事会或者不设监事会的公司的监事不得自行主动向人民法院提起诉讼，需得到股东申请后才能向董事、高管提起诉讼。然而在实践中，很少有监事会向董事、高管提起诉讼的案例，但存在股东提起诉讼的相关案例。

具言之，监事会可通过上述方式开展监督工作，一旦监事会发现董事、高级管理人员存在损害公司利益的行为时，监事会就要主动采取措施，包括提议召开股东会会议，向股东会会议提出提案，依法对董事、高级管理人员提起诉讼等，监事会不能对此项事宜有所隐瞒或不作为。否则，就会存在履职不到位。

四、外派监事

（一）外派监事制度

根据《国务院办公厅关于加强和改进企业国有资产监督防止国有资产流失的意见》（国办发〔2015〕79号）及《国务院办公厅关于进一步完善国有企业法人治理结构的指导意见》（国办发〔2017〕36号）规定，对国有资产监管机构所出资企业依法实行外派监事会制度。外派监事会由政府派出，负责检查企业财务，监督企业重大决策和关键环节及董事会、经理层履职情况，不参与、不干预企业经营管理活动。上海、江苏、浙江等地方国资委也出台了外派监事有关规定，对外派监事管理、外派监事任免程序、任免要求等作出了具体要求。如上海市国资委出台了《市管国有企业外派监事会主席和外派监事履职目录（2020版）》《市管国有企业董事、

①《公司法》第一百四十九条、第一百五十一条。

外派监事任免办事指南》等规定，明确了外派监事的履职内容和履职要点，规范了外派监事的选聘程序及选聘要求。浙江省国资委于2012年12月19日在浙江省人民政府国有资产监督管理委员会网站上发布的一篇以《省属企业外派监事会专职监事三年一轮岗位交流完成》为题的要闻，提到省属企业专职监事每轮任期满3年后，不得在同一企业连任，并严格实行回避制度，不得在其曾经管辖的行业、曾经工作过的企业或者其近亲属担任高级管理职务的企业的监事会中任职。①

（二）外派监事与内部监事的区别

外派监事和内部监事有其相同之处，也有不同之处。相同之处是作为监事，都应依法对企业财务活动及企业负责人的经营管理行为进行监督；监督目的是维护所有者与职工的合法权益，确保国有资产保值增值。不同之处是外派监事属于国务院（或地方政府）派出的，对国务院（或地方政府）负责，受国务院（或地方政府）的管理，代表国家对国有企业的国有资产保值增值情况实施监督；内部监事主要向股东或出资人负责，不受国务院（或地方政府）对外派监事的监管。目前，除了国资委向国有企业派出监事外，国有大企业集团也向其分、子公司派出监事，外派监事具有一定的独立性，不参与、不干预企业的经营决策和经营管理活动，与企业没有人事与经济上的关联，不受被监督者利益的驱使，外派监事可以弥补内设监事的不足。

五、当前国有企业监事会建设存在的主要问题

目前国有企业监事会监督作用越来越明显，在国有企业公司治理中发挥了很大的制衡作用，但也存在一定的不足，主要表现在：

一是重视企业总部监事会建设，对下属企业监事会建设未予以重视。下属企业虽已根据《公司法》规定设立监事会或配备监事，但监事工作不到位或流于形式。

二是监事工作制度及机制缺失，监事工作缺乏制度保障，获取信息不

---

① 委企领处：《省属企业外派监事会专职监事三年一轮岗位交流完成》，浙江省人民政府国有资产监督管理委员会网站，2012年12月19日，最后访问时间：2022年12月17日，http://gzw.zj.gov.cn/art/2012/12/19/art_1229430728_5766.html。

对称，发现问题难以纠正，不能有效开展监督。

三是监事人员力量薄弱，监事会成员多为兼职，兼职监事无力开展监督；部分国企将临近退休的人员安排在监事岗位，导致企业监事经常变更或者岗位空缺，影响监督正常开展。

四是缺少对监事人员的培训，特别是缺乏对新任监事人员的培训，监事人员经验不足。

五是监事人员专业水平有待提高，未配备财务、法律、审计等具有一定专业知识素养的人员，未能在监督检查过程中有效识别风险。

六、对监事会工作的实务建议

为更好发挥监事监督作用，增强监事工作积极性，防止监事监督趋于形式，现提出以下几点建议。

（一）加强宣传引导，提高思想认识

加大宣传力度，让企业领导明白监事会监督是法人治理不可或缺的环节，应积极配合监事会工作，树立在监督下履职的意识；同时，让企业领导深刻认识到监事监督作用，重视下属企业监事会的建设，在章程中明确监事会有关职权，确保监事会监督职能到位。

（二）提高选任标准，加强队伍建设

企业应配齐配强监事人员，尽可能选聘具有财务、法律等专业知识及精通企业经营业务的专业人员，兼职监事应考虑不身兼2个或2个以上的职务，从而确保其有一定的时间精力开展监事工作。国务院（或地方政府）派出的外派监事，可考虑通过公开招聘方式，选聘市场化专业人才担任外派监事，如上海市国资委通过公开招聘方式招聘若干名市管国有企业外派专职监事，并明确外派专职监事需符合一定的报名条件[1]，从而拓宽监事来源渠道，壮大监事工作队伍。

---

① 上海市国资委：《上海市国有资产监督管理委员会关于招聘市管国有企业外派专职监事的公告》，上海市国有资产监督管理委员会网站，2020年7月23日，最后访问时间：2022年12月17日，https://www.gzw.sh.gov.cn/shgzw_wsbs_cytz/20200723/ce98143d2ecf47829bf09e9eb2fccf98.html。

（三）健全工作机制，增强履职效果

建立健全监事会工作制度，如监事会管理办法、议事规则、监督检查作业规范等，为监事工作提供有力的制度支撑。同时建立健全监事会监督评价报告和成果运行机制，健全监事考核评价机制，根据监事考核评价结果，对监事人员给予一定的奖惩，在一定程度上激励监督人员的工作积极性。

七、小　结

监事会是公司的监督机关，具有监督董事、高管的职务行为等重要职权，在公司治理合规管理运行中起到非常重要的作用。监事会责任重、权力大，不仅要注重自身内部合规，还要充分利用监事会合规监督之手段，履行监事监督职责，防止国有资产流失，保证国有企业正常运营。

第三节　董监高的合规责任及合规风险防范

越来越多的报道揭露了企业因合规风险带来巨大的损失，甚至给企业管理者带来了一定的合规风险。2018年，世界500强排名第139位的安邦保险集团原董事长、总经理吴小晖因涉嫌经济犯罪，被判处有期徒刑18年，没收和追缴违法所得合计857.5亿元。2021年，康美药业因违规披露被判赔偿投资者24.59亿元，原董事长被判处有期徒刑12年，5位独董被判承担约1.23亿元至2.46亿元侵权连带赔偿责任。管理者们，尤其是企业董事、监事及高级管理人员（以下简称董监高）亟须意识到企业合规的迫切性，进一步提高合规意识，严格依法履职，防范合规风险。

一、董监高的合规责任分析

笔者认为，董监高承担的合规责任包括民事责任、行政责任及刑事责任。

（一）民事责任

民事责任是指违反法定义务或约定义务需要承担的民事法律后果，包括给他人造成损失时，对受害方的损害赔偿责任，如停止侵害、排除妨碍、消除危险、返还财产、恢复原状、赔偿损失、赔礼道歉、消除影响、恢复名誉等，也包括因违反约定义务而需承担的违约责任，如赔偿损失、支付违约金、适用定金罚则等。国有企业董监高的民事责任主要是因法律、行政法规、公司章程等有关规定给公司或股东造成损失而负有赔偿责任。

1.对公司的民事责任

国有企业的董监高对国有企业负有忠实义务和勤勉义务，一旦违反忠实义务和勤勉义务给国有企业造成损失，就需要对国有企业承担相应的民事责任。

（1）董监高的忠实义务和勤勉义务。国有企业的董监高是公司的经营者，对国有企业的经营管理负有主要责任。《公司法》在明确了董监高所具有的职权的同时，也对董监高的义务作出了相应的规定。《公司法》第一百四十七条第一款指出："董事、监事、高级管理人员应当遵守法律、行政法规和公司章程，对公司负有忠实义务和勤勉义务。"董监高对公司的忠实义务和勤勉义务是其承担民事责任的重要前提。

忠实义务要求董监高在履行应尽职责时必须忠于公司的利益，在主观上不得损害公司利益，在自身利益与公司利益发生冲突时，应当以公司利益为重。《公司法》第一百四十八条[①]以有限列举的方式，列举了董事及高级管理人员执行职务时违反对公司忠实义务的八种表现行为，包括挪用公司资金、侵占公司资产、擅自对外提供资金或担保、擅自披露公司秘密、竞业禁止、违规关联交易、将他人与公司交易的佣金归为己有等。

勤勉义务，也称"审慎义务"或"注意义务"，要求董监高在执行公司职务时勤勉尽责，尽最大努力为公司整体利益服务。《公司法》并未对董监高的勤勉义务进行罗列，但是《上市公司章程指引（2022年修订）》中列举了董事、高级管理人员的勤勉义务。《上市公司章程指引（2022年

[①]《公司法》第一百四十八条规定，董事、高级管理人员不得有下列行为：（1）挪用公司资金；（2）将公司资金以其个人名义或者以其他个人名义开立账户存储；（3）违反公司章程的规定，未经股东会、股东大会或者董事会同意，将公司资金借贷给他人或者以公司财产为他人提供担保；（4）违反公司章程的规定或者未经股东会、股东大会同意，与本公司订立合同或者进行交易；（5）未经股东会或者股东大会同意，利用职务便利为自己或者他人谋取属于公司的商业机会，自营或者为他人经营与所任职公司同类的业务；（6）接受他人与公司交易的佣金归为己有；（7）擅自披露公司秘密；（8）违反对公司忠实义务的其他行为。董事、高级管理人员违反前款规定所得的收入应当归公司所有。

修订）》第九十八条①罗列了董事的勤勉义务，包括谨慎开展商业活动、公平对待股东、及时了解公司经营状况、保证公司披露信息准确真实、向监事提供有关情况等。《上市公司章程指引（2022年修订）》第一百二十五条②指出了高级管理人员具有的保证公司披露信息准确真实、向监事提供有关情况的勤勉义务。

（2）董监高对公司的民事责任。《公司法》第一百四十九条规定："董事、监事、高级管理人员执行公司职务时违反法律、行政法规或者公司章程的规定，给公司造成损失的，应当承担赔偿责任。"《国有企业资产法》第七十一条规定："国家出资企业的董事、监事、高级管理人员有下列行为之一，造成国有资产损失的，依法承担赔偿责任；属于国家工作人员的，并依法给予处分：（一）利用职权收受贿赂或者取得其他非法收入和不当利益的；（二）侵占、挪用企业资产的；（三）在企业改制、财产转让等过程中，违反法律、行政法规和公平交易规则，将企业财产低价转让、低价折股的；（四）违反本法规定与本企业进行交易的；（五）不如实向资产评估机构、会计师事务所提供有关情况和资料，或者与资产评估机构、会计师事务所串通出具虚假资产评估报告、审计报告的；（六）违反法律、行政法规和企业章程规定的决策程序，决定企业重大事项的；（七）有其他违反法律、行政法规和企业章程执行职务行为的。"《国有企业领导人员廉洁从业若干规定》第二十四条规定："国有企业领导人员违反本规定获取的不正当经济利益，应当责令清退；给国有企业造成经济损失的，应当依

---

① 《上市公司章程指引（2022年修订）》第九十八条规定，董事应当遵守法律、行政法规和本章程，对公司负有下列勤勉义务：（1）应谨慎、认真、勤勉地行使公司赋予的权利，以保证公司的商业行为符合国家法律、行政法规及国家各项经济政策的要求，商业活动不超过营业执照规定的业务范围；（2）应公平对待所有股东；（3）及时了解公司业务经营管理状况；（4）应当对公司定期报告签署书面确认意见。保证公司所披露的信息真实、准确、完整；（5）应当如实向监事会提供有关情况和资料，不得妨碍监事会或者监事行使职权；（6）法律、行政法规、部门规章及本章程规定的其他勤勉义务。注释：公司可以根据具体情况，在章程中增加对本公司董事勤勉义务的要求。

② 《上市公司章程指引（2022年修订）》第一百二十五条："……本章程第九十七条关于董事的忠实义务和第九十八条第（四）项、第（五）项、第（六）项关于勤勉义务的规定，同时适用于高级管理人员。"

据国家或者企业的有关规定承担经济赔偿责任。"依据以上条款，若国有企业的董监高在执行职务的过程中，因违反了法律、行政法规、公司章程的规定，没有尽到忠实义务和勤勉义务，对公司造成损失，导致国有资产流失，就需要对公司承担相应的民事赔偿责任。除此之外，《公司法》第二十一条[①]特别指出了董监高利用其关联关系损害公司利益的赔偿责任。

在实践中，董监高因为违反忠实义务和勤勉义务而承担赔偿责任的案件并不鲜见，例如前文所述的康美药业涉嫌财务造假导致投资者遭受损失的案件中，当时任康美药业董监高的13名人员，法院认为其虽然并非具体分管财务工作，但康美药业公司财务造假持续时间长，涉及会计科目众多，金额巨大，如果这些董监高履行了勤勉义务，即使仅分管部分业务，也不可能发现不了端倪，因此他们虽然未直接参与财务造假，但未勤勉尽责，存在较大过失，应当根据过错程度承担连带清偿责任。

2.对股东的民事责任

《公司法》第一百五十二条规定："董事、高级管理人员违反法律、行政法规或者公司章程的规定，损害股东利益的，股东可以向人民法院提起诉讼。"依据该条款，如果董事、高级管理人员损害了股东的利益，股东可以为了维护自身的利益，直接向法院提起诉讼并且要求损害赔偿。例如黄某某、方某某与被王某某损害股东利益责任纠纷一案[②]，作为公司执行董事、总经理的王某某，因违反公司决议擅自离职，导致公司经营困难，损害了股东利益，法院判决王某某赔偿股东相应的损失。

综上所述，国有企业的董监高如果不履行忠实义务和勤勉义务，违反法律、行政法规、公司章程的规定履行职务，造成公司损失，或者损害股

[①]《公司法》第二十一条："公司的控股股东、实际控制人、董事、监事、高级管理人员不得利用其关联关系损害公司利益。违反前款规定，给公司造成损失的，应当承担赔偿责任。"

[②]（2013）浙衢商终字第123号民事判决书，中国裁判文书网，2014年1月28日，最后访问时间：2022年12月18日，https://wenshu.court.gov.cn/website/wenshu/181107ANFZ0BXSK4/index.html?docId=yO0MJM4RwGxR6nKVEpkfDccWUCy9TdXvzzaijPGc0eIrSQTrO3Ux/vUKq3u+IEo4IlHf+yX923VQiD6E1ZzmmM1QT6usmDW+eJOqeLvkNBFilSSJNlZe4CeKVrJXOOm5。

东利益，就需要承担民事赔偿责任。

（二）行政责任

由于国有企业的特殊性，国有企业的董监高的行政责任包括外部行政责任及内部行政责任。外部行政责任是指国有企业的董监高违反法律、行政法规或者监管部门的有关规定但尚未达到刑事犯罪的标准而受到行政处罚。内部行政责任则是指国有企业的董监高违反相关法律法规的规定而受到内部行政处分。

1.外部行政责任

我国对公司经营的各个方面基本上都有相关的法律、行政法规等进行监管，公司经营中一旦越过法律的红线，就要受到相应的行政处罚。在一些法律法规中，对单位的处罚采取双罚制，即既对违法单位进行处罚，又对直接负责的主管人员和其他直接责任人员采取处罚措施。例如，《中华人民共和国环境保护法》第六十三条[①]规定，企业事业单位具有未进行环境影响评价、未取得排污许可证排放污染物、违法排放污染物、使用或生产国家禁止生产使用的农药等行为的，不仅对单位本身进行处罚，对企业事业单位的直接负责的主管人员和其他直接责任人员，处10日以上15日以下拘留；情节较轻的，处5日以上10日以下拘留。因此，如果国有企业在经营活动过程中违反了相关法律法规，受到相应的行政处罚，国有企业的董监高同样可能面临行政处罚的法律风险。

董监高除了会因公司行为违反法律法规而受到行政处罚，还存在因自身个人行为违反法律法规而受到行政处罚的情形。例如《证券法》第

---

① 《中华人民共和国环境保护法》第六十三条："企业事业单位和其他生产经营者有下列行为之一，尚不构成犯罪的，除依照有关法律法规规定予以处罚外，由县级以上人民政府环境保护主管部门或者其他有关部门将案件移送公安机关，对其直接负责的主管人员和其他直接责任人员，处十日以上十五日以下拘留；情节较轻的，处五日以上十日以下拘留：（一）建设项目未依法进行环境影响评价，被责令停止建设，拒不执行的；（二）违反法律规定，未取得排污许可证排放污染物，被责令停止排污，拒不执行的；（三）通过暗管、渗井、渗坑、灌注或者篡改、伪造监测数据，或者不正常运行防治污染设施等逃避监管的方式违法排放污染物的；（四）生产、使用国家明令禁止生产、使用的农药，被责令改正，拒不改正的。"

一百八十九条规定："上市公司、股票在国务院批准的其他全国性证券交易场所交易的公司的董事、监事、高级管理人员、持有该公司百分之五以上股份的股东，违反本法第四十四条的规定，买卖该公司股票或者其他具有股权性质的证券的，给予警告，并处以十万元以上一百万元以下的罚款。"依据该条款，上市公司或者新三板公司的董监高如果进行短线交易，最高将会受到100万元的罚款。

2.内部行政责任

由于国有企业的特殊性，国有企业的董监高不仅需要承担外部行政处罚的责任，还要承担内部行政处分的法律责任。根据《中华人民共和国公职人员政务处分法》（以下简称《公职人员政务处分法》）第二条①、第三条②，《中华人民共和国监察法》（以下简称《监察法》）第十五条③的规定，国有企业对国有企业的管理人员拥有行政处分执法权，国有企业的董监高在履职过程中一旦违法，就可能受到相应的行政处分。

这一点在《中华人民共和国企业国有资产法》（以下简称《企业国有资产法》）中也有体现，《企业国有资产法》第七十一条不仅规定了国有企业董监高造成国有资产损失需要承担民事责任，同时规定了国有企业中

①《公职人员政务处分法》第二条："本法适用于监察机关对违法的公职人员给予政务处分的活动。本法第二章、第三章适用于公职人员任免机关、单位对违法的公职人员给予处分。处分的程序、申诉等适用其他法律、行政法规、国务院部门规章和国家有关规定。本法所称公职人员，是指《中华人民共和国监察法》第十五条规定的人员。"
②《公职人员政务处分法》第三条："监察机关应当按照管理权限，加强对公职人员的监督，依法给予违法的公职人员政务处分。公职人员任免机关、单位应当按照管理权限，加强对公职人员的教育、管理、监督，依法给予违法的公职人员处分。监察机关发现公职人员任免机关、单位应当给予处分而未给予，或者给予的处分违法、不当的，应当及时提出监察建议。"
③《监察法》第十五条规定，监察机关对下列公职人员和有关人员进行监察：（1）中国共产党机关、人民代表大会及其常务委员会机关、人民政府、监察委员会、人民法院、人民检察院、中国人民政治协商会议各级委员会机关、民主党派机关和工商业联合会机关的公务员，以及参照《中华人民共和国公务员法》管理的人员；（2）法律、法规授权或者受国家机关依法委托管理公共事务的组织中从事公务的人员；（3）国有企业管理人员；（4）公办的教育、科研、文化、医疗卫生、体育等单位中从事管理的人员；（5）基层群众性自治组织中从事管理的人员；（6）其他依法履行公职的人员。

属于国家工作人员的董监高将会被给予行政处分，并且履行出资人职责的机构①任命或者建议任命的董监高造成国有资产重大损失的，履行出资人职责的机构可以依法予以免职或者提出免职建议。而一旦国有企业的董监高被免职，自免职之日起5年内不得担任国有企业的董事、监事、高级管理人员。此外，在《国有企业领导人员廉洁从业若干规定》中也提示了国有企业董监高的内部行政责任。根据《国有企业领导人员廉洁从业若干规定》第二十二条②的规定，如果国有企业的董监高违反廉洁从业的行为规范，根据情节轻重，将被给予警示谈话、调离岗位、降职、免职处理；被给予警示谈话、调离岗位、降职、免职处理的，将减发或者全部扣发当年的绩效薪金、奖金；应当追究纪律责任的，还将根据情节轻重依照国家有关法律法规给予相应的处分。

特别需要注意的是，《违规追责意见》规定，国有企业经营管理有关人员违反国家法律法规和企业内部管理规定，未履行或未正确履行职责，在集团管控，购销管理，工程承包建设，转让产权、上市公司股权和资产，固定资产投资，投资并购，改组改制，资金管理和风险管理等方面造成国有资产损失及其他严重不良后果的，将被追究责任。对违反规定、未履行或未正确履行职责造成国有资产损失以及其他严重不良后果的国有企业经营管理有关人员，实行重大决策终身责任追究制度。同时，将根据资产损失程度、问题性质等，对相关责任人采取组织处理、扣减薪酬、禁入限制、纪律处分、移送司法机关等方式处理。

随着依法治企的不断推进，国有企业董监高的责任越来越重，在履职过程中更需要时刻注重防范内部行政法律风险。

---

① 《企业国有资产法》第十一条规定，国务院国有资产监督管理机构和地方人民政府按照国务院的规定设立的国有资产监督管理机构，根据本级人民政府的授权，代表本级人民政府对国家出资企业履行出资人职责。

② 《国有企业领导人员廉洁从业若干规定》第二十二条："国有企业领导人员违反本规定第二章所列行为规范的，视情节轻重，由有关机构按照管理权限分别给予警示谈话、调离岗位、降职、免职处理。应当追究纪律责任的，除适用前款规定外，视情节轻重，依照国家有关法律法规给予相应的处分。对于其中的共产党员，视情节轻重，依照《中国共产党纪律处分条例》给予相应的党纪处分。涉嫌犯罪的，依法移送司法机关处理。"

（三）刑事责任

国企企业董监高的刑事责任是指其在履行职务的过程中，因实施犯罪行为而按照刑事法律有关规定被司法机关追究的责任。国有企业董监高一般涉及两种刑事责任，一种是因企业涉嫌单位犯罪而承担的刑事责任，一种是因自身违反刑事法律规定而承担的刑事责任。

1.因国有企业单位犯罪而承担刑事责任

单位犯罪是指公司、企业等为本单位谋取非法利益或者以单位名义为本单位全体成员或多数成员谋取非法利益，由单位的决策机构按照单位的决策程序决定，由直接责任人员具体实施，且刑法明文规定单位应受刑罚处罚的犯罪。我国刑法对单位犯罪以双罚制为主，即对单位判处罚金，并对其直接负责的主管人员和其他直接责任人员判处刑罚。例如，《刑法》第一百八十二条①规定了单位操纵证券、期货市场对单位判处罚金，并对其直接负责的主管人员和其他直接责任人员处罚。

根据2001年1月21日最高人民法院发布的《全国法院审理金融犯罪案件工作座谈会纪要》的规定，单位犯罪中直接负责的主管人员，是在单位实施的犯罪中起决定、批准、授意、纵容、指挥等作用的人员，一般是单位的主管负责人，包括法定代表人。其他直接责任人员，是在单位犯罪中具体实施犯罪并起较大作用的人员，既可以是单位的经营管理人员；也可以是单位的职工，包括聘任、雇佣的人员。据此，当国有企业涉嫌单位犯罪，如果国有企业的董监高在企业涉嫌刑事犯罪的案件中属于直接负责的

---

① 《刑法》第一百八十二条："有下列情形之一，操纵证券、期货市场，影响证券、期货交易价格或者证券、期货交易量，情节严重的，处五年以下有期徒刑或者拘役，并处或者单处罚金；情节特别严重的，处五年以上十年以下有期徒刑，并处罚金：（一）单独或者合谋，集中资金优势、持股或者持仓优势或者利用信息优势联合或者连续买卖的；（二）与他人串通，以事先约定的时间、价格和方式相互进行证券、期货交易的；（三）在自己实际控制的帐户之间进行证券交易，或者以自己为交易对象，自买自卖期货合约的；（四）不以成交为目的，频繁或者大量申报买入、卖出证券、期货合约并撤销申报的；（五）利用虚假或者不确定的重大信息，诱导投资者进行证券、期货交易的；（六）对证券、证券发行人、期货交易标的公开作出评价、预测或者投资建议，同时进行反向证券交易或者相关期货交易的；（七）以其他方法操纵证券、期货市场的。单位犯前款罪的，对单位判处罚金，并对其直接负责的主管人员和其他直接责任人员，依照前款的规定处罚。"

主管人员或者其他直接责任人员，就将承担相应的刑事责任。

2.国有企业董监高自身的刑事责任

《刑法》对国有企业的工作人员设置了专门的罪名。例如《刑法》第一百六十五条①规定了国有企业的董事、经理非法经营同类营业的将承担相应的刑事责任；其第一百六十六条②规定了国有企业的工作人员为亲友非法牟利使国家利益遭受重大损失或者特别重大损失的，将承担刑事责任；其第一百六十七条③规定了国有企业直接负责的主管人员，在签订、履行合同的过程中，因严重不负责任被诈骗，致使国家利益遭受重大损失的需要承担刑事责任；其第一百六十八条④规定了国有企业的工作人员因失职或者滥用职权导致国家利益遭受重大损失的需要承担刑事责任；其第一百六十九条⑤规定国有企业直接负责的主管人员徇私舞弊低价折股、出售国有资产致使国家利益遭受重大损失的或者特别重大损失的将承担刑事责任。

---

①《刑法》第一百六十五条："国有公司、企业的董事、经理利用职务便利，自己经营或者为他人经营与其所任职公司、企业同类的营业，获取非法利益，数额巨大的，处三年以下有期徒刑或者拘役，并处或者单处罚金；数额特别巨大的，处三年以上七年以下有期徒刑，并处罚金。"

②《刑法》第一百六十六条："国有公司、企业、事业单位的工作人员，利用职务便利，有下列情形之一，使国家利益遭受重大损失的，处三年以下有期徒刑或者拘役，并处或者单处罚金；致使国家利益遭受特别重大损失的，处三年以上七年以下有期徒刑，并处罚金：（一）将本单位的盈利业务交由自己的亲友进行经营的；（二）以明显高于市场的价格向自己的亲友经营管理的单位采购商品或者以明显低于市场的价格向自己的亲友经营管理的单位销售商品的；（三）向自己的亲友经营管理的单位采购不合格商品的。"

③《刑法》第一百六十七条："国有公司、企业、事业单位直接负责的主管人员，在签订、履行合同过程中，因严重不负责任被诈骗，致使国家利益遭受重大损失的，处三年以下有期徒刑或者拘役；致使国家利益遭受特别重大损失的，处三年以上七年以下有期徒刑。"

④《刑法》第一百六十八条："国有公司、企业的工作人员，由于严重不负责任或者滥用职权，造成国有公司、企业破产或者严重损失，致使国家利益遭受重大损失的，处三年以下有期徒刑或者拘役；致使国家利益遭受特别重大损失的，处三年以上七年以下有期徒刑。国有事业单位的工作人员有前款行为，致使国家利益遭受重大损失的，依照前款的规定处罚。国有公司、企业、事业单位的工作人员，徇私舞弊，犯前两款罪的，依照第一款的规定从重处罚。"

⑤《刑法》第一百六十九条："国有公司、企业或者其上级主管部门直接负责的主管人员，徇私舞弊，将国有资产低价折股或者低价出售，致使国家利益遭受重大损失的，处三年以下有期徒刑或者拘役；致使国家利益遭受特别重大损失的，处三年以上七年以下有期徒刑。"

此外，《刑法》第九十三条规定："本法所称国家工作人员，是指国家机关中从事公务的人员。国有公司、企业、事业单位、人民团体中从事公务的人员和国家机关、国有公司、企业、事业单位委派到非国有公司、企业、事业单位、社会团体从事公务的人员，以及其他依照法律从事公务的人员，以国家工作人员论。"因此，国有企业的董监高如果属于从事公务的人员，还具有触犯贪污贿赂犯罪与渎职犯罪的刑事法律风险，如贪污罪、受贿罪、挪用公款罪等。

国有企业董监高在《刑法》中可能面临的刑事法律风险贯穿公司运行的方方面面。国有企业的董监高是企业的中坚力量，是企业高层决策的参与者、执行者，是企业生命链中的一个重要环节，其地位举足轻重，一旦其涉嫌刑事犯罪，给相关企业造成的经济、声誉损失是不可估量的，对自身也会造成不可逆转的影响。

二、董监高的合规风险原因分析

如前所述，国有企业的董监高在公司的经营过程中稍有不慎就将承担相应的民事责任、行政责任甚至是刑事责任，一旦承担相应的责任就会为董监高自身及国有企业带来风险，造成严重后果。国有企业的董监高合规风险的形成，其原因是多方面的，既有国有企业董监高自身的缺陷，也有国有企业合规管理不完善的影响，具体而言，主要包括以下几点。

（一）董监高的合规风险防范意识薄弱

许多国有企业的董监高的合规风险防范意识薄弱，往往注重企业经济效益的提升，而忽视合规风险防范的重要性，并未真正认识到合规风险会为企业及自身带来严重后果。另一方面，作为国有企业的管理者，部分董监高没有正确认识到忠实义务和勤勉义务的内涵，在经营管理公司的过程中怠于履职，又抱有侥幸心理，认为即使公司出事也不需要自己承担责任。而作为合规建设的主要责任人，国有企业的董监高自身合规风险防范意识的不足，会造成员工对合规的认知偏差，从而导致整个企业都未能树立正确的合规风险防范意识，使国有企业始终处于合规风险之中。

在实践中，许多国有企业及董监高的合规风险的产生，与董监高合规意识淡薄脱离不了关系。例如，中兴通讯违反美国出口管制规定，导致企业向美国政府支付8.9亿美元的罚金，中兴通讯在明知违反美国出口管制规定的情况时，仍然实施相关行为，并且随后在接受美国政府调查时，未及时弥补合规漏洞，而是采取不配合的态度，导致公司的出口管制合规风险进一步升级。[①]虽然中兴通讯被处罚款有其他因素的影响，但不可否认的是，中兴通讯的管理者对合规认知的不足直接招致了此次"灾难"。

（二）董监高的合规管理动力不足

国资监管部门每年都要对国企董监高进行考核，考核结果与个人薪酬挂钩，而对薪酬最大的影响因素是企业绩效，因此遵从业绩导向是主流。由于我国国有企业合规建设起步较晚，目前尚未建立起规范化、标准化的合规管理考核机制，相关的激励机制当然也没有建立，最多也只有像防制裁、防犯罪的外部倒逼机制，而缺乏内部的激励，没有正向的推动，其弊端主要有二：一方面，从董监高的视角来看，合规管理，至少是初期，还未能真正提上企业治理的重要日程，于是便采取听之任之的放纵态度，应付了事；另一方面，由于合规管理尚未与考核结果挂钩，也没有权威性的规范文件让国企的董监高直观感受到合规管理给企业与个人带来的"奖励"（即使有，大多数也微乎其微），因此并没有激发国企董监高管理者实施和推动合规管理的决心。

（三）国有企业的合规风险防范机制不完善

当前国有企业内部的合规风险防范机制还不够完善，一些企业的风险控制主要还停留在事后的补救上，未建立事前的合规风险预防机制，这就导致国有企业的董监高始终处于被动合规状态。根据《中国合规管理政策研究与国有企业合规管理调研报告》[②]中对10家中央企业、50家地方国有

[①]Lyug：《中兴事件始末　比罚单更沉重的反思》，巨丰财经网，2018年4月18日，最后访问时间：2022年7月4日，https://www.jfinfo.com/news/20180418/1304151。

[②]普华永道：《中国合规管理政策研究与国有企业合规管理调研报告》，360文库网，2021年12月22日，最后访问时间：2022年12月17日，https://wenku.so.com/d/751fe6af1c94d576d3dc6e64ed9e829b。

企业进行合规管理体系建设调研的结果显示，有65%的国有企业未定期开展合规管理的识别和评估工作，未及时对企业合规管理数据库进行迭代更新，给企业带来重大合规风险的潜在因素，并且90%的国有企业未建立合规风险预警指标和机制。可以看出当前许多国有企业合规风险防范机制不完善，为国有企业及国有企业的董监高带来极大的合规风险。

三、董监高提升风险防范能力的实务建议

提升国有企业董监高的合规风险防范能力，既需要国有企业的董监高自身的努力，也离不开国有企业相关合规管理制度的完善。现结合国有企业相关实践，对如何提高国有企业董监高的合规风险防范能力提出如下建议。

（一）提高合规风险防范意识

一方面，防范合规风险，要加强合规风险防范意识，这是准确识别风险，有效化解风险的前提。国有企业的董监高应当加强对相关合规知识的学习，掌握相关合规知识，才能了解经营管理与决策过程中可能存在的合规风险，以及产生合规风险带来的后果，从而采取有效措施避免承担合规责任。

另一方面，作为国有企业的管理者，董监高除了自身要树立合规风险防范意识，还应当将合规风险防范意识传递到企业的每一个员工，确保员工在工作过程中防范合规风险。国有企业的董监高可以通过带头学习，引领公司员工逐步培养合规意识，形成自上而下的系统、全面的合规学习机制，充分利用各级各类学习培训，宣贯守法精神、合规要求，树立底线思维、红线意识，从而形成良好的企业合规文化。

（二）建立合规风险管控评价体系

对国有企业的董监高防范合规风险动力不足的问题，可建立合规风险管控评价体系等有关考核机制，对国有企业董监高的合规风险防范能力进行量化评价，促进其提升自身合规风险防范能力。按照合规风险管控评价体系内容，对董监高进行定期考核，细化评价指标，强化考核结果运用，将考核结果作为其奖惩任免的重要依据。对于在经营管理过程中作出重要

成绩、有效防范重大合规风险或对挽回重大损失作出突出贡献的董监高，予以表彰和奖励；对落实合规管理工作不力，忽视重大合规风险或违规经营造成重大损失的董监高，依法依规追究责任。

（三）完善合规风险防范机制

由于国有企业的董监高并不能完全认识到所有的合规风险，因此国有企业应当建立并完善合规风险防范机制，协助国有企业董监高及时发现、化解合规风险。一方面要建立合规风险识别预警机制，由专业团队对企业经营活动进行事前的合规审查，并及时将存在的合规风险反馈给国有企业的董监高，第一时间发布预警。此外，国有企业可以借用数字化、智能化的手段，通过大数据等技术，建立合规风险库，精准识别合规风险。另一方面，通过组建专门的合规团队化解合规风险，一旦出现重大合规风险，由合规团队及时应对，将合规风险带来的损失降低到最低。

四、小　结

对于国有企业董监高来说，经营和保护国有资产，防止国有资产流失，是基本要求和法律底线。国有企业的管理者们应不断增强合规风险防范意识，提升合规风险防范能力，加强企业合规管理建设，经营和保护国有资产，防止国有资产流失，促进国有企业高质量发展。国有企业董监高的合规，不仅能保障国有企业管理者自身的利益，更能为法治国家、法治国企建设增添新的活力，为我国合规领域的进步提供扎实的经验，让国有资产做大做优做强，助力国家经济在"十四五"期间乃至更远的未来迈上新的台阶。

第四节 国企混合所有制改革

一、我国国企改革发展历程

改革开放以来，我国国有企业混合所有制改革作为经济体制改革的重要环节，随着我国经济的快速发展，也在不断深化。1978年以来，我国国有企业推进混合所有制改革已成为趋势，概括而言，先后经历了初步探索、全面启动、创新发展、深化推动四个阶段。

（一）初步探索时期

从1978年到1993年，我国国企推行政企分离和放权让利改革，这是我国国企改革的初步探索时期。当时改革的指导思想是苏联学者的两权分离理论，即认为国家对国企的资产享有所有权，企业只享有经营权。[①]在这种理论的指导下，针对当时的计划经济体制和国企"国有国营"的问题，国企改革的重心在于增强企业活力、扩大企业经营自主权、实行国企承包经营责任制等，旨在使国企适应商品经济下的市场环境，并适应改革开放以后渐趋国际化的经营环境。这次改革使国有企业的经营效率有所提升，但随之出现了新的问题：市场竞争越发激烈，国企竞争力已显不足，承包制改革的问题也逐渐暴露，它并未改变国企政企不分的问题，也未能有效改善内部人控制的问题，此时国企改革有必要寻找新的突破口，国企改革进入初步发展期。

---

① 刘士国：《评"国家所有权主体的唯一性与统一性"》，《山东法学》1998年第1期，第3—8页。

（二）全面启动时期

从1993年到2002年，国企改革的进入初步发展时期。随着社会的进步和改革开放的进一步发展，两权分离理论遭到了当时许多学者的批判。究其原因，两权分离理论混淆了政治意义上的"所有制"和法学意义上的"所有制"，虽然回避了国企改革过程中可能产生的政治风险，但无法解决国企因政企不分造成的效率低下问题。[①]在这种情况下，中央调整了改革方向，国企改革进入第二阶段，国有企业改革的重心转变为建立现代企业制度。由于当时国企的股份结构比较单一，国家几乎是唯一的投资人。因此，为了进一步推进国企改革，优化国有经济比重，推进多种所有制主体共同投资的股份结构就成为重要问题。[②]党的十四届三中全会提出国企改革要进一步转换国企经营制度，建立以市场经济为基础，产权明晰、权责明确、政企分开、管理科学的现代企业制度。党的十五届四中全会提出国有企业要进行战略性改组，通过股份制发展混合所有制经济，探索公有制的多种实现形式，其中重要国企由国家控股，发挥国有经济主导作用。通过以上改革，国有企业完成了3年脱困，国企的布局日趋合理，部分国资退出竞争性领域，逐渐集中到关系国民经济命脉的重要领域和关键行业。同时，也出现了政府部门多头管理、无人负责的状况，也在一定程度上滋生了腐败，国有资产被转移到管理层手中等问题。

（三）创新发展时期

从2003到2012年，改革的重心转向国有资产管理体制改革。2003年，国务院成立了国资委，各级地方政府也成立了本级国有资产监督管理机构，代表国家履行出资人职责。在国资委的推动下，地方政府不断探索国有资产改革的路径，使改革取得了一些成绩：新的国有资产管理体制基本形成，越来越接近政企分开目标，对国有资产的监督得到加强，国企改革进入了以国资委为推动主体的时代。

---

①黎桦：《国企改革与国有资产流失风险的耦合性及法律治理》，《北京理工大学学报（社会科学版）》2016年第2期，第120—126页。
②漆多俊：《经济法学（第三版）》，高等教育出版社2014年版，第282—283页。

（四）深化推动时期

2013年11月，中国共产党第十八届中央委员会第三次全体会议通过《中共中央关于全面深化改革若干重大问题的决定》，该决定指出："国有资本、集体资本、非公有资本等交叉持股、相互融合的混合所有制经济，是基本经济制度的重要实现形式。"[①]混合所有制经济作为我国基本经济制度的重要实现形式，其地位也随之上升到一个全新的高度。自此国有企业改革进入新时期。我国经济逐渐步入新常态，经济增长由高速增长转变为中高速增长，国家开始推进供给侧结构性改革，处理僵尸企业、解决过剩产能成为重要任务。在党的十八届三中全会报告后，国务院发布《关于国有企业发展混合所有制经济的意见》，中共中央、国务院发布《关于深化国有企业改革的指导意见》，在上述规定的基础上，通过对全国范围内国有企业混合所有制改革的统一规范，进一步指导并推进国有企业混合所有制改革的实践。

二、国企混改的重要意义

（一）国企混改的必要性

国有企业在治理结构和经营方式等方面存在一些问题，随着时代的发展，国企的历史地位和职能也发生了变化，这一切都要求深化推进国企改革。有学者认为，国有企业的问题，主要有以下三个方面：一是产权关系不明晰，因为产权不明晰，所以企业和员工都缺乏积极性，不考虑如何降低成本、提高效率的问题；二是政企不分，使国企不是单纯的经济体，而变成了政府的附属物，内部的权责也不明晰；三是行为混乱，行为混乱是产权关系不明晰和政企不分的结果，由于国企受行政干预较多，导致它既要达成经济目标，又要达成政治目标和社会目标，不能单纯地遵循经济规

---

① 《中共中央关于全面深化改革若干重大问题的决定》，中国政府网，2013年11月15日，最后访问时间：2022年12月16日，http://www.gov.cn/jrzg/2013-11/15/content_2528179.htm。

律行事。[①]部分国企既要实现营利目标，又要兼顾公共利益，这两个时有矛盾的目标导致其无法按照市场规律行事，常年处于亏损状态；国企亏损固然有需要兼顾公共利益的原因，但其治理结构也存在很大问题；治理结构不完善导致国企管理混乱、效率低下，这也是国企未能实现营利目标的重要原因。

（二）国企混改的现实价值

1.优化国有企业公司治理机制

我国国有企业的管理长期以来存在行政化的问题，利用行政手段来获取诸多资源；同时，国有企业存在内部管理体制不完善，政府对企业经营管理存在干预过度，业绩考核指标过于行政化等问题。由于国有企业需要接受来自政府的领导，因此重大决策问题都需要层层上报到政府进行统一决策，缺乏经营的自主性、决策链条过长，导致国有企业管理效率低下，公司治理的效果不好。"所有者缺位"问题普遍存在于国有企业中，而且常常是国资一股独大，甚至部分国有企业由政府全额持股，一些国有企业的董事会、监事会、经营管理层还未实现真正意义上的独立，难以实现相互间的监督与制衡。同时，国有企业对自身经营管理者的权力也缺乏行之有效的监管手段，企业法人管理体制有待进一步完善，绝大多数国有企业的高层管理者都是受到政府任命或政府直接委派的，在市场化发展中面临着逐步脱节的问题。

国有企业混合所有制改革，引入战略投资者，形成股权多元化格局，形成多种资本共有共治的局面，完善企业的法人治理结构。民营企业加入公司董事会，对公司的管理决策起到制衡与监督的作用，能够规范企业治理行为，有利于扭转国有企业的经营困境，为企业确定合理、正确的自身定位，进而让国有资本重获生机。多元化的股权结构必然要改进公司董事会结构和企业决策流程，健全信息披露制度、监督制度，这些举措能够更好地解决企业"内部控制人"和监管失效问题。同时，实施员工股权激励计划，能够调动企业职工干事热情，提高工作效率。因此，混合所有制改革可以完善国有企业的公司治理机制，提高国有企业效益。

---

① 吴敬琏：《当代中国经济改革》，上海远东出版社2004版。

2.增强国有企业的市场竞争力

国有企业是国民经济发展的领头羊和风向标，如何保障国有企业健康发展，从而助力我国经济又好又快发展，始终是各界专家学者重点关注的问题。随着国有企业改革的进一步深入，现阶段国有企业试图借助改革的东风，实现企业的转型升级。国有企业通过改革，可以吸纳多家投资者参与企业管理。战略投资者通常是民营资本和社会资本，拥有丰富的流动资金、过硬的行业地位或实力、全新的技术和各种专业特长的人才。让其加入国有企业，不仅可以在管理上提供现代化、市场化的管理理念，也可以在资源上与国有企业实现互补，让资源进行最优的配置。对于经营艰难的国有企业而言，通过改革可以引入市场化机制，让企业适应现代化市场运作模式，从而加强企业经营效益，提升企业经营业绩。对于公司内部管理僵化、企业文化发展滞后的国有企业，通过混合所有制改革，将非国有企业中先进的管理模式与现代化的企业文化引入国有企业，用新文化与新理念改变国有企业的整体氛围，从而破除原有体制机制束缚，重新对自身管理制度、治理模式进行审视和改革，增强各部门的工作效率，创造企业的核心市场竞争力。

国有企业混改通过吸纳其他社会资本，使各种资本在公司的整合下实现互相融合，能够帮助国有企业更好地接受市场的规则和挑战，从而进一步扩大经营范围和业务板块，为企业提供新的利润增长点。这样还能有效地增强国有企业的活力和抗风险能力，促进国有资本健康发展，做大做强做优国有企业。

3.促进多种所有制资本共同发展

在社会主义市场经济环境中，国有资本和非国有资本各有优势。然而，国有资本长期处于市场垄断地位，不仅表现为在自然垄断行业的垄断，也表现为业务板块的垄断，非国有企业进入门槛高、难度大。混合所有制改革可以打破国有企业对一些自然垄断行业或行政垄断行业的垄断，为非公有制经济进入垄断、特许行业提供条件；也能够体现非公有制在资源开发与利用、投资范围、经营领域等方面的公平性，从而为公有制经济与非公有制经济创造公平竞争的条件。国有企业虽依托政府政策及财力的支持，享有诸多优质资源，但又由于独享这些资源和优势而陷入了生产管理效率低下、资源利用率低的困境；而民营企业或外资企业，缺乏政府优质资源的支撑，但它们却经营灵活、市场适应度高，能够高效利用市场中的资源，在充满危机和挑战的市场中找到自己的生存之道。通过改革，能够将国有企业的资源优势与民营或外资企业的灵活市场机制结合起来，优化市场的资源配置，实现资源互补、互利共赢。

此外，混合所有制经济是一个宏观的经济概念，该概念的提出对整个国民经济而言都具有重大意义。因此，进行混合所有制改革，不能只站在改善某个公司的效益角度去看待，而是要站在一个宏观层次上，通过调整不同资本在各个产业中的比例，充分发挥不同来源的资本在我国经济发展中的促进作用，整体地推动中国产业结构更加合理。因此，公有制经济和非公有制经济的取长补短能够形成互补，有利于促进多种所有制资本的共同发展壮大。

三、国企混改的政策法规

（一）国企混改的政策沿革

2013年11月，中共中央十八届三中全会审议通过《关于全面深化改革若干重大问题的决定》，提出以改革为主线，突出全面深化改革新举措，坚持和完善基本经济制度，为国企混改奠定政策基础。

2015年8月，中共中央、国务院发布《关于深化国有企业改革的指导意见》（中发〔2015〕22号），作为新时期指导和推进中国国企改革的纲领性文件。

2015年9月，国务院发布《关于国有企业发展混合所有制经济的意见》（国发〔2015〕54号），要求分类分层推进国企混改，建立健全混合所有制企业治理机制。

2015年10月，国家发改委、财政部、人力资源社会保障部、国资委发布《关于鼓励和规范国有企业投资项目引入非国有资本的指导意见》，对国有企业投资项目引入非国有资本进行规范。

2015年11月，国务院发布《关于改革和完善国有资产管理体制的若干意见》（国发〔2015〕63号），在推进国有资产监管机构职能转变、改革国有资本授权经营体制、提高国有资本配置和运营效率、协同推进相关配套改革等方面提出要求。

2015年12月，国资委、财政部、发展改革委《关于国有企业功能界定与分类的指导意见》（国资发研究〔2015〕170号），准确界定不同国有企业功能，有针对性地推进国有企业改革。

2016年2月，财政部、科技部、国资委联合发布《国有科技型企业股权和分红激励暂行办法》（财资〔2016〕4号），对国有科技型企业股权改革和分红激励进行规范，是国有科技型企业混改的主要依据。

2016年8月，国资委、财政部、证监会发布《关于国有控股混合所有制企业开展员工持股试点的意见》（国资发改革〔2016〕133号），对国有控股混合所有制企业开展员工持股试点提出规范性意见，是国有控股混合所有制企业混改的主要依据。

2017年4月，国务院办公厅发布《关于进一步完善国有企业法人治理结构的指导意见》（国办发〔2017〕36号），对改进国有企业法人治理结构、完善国有企业现代企业制度提出意见，是混改国企法人治理制度设置的重要依据。

2017年11月，财政部、科技部、国资委关于《国有科技型企业股权和分红激励暂行办法》的问题解答对《国有科技型企业股权和分红激励暂行办法》作了进一步明确和细化。

2017年11月，国家发展改革委、财政部、人力资源社会保障部、国土资源部（现自然资源部）、国资委、税务总局、证监会、国防科工局发布《关于深化混合所有制改革试点若干政策的意见》（发改经体〔2017〕2057号），对推动国企混合所有制企业面临的很多实质性问题给予了很多澄清或明确，包括国有资本定价、职工劳动关系处理、员工持股、土地处置、税收支持政策等多个方面。

2018年8月，国资委发布《关于印发〈国企改革"双百行动"工作方案〉的通知》（国资发研究〔2018〕70号），通过树立标杆企业，形成国企改革的示范效应。

2018年9月，财政部、科技部、国资委发布《关于扩大国有科技型企业股权和分红激励暂行办法实施范围等有关事项的通知》（财资〔2018〕54号），扩大了适用《国有科技型企业股权和分红激励暂行办法》的企业范围，放宽了科技型企业的一些约束性条件。

2019年10月，国资委发布《关于印发〈中央企业混合所有制改革操作指引〉的通知》（国资产权〔2019〕653号），第一次系统性提出在"3＋3"国企混改中建立长期激励机制的文件，针对员工持股政策，再次重申了基本原则，明确了133号文件有关员工持股的条件不允许放宽，尤其是有关90%约束性条件，并对混合所有制企业推动实施员工持股计划再次定调。

2019年11月，国资委印发《关于以管资本为主加快国有资产监管职能转变的实施意见》的通知（国资发法规〔2019〕114号），围绕"管资本"的主线，从总体要求、重点措施、主要路径、支撑保障四个维度，以管资本为主加快推进国有资产监管职能转变。

2020年7月，中央深改委审议通过《国企改革三年行动方案（2020—2022年）》，是落实国有企业改革"1＋N"政策体系和顶层设计的具体施工图，对国企改革聚焦八个方面的重点任务：要完善中国特色现代企业制度，推进国有资本布局优化和结构调整，积极稳妥推进混合所有制改革，激发国有企业的活力，形成以管资本为主的国有资产监管体制，推动国有企业公平参与市场竞争，推动一系列国企改革专项行动落实落地，加强国有企业党的领导党的建设。

（二）国企混改的主要模式

当前混合所有制改革大致可以总结为以下五种模式。

1.开放式改制重组

该模式需要将企业的资产、负债及业务板块等企业核心构成要素改制重组，通过确定企业的关键业务及关键竞争力，将非关键业务及不良资产采取资产剥离和债务重组等方式从企业分离，从而使企业整体价值增长，并将企业资产、负债、员工及部门等进行重新分配和整理，从而为之后引入其他投资者做好充分安排。

2.整体上市

该模式是指公司将自身核心业务板块和旗下所拥有的资产一同更改为股份制公司并在证券交易所上市的行为。为更好地完成整体上市并提升公司上市后的市场价值，公司所有者通常会把大量低效及无效资产、业务板块进行彻底分离，如存在大额或持续亏损的资产、发展式微的产业等，还可能辞退过多的人员，从而精简人员。公司成功在证券交易所上市后，能够将筹集到的资金用于收购母公司。这种模式需要在行动开始前做好充分的筹备和考察，为后续的行动铺平道路。

3.员工持股计划

该模式的主要目的是充分挖掘企业员工的工作热情和创造性，让企业迸发发展活力。股权分配对象主要是公司的核心员工和高层管理人员，通过向他们分配公司股权的形式，让他们参与公司的发展。

4.产权制度改革

通过设立政府引导基金，作为吸引社会投资的标签，使其投资于国企混合所有制改革或加入新型战略产业。

5.引入战略投资者

引入战略投资者有利于企业发展和壮大，成长为更大更强的企业。对拥有超大规模且本地经济发展中具有导向作用的国有企业来说，可以通过该模式，拥有充足的流动资金、关键核心的技术、市场化的管理等优质条件，加快融入市场化运作，从而进一步优化公司治理结构，助力企业发展。

四、物产中大集团改革经验

（一）公司基本情况

物产中大是浙江省省属特大型国有控股企业集团，是中国最大的大宗商品服务集成商之一。物产中大自2011年起连续入围世界500强。公司原名浙江物产中大元通集团股份有限公司，2015年，通过混合所有制改革，吸收合并了母公司浙江省物产集团有限公司，此后，正式更名为物产中大集团股份有限公司，是浙江省第一个完成混合所有制改革的企业。

公司主要经营内容有供应链集成服务、金融服务、高端实业等。供应链集成服务主要涵盖钢铁、汽车、煤炭、化工、铁矿石等，公司依托强大的专业优势和集成的平台运营模式，为供应链上游和下游的合作伙伴提供高效的供应链集成服务，并致力于为客户提供量身定制的智能供应链服务。公司金融服务业务主要涉及融资租赁、期货经纪、财务公司、资产管理、金融资产交易、不动产金融、保险代理等业务，目前已形成较完善的类金融业务体系。公司旗下有中大期货、财务公司和物产融租等子公司从事金融业务。高端实业是公司正在培育的业务，重点发展具有较好发展前景的两个领域，即环保公用和医疗健康。

（二）公司发展历程

该公司从成立到现在，大致可以分为以下三个阶段：

（1）成立初期（1992—1995年）：物产中大的前身为浙江省物资供应局，1992年，经过政府改制后，成立浙江中大集团股份有限公司。在公司设立初期，公司的主要经营业务仍然围绕着服装、纺织品等产品的进出口贸易，经营维持在过去的水平，没有太大起伏。但随着我国市场的发展及中大集团自身的发展需要，公司开始探索新的业务板块，初步接触房地产等行业，发展速度加快。

（2）中期扩张（1996—2014年）：1996年，公司更名为"浙江物产中大元通集团股份有限公司"。同年6月6日，公司挂牌上市，股票代码为SH.600704。2006年，公司进行股权改革，实现了进一步发展。经过一系列股权操作以后，公司的业务实力得到增强，最终形成了以汽车业务、房地产、国际商贸、金融投资为核心的四大业务体系。

（3）高速发展（2015年至今）：2015年末，公司顺应混合所有制改革局势，顺利完成重大重组事项，成为浙江省第一家完成混合所有制改革的大型国有企业。重组之后，物产中大开始了战略转型之路。公司为将资源聚焦到公司的核心业务板块，开始分离公司的不良资产，将其进行转让和出售，大力发展公司的供应链服务、金融服务，并开始扶持一些新兴战略产业的崛起，如医药健康板块、环保能源板块等，努力为公司的发展持续注入新鲜血液和不竭动力，公司竞争力持续提升。

(三）混改实施过程

1.公司发布停牌公告，省国资委转让股权

在国有企业混合所有制改革的浪潮下，浙江省政府也开始聚焦本省国有企业的改革，陆续出台一系列通知，鼓励大型国有企业开展改革。由此，物产集团和物产中大开始着手混合所有制改革的相关事项，并在2014年10月13日发布公司重大事项停牌公告。同年11月7日，物产中大收到浙江省国资委发来的〔2014〕57号文件，文件内容表示浙江省国资委同意物产集团开展整体上市工作。由于整体上市的相关事项仍在研讨中，且该事项对公司而言是重大资产重组事项，与公司未来发展密切相关，为确保信息能够合理披露，保障相关人员的利益，防止股价发生异常变动，物产中大在11月10日宣布公司因重要事项停牌，停牌不超过30日，并在此后多次再发布停牌公告。

2015年1月6日，浙江省国资委发布通知（浙国资产权〔2015〕1号），将浙江省物产集团公司62%的国有股权无偿转让给国资公司。1月28日，浙江省国资委再次下发通知（浙国资产权〔2015〕5号），同意由浙江省交通投资集团有限公司以398598.45万元的价格受让物产集团38%的股权。本次交易完成后，国资公司和交通集团成为物产集团的共同持股人，分别持有62%和38%的股权，一同掌握物产集团的控制权。在此次股权变动前，浙江省国资委是物产集团的唯一持股人，而物产集团在物产中大中占有34.02%的股权，掌握物产中大的实际控制权。

2.吸收合并母公司，实现整体上市

在上述股权转让完成后，公司又开始谋划进行整体上市。在经过一系列考量后，公司决定将原集团母公司物产集团进行吸收合并，帮助物产中大实现整体上市。之后，物产中大以发行本公司股份的方式进行收购，按照不同股东的股权占比情况，国资公司在物产集团占有62%的股权，发行了746664567股股份；而交通集团占有38%的股权，发行了457633121股股份。共计发行1204297688股股份，每股股价为8.71元。作为认购条件，国资公司和交通集团无条件转让所持有的物产集团所有股权，而物产集团除了注销持有的物产中大全部股份外，还对本公司进行整体注销。

2015年10月27日，中国证券登记结算有限责任公司出具《证券变更登记证明》，这也意味着公司吸收合并事项顺利完成，物产中大已承接物产集团全部资产、负债、人员、业务，成功实现了集团的整体上市目标。

3.引入战略投资者，实行员工持股计划

为进一步实现公司股权结构的多元化、合理化，物产中大还向煌迅投资发行了16696621股股份，作为转让条件，煌迅投资将其所持有的子公司物产国际9.6%的股份划转给物产中大，成功让煌迅投资成为公司的股东。此外，公司还通过非公开发行股份的方式，向天堂硅谷融源、华安资管、君联资本、中植鑫荞、兴证资管、赛领丰禾、三花控股、中信并购基金—信浙投资等8家公司，共计发行144469521股股份。总共募集配套资金262661.49万元，扣除85.27万元的发行费用后，募集资金净额为262576.22万元，并均设置36个月的限售期。煌迅投资及8家投资公司都实力显著，让其加入公司成为公司的投资者和股东，既能保证公司的股权结构合理，又能为公司带来强大的资金支持，以保证公司在未来的战略转型和业务发展过程中，有充足的资金用于运转。

考虑到原有员工持股计划的不足，物产中大提出了2015年度员工持股计划，计划以非公开发行的方式，向1074名员工发行不超过154879448股股份，资金总额低于13.49亿元。与之前实施的人人持股的计划相比，此次物产中大实施的员工持股计划存在差异，本次计划只涉及少量员工，共计1074人，其中董事、监事及高层管理人员为24人，其所持有的股数在计划发行股数中占9.8%；其他持股人员为公司的中层管理者及核心骨干，共计1050人，其所持有的股份在计划发行股数中占比较大，为90.2%。此次员工持股计划发行的股份在公司的总股份中占比7.01%，与其他投资者保持同样的股份价格。物产中大还建立了有限合伙制企业，形成了共同持股的新格局。

4.创新员工持股制度，全面推进子公司混改

从集团角度来看，物产中大的改革已经顺利实现。但是从旗下子公司角度来看，他们的管理体制仍处于僵化局面，且第一次员工持股计划中参与的员工仅为公司部分中高层员工，员工整体的积极性仍有待激发。因

此，在2016年，物产中大对以往的员工持股计划进行了革新，并开始在集团子公司中全面铺开改革，步入公司的"二次混改"之路。

（1）对股权激励制度进行变革和创新。在2015年的员工持股计划中，物产中大建立起了"骨干持股"、有限合伙企业的股权激励制度，但仍然存在员工持股分配不合理的问题，这种问题的存在不仅不利于激发员工干事热情，甚至会危害公司发展，因此需要继续进行改革。要改变不合理的股权结构和持股制度，减少对公司贡献小的股东的持股比例，增加骨干员工的持股比例，需要摒弃过去一成不变的股权结构，而是选择一种动态的方式，让员工持股比例随着其个人对公司的贡献和价值变动。为了更好地将这新的股权激励机制真正落实，实现对员工权益的真正保障，有限合伙企业模式在物产中大成了改革的着力点。通过与员工签订合伙协议，在协议中明确规定员工加入、退出持股计划的具体要求，并指出股权定价的基本流程规范，通过完善、明确的激励及约束条款，尽最大可能保证公司经营者和所有者的利益一致，实现员工与企业共进退。

（2）在子公司层面推广混合所有制改革。物产中大通过混合所有制改革股权得到优化，而旗下子公司也需要跟上母公司的步伐，实现同步发展。对于一些成员公司而言，股权结构多年一成不变且十分单一，而在当前的市场竞争下，需要一种更加市场化的运作机制。物产中大实现混合所有制改革后，在资本市场中吸引了大量投资者，可以通过此次的良好时机推进接下来的改革。为此，公司在子公司中进行选择，确定适合开展改革的名单，并为他们提供充足的指导和借鉴。通过引入外资或者优秀民企成为公司战略投资者，发挥多方战略投资者的技术、市场、资金、人才等优势，一同助力成员公司重组改革，从而改善公司治理环境和治理机制，推动企业摆脱传统制度桎梏，探索全新的管理制度和企业运行机制，从而保证多方权益的实现。同时，通过探索设立"深化混改基金""持股中心"和员工持股"下翻上"机制，解决当前管理不到位、权力缺乏监督和约束、员工缺乏激励机制等问题，真正激发员工的工作激情。

（四）物产中大混改的效果分析

1.股权多元化整合资源，提供利润增长点

物产集团通过混合所有制改革，使得公司成为国有、民营、集体等资本共同持有的公司，股权结构变得多元化，也为公司带来了新的发展机遇。

2015年，基于"一体两翼"战略，物产中大提出"流通4.0"概念，意图形成一个全方位的生态圈和全新的商业模式。在该模式下能够综合考虑各方需求，利用互联网等高科技手段把销售链条中的上下游黏合在一起，努力为供应商和客户提供更好的服务，并在此过程中创造自己的价值。同时，为了更好地扩大经营目标的覆盖范围，物产中大也促使下属成员公司进行了一系列转型。第一步，争取下属子公司与大型企业的深度联合，例如，物产环能与上游企业神华等建立了合作共赢的新模式。第二步，建设全产业的电子商务服务平台，例如，建立云服务平台——车家佳，实现线上汽车销售；建立省第一批重点外贸综合服务平台——义乌通，提供高效便捷服务。第三步，经营业务的重新布局和分配，例如，物产物流与欧冶云商等进行战略合作，形成仓储资源的战略联盟，减轻物流压力。

在之后的2年时间里，物产中大探索出了两大核心主业加上两大新兴产业共同发展的模式。为此，公司开始了转型升级之路。首先，为了更好地促进主业的发展，物产中大陆续进行了一系列的战略重组和资产剥离操作。公司大量剥离房地产业务，将原旗下拥有的15家房地产业务板块的公司整体转让给了阳光城集团。由此，公司剥离了大量不良资产，提高了公司整体资产的质量，并将业务重点回归到主业上，全力推动主业发展。其次，物产中大为了实现各产业的独立化发展，将物产资本进行拆分，分别成立了三家经营不同业务的公司，让三家公司都能更好地聚焦自身业务进行发展，实现资源的有效分配。最后，物产中大大力发展新兴产业，展开了一系列的收购和战略合作。在医疗健康产业，公司在多家大型医院中投入股份，并与政府进行合作办医，签订了一系列协议，成立了杭州市首家医养结合的养老机构，为医疗健康产业的发展打下了坚实的基础。在环保能源产业，公司着力培育水处理业务，对行业内几家水处理公司进行收购，使公司能够初步建设起水处理的完整体系，为公司增加了业务领域和经营收入。

通过此次混改形成了多元化的股权结构，也让物产中大能够重新审视公司的业务布局和资源分配，对公司业务进行重新梳理，从而使得各业务板块能够享受到更好的资源和条件，实现高质量的优化发展，为企业的业绩提升提供了新的利润增长点，这亦是协同效应理论中的经营协同效应理论带来的积极影响。

2. "三会"设置增强决策科学性，增加股东财富

在董事会层面，物产中大在混合所有制改革前，董事会成员都是来自国有企业或政府管理人员，来源单一，受自身职能限制，决策上可能会出现片面的情况，不能合理考虑市场需要。而在实施混合所有制改革后，物产中大对董事会成员实行换届选举，其新加入的战略投资者天堂硅谷也成了董事会成员，战略投资者在公司董事会中拥有了话语权，能够更好地根据自身的市场化经验，在公司的重大决策上提供参考和借鉴，避免公司出现不利于公司经营和损害股东利益的行为。董事会代表的来源多元化，有来自民营企业的参与，也有来自国有企业的参与，公司能更好地掌握市场运行情况，能在一定程度上保证董事会在对公司重大事项进行决策部署时方案更加科学合理，这也保护了公司全体股东的权益，增加了股东财富。

在监事会层面，物产中大在混合所有制改革前属于省属大型国有企业，归浙江省国资委统一管理和监督。但是浙江省国资委只是政府部门，拥有许多国有企业的管理权和控制权，对他们的管理和监督很难实现全覆盖，使得物产中大存在"所有者缺位"问题，监事会形同虚设。而监事会作为公司治理中的重要组成部分，如不能正确、有效地行使自身权力，会导致公权力的滥用，滋生"内部人控制"问题。而在物产中大进行混合所有制改革后，监事会的成员得到扩充，且进行了成员的换届，增强了监督效应。首先，煌讯投资和天堂硅谷是物产中大的战略投资者，公司的利益与其息息相关，因此他们具有强烈的监督意愿。其次，监事会中职工监事席位的增加能够增强职工对公司行为的监督，提高了职工在公司中的话语权，能够优化公司治理结构，保证公司健康有序发展。最后，设置专职监事，实现了公司对下属成员公司的监督，保证了公司整体的规范运行，能够提高公司经济效益。公司通过改革强化了监事会对公司的监督，可以规

范董事会及管理层的行为，避免损害公司经济目标和谋求私利行为的出现，减少代理成本，保护全体股东权益。

3.实施员工持股计划提高工作效率，提升经营业绩

物产中大在混合所有制改革开始前实施的是人人持股方案，在进行混合所有制改革后改为公司骨干持股，之后又创新性提出了股权的动态调整机制。在股权的动态调整机制中，物产中大明确规定，若成员发生违规违纪违法行为，给公司带来了损失，将根据情节的轻重，减少或取消股权认购额度、调减或全部清退原持有股份。基于以上规定，员工能够在享受公司股份和收益的同时，约束自身的行为，而公司也能够建立起风险防控机制，防止公司内部出现腐败、牟利等不良现象。这些举措可以为员工提供一个公开透明的晋升渠道和晋升空间，给予每个人发展的机会，让员工共享发展成果。这极大地提高了员工的工作效率，也直接促进了企业业绩的提高。

与此同时，公司的员工持股计划能够吸引高学历人才的加入，为公司带来更多发展潜力。一方面，在混改当年，公司大幅度扩张了公司的员工规模，2015年公司的员工较上一年增长了7935人，涨幅高达77.17%。另一方面，从员工的构成学历来看，在2015年，本科及研究生学历的员工人数增长了一倍多，本科学历员工人数由2156增长为5187，涨幅为141%；而研究生学历员工人数由215增长至564，涨幅为162%，高素质人才的增长速度加快。因此，在吸纳了大量高素质人才后，物产中大能够更好地推进公司的战略转型，努力提供更加便捷、高效的服务，为公司的绩效提升打下了坚实的基础。

第三章

国有企业集团管理合规

第一节 国有企业集团股权架构

股权架构是指在股份公司总股本中，不同性质的股份所占的比例及其相互关系。股权架构影响企业经营管理、利益分配等各方面，关乎企业的长远发展，对国有企业同样意义非凡。在国企混改的制度命题和背景下，国有企业的股权架构设计成了国企合规体系建设必须解决的前沿问题，本节主要回答在我国现行法律法规及政策的框架内，如何更好实现国有企业股权架构的合规管理。

一、股权架构设计的主要类型

与普通企业相同，国有企业股权架构设计也是围绕股权比例、表决权等核心要素展开的。但国有企业自身带有的国资属性使得国有企业股权架构设计与普通企业又有所区别的，要求国有企业在股权架构设计中应当把重心摆放在国有股东的持股比例上。[①]参考本书第二章第四节的论述，不同的国有企业有不同的混改目标，通常也会选择不同的股价架构设计类型。具体而言，国有企业集团股权架构设计主要包括以下几种类型。

（一）国有独资型

该类型企业由国有资本持有100%的股份，包括国有独资企业和国有独资公司。这种情况下的股权架构无须赘言，国有资本享有充分的控制权，能够实现对公司全面的经营管理。该种股权架构主要适用于关系国计民生

---

①魏明海、程敏英、郑国坚：《从股权结构到股东关系》，《会计研究》2011年第1期，第60—67页、第96页。

的重要行业，对于该类行业需要坚守国家一元投资，实现政府经济管控目的。如中国电信集团有限公司和中国石油化工集团有限公司，在改制后均由全民所有制企业变更为国有独资公司，由国资委全额持股，不参与混合所有制改革。

对于垄断行业之外的竞争性国有企业而言，国有独资显然已经无法适应企业发展的实际需求，并非合适的股权架构选择。

（二）国有控股型

国有控股型与国有独资型的相同点，在于国有股东仍然保持对公司的全面控制；不同点在于其一定程度上分散了持股，引入了国有股东之外的股东。在股权架构中，国有股东一股独大，最大股东的持股比例超过51%甚至是67%。该种股权架构类型的优点在于国有股东维持了控制权，有利于混合所有制改革的逐步推进，避免可能发生的动荡和控制权变更对经营管理的冲击，贯彻国家意志、执行国家政策。但该种股权架构类型的缺点同样十分明显，小股东很难起到对大股东的监督制衡，不容易发挥引入的民间资本和战略投资者的作用，无法真正改善国有企业法人的治理结构、建立市场化机制。此外，为了防止国有资产流失，国有控股型与国有独资型企业通常受到更多监管法规的约束，资产转让等行为受到严格限制。

以中国石化销售有限公司为例，中国石化销售有限公司以增资扩股的方式进行了混合所有制改革。但混改之后，其母公司中国石油化工股份有限公司仍然占有增资扩股后总体股权的70.01%，处于绝对控股地位，其引进的25家战略投资者仅持有不足30%的股份，无法对公司经营管理形成有效影响与参与。"混改"在很大程度是为了实现资金的募集，而非市场化改革。

（三）国有相对控股型

在这种股权架构类型下，国有股东虽然仍是第一大股东，但持股比例通常不足50%，且新引入的股东众多，股权架构更为优化。可能是国有股东与引入战略投资者共同控制企业，也可能是国有股东作为大股东，其他各方能够形成有效钳制的相对控制结构。这种股权架构类型的优点是有利于国有股东继续把握国企混改大方向的同时，能更好地发挥引入民营资本的作用。既有国有股东作为核心股东，也形成了相互制衡的优化治理结构。但该种类型也存在一些缺点，一方面，必须对后续资本比例变动给予重视，防止国有股权比例的进一步稀释，造成股权架构不稳定。另一方面，也应当注意后续进一步市场化改革的方向，如何实现从国有控股到国有参股的市场化转变，摆脱国有股东的经营管理压力。

以中国联通为例，中国联通混改股权架构设计思路是"一股领先＋高度分散＋激励股份"，中国联通混合所有制改革后，原控股股东联通集团持股由62.74%缩减至36.7%，但仍是控股股东；中国人寿、腾讯信达、百度鹏寰、京东三弘、阿里创投、苏宁云商、光启互联、淮海方舟、兴全基金和结构调整基金合计持有中国联通约35.18%股份；员工持股计划约占2.7%，形成了混合所有制的多元化股权架构。该种股权架构设计在保持国有资本控制力的基础上，将国有企业的资源优势和民营企业的机制优势充分结合。改革后的中国联通经营有了显著改善。

（四）国有参股或退出型

这种股权架构类型下，国有股东的持股比例将更为灵活，但总体上呈现为国有股东对公司经营管理的一种退出。这种退出可以是股份上的全额退出；可以是转变为国有企业仅持有享有固定收益的优先股而不参与企业管理；也可以是国有股东维持较低比例形成无实际控制人的股权架构，即没有股东持股比例超过34%。上述各种国有参股型股权架构的共同特点在于都有利于发挥引入的非国有股东的作用，激发企业的经济活力，发挥市场化作用。无实际控制人的股权架构设计还有利于发挥企业管理层的作用，更好实现所有权与经营权的分离，更为贴近现代化市场企业的股权架构。而国有股权转换为优先股的设计则具有利好国有资产保值增值、减轻国有股东经营管理负担等多方面的优势。该类型股权架构的缺点则在于国有股东控制权的丧失，骤然采取该种结构，可能导致国有企业经营管理出现动荡，过于激进。同时国有股东控制权的丧失，也会引发国有资产流失或不法行为滋生等潜在风险，国有企业本身可能不适应市场化管理。

以格力电器为例，2019年格力电器进行混合所有制改革，此次混改后，格力电器最新的股权架构为：香港中央结算有限公司持股16.46%，珠海明骏持股15%，京海互联网科技发展公司持股8.20%、格力集团持股3.22%。珠海明骏有权提名格力电器的三名董事，但无法达到格力电器董事会人数的二分之一以上，且没有股东或投资人能够实际支配上市公司股份表决权，决定公司董事会半数以上成员选任。因此，本次混合所有制改革后，格力电器属于无控股股东和实际控制人的股权架构。格力的混改落地，为竞争性国有企业混改提供了良好的改革范本，极大地推动了国企市场化改革进程，是有进有退的国有资本经济布局与结构调整基本趋势的具体体现。

二、股权架构设计的考量因素

《国务院关于国有企业发展混合所有制经济的意见》明确指出："要充分发挥市场机制作用，坚持因地施策、因业施策、因企施策，宜独则独、宜控则控、宜参则参。"国有企业的股权架构设计应该充分考虑各种因素，结合企业的实际发展状况。

（一）战略意图

企业战略影响企业的整体发展方向，企业的股权架构设计同样深受企业战略的影响。国有企业在推进混改之前及过程中，应当就自身战略定位、方向、目标、发展规划、战略举措对企业有一个比较确定的认识和了解。但是，国企应借助混改之机，优化调整自身发展目标、发展规划和战略举措，包括优化业务组合和资源配置、调整资产范围、制订更具挑战性的发展目标和规划及相应的战略举措等进行认真系统的再思考，从而使自己的战略更加清晰，更加符合国有经济赋予企业的使命和责任，也更加符合市场经济和所在产业发展的方向。[1]对于国有企业而言，不同于一般的市场企业，战略包含两层含义，既指企业自身的发展战略，同时基于其国有资本属性、国有企业定位，国企还需要落实国家战略的相关要求。

从国家战略的角度来看，不同产业、行业的国有企业是需要因需选择不同的股权架构的。对于竞争性国有企业而言，其企业战略是旨在增强国

---

[1]马建平：《国企混改的十个关键点》，《国资报告》2019年第1期，第69—72页。

有经济活力、促进国有资本流通、实现国有资产保值增值，股权架构设计会倾向于考虑如何提高企业经济效益，实现企业盈利增收的目标。而对于那些处于重要行业和关键领域、关系国民经济命脉的国企，企业的战略目标是服务国家战略，优化国有资本布局，保持国有资本控制力、影响力，则会在股权架构设计中更多考虑控制权的分配，如何确保国有资本对行业发展实现引领、公有制经济如何发挥主导。

因此，国企混改中的股权设计要符合国企的战略定位与方向。具体而言：一是对于主业不属于国家重点发展产业的国有企业，应当采取灵活处理的方式，发展预期良好且对集团整体产业价值贡献不重要的企业，积极引入民营资本，放大非国有资本持股比例，进一步增强企业活力。如宝钢气体，其主营业务并非集团主业，所处行业市场竞争性强，企业发展预期良好。在2018年出让51%股权引入战略投资者太盟投资集团，从宝钢集团全资子公司宝钢金属100%绝对控股的国有独资企业变为国有参股企业，让渡了控股权，长期享有高额稳定的投资回报，成了国企混改的优质案例。二是对于主业属于国家重点发展产业的民企，可选择引入国资背景的战略投资者，注重国有资本控制权的维持。如天津振津属于国家深入发展的重要行业的企业，在混改中引入了具有国资背景的战略投资者中建六局，从天津渤海文化产业投资有限公司的全资子公司转变为渤海文化与中建六局分别占30%和70%股权的国有控股企业，进一步开拓了市场，弥补了自身的一些短板，实现了国有财产和资本的有效整合重组。

（二）控制权与治理安排

控制权在股东会中心主义的法律实践背景下，无疑是公司股权架构设计的核心要素，对于国有企业来说，对控制权的处理，很大程度上决定了国企混改的最终成果，决定了国企的混改类型。同时，国有股东是否实际掌握控制权将直接影响相关法规的适用情况，如《企业国有资产交易监督管理办法》中大量规范仅适用国有实际控制企业。

首先，应当遵循分类分层改革的原则。在明确国有企业集团作为改革对象的大前提下从二、三级子公司出发，先行试改，之后向企业集团总部推行，充分考虑央企的特殊作用，在股权设计上根据实际情况的需要因

"层"制宜。以比较常见的三级架构的集团国企为例，集团本身通常定位于战略管控和资源配置，二级子公司通常定位于经营管理，三级子公司通常定位于生产运营，三个层级对控制权的要求是不相同的。举例来看，东方航空股份有限公司的全资子公司——上航国旅，主要从事旅游业务，并非集团主业，且层级较低，处于集团组织层级的下游，因此对控制权的要求较低。混改后，东航持股比例降为30%，仅在一定程度上维持对企业经营管理的干涉。

其次，应当考虑改革后的治理安排。控制权很大程度上影响着公司经营管理权的分配。如果希望国有股东继续管理控制公司，则需要保持相对集中的股权架构，或者采取同股不同权等特殊股权架构方式，保证国有股东对企业经营的控制。如果希望在混改后让企业核心经营层发挥更大的管理作用，发挥更大战略性价值，则应当采取相对分散的股权架构，同时应当保证管理层与核心员工具有较高比例的股权，充分确保其话语权。以国企混改的成功典范中的绿地集团为例，其主要股东中，管理层和核心员工是单一最大股，上海市的两家国企所持股份合计起来构成最大股东，但没有超过50%，此外还有多家机构股东。国资股东和机构股东，都属于战略投资者，不干涉企业经营。通过该种股权架构，绿地确保了管理层的话语权，有效促进了企业经营效率的提升改进，在市场化的进程上迈出了一大步，为其他国企改制提供了参考范式。[1]

最后，在控制权分配中应当充分注重分权控制格局的形成，持股比例既不应该过于集中，也不应该过于分散。国企混改的最初目标是为了解决国有企业原先控制权与经营权不够分离及国有资本一家独大的问题。[2]因此，即使是在需要维持国有企业控制权的需求下，仍然应当在混改中充分考虑分权制衡问题。通过分权控制格局来形成现代公司治理框架，使国有企业更加贴近市场企业，确保引入战略投资者对公司的影响与话语权，逐

---

①刘芳：《国有企业混合所有制改革借鉴——以绿地借壳金丰投资重组为例》，《财务与会计（理财版）》2014年第7期，第31—33页。

②沈红波、张金清、张广婷：《国有企业混合所有制改革中的控制权安排——基于云南白药混改的案例研究》，《管理世界》2019年第10期，第206—217页。

步形成平衡各方利益和保护股东权益的基本公司治理制度及向管理层提供充分激励的各种有效经营管理机制。在股权架构分权不足的情况，仍然可以通过对董事会席位安排分配的治理机制设计来实现分权制衡的市场化改革目标。

（三）股权收益与股权流动

除了获得一定的控制权以参与经营管理，对于外部投资者来说，参与混改的主要动力是取得相应的投资回报，这很大程度上受股权收益的影响。因此，国有企业的股权架构设计之初就应当对股权收益分配有充分的考量。对于竞争性国有企业而言，股权收益、投资回报也是其主要追求目标，国有资产增值保值的实现并不依赖于国有企业控制权的把持，相反，控制权向管理层或者外部投资者的流转反而可能更有利于充分释放国有企业活力，在这种情况下，国有企业的股权完全可以作为优先股，仅享受收益而不参与管理。对于收益水平本身就较为理想，或者属于国有企业有必要维持控制权行业的企业，则可以由国有企业继续维持控制权，而在收益分配上对外部投资者给出一定的优惠待遇。

此外，国有企业的股权流动与股权收益是紧密关联的。股权流动性的保障，是充分市场化改革的特点，而国企改革后形成的国有上市公司也通常具有股权相对分散和流动性较高的特点。流动性固然有利于吸引投资以进一步释放国有企业经济活力，但也会带来控制权变动的风险，恶意并购显然是可能面对的一种危机。对于有维持控制权必要的国有企业而言，慎重控制在外流通股份比例无疑是不容忽视的，应当设置有相应的缓冲空间，确保不会因为收购行为导致国有控股企业控制权变更。对于国有参股企业和国有相对控股企业而言，仍然应当保持对收并购行为的防范，以免公司管理层变动有损经济效益，进而导致国有资产贬损流失。这种防范原则上不宜采用比例限制的形式，应当通过股权架构设计之外的方式设计反收购制度。

（四）员工持股与股权激励

员工持股计划等股权激励方式在现代经济中已经越来越成为企业保留人才、提升核心竞争力的有效方式，在企业发展过程中发挥着越来越重要的作用，越来越成为企业股权架构设计中的重要参考。随着混改的步步推进,股权激励也越来越成为国企混改的参考路径,在政府的一系列指导意见中都可以看出国家对员工持股、股权激励所持的鼓励支持态度。过去的国有企业混改试点中的股权激励实践也充分表明了员工持股与企业经济绩效的正向关系。[①]国有企业通过开展员工持股等股权激励手段可以实现股权架构多元化,有利于形成有效的权力制衡体系,同时解决国企所有者缺位问题,优化国有企业法人治理结构;此外,股权激励实现了员工由被雇用者向所有者身份的转变,形成了利益共同体,有利于降低人才流失、充分调动员工积极性,实现国有企业经济效率的提高。股权激励主要包括针对管理人员为主的管理层激励和针对广大员工的员工持股计划。针对管理人员的激励是很多国企在混改中采取的常见措施。第一,管理层持股很大程度上有利于管理效率的提高,实现公司经营管理利益与所有者利益的结合,同时,有利于对处于强势方的国有股东起到一定程度的制衡效果,优化企业治理结构,提高企业市场化程度。以山东交运集团为例,山东交运在混改中引进了战略投资者,并且同步采取了管理层持股计划,针对管理层及核心骨干员工,通过合伙企业方式设立了四个持股平台,出资2.04亿元,持股30%,实现了管理层与企业利益的有效结合,形成了相对分散、合理制衡的股权架构,提高了企业经营效率。第二,针对广大员工的持股激励可以对整个企业起到全面的激励效果,同时更有利于形成股权分散的权力制衡结构。以上港集团为例,2014年11月19日,国内最大的港口企业上港集团公布员工持股计划,成为国内首个探索员工持股混合所有制改革的国企,引发了强烈的社会反响。上港集团明确了实施本次员工持股计划的目的在于深化混合所有制改革及建立公司、员工利益共享机制,上港集团及其下属相关单位参与该员工持股计划的人数高达1.6万,占集团员工总人数的72%,此举极大地调动了全体员工的生产积极性,是国企混改中实施大规模股权激励的典范。

[①]黄桂田、张悦:《国有公司员工持股绩效的实证分析——基于1302家公司的样本数据》,《经济科学》2009年第4期,第86—94页。

（五）优先股

2020年5月，中共中央、国务院发布的《关于新时代加快完善社会主义市场经济体制的意见》提出"对充分竞争领域的国家出资企业和国有资本运营公司出资企业，探索将部分国有股权转化为优先股，强化国有资本收益功能"，表明了国家对国有企业股权设计引入优先股机制的鼓励态度，优先股在国企混改中的地位实现了实质性的突破。

在充分竞争领域的国企股权架构设计中引入优先股制度，具有一系列优势。首先，有利于实现政企分离。国有股东在享有收益的同时摆脱了企业经营管理的重任，进一步实现政府职能的转变与政企分开。同时，优先股对收益权的强化对企业提出了财务上的硬指标，有利于促进企业内部市场机制的形成。其次，有利于国有资本平稳让渡部分权益。对于大型的商业类国企集团，控制权的突然变更会导致企业内部经营管理的动荡乃至停摆，同时为不法行为预留了大量操作空间。纯粹采用增资的方式混改，也可能出现潜在战略投资者因缺乏充足的资金难以参与竞争等情形。优先股的设置可以起到缓冲和过渡作用。最后，有利于国有资产保值增值。一方面，优先股股东享有相对固定的收益，国有资产面临更小的风险和更少的经营压力；另一方面，普通股股东为了获取分红和维持其经营管理权能，势必更加注重企业的经营管理，这有利于企业经济效益的提高。

在引入优先股机制的过程中，应当注意相关配套制度的完善。比如，应当明确特定情况下的表决权恢复，在企业长期经营不善的情况下，恢复优先股股东对企业的经营管理权利，这将有效形成对普通股股东的监督管理，提高其经营管理效能，保障国有股东作为优先股股东的权益，避免国有资产流失与贬值。又如，保障国有优先股股东知情权，保障国有优先股股东及时、全面、有效地了解普通股股东会作出的决策，允许国有优先股股东在有正当目的的情况下，查阅公司的各项资料，全面掌握了解企业的经营业绩和财务状况。还有，进一步完善优先股的流通和退出机制，建立健全优先股流通市场，采用"固定＋浮动"方式的股息设置以确定优先股回报等。

三、股权架构设计的典型案例——中国联通

2018年，在提速降费、资费走低的大背景下，中国联通的经营业绩仍然有显著改善，这与中国联通在混改中针对股权架构采取的一系列措施有密不可分的关系。下面就中国联通混改的股权架构范式，结合本书前文论述展开分析。

一方面，联通作为央企集团，不同于二、三层级子公司，其混改规模是十分庞大的，是改革层级首次提升至央企集团层面；另一方面，电信行业历来是垄断性行业，联通混改是混改在传统垄断行业的突破。这两方面因素都使得中国联通的混改是具有典型性、代表性的，其改革具有变革性。

在战略目标上，中国联通混改的总体思路是通过整体设计，引入境内投资者，以市场化为导向健全企业制度和公司治理机制，聚焦公司主业、创新商业模式，全面提高公司效率和竞争能力，实现公司战略目标。其混改的目的是配合政策发展，令集团的营运更市场化。同时结合企业实际全面推进互联网化运营，加快提升创新能力、转换发展动能，按照"四位一体"深入推进划小承包、人力资源、薪酬激励、绩效考核等机制体制改革，努力打造新基因、新治理、新运营、新动能、新生态的"五新"联通。其清晰的战略意图与目标，一方面，能够让投资者和员工充满信心，愿意与企业形成利益共同体；另一方面，有利于指导其包括股权架构设计在内的整体进路，按部就班、层层推进，逐步落实其混改战略。

在控制权安排上，中国联通在混改中的股权架构设计思路是"一股领先＋高度分散＋激励股份"，属于前文所述的国有相对控股型股权架构。根据方案，联通集团引入了中国人寿、腾讯信达、百度鹏寰、京东三弘、阿里创投、苏宁云商、光启互联、淮海方舟、兴全基金与结构调整基金等战略投资者。混改后，联通集团持股比例由62.7%下降至36.7%，10家战略投资者合计持股比例约35.2%，员工持股2.7%，公众股东持股25.4%，最终形成了多元化的股权架构。[1]这实现了国有股权的多样化，公司治理结构得

---

[1]吕美伦：《中国联通股份有限公司"混改"的短期市场绩效——基于事件分析法》，《金融理论与教学》2019年第4期，第64—68页。

到了成功优化，有效避免了国有股权一股独大的现象和内部控制问题，切实保护了小股东利益，使得公司更加市场化。这些变化是联通迈出的一小步，却是央企集团迈出的很大一步。

在员工持股激励方面，中国联通为进一步完善公司治理结构、建立公司与员工之间的利益共享与约束机制、充分调动核心员工的积极性、吸引并保留和激励核心骨干员工，实行了限制性股票激励计划。2018年2月11日，中国联通正式公告了限制性股票计划及首期授予名单，限制性股票的锁定期为36个月。根据公告，中国联通此次股票激励计划首期拟向激励对象授予不超过84788万股的限制性股票，约占当前公司股本总额的2.8%。首次授予的激励对象包括公司中高层管理人员及对公司经营业绩和持续发展有直接影响的核心管理人才及专业人才，不超过7855人。通过该股权激励计划，中国联通实现了企业的经营者与国家利益、党的利益、股东利益的协调一致。

通过上述针对股权架构设计所采取的举措，中国联通成功实现了国有独资型股权架构向国有相对控股型股权架构的华丽转型，而其在随后经营中取得的卓越的财务绩效、充分的业绩增长，也为本次混改交上了一份亮眼的成绩单，充分展示了混改的成效，印证了股权架构设计在国有企业合规经营中的重要作用，是国企混改中的一面旗帜与典型示范。

第二节　国有企业集团关联交易

国有企业集团由于权力集中、涉及资金庞大、涉及主体多，更容易出现腐败现象。在实务中，我国国有企业集团在关联交易中通过不正当利益输送的问题时有发生。国有企业具有公益性，通过不正当关联交易损害国有资产的行为将极大损害国家利益。国有企业集团关联交易的合规管理能够促使关联交易程序正当化，保护国有资产，加强国有企业的诚信和反腐建设。本节将通过厘清关联方与关联交易的关系，来明确关联交易的正当界限，提出合规管理要求以促进国有企业集团的发展。

一、国有企业关联交易的内涵

关联交易是企业运作中经常出现但又易发生不公平结果的交易。关联交易有利也有弊，有利之处在于能够节约寻求交易对象的成本，降低商业谈判的难度从而提高交易效率；不利之处在于交易双方存在的关联关系，更易引发不公正行为，对公司和股东利益造成侵害。[①]国有企业是国有资产的主要注入地、权力的主要集中地，需要准确界定关联交易的正当化边界。

关联方交易指关联方之间转移资源、劳务或义务的行为，而不论是否收取价款。关联交易体现的是一种行为过程。在国有企业集团中，关联方是关联交易行为的实施主体，主要指的是董事、监事、高级管理人员等相关联人员通过行政权力行使资金流转或者交易资源转移的行为。关联方

[①]曹志龙：《企业合规管理：操作指引与案例解析》，中国法制出版社2021年版，第279页。

之间通过商品、劳务交易、资金流转等形式开展活动，构成关联交易。因此，界定关联交易的核心，在于界定关联方。但在不同的法律法规中，对关联方有着不同的定义。

根据《企业会计准则第36号——关联方披露》（以下简称《关联方披露》）第三条规定，构成关联方，指的是一方控制、共同控制另一方或对另一方施加重大影响，以及两方或两方以上同受一方控制、共同控制或重大影响。控制，是指有权决定一个企业的财务和经营政策，并能据此从该企业的经营活动中获取利益。共同控制，是指按照合同约定对某项经济活动所共有的控制，仅在与该项经济活动相关的重要财务和经营决策需要分享控制权的投资方一致同意时存在。重大影响，是指对一个企业的财务和经营政策有参与决策的权力，但并不能够控制或者与其他方一起共同控制这些政策的制定。

根据《公司法》第二十一条的规定，公司的控股股东、实际控制人、董事、监事、高级管理人员不得利用其关联关系损害公司利益。第二百一十六条第四项对关联关系作了明确阐释，关联关系是指公司控股股东、实际控制人、董事、监事、高级管理人员与其直接或者间接控制的企业之间的关系，以及可能导致公司利益转移的其他关系。但是，国家控股的企业之间不因为同受国家控股而具有关联关系。

《企业国有资产法》第四十三条规定，国家出资企业的关联方不得利用与国家出资企业之间的交易，谋取不当利益，损害国家出资企业利益。本法所称关联方，是指本企业的董事、监事、高级管理人员及其近亲属，以及这些人员所有或者实际控制的企业。

综合而言，国有企业关联方指的是对公司有重大控制力或者对经营活动有重大影响力的人员。

二、国有企业不正当关联交易及其规制

国有企业在发展过程中，通过集团管控体系的搭建，形成了多层次的组织形式。国有企业集团与下属公司之间的业务关系极为密切，无法避免

关联交易行为的产生。法律对正常的关联交易持肯定态度，但对不正当关联交易持否定态度。国有企业集团下属混改企业注入非国有资本，市场化程度更为明显，在进行相关传统业务的承接时，是否会利用关联交易进行不正当利益输送值得关注。国有企业必须正确处理好关联交易正当与不正当之间的界限，做到严格的程序把控，避免侵害国有利益。

（一）不正当关联交易的认定

国有企业集团利用关联交易进行不正当利益输送主要发生在五个领域：一是企业改制重组、投资并购领域；二是股权多元化改革领域；三是工程项目领域；四是市场营销领域；五是财务管理领域。[①]这五个都是国有企业集团与下属企业关联交易容易发生的领域。不正当的利益输送的两个主要表现形式：一是非法动用权力；二是造成了国有利益的损失。[②]非法动用权力指的是国有企业相关的领导人员之间贪污腐败的行为，将国有企业的利益通过非法利用职务权力输送给相关人员。这会对国家的利益、企业的利益和国有资产造成损失，也破坏了职务人员的廉洁性。以下是对各个领域不正当利益输送的认定情形：

（1）在企业重组、投资并购领域，主要表现为内部人员利用权力低价或者无偿转让资产，或者以高价买入资产。将资产低价转让将会造成内部资产的不当减少，以高价购入将会导致实质资金的减少，都是对国有企业利益的侵害。

（2）在股权多元化改革领域，主要表现为非法利用权力让渡国有控制权。[③]国务院国资委于2022年5月16日印发的《关于企业国有资产交易流转

[①]吴刚梁：《中纪委将严查国企关联交易，国资流失监管始终是难题？》，"大国资观察"微信公众号，2019年6月26日，最后访问时间：2022年5月22日，https://mp.weixin.qq.com/s/R8tHCNyK9DQMUgYzbOwvEg。

[②]刘斌：《国企混改"利益输送"问题的绿码、黄码和红码》，"混改风云"微信公众号，2020年6月29日，最后访问时间：2022年5月25日，https://mp.weixin.qq.com/s/JsJ6-jYOjNuYeVzwadyjBg。

[③]吴刚梁：《中纪委将严查国企关联交易，国资流失监管始终是难题？》，"大国资观察"微信公众号，2019年6月26日，最后访问时间：2022年5月22日，https://mp.weixin.qq.com/s/R8tHCNyK9DQMUgYzbOwvEg。

有关事项的通知》（国资发产权规〔2022〕39号）明确指出，主业处于关系国家安全、国民经济命脉的重要行业和关键领域，主要承担重大专项任务的子企业，不得因产权转让、企业增资失去国有资本控股地位。涉及重大国有利益的行业和领域，国有企业集团与下属企业进行关联交易时，不得通过股权的更改而使国有资本失去控股地位，以保障国有资本的安全性。

（3）在工程项目领域，相关人员通过违规的招标投标方式，利用自身权力引入关联人员套取资金。国有企业集团涉及的工程项目体量大、资金量大，利用关联交易进行不正当利益输送会严重侵害国有利益。

（4）在市场营销领域，主要涉及政府采购等事宜。利用自身权力，与关联方合谋，在支付相应款项的过程中进行私自扣留。

（5）在财务管理领域，一般国有企业集团下设财务公司，集中负责集团的资金流转等事项的管理。财务公司的设立有助于提高集团资金运转效率，但也更容易产生不正当利益输送的结果。

利用关联交易进行正当的利益输送，就需要国有企业在各个领域交易开展的过程中，保证程序的公正、公开。我们所要避免的是利用关联交易进行不正当的利益输送行为，因此应当合理利用行政权力，确保关联交易业务过程的合法公开。国有企业在混合制改革时，如何利用好关联交易的积极性是一个重大的课题。利用好关联交易，就是要看对国有企业是否有战略价值，是否能够产生对国有资产保值增值的积极作用。[①]有利的关联交易不会侵害国有利益，反而能够提升交易的效率，减少企业所要耗费寻求合作方的成本。要求国有企业集团的董事、监事、高管等人员在进行关联交易决策时也做到公正、透明，以保证权力的合法利用。关联交易的合法合规，不仅能够有力保障国有利益，也能促进国有企业集团自身的发展。

（二）集团财务公司的不正当关联交易规制

在我国，集团控股的上市公司是以资本为链接而形成的集团成员公司，掌握着优质的资源。由于集团的集中管理资金的需求，部分集团内设财务公

[①]国企混改研究院：《国企"关联交易"：向东航物流学三个秘籍》，"混改风云"微信公众号，2021年6月18日，最后访问时间：2022年6月7日，https://mp.weixin.qq.com/s/KsyB_54e8QS2wugSMt1G7Q。

司统一管理资金，以专业的财务管控来监督和帮助上市公司的交易活动。^①当前关联交易导致国有资产流失是上市公司最大的关联交易问题。^②因此，有必要规范集团公司、上市公司与财务公司之间的关联交易问题。

1.企业集团与财务公司的界定

2004年，银监会发布《企业集团财务公司管理办法》（以下简称《管理办法2004》），对企业集团、财务公司作了界定。《管理办法2004》第二条规定，财务公司是指以加强企业集团资金集中管理和提高企业集团资金使用效率为目的，为企业集团成员单位提供财务管理服务的非银行金融机构。《管理办法2004》第三条指明，企业集团是指在中华人民共和国境内依法登记，以资本为联结纽带、以母子公司为主体、以集团章程为共同行为规范，由母公司、子公司、参股公司及其他成员企业或机构共同组成的企业法人联合体。2022年10月13日，中国银保监会发布2022年6号令《企业集团财务公司管理办法》（以下简称《管理办法2022》），自2022年11月13日起正式施行，以满足财务公司行业高质量发展和有效监管的需要。《管理办法2022》对第二条作了修订，将《管理办法2004》中的"提供财务管理服务"修订为"提供金融服务"。综合而言，企业集团与财务公司以管理资金为纽带，由财务公司为企业集团提供财务管理服务。

2.企业集团财务公司关联交易的规范

2022年5月30日，为规范上市公司与存在关联关系的企业集团财务公司（以下简称财务公司）的业务往来，证券监督管理委员会（以下简称证监会）发布了《关于规范上市公司与企业集团财务公司业务往来的通知》（以下简称《通知》）。《通知》第二点明确规定，控股股东及实际控制人应当保障其控制的财务公司和上市公司的独立性。财务公司应当加强关联交易管理，不得以任何方式协助成员单位通过关联交易套取资金，不得隐匿违规关联交易或通过关联交易隐匿资金真实去向、从事违法违规活动。

---

① 黄贤环、吴秋生：《上市公司与财务公司关联交易对投资效率影响研究》，《审计与经济研究》2017年第1期，第68—79页。
② 卿杰：《国有上市公司中关联交易与商业判断规则的衔接——以保护国有资产为导向》，《民商法争鸣》2017年第2期，第177—190页。

财务公司对企业集团具有依附性，企业集团的发展与财务公司的发展紧密联系。财务公司也有其发展的局限性，有着资本构成的缺陷。如果行政权力干预过多，会导致财务公司失去市场化运作能力，牺牲自身利益。[①]因而，根据证监会最新的通知规定，上市公司与财务公司在进行关联交易时要遵守平等自愿的原则，保证交易的公平公正公开。控制人也应当保持两者之间的独立性，确保不会出现私下套取资金等不正当行为的发生。上市公司与财务公司的管理人员也应当遵守忠实义务和勤勉义务，保证决策的正当性，促进上市公司与财务公司关联交易的合法合规开展。

（三）国有企业关联交易正当化安排的典型案例

2017年6月，东方航空物流股份有限公司（以下简称东航物流），作为国家推动的央企混改首批试点之一，也是国家发改委关于民航领域混改试点的首家落地企业，成功进行了改革，完成股权多元化，拿出了亮眼的成绩单。东航物流在进行混改后，还成功实践了关联交易的良好安排，并通过了合规审核，成功在上海证券交易所主板挂牌上市。但是，东航物流与东航集团之间涉及国有经营性资源的转移，必须妥善解决其中的关联交易问题。

东航物流与东航股份密不可分的业务是"客机腹仓运营"，指的是利用客机下层仓位搭载货物运输。混改之前，该业务由东航股份有限公司自己经营；经过混改之后，东航股份公司选择用承包经营的方式，将客机腹仓货运的全链条业务交由东航物流独立经营。东航物流支付相应的承包费用，剩下的所得收益全部归于东航物流，东航股份公司自身不再从事任何与货运经营相关的业务。[②]东航物流作为东航集团下属全资子公司，通过合理定价、程序的正当公开确保关联交易的合理性。

东航物流针对关联交易的关键点在于合理定价和流程规范。关联交易中国有资产的流失很大程度上都是由于低价或者无偿转让或者高价购入，

① 张琦：《财务公司关联交易的存在风险及防范问题研究》，《财经界》2016年第30期，第201页、第304页。

② 国企混改研究院：《国企"关联交易"：向东航物流学三个秘籍》，"混改风云"微信公众号，2021年6月18日，最后访问时间：2022年6月7日，https://mp.weixin.qq.com/s/KsyB_54e8QS2wugSMt1G7Q。

合理定价能够确保国有资产流转保值增值。承包经营的方式给予了东航物流一个基准收益目标值，在收益的基础上，合理确定客机腹仓运营的价格，确保关联交易的合理定价。另一方面，对于东航物流而言，经营的收益能够激励业务的发展。东航集团在平等对待的基础上，确保了东航物流业务能力的提升。在合理定价的基础之上确保流程的合规，程序的正当也至关重要。东航物流关联交易的合规合法性，需要严格的流程规范。在交易的决策过程中，确保在相关的法律文件中明确规定涉及关联交易的模式安排和处理原则，重大的关联交易事项要形成专门方案。

三、国有企业集团关联交易的合规实务要点

2022年10月1日起实施的《合规办法》为中央合规企业管理翻开了新篇章，给中央企业提供了新的明确指引。《合规办法》第一条表明提供合规管理办法的目的，是为深入贯彻习近平法治思想，落实全面依法治国战略部署，进一步推动中央企业切实加强合规管理，着力打造法治央企，不断提升依法合规经营管理水平，有力保障深化改革、高质量发展。关联交易是国有企业集团管理合规的重要一环。国有企业集团业务体量庞大，关联交易不可避免。提高国有企业集团关联交易的合规性，是促进国有企业治理水平的提升，能够保障国有利益，促进国有企业的发展。以下是对国有企业集团关联交易合规要求的梳理。

（一）准确识别各类关联交易

根据《企业国有资产法》第四十五条，未经履行出资人职责的机构同意，国有独资企业、国有独资公司不得有下列行为：（1）与关联方订立财产转让、借款的协议；（2）为关联方提供担保；（3）与关联方共同出资设立企业，或者向董事、监事、高级管理人员或者其近亲属所有或者实际控制的企业投资。《企业国有资产法》中对不正当关联交易的类型规定主要基于未经负责机构同意，而与关联方订立财产转让和借款的协议、提供担保、投资的行为。

根据《关联方披露》第八条，关联方交易的类型通常包括下列各项：

（1）购买或销售商品；（2）购买或销售商品以外的其他资产；（3）提供或接受劳务；（4）担保；（5）提供资金（贷款或股权投资）；（6）租赁；（7）代理；（8）研究与开发项目的转移；（9）许可协议；（10）代表企业或由企业代表另一方进行债务结算；（11）关键管理人员薪酬。本条对关联方交易的类型作了一般规定，以此为基础，涉及实质性关联交易的行为也应当纳入规制范围。

国有企业集团关联交易的类型应当准确识别，涉及相关交易时要严格把握合理的正当性界限。在明确关联交易类型的基础之上，合理定价并准确把握批准和披露程序，促使关联交易的合理运用。

（二）准确把握关联交易的批准程序

根据《企业国有资产法》第四十五条，国有独资企业、国有独资公司与关联方进行交易时，需要经履行出资人职责的机构的同意。由国有资本独立控制的企业和公司的关联交易批准必须经出资人机构同意。

根据其第四十六条，国有资本控股公司、国有资本参股公司与关联方的交易，依照《公司法》和有关行政法规及公司章程的规定，由公司股东会、股东大会或者董事会决定。国有资本与其他非公有资本共存的公司则依照《公司法》和其他法规的规定，由股东会、股东大会或董事会决定。以下是对国有资本控股公司、国有资本参股公司与关联交易的参考规定。

根据《公司法》第一百零四条，公司法和公司章程规定公司转让、受让重大资产或者对外提供担保等事项必须经股东大会作出决议的，董事会应当及时召集股东大会会议，由股东大会就上述事项进行表决。

根据《公司法》第十六条，公司向其他企业投资或者为他人提供担保，依照公司章程的规定，由董事会或者股东会、股东大会决议。公司为公司股东或者实际控制人提供担保的，须由出席会议的其他股东所持表决权的过半数通过。

国有独资企业与国有独资公司、国有资本控股公司与国有资本参股公司之间对关联交易要做区分判断。国有资本控股公司与国有资本参股公司有非公有资本的注入，关联交易的决策权限相对国有独资公司和国有独资企业较为宽松，部分交易行为的批准程序可由公司章程规定。准确把握关联交易的批准程序，促使每一项关联交易都能经过有效决策，保证关联交易的合法合规性。

（三）准确把握关联交易的信息披露程序

根据《关联方披露》第十条，企业与关联方发生关联方交易的，应当在附注中披露该关联方关系的性质、交易类型及交易要素。交易要素应包括但不限于交易金额、未结算项目的金额、条款和条件，以及有关提供或取得担保的信息未结算应收项目的坏账准备金额、定价政策。根据《关联方披露》第十一条，关联方交易应当分别关联方及交易类型予以披露。类型相似的关联方交易，在不影响财务报表阅读者正确理解关联方交易对财务报表影响的情况下，可以合并披露。《关联方披露》规定了关联交易的披露内容，必须对涉及金额及交易的类型和内容进行明确披露，让关联交易置于监督之下。

根据《上海证券交易所上市公司关联交易实施指引》第十八条、第十九条的规定，上市公司与关联自然人和关联法人发生交易达到相应数额时，就应当及时进行披露。

根据《上海证券交易所上市公司关联交易实施指引》第二十条的规定，上市公司与关联人拟发生的关联交易达到相应的标准，不仅要进行及时披露，还应当进行董事会和股东大会审议，提出了更为严格的披露和审议要求。国有企业集团中不可避免涉及上市公司的问题。在实务中，识别上市公司隐藏的关联交易时，也应当着重考虑相关方面。对于通过分解交易、隐匿关联交易、形式解除关联关系的行径，应当注意其实质性的关联交易行为的发生。[①]

准确把握关联交易的信息披露程序，根据相关的法律法规进行合规操作，有助于国有企业集团合理利用关联交易的有益之处。信息披露程序的正当性，能够保障关联交易过程的公开、公正，提高国有企业集团的交易效率，做到交易活动的流程规范且有凭有据。

---

① 曹志龙：《企业合规管理：操作指引与案例解析》，中国法制出版社2021年版，第284页。

（四）加强反腐建设与合规文化宣传

国有企业集团领导人员利用行政权力，进行不正当的关联交易，侵害国有资产的行为时有发生。相关人员受金钱诱惑，徇私舞弊、贪污受贿，利用低价或者高价的手段转卖国有资产，严重损害国有利益。更有甚者，国有企业相关人员通过亲属及自己的影响力与特定关系的人开办相关企业，进行业务之间的关联，暗箱操作进行不正当利益输送。

在进行国有企业集团关联交易合规管理时，有必要提出对内部相关人员的廉洁要求，制定相关的廉洁规定内部准则。《国有企业领导人员廉洁从业若干规定》为我们提供了指引，对国有企业领导人员廉洁从业行为提出了相应实施与监督的办法，以及违反规定行为的后果。该规定要求国有企业领导人切实维护出资人利益，不得有滥用职权、损害企业资产权益的行为。根据廉洁规定，可以将其内化为企业合规体系中的一环，监督企业集团内部人员的权力行使行为。国有企业集团业务体量庞大、涉及交易数额较大，国有企业领导人应当严格把关关联交易的决策程序，合理使用权力，做到关联交易的合法合规。

在加强反腐建设的同时，也应当注重企业合规文化的渗透。国有企业集团的领导人员带头学习，加强合规意识。将合规体系纳入日常的行为规范，将合规管理作为宣传教育的重点内容，制定相关的合规手册，进行宣誓，强化员工的合规意识。还应当建立常态化的培训机制，定期为员工进行合规的培训，了解企业集团的合规内容。加强企业合规的宣传，让合规真正内化为一种企业文化，促使员工主动遵守相关的合规规定，主动规避合规风险。

第三节　核心企业债务连带责任

在现代市场经济的大背景下，企业集团化成了一种颇为流行的趋势。而国有企业更是其中的急先锋，单一的企业实体不仅在经营范围上存在限制，而且会加重自身的经营风险，容易导致责任的承担。国有企业通过集团化的方式可以将自身的核心部分层层包裹，在风险发生之时可以避免进行责任的连带承担，用以保护核心企业。

一、核心企业债务承担内涵

企业集团是指以一个或多个实力强大、具有投资中心功能的大型企业为核心，以若干个在资产、资本、技术上有密切联系的企业、单位为外围层，通过产权安排、人事控制、商务协作等纽带所形成的一个稳定的多层次经济组织。在集团内部，各企业成员之间保持一定的独立性，核心企业则通过集权的领导体制，以控股地位和人事安排实现对集团各成员的控制和协调，这无疑是一种高效的组织方式，也是现代企业的发展方向。但在其中可能发生的情况便是，企业成员在面临资不抵债情形之下，其债权人可以以集团内部存在的各项紧密联系为由，要求否定法人人格，从而要求核心企业为其他企业成员的债务承担连带责任。而这便是核心企业债务承担的核心问题所在，即在面临企业成员债权人的追责时，核心企业能否合理规避该责任承担风险。

诚然，核心企业往往不希望对集团内其他企业成员的债务承担额外的连带责任，企业集团化的本义便是将潜在的损失限定在特定的企业成员之间，核心企业可以通过公司股东以出资额为限承担有限责任的特点保全自己。但在实际中，集团存在的许多管理方式都会使法院产生认定连带责任的风险。根据黄辉教授的研究显示，法院在面临公司集团的法人人格否认案件之中，要求承担连带责任的概率为60%以上[1]，在一个集团内部，核心企业为了维持内部的稳步发展，对各企业成员的资金和人事通常会作出安排——例如当下国企集团推崇的资金归集管理方式，但是，这样可能会导致其他企业成员因资金上缴被削弱偿债能力。在这种情形下，其债权人就会认为核心企业存在不当干涉而要求核心企业对此承担连带责任。即便是不采取资金归集管理方式的集团，也会因其内部存在企业成员之间的交易和资金流向问题，同样被认定存在承担连带责任的风险。集团的核心企业一方面能控制企业成员的经营活动，另一方面又无须为其"不利后果"承担责任，这在法院的眼里，无疑是一种违背公平原则的体现。这便是现实中核心企业摆脱集团其他企业成员债务承担的核心矛盾点所在。因此，核心企业能够脱困的关键便是证明其与争议企业成员之间各自存在相对独立的地位，虽有协调统一的控制行为，但不至于存在不当和恶意。

总体而言，法院在判断核心企业是否需要承担连带责任时，关键是看核心企业是否在干涉和控制之中存在不当和恶意，仅仅是因为集团内部的从属关系不足以成立连带责任，只有当这一行为超越合理界限之时，该规则才会得以适用[2]。因此，核心企业在实际中需要把握控制集团企业的合理界限，这便是规避风险的关键所在。

二、法人人格否认：核心企业承担债务连带责任的法律依据

集团核心企业是否需要为子公司或关联公司承担债务的连带责任，主要判断标准为《公司法》第二十条第三款的规定："公司股东滥用公司法人独立地位或者股东有限责任，逃避债务，严重损害公司债权人利益的，

---

[1]黄辉：《公司集团背景下的法人格否认：一个实证研究》，《中外法学》2020年第2期，第494—513页。
[2]赵渊：《企业集团中核心企业的连带责任》，《政法论坛》2011年第3期，第179—184页。

应当对公司债务承担连带责任。"就法条分析来看,法院适用这一制度的标准主要有三点:存在滥用法人独立地位或股东有限责任的行为;主观上存在逃避债务的故意;结果是严重损害公司债权人的利益。从这一法条的分析中可以看出,其主要规制对象为滥用公司独立地位的股东,亦即适用这一条文的前提是滥用方必须为公司股东,如果涉案公司之间为关联企业,不存在股权上的交集则无法适用这一条文进行规制。在此以2013年为界,最高人民法院以第15号指导性案例("徐工案")为典型,推动法人人格否认制度产生新的变化,法院认为虽然关联企业之间不存在股权交集,但其逃避债务的行为与《公司法》第二十条规定的行为无异,可以参照适用这一条文,从而对以关联企业构成的企业集团有了规制的指引,这就不得不引起重视。

(一)集团法人人格否认制度的关注重点

就实际来看,企业集团中核心企业进行集团内控制的合理界限由多方因素进行综合判定,根据2019年最高人民法院发布的《全国法院民商事审判工作会议纪要》(以下简称《九民纪要》),法院主要从人格混同、过度支配与控制、资本显著不足三个方面来判断核心企业是否存在不当控制与干涉的情形。

1.人格混同

人格混同主要包含三种混同情形,即人员混同、财务混同和业务混同。业务混同主要是指关联企业之间存在业务相同或者处于上下游关系的情形。在企业集团之中,核心企业与外部企业之间在业务上会存在不同程度的联系,国有企业集团需要明确划分集团内部企业的不同分工和负责领域,从而最大限度地减少被认定为存在业务混同的情形。当然,单纯的业务混同并不会被法院轻易否定其法人人格。

人员混同是指集团内部各关联公司之间的董事、监事及高级管理人员存在一致的情形。但需要注意的是,集团内部进行管理人员的调动本就是内部管理权行使的体现,并不能因为人员的交叉任职就认定存在人员混同的情形,如在(2020)京01民终3005号民事判决书中,法院就认为"在集团公司中,尤其是国有控股公司,对下属公司的人员、组织、机构进行统一管理是较为常见的管理方式，上述交叉任职的情况可以认定属于集团公司统一管理的范围"。但需要注意的是，在诸如财务、核心业务这样的关键领域尽量不能出现人员交叉的情形，否则可能会被认定为存在财务混同、业务混同等其他情形。

财务混同主要考察集团内部关联公司之间的账目和资金是否存在相互之间的占有和挪用或其他相互混淆的情形出现。这一点同样十分重要，《九民纪要》第十条也列举了一些实践中出现的财务混同情形：（1）股东无偿使用公司资金或者财产，不作财务记载的；（2）股东用公司的资金偿还股东的债务，或者将公司的资金供关联公司无偿使用，不作财务记载的；（3）公司账簿与股东账簿不分，致使公司财产与股东财产无法区分的；（4）股东自身收益与公司盈利不加区分致使双方利益不清的；（5）公司的财产记载于股东名下，由股东占有、使用的。这就要求集团内部在进行资金往来时需要做到明确的账面记载，特别是对于一些子公司和关联企业上交的资金，需要做到与核心企业资金的分别看管和存储，并由财务人员予以分别记载，明确各笔款项的来源和权属，使得法院能够认定双方之间为独立的法人主体，不存在混同。

2.过度支配与控制

这一情形与人格混同的三种情形密切相关，如果集团内部出现人员混同就会导致母公司支配子公司，进而使其不具有独立意识，也会造成其无法拥有独立财产，被母公司支配的财务混同情形。因此，如果集团内部出现了人格混同情形，那大概率就会连带出现过度支配和控制的行为。《九民纪要》第十一条对过度支配和控制的情形进行了罗列："（1）母子公司之间或者子公司之间进行利益输送的；（2）母子公司或者子公司之间进行交易，收益归一方，损失却由另一方承担的；（3）先从原公司抽走资金，然后再成立经营目的相同或者类似的公司，逃避原公司债务的；（4）先解散公司，再以原公司场所、设备、人员及相同或者相似的经营目的另设公司，逃避原公司债务的；（5）过度支配与控制的其他情形。"《九民纪要》在此处特别强调了过度支配与控制会导致财产边界不清等情形，由此可见法院在判断过度支配与控制的情形时会重点考察财务问题，因此国企集团可以对症下药，调整核心企业与其关联公司和子公司之间的财务关系，在与子公司进行交易时，需要明确双方的对价，不得使核心公司一方纯获利益，而子公司一方只有损失；在进行资金流水转移时需要明确其目的用途，在账簿上予以明确记载，并约定归还期限等，必要时可以通知债权人具体情形。

3.资本显著不足

资本显著不足指的是，公司设立后在经营过程中，股东实际投入公司的资本数额与公司经营所隐含的风险相比明显不匹配。股东利用较少资本从事力所不及的经营，表明其没有从事公司经营的诚意，实质是恶意利用公司独立人格和股东有限责任把投资风险转嫁给债权人。在该种情形下，法院也承认这一判断标准具有很大的模糊性，在实际中公司会出现"以小博大"的正常经营情形，此时可能会难以区分，因此需要结合上述其他因素进行分析。其中，国企集团能够保证不会出现人格混同和过度控制与支配的情形时也会有大概率不被认定为存在资本显著不足的情形。实践中常见的认定存在资本显著不足情形便是公司认缴出资额巨大而实际无出资的情形，如在（2020）粤01民终7959号民事判决书中便是如此，因此国企集团在成立新的子公司之时，需要避免出现认缴数额巨大而无实物出资的情形，尽量做到量力而行。

同时资本显著不足的认定也需要结合公司经营风险进行程度上的判断，如在（2020）鄂01民终9875号民事判决书中，法院认为"在适用资本显著不足否定公司人格时，需要着重把握一个度的问题，即否定公司人格应当符合《公司法》第二十条第三款的规定，详言之，公司经营过程中的资本显著不足，一定要达到'滥用'的程度和'严重'损害公司债权人利益的程度。只有同时具备这两个要件时，才能认定资本显著不足，从而判令公司股东对公司债务承担连带责任"。因此国企集团内部在对子公司和关联公司进行相应的管理时要注意这两个"度"的考量，做到适度为佳。

上述三种混同情形是法院用以判断是否适用法人人格否认的关键之处，在实际中，三种混同情形往往不是单一出现，而是呈现混杂的态势。国有企业集团应当从整体上防范三种混同的出现，最佳的方式便是制定良好的集团章程，从源头进行遏制，参照法院极易认定为混同的情形，有针对地对章程内容进行修改和完善。

（二）典型案例参考

1.徐工集团工程机械股份有限公司诉成都川交工贸有限责任公司等买卖合同纠纷案

案例：（2011）苏商终字第0107号民事判决书

案情简介：川交机械公司成立于1999年，股东为四川省公路桥梁工程总公司二公司、王永礼、倪刚、杨洪刚等。2001年，股东变更为王永礼、李智、倪刚。2008年，股东再次变更为王永礼、倪刚。瑞路公司成立于2004年，股东为王永礼、李智、倪刚。2007年，股东变更为王永礼、倪刚。川交工贸公司成立于2005年，股东为吴帆、张家蓉、凌欣、过胜利、汤维明、武竞、郭印，何万庆于2007年入股。2008年，股东变更为张家蓉（占90%股份）、吴帆（占10%股份），其中张家蓉系王永礼之妻。

三公司在人员、业务和财务方面都存在不同程度的交叉，公司关系紧密。徐工集团工程机械股份有限公司诉称：成都川交工贸有限责任公司拖欠其货款未付，而成都川交工程机械有限责任公司、四川瑞路建设工程有限公司与川交工贸公司人格混同，三个公司实际控制人王永礼及川交工贸公司股东等人的个人资产与公司资产混同，均应承担连带清偿责任。请求判令：川交工贸公司支付所欠货款10916405.71元及利息；川交机械公司、瑞路公司及王永礼等个人对上述债务承担连带清偿责任。

裁判理由及结果：川交工贸公司与川交机械公司、瑞路公司人格混同。一是三个公司人员混同，三个公司的经理、财务负责人、出纳会计、工商手续经办人均相同，其他管理人员亦存在交叉任职的情形，川交工贸公司的人事任免存在由川交机械公司决定的情形；二是三个公司业务混同，三个公司实际经营中均涉及工程机械相关业务，经销过程中存在共用销售手册、经销协议的情形，对外进行宣传时信息混同；三是三个公司财务混同，三个公司使用共同账户，以王永礼的签字作为具体用款依据，对其中的资金及支配无法证明已作区分，三个公司与徐工机械公司之间的债权债务、业绩、账务及返利均计算在川交工贸公司名下。因此，三个公司之间表征人格的因素（人员、业务、财务等）高度混同，导致各自财产无法区分，已丧失独立人格，构成人格混同。三个公司虽在工商登记部门登记为彼此独立的企业法人，但实际上相互之间界限模糊、人格混同，其中川交工贸公司承担所有关联公司的债务却无力清偿，又使其他关联公司逃避巨额债务，严重损害了债权人的利益。上述行为违背了法人制度设立的宗旨，违背了诚实信用原则，其行为本质和危害结果与《公司法》第二十条第三款规定的情形相当，故参照《公司法》第二十条第三款的规定，川交机械公司、瑞路公司对川交工贸公司的债务应当承担连带清偿责任。

法律分析：本案便是法院所认为的被告违背公平原则的典型代表，当一个企业集团内部各企业之间无法证明其独立地位而存在人格混同之时，就需要承担连带责任。因此，企业集团内，核心企业需要与集团内各企业成员之间存在人员、业务和财务上的区分，避免形成人格混同。不仅在人员的交叉任职上需要区分度，而且在一些关键部门，如财务部门人员和核心业务人员及法人代表上不得重合，在各企业的资金使用上做到资金账户分立，就此保证在各企业成员与核心企业之间保有相对独立的地位。

2.中国农业生产资料集团公司、中国农业生产资料沈阳公司借款合同纠纷案

案例：（2020）最高法民申2302号民事裁定书

案情简介：中农集团公司与中农沈阳公司之间系母子公司关系，中农沈阳公司在业务往来之中欠嘉丰农资公司总计1186.8万元借款本息，后嘉丰农资公司起诉中农沈阳公司及中农集团公司，认为二者存在混同，中农沈阳公司将楼房销售款、房屋动迁款、房屋出租租金等全部资产收益转移至中农集团公司账户，损害了自己作为债权人的利益，因此要求中农集团公司对债务承担连带责任。

裁判理由及结果：2004年改制后，中农沈阳公司取消独立核算制，改为报账制，即中农沈阳公司向中农集团公司报送支出需求，中农集团公司根据需求进行拨款；中农沈阳公司不经营具体业务，不享有资产处置权，财务来源于中农集团公司拨款，中农沈阳公司的员工工资及一切福利待遇由中农集团公司发放，中农沈阳公司事实上已不具备自主经营、自负盈亏的条件。中农集团公司于2012年通过查封实际控制了中农沈阳公司名下的主要资产，但一直未申请对上述资产进行拍卖，同时又将中农沈阳公司的

楼房销售款、房屋动迁款、房屋出租租金等全部资产收益转移至中农集团公司账户，导致中农沈阳公司丧失独立的偿债能力，损害了中农沈阳公司债权人的利益。原审判决认定中农集团公司的行为构成滥用法人独立地位和出资人有限责任，依照《中华人民共和国民法总则》（已于2021年1月1日废止）第八十三条第二款的规定，应当对中农沈阳公司对嘉丰农资公司的债务承担连带责任，并无不当。

法律分析：本案最大的问题就是存在核心企业对集团内部企业成员过度控制和支配的情形，中农集团对中农沈阳公司资金的抽取已经严重影响该公司对外清偿债务的能力，因此被法院判定承担连带责任。核心企业从中得到的警示便是，对集团内各个企业成员资金的调度需要维持在一定的限度之内，起码需要保证企业成员拥有一定的偿债能力。

三、资金集中管理模式下核心企业承担债务连带责任的特殊问题

在法人人格否认这一规则的大框架下，企业集团内核心企业合理规避债务承担风险的一般性注意因素大抵如上文所言。但如今的企业集团内部也存在资金集中管理这一新的管理模式，这种管理模式给集团带来高效的同时，也并非全无风险，除了可能会发生法人人格否认这一普遍性的风险之外，同时也会带来额外的风险。

（一）资金归集管理模式的定义

资金归集管理是指国有企业集团通过设立内部资金结算中心、财务公司等方式对集团公司及其合并报表范围内的成员单位资金实行集中统一管理，将成员单位归集至集团公司账户，以对资金支付有效监控，推动实现对资金的统一调配，盘活存量资金，调剂资金余缺，降低财务成本，最终有效控制企业集团的整体负债规模并改善债务结构。[①]2012年，国资委曾发

[①] 刘小进、杨威：《国有企业集团资金归集管理的主要法律风险及其防范》，"国浩律师事务所"微信公众号，2022年4月28日，最后访问时间：2022年12月17日，https://mp.weixin.qq.com/s/Heefems6qh0gxT_EmR0Iqw。

布文件对国有企业集团适用资金集中管理方式进行鼓励，认为这样的模式有助于提升集团资金的利用能力，并要求国有企业集团扩大集中管理的范围和规模。[1]《企业财务通则》第二十三条规定，企业集团可以进行内部资金的统一管理，但不能损害企业成员之间的利益，应当符合国家有关金融管理的法律、行政法规等规定。相关文件已经预见到这一制度的实施必然会引发一定的争议和风险，国企集团在适用之时需要重视。同时这一制度也并非所有国企集团均可适用，一些特定行业的监管规则不允许控股股东或实际控制人非法占有企业资金，集团资金的统一调度存在被认定为非法占用的风险，如银行、保险等金融机构，上市公司和新三板公司。

（二）资金归集管理中存在的财务混同风险

这一制度对国有企业的整体发展具有优势，但因集团内部各个企业资金都由核心企业进行统一调度和管理，这可能就会造成集团内的财务混同情形，根据《九民纪要》第十条的规定，财务混同是认定构成法人人格混同的重要依据，最终可能导致法院认定集团核心企业对相关企业承担连带责任。从目前的司法案例来看，各地法院并未有对资金归集行为有统一的认定标准，既出现了将资金归集行为认定为构成财务混同的情形，也出现了认为仅仅是资金归集管理不构成混同的情形。

1.资金归集的表征可能被认定存在财务混同

从资金归集管理的表面来看，便是核心企业抽走集团内部各企业成员的资金，客观上会给人造成集团内部财务状况混乱，彼此之间的资金权属缺乏区分的假象，进而会使法院认为这一管理方式会削弱其他企业成员的偿债能力，因此单从表象上来看，资金归集管理的方式可能会引起法院有关存在财务混同的疑虑，如在（2018）粤民申13100号民事裁定书中，法院认为"省建工集团通过资金归集收取省建总房产公司的经营性收入并代省建总房产公司支付水电、物业等各项费用，对省建总房产公司的资金实行统一规范管理。虽然这一行为不违反法律和行政法规的规定，但实际上亦

---

[1]《关于加强中央企业资金管理有关事项的补充通知》，国务院国有资产监督管理委员会网站，2021年8月13日，最后访问时间：2022年6月22日，http://www.sasac.gov.cn/n2588035/n2588320/n2588335/c20191529/content.html。

导致了两公司财产混同，省建总房产公司的偿债能力下降"。持相似思路作出判决的还可参考（2017）晋0781民初19号民事判决书和（2020）豫13民终6727号民事判决书。这些案例都证实，在相关企业无法清偿到期债务时，其债权人可以以资金归集为理由要求核心企业承担连带责任，而法院亦有可能支持他们的主张。

2.仅因资金归集管理模式不应认定存在财务混同

但同时我们可以看到一些法院也并非全盘认可资金归集即可构成财务混同的做法，资金归集的管理模式是得到国家认可并支持的企业集团管理方式，如果仅仅因为这一管理方式，核心企业就要为其他企业成员债务承担连带责任显然不合理，正如前文所言，核心企业是否承担责任的关键在于认定是否存在不当和恶意的干涉与控制，因此，在资金归集管理模式下，如果核心企业能够证明其与其他企业成员之间相对独立的地位，就不应当认定为存在财务混同。如（2020）京01民终3005号民事判决书就认为"中铝宁夏公司成立资金结算中心不违反国家有关金融管理等法律、行政法规规定，且在结算中心的账目中所有的往来款项都是以子公司为单位单独记账独立核算的，相互之间不混同。故现有证据不能证明中铝宁夏公司与北京意科公司的账务处理足以产生二者财产混同的法律后果"。

国企集团从中可以借鉴的是，在现今司法层面无法达成统一标准的情形下，即使是采取资金集中管理的模式，也需要尽量做到账目分明，实现各单位之间独立核算，资金不混用。特别是在各个公司之间的财务人员也应做到各自独立，不应有相互之间交叉任职的情形出现，最大限度地避免被法院认为存在混同的情形。

（三）资金归集管理中存在的抽逃出资风险

资金归集管理意味着集团内部的各关联公司需要将自身的资金上交给核心公司，这就意味着，可能存在相关公司的出资股东抽逃出资的风险，根据《最高人民法院关于适用〈中华人民共和国公司法〉若干问题的规定（三）》（以下简称《公司法司法解释三》）第十四条的规定"公司债权人请求抽逃出资的股东在抽逃出资本息范围内对公司债务不能清偿的部分承担补充赔偿责任、协助抽逃出资的其他股东、董事、高级管理人员或者实际控制人对此承担连带责任的，人民法院应予支持"。因此，集团内如果因资金上交而导致关联公司无法偿还债务，则核心企业可能被起诉要求承担相应的责任。但与是否认定为财务混同一样，此处法院在实践中同样标准不一。

1.仅有资金归集管理模式且资金权属分明，不被认定为存在抽逃出资

资金归集仅仅是一种集团管理方式，在其中如果核心企业能够保证各笔上交资金之间权属分明，确保上交企业本身的偿债能力不丧失，则不应被认定存在抽逃出资的情形。如（2021）川0107民初783号民事判决书就认为，仅资金归集管理并不意味着存在股东抽逃出资的行为。法院认为，川投公司是否构成抽逃出资，应结合其行为是否造成悬崖村公司资产实质性减少，且长期占用出资款不予归还损害公司权益综合予以考量。根据川投公司举示的银行可用额度证明，可以证明在悬崖村公司款项转至川投公司资金结算中心后并未影响悬崖村公司账户的可用资金额度，也印证了《资金集中管理协议》中关于资金归属仍为悬崖村公司的约定。此外，漫悦公司也未举证证明川投公司的资金归集行为对悬崖村公司权益造成损害或影响公司偿债能力。故川投公司不存在抽逃出资，造成悬崖村公司资本实质性减少的行为，其不应承担抽逃出资的违约责任。总的来说，核心企业没有被要求承担抽逃出资责任的关键是保证企业成员的偿债能力，向法院证明在资金归集管理模式下，资金的性质不会发生改变。

2.以资金归集名义划拨资金而未明确性质，认定存在抽逃出资

如果核心企业以资金归集管理的名义要求集团其他企业成员上缴资金，却在收取资金之后并未明确资金的性质或给出合理的解释，则此时符合抽逃出资的相关情形，法院会认为这一资金归集的行为只是徒有其表，实质是抽逃出资。如在（2020）津民终6号民事判决书中，法院认为"中铁九局在成都工程公司成立后即将其投入的注册资本2000万元转出，仅将该笔款项记载为成都工程公司对中铁九局设立的分支机构中铁成都分公司的应收款项，而对于成都工程公司与中铁成都分公司之间基于何种法律关系形成上述应收款项，中铁九局及成都工程公司均未举证予以证明"。以资

金归集名义上交资金的行为与《公司法司法解释三》第十二条所规定的抽逃出资行为在形式上高度一致，如若集团内部没有对相应的款项上交有一个性质上的清晰认定，则极有可能被认定为是抽逃出资，进而要求核心企业承担相应的责任。

国企集团从中需要注意的是，对于因资金归集管理而上交的资金，需要在集团内部予以明确划分，最重要的是，明确每一笔资金的权属，在设置独立账目的基础上，针对该类资金，集团内部需要明确上交资金的公司仍具有相应的支取权，这样在面对法院时便能有足够的抗辩理由来证明自身的行为并不会对关联公司的实质偿债能力造成影响，从而最大限度地避免成为责任承担的对象。

总结来看，在资金归集模式下，国企集团内部需要就资金上缴的额度、上交账号、账目记录和上缴资金性质等内容作出细致的规定，在形式上需要做到相对独立，双方均需要以独立账目进行核算和记录，确保不与本公司内部资金相混淆，在双方的财务等重要往来人员上要做到不存在交叉任职，不至于被认定存在人员混同的情形。在资金的权属上也同样需要区分，并明确上交公司对该资金仍享有最终的支取权利，在必要时可以告知相关的债权人，使其意识到，这一集中管理模式不会造成公司的偿债能力的减弱。

（四）典型案例参考

1.广东省建筑工程集团有限公司、广东省建筑工程总公司房地产开发公司合同纠纷案

案例：（2018）粤民申13100号民事裁定书

案情简介：省建工集团与省建总房产公司均为独立法人，但两家企业是上下级关系，并且双方采取资金归集管理的方式进行统一管理。省建总房产公司长期拖欠江明公司的债务，江明公司不能得到及时清偿。江明公司遂起诉认为二公司之间存在人员、财务上的混同，要求省建工集团对此承担补充清偿责任。

裁判理由及结果：第一，省建工集团作为国有独资公司，亦为省建总房产公司的主管部门及唯一出资人。双方之间存在上下级的管理关系。第

二，省建工集团通过资金归集收取省建总房产公司的经营性收入并代省建总房产公司支付水电、物业等各项费用，对省建总房产公司的资金实行统一规范管理。虽然这一行为不违反法律和行政法规的规定，但实际上亦导致了两公司财产混同，省建总房产公司的偿债能力下降。省建工集团提供的证据未能证明省建总房产公司的财务完全独立。基于上述两点，二审法院判决在省建总房产公司资产无法足额清偿争议债务的情况下，省建工集团承担补充清偿责任，并无不当，亦未超出江明公司要求省建工集团承担连带责任的范围。

法律分析：本案法院认为，资金归集的管理方式虽不违反国家相关规定，但在客观上造成了财务混同的情况，这样盲目认定财务混同的情形会挫伤企业集团管理的积极性，但这也给予了集团一定的提示，即在进行资金归集管理的同时也不可将企业成员的全部资金都要求上交进行管理，如在案例中所呈现的，企业成员一些最基本的经营性支出，包括水电、物业等费用应该予以保留，尽量保有其财务相对独立的地位。

2.温州昌浩光伏科技有限公司等与中铝宁夏能源集团有限公司股东损害公司债权人利益责任纠纷案

案例：（2020）京01民终3005号民事判决书

案情简介：2011年7月28日，温州昌隆光伏科技有限公司与北京意科公司签订买卖合同，约定由昌隆公司向北京意科公司供应太阳能电池片，北京意科公司支付货款等内容。在合同履行过程中，北京意科公司于2011年至2013年分12笔支付部分货款共计1935万元，后温州昌浩公司诉至北京市石景山区人民法院。2015年2月16日，北京市石景山区人民法院作出（2014）石民（商）初字第5929号民事判决书，判决北京意科公司支付温州昌浩公司货款、违约金共计39122436.61元。北京意科公司不服，提出上诉。2015年5月15日，北京市第一中级人民法院作出（2015）民（商）终字第04011号民事判决书，驳回上诉，维持原判。中铝宁夏公司与北京意科公司之间存在资金归集的管理模式，中铝宁夏公司为意科公司控股母公司。现昌浩光伏科技有限公司起诉要求中铝宁夏公司对该债务承担连带责任。

裁判理由及结果：认定公司人格与股东人格是否存在混同，最根本的判断标准是公司是否具有独立意识和独立财产，最主要的表现是公司的财产与股东的财产是否混同且无法区分，而判断财产混同的核心标准就是相关行为是否进行相应的财务记载。中铝宁夏公司成立资金结算中心不违反国家有关金融管理等法律、行政法规规定，且在结算中心的账目中，所有的往来款项都是以子公司为单位单独记账、独立核算的，相互之间不混同。故现有证据不能证明中铝宁夏公司与北京意科公司的账务处理足以产生二者财产混同的法律后果。北京意科公司与中铝宁夏公司虽存在部分人员交叉任职的情况，但应考虑到中铝宁夏公司系国有控股的集团公司，在集团公司中，尤其是在国有控股公司中，对下属公司的人员、组织、机构进行统一管理是较为常见的管理方式，上述交叉任职的情况可以认定属于集团公司统一管理的范围。

法律分析：本案法院便对资金归集管理这一模式有较为清晰的认识，也提供了实际中判断资金归集管理是否构成财务混同的标准，即相关行为是否作了相应的财务记载。企业集团应当从中吸取的经验便是针对资金归集管理过程中出现的资金流动，需要有清晰的财务记载，并且以各企业成员为单位进行单独记账和核算，最大限度地保证法院不会认定存在混同。

3.四川省投资集团有限责任公司、成都天友旅游产业股份有限公司等股东出资纠纷案

案例：（2021）川0107民初783号民事判决书

案情简介：2017年12月26日，川投公司与天友公司、漫悦公司签订了《出资协议》，约定由三家公司共同出资设立悬崖村公司，悬崖村公司注册资本为3000万元。《出资协议》约定：股东应当按期足额缴纳本协议约定的各自所认缴的出资额，将货币出资足额存入新公司账户。股东不按前款规定缴纳出资的，除应当向悬崖村公司足额缴纳外，还应当向已按期足额缴纳出资的股东承担违约责任。川投公司于2018年2月12日向悬崖村公司转入出资款1380万元，漫悦公司于2018年3月30日向悬崖村公司转入出资款300万元。悬崖村公司（甲方）与川投公司（乙方）就资金集中管理签订《四川省投资集团有限责任公司资金集中管理协议》，约定：甲方上存到乙方的资金权属不变，为甲方所有。2019年悬崖村公司解散清算。2020年

1月16日，川投公司分别向天友公司、漫悦公司发送《关于支付违约金的告知函》，要求天友公司、漫悦公司支付逾期缴纳注册资本违约金。2020年1月18日，天友公司、漫悦公司分别向川投公司发送《关于不同意支付违约金的回函》，均表示不同意向川投公司支付违约金，反而认为川投公司存在利用资金归集模式抽逃出资的行为。

裁判理由及结果：川投公司是否构成抽逃出资，应结合其行为是否造成悬崖村公司资产实质性减少，且长期占用出资款不予归还损害公司权益予以综合考量。根据川投公司举示的银行可用额度证明，可以证明在悬崖村公司款项转至川投公司资金结算中心后并未影响悬崖村公司账户的可用资金额度，也印证了《资金集中管理协议》中关于资金归属仍为悬崖村公司的约定。此外，漫悦公司也未举证证明川投公司的资金归集行为对悬崖村公司权益造成损害或影响公司偿债能力。故川投公司不存在抽逃出资，造成悬崖村公司资本实质性减少的行为，其不应承担抽逃出资的违约责任。对漫悦公司的反诉请求，法院不予支持。

法律分析：本案为判断资金归集管理方式是否构成抽逃出资提供了实质的判断标准，即该资金归集行为是否会构成企业成员资产的实质性减少，同时要结合归集之后是否归还资金，明确资金最终归属进行综合考量。核心企业在对上交资金进行调度时，需要考量自身行为是否会对其他成员构成实质性损害，同时对上交资金要明确企业成员拥有最终的所有权，不能对其他企业成员的债权人构成损害。

4.中铁九局集团成都工程有限公司与中铁九局集团有限公司合同纠纷案

案例：（2020）津民终6号民事判决书

案情简介：成都工程公司为一人有限责任公司，成立于2013年10月29日，注册资本2000万元，股东为中铁九局。2007年3月，中铁九局申请设立中铁成都分公司，并聘任刘庆伟为该分公司的总经理、负责人。2015年2月7日，国网公司与成都工程公司签订了编号为×××2015.001的《融资租赁合同（售后回租）》，合同约定的总价款为15000万元，该合同项下的保证金为1500万元，手续费为405万元。国网公司需实际支付的剩余购买价款为

13095万元，于2015年7月27日之前电汇至成都工程公司指定的银行账户。租赁期限为36个月，自国网公司支付设备购买价款之日起算；租金为按季后付，租赁利率为在合同生效日中国人民银行颁布的同期限档次贷款基准利率基础上上浮15%，由中铁九局提供连带责任保证。国网公司于2015年2月16日在扣除保证金1500万元及手续费405万元后，通过中国银行天津市分行营业部向成都工程公司在《融资租赁合同》附件1中指定的账号支付了13095万元，成都工程公司向国网公司出具了金额为15000万元的收据。成都工程公司自2017年2月16日开始拖欠国网公司第8期租金，截至合同到期，成都工程公司已经支付租金97053470.87元，第8期至第12期的租金共计68785931.45元未予支付。后国网公司起诉要求中铁九局对此债务承担连带责任。

裁判理由及结果：中铁九局对成都工程公司的债务不承担连带责任是基于双方不存在财产混同，成都工程公司未丧失独立法人人格。而一审法院认定中铁九局对成都工程公司的债务承担补充责任的前提是中铁九局抽逃出资，损害公司权益。结合本案事实，中铁九局在成都工程公司成立后即将其投入的注册资本2000万元转出，仅将该笔款项记载为成都工程公司对中铁九局设立的分支机构中铁成都分公司的应收款项，而对于成都工程公司与中铁成都分公司之间基于何种法律关系形成上述应收款项，中铁九局及成都工程公司均未举证予以证明。一审法院按照《公司法司法解释三》第十二条的规定，认定中铁九局将注册资本转出的行为，损害公司权益，严重影响成都工程公司的资产充足状况，减少成都工程公司的债务偿还能力，并判令中铁九局在转移出资本息范围内向国网公司承担补充赔偿责任，事实和法律依据充分。

法律分析：本案中铁九局以资金归集的名义将对成都工程公司的出资转走，虽然作了财务记载，但应收款项的记录明显不具有说服力，正如法院所提及的，中铁九局并未对基于何种法律关系而形成的应收款项记载明确。因此核心企业在收取上交资金时，仅有财务记载是远远不够的，应当在这些账目和每一笔资金处进行备注说明或者记录，明确每一笔资金的收取目的和基础法律关系，使得法院在判断时可以有章可循。

四、合规建议总结

从上文的分析可以大致了解我国企业集团中核心企业所面临的一般性问题所在，以及在实施特定的资金归集管理之下存在的特殊风险，因此我们有必要对这些问题之中暴露的风险进行合规建议的总结，帮助核心企业更好地规避这一风险。

首先，要有完善的集团章程对核心企业和集团内其他企业成员之间的关系进行总括性定性，明确各自之间存在独立的法人地位。在人员调度问题上，虽然核心企业可以为了集团整体利益对各成员人员安排进行合理干预，但在一些敏感职位上必须做到谨慎区分，进行资金核算和记录的财务人员、企业成员的法定代表人及核心业务人员尽量避免出现存在与核心企业之间存在交叉任职情形，并且在核心企业和集团内其他企业成员之间往来或是内部的重要文件，如财务报表等文件上尽量不出现重名。

其次，集团内部的财务问题是需要重点关注的，无论是否采取资金归集管理的方式，通过财务的管理是核心企业实现集团内控制的重要体现。因此，核心企业需要在财务问题上保持其与其他企业成员之间的相对独立。核心企业与其他企业成员在出现资金往来时，需要有独立的账本账簿进行记录和独立核算，对每一笔资金的往来都需要注明其基础的法律关系为何，并保有相关文件的原件，以便争讼之时的需要。

最后，核心企业需要保证集团内各个企业成员的偿债能力，多个案例均已表明，法院在判断核心企业是否需要承担连带责任之时，核心企业行为是否实质损害了企业成员的偿债能力是一个重要的判断标准，因此核心企业在以管理的名义要求上交资金之时，应当保有各企业成员持有一定的资金量，能够保证其日常的经营开销，同时上交的资金需要明确各企业成员拥有最终的权属，必要时可以取回，进而保证其拥有完整的偿债能力。此外，核心企业可以将资金上交及权属情况告知集团内其他企业成员的债权人，在充分保证信息公开的情形下，合理规避责任承担风险。

国有企业投融资管理合规

第一节 国有企业对外投资合规

国有企业对外投资，是发展混合所有制经济的重要一环，同时也是促进经济活力的重要一环。就目前而言，国有企业投资主要是通过股权转让、新设企业、增资扩股等方式引入非国有资本。

《中央企业投资监督管理办法》（以下简称《投资监管办法》）第二条规定，该办法的适用对象"中央企业"是指国资委代表国务院履行出资人职责出资设立的国家出资企业，同时，《企业国有资产法》第四条第二款规定："国务院确定的关系国民经济命脉和国家安全的大型国家出资企业，重要基础设施和重要自然资源等领域的国家出资企业，由国务院代表国家履行出资人职责。其他的国家出资企业，由地方人民政府代表国家履行出资人职责。"中央的国有企业与地方的国有企业的出资人代表不同，因此该办法并不适用于地方的国有企业。但该办法在某种程度上也有一定的示范性，因此本书主要以此办法为文章的整体框架，并辅之以其他地方性规章或规范性文件予以分析。

一、投资项目范围的合规

国有企业的投资项目存在约束，国有企业投资时除遵循公司法上的一般程序以外，要考虑到《中央企业投资监督管理办法》及其他地方性规章或规范性文件中对其投资项目的约束。

中央企业（指国资委代表国务院履行出资人职责的国家出资企业）按照《投资监管办法》第二条的规定，应当关注主业投资和非主业投资的划分。所谓主业投资是指"中央企业发展战略和规划确定并经国资委确认公布的企业主要经营业务"，而非主业投资是指"主业以外的其他经营业务"。

一些地方性规范中也存在关于主业投资与非主业投资的划分，例如在《四川省国有企业投资监督管理办法》《福建省投资监督管理办法》中，主业投资是指"企业依据发展战略和规划确定并经国资委确认公布的主要经营业务"，其中企业依据发展战略和规划确定并经国资委确认公务的新兴投资业务称之为培育业务，该培育业务也被视同主业管理。而非主业是指"主业和培育业务以外的其他经营业务"。

《投资监管办法》第五条中规定中央企业要严格控制非主业投资，在国有企业合规上主营业务与非主营业务在监管上会有不同的对待。因此国有企业合规层面上，国有企业应当要严格控制非主业投资，服务国家发展战略，体现出资人的投资意愿。

国资委制定投资项目负面清单，设定禁止类和特别监管类。这两类存在不同的监管要求。根据《投资监管办法》第九条的规定，中央企业要在国资委发布的中央企业投资项目负面清单基础上，结合企业实际，制定更为严格、具体的投资项目负面清单，且对于国资委发布的该中央企业投资负面清单中的禁止类的投资项目一律不得投资；纳入负面清单特别监管类的投资项目，应当报国资委履行出资人审核把关程序。负面清单之外的投资项目，则由中央企业按照企业发展战略和规划自主决策。

地方层面上，其地方的国资委仍然会制定投资项目负面清单，设定禁止类和特别监管类，在此不一一赘述。总而言之，负面清单以外的投资项目、负面清单中的禁止类投资项目和特别监管类投资项目在监管层面上具有不同的要求。国有企业在选择投资项目时要关注该点。

二、投资事前管理程序合规

国有企业进行投资要符合《公司法》的一般程序规范外，还要符合特殊程序上的要求，一般而言，国有企业要编制年度投资计划、可行性研究论证、履行内部决策程序、国资监管部门的审批/备案。下文介绍需要注意的合规要点。

（一）编制年度投资计划

国有企业在投资时应当编制年度投资计划，并在特定日期内将该经过董事会审议通过的年度投资计划报送国资委。按照《投资监管办法》第十一条，该年度投资计划应当按照企业发展战略和规划，并与企业年度财务预算相衔接，年度投资规模应与合理的资产负债水平相适应。年度投资计划的主要内容依据《投资监管办法》第十二条，主要包括投资主要方向和目的、投资规模及资产负债率水平、投资结构分析、投资资金来源、重大投资项目情况（项目内容、投资额、实施主体、股权结构、资金来源构成、投资预期收益、实施年限等）。

在制定完年度投资计划后，依照《投资监管办法》第十二条及第十三条的规定，中央企业应当于每年3月10日前将该年度投资计划报送国资委，国资委会依据中央企业投资项目负面清单、企业发展战略和规划，从中央企业投资方向、投资规划、投资结构和投资能力等方面，对中央企业年度投资计划进行备案管理。对于存在问题的企业年度投资计划，国资委在收到年度投资计划报告后（含调整计划）的20个工作日内，向有关企业反馈书面意见。企业应根据国资委意见对年度投资计划作出修改。

不管是中央还是地方，都有关于编制年度投资计划的规定，总体而言，对于年度投资计划之外的投资，原则上都是不得投资，如果确实需要投资，根据《投资监管办法》第十八条的规定，"中央企业因重大投资项目再决策涉及年度投资计划调整的，应当将调整后的年度投资计划报送国资委"。因此该年度投资计划要进行调整，并且要将新的投资项目报给其对应的国资委。

例如按照《四川省国有企业投资管理规定》，"原则上在每年年中进行调整，并于8月底前将调整后的年度投资计划及原因说明报省国资委、抄送省政府外派监事会"，国资委将进行综合分析，例如从"负面清单、企业发展战略和规划，从企业投资方向、投资规模、投资结构和投资能力等方面，对企业年度投资计划进行备案管理。其中，列入省国资委'投资特别监管企业'名单的企业，其年度投资计划须报省国资委专项会审"。对于没有存在问题的企业年度投资计划，国资委会在20个工作日内向企业出具备案表；对于存在问题的企业年度投资计划，国资委在收到年度投资计划报告后20个工作日内会向有关企业反馈书面意见，企业应该根据国资委意见对年度投资计划作出修改并重新履行备案手续。

但国内不同地区对能否调整年度计划存在不同的规定，因此从国有企业合规的角度，应当慎重地编制投资年度计划，不然的话，对该年的投资如果出现与该年度投资计划不符之处，可能会面临不合规的风险。

（二）可行性研究与论证

国有企业在对外投资前需进行技术、市场、财务、法律等方面的前期可行性研究论证工作，并编制投资项目可行性研究报告，可行性研究报告应当以投资项目实施的必要性、技术与经济可行性为主要内容，是投资项目决策的基本和最主要的依据。《投资监管办法》第十五条规定，"对于新投资项目，应当深入进行技术、市场、财务和法律等方面的可行性研究与论证"。《投资监管办法》中并没有详细规定可行性研究的流程。但是《深圳市属国有企业投资管理暂行规定》作了较为详细的规定，可以作为参考，其流程如下：（1）委托编制机构；（2）审计和资产评估；（3）出具法律意见书；（4）中介机构的选定；（5）专家评审。

《深圳市属国有企业投资管理暂行规定》第十一条规定，投资项目涉及以非货币财产出资、收购资产的，还应当聘请具有相应资质的中介机构进行审计和资产评估，评估结果应当作为出资或收购定价的参考依据；企业以非货币财产出资的，其作价原则上不得低于资产评估价值；涉及收购资产或对方以非货币资产出资的，其作价原则上不得高于资产评估价值。

其第十三条规定，关于投资项目涉及法律问题的，应当进行合法性审查。其中涉及法律法规且政策性较强的投资项目，企业应当聘请独立的法律中介机构出具法律意见书，需要注意的是，不得以企业内法律实务部门或法律顾问的意见代替中介机构的意见。

（三）履行内部决策程序

国有企业应当按照法律法规、公司章程及企业内部管理规定、履行内部决策程序。但存在国有企业决策程序上的特殊规范，分别为决策主体的限制和进一步严格的决策程序。

《投资监管办法》对决策主体具有限制，根据第十六条的规定，中央企业应当明确投资决策机制，对投资决策实行统一管理，向下授权投资决策的企业管理层级原则上不超过两级。地方层面而言，《四川省属国有企业投资监督管理试行办法》第二十二条也规定了"企业投资决策权和开展股权投资原则上控制在两级以内（集团公司为第一层级），确因客观需要，集团公司下属第三级子公司开展股权投资应报请省国资委审核通过后，由集团公司授权"。

《投资监管办法》第十六条也要求各级投资决策机构对投资项目作出决策，应当形成决策文件，所有参与决策的人员均应在决策文件上签字背书，所发表意见应记录存档。地方的《四川省属国有企业投资监督管理试行办法》第22条也作出了相同的规定，要求"各级投资决策机构对投资项目作出决策，应当形成决策文件，所有参与决策的人员均应在决策文件上签字背书，所发表意见应记录存档"。

（四）国资监管部门审批/备案

国有企业在制定年度投资计划，作出相应的可行性研究论证并且经过董事会审议通过后，在特定期限内应当将年度投资计划报送国资委，中央企业原则上采取备案制，一些地方会存在不同，一些地方会采取核准制或者备案制，同时也有可能会存在核准制和备案制共存的情形。

根据《投资监管办法》第十二条及第十三条的规定，"中央企业应当于每年3月10日前将经董事会审议通过的年度投资计划报送国资委"，且"国资委依据中央企业投资项目清单、企业发展战略和规划，从中央企业投资方向、投资规模、投资结构和投资能力等方面，对中央企业年度投资计划进行备案管理。对存在问题的企业年度投资计划，国资委在收到年度投资计划报告（含调整计划）后的20个工作日内，向有关企业反馈书面意见。企业应根据国资委意见对年度投资计划作出修改"。因此年度投资计划中的投资项目只要不属于禁止类、特别监管类，交由国资委备案就能通过；若存在问题，国有企业只需要根据国资委意见对年度投资计划作出修改即可。

但对于负面清单中的特别监管类的投资项目，根据《投资监管办法》第十四条的规定，国有企业应当在履行完企业内部决策程序后，在实施前向国资委报送相关材料，这些材料包括"开展项目投资的报告、企业有关的决策文件、投资项目可研报告（尽职调查）等相关文件、投资项目风险防控报告及其他必要的材料"。

《深圳市属国有企业投资管理暂行规定》第七条规定，市国资委对企业投资项目原则上实行核准制和备案制管理，有效提高投资决策效率。其第十七条规定，直管企业及其所属企业在主业范围内进行的投资项目，达到以下限额标准的，由市国资委进行核准：

（1）地铁、发电厂（站）、港口（码头及陆域工程）、机场（飞行区）、高等级公路建设和经营（不包括相关配套服务）项目，投资额在直管企业净资产50%或10亿元以上（人民币，含本数，下同）的。

（2）房地产开发项目，投资额在直管企业净资产50%以上，或市内5亿元以上、市外3亿元以上的。

（3）城市燃气管网（站）、供排水管网（厂站）、物流园区、农产品批发市场建设和经营项目，投资额在直管企业净资产10%或1亿元以上的。

（4）其他投资项目，投资额在直管企业净资产10%或5000万元以上的。

直管企业及其所属企业的主业范围以市国资委发布的《市国资委直管企业主业目录》为准。项目投资额一般是指项目投资总额，对我方（包括参与投资的市属国有企业及其关联企业）不占主导地位的项目是指我方实际出资（包括现金和实物出资、提供担保和融资的金额），项目一次规划、分期投入的一并计算。

同时，其第十八条规定，直管企业及其所属企业在主业范围以外进行的投资项目，以及主业范围内符合下列条件之一的投资项目，不论投资额大小，均由市国资委审批：

（1）境外投资项目。

（2）与非国有经济主体进行合资、合作或交易的项目。

（3）对投资性平台公司或从事配套服务的企业进行股权投资。

（4）资产负债率超过70%的直管企业进行的投资项目。

在出资企业建立起投资管理信息系统后，国资委会对企业投资实行全动态监测，及时了解和掌握企业投资信息，知道督促企业规范开展投资活动。

因此国有企业要根据不同地方的规范予以注意合规要点，分清楚该地是采取核准制还是备案制，或是采取合规制与备案制并存的情形。

三、投资事中管理

（一）对国有企业投资事中管理的一般规定

国有企业在投资中阶段需要做好管理、监督和报备等工作；对于上市国有企业，投资中阶段还应当根据相关法律法规和交易所规则进行信息披露。

《投资监管办法》第十七条、第十八条规定，国资委对中央企业实施中的重大投资项目进行随机监督检查，重点检查企业重大投资项目决策、执行和效果等情况，对发现的问题向企业进行提示。中央企业应当定期对实施、运营中的投资项目进行跟踪分析，针对外部环境和项目本身情况变化及时进行再决策。如出现影响投资目的实现的重大不利变化时，应当及时研究并启动中止、终止或退出机制。中央企业因重大投资项目再决策涉及年度投资计划调整的，应当将调整后的年度投资计划报送国资委。

（二）地方国有企业的特殊规定

福建省的相关办法中也规定省国资委对企业实施中的部分重大投资项目进行随机监督检查，重点检查企业重大投资项目决策、执行和效果等情况，对发现的问题进行提示并要求其限期整改。因此从这一角度而言，国有企业自身也要定期对实施和运营中的投资项目进行跟踪分析，针对外部环境和项目本身情况变化，及时进行再决策。如出现影响投资目的实现的重大不利变化时，应当研究并启动项目中止、终止或退出机制。企业投资项目实施过程中，若出现投资项目内容发生变化、投资金额调整和投资对象股权结构变化等情况时，应在投资管理信息系统中及时变更投资项目信息。

对此，各个地方在项目出现了较大变化的情况下，会要求国有企业及时向国资委报告并抄送省政府外派监事会的规定。但各个地方对此的要求并不相同。

（三）项目变化时报告并抄送的情形认定

在投资事中过程中，如果出现影响投资目的实现的重大不利变化时，中央企业需要研究中止、终止或退出机制。此时由于该重大投资项目再决策涉及年度投资计划调整的，应当将调整后的年度投资计划报送国资委。

重大投资项目的调整在《投资监管办法》中并没有具体提及，但往往是由于项目中止、终止或者股权比例进行重大调整才导致的控制权转移。当然如果还存在例如投资额超过经核准单位核准金额的规定比例或者数额的，例如《深圳市坪山区国有企业投资管理实施细则》中的规定是核准单位核准的金额10%或1000万元以上，并且存在投资合作方严重违约，损害其国有投资主体权益时；或者出现自然和社会意外事故，严重影响投资项目实施，外部环境变化导致投资项目预期收益低于可行性研究报告或者行业平均水平。因此，这些情形也是国有企业合规需要重点关注的项目。

四、国有上市公司事中投资的信息披露

国有上市公司作为上市公司，也应当符合《证券法》的相应要求，履行其应尽的信息披露义务，以下是笔者所整理的国有上市公司事中投资的所应当进行的信息披露。

根据上交所的规定，出现下列情况需要及时披露：

（1）交易涉及的资产总额（同时存在账面值和评估值的，以高者为准）占上市公司最近一期经审计总资产的10%以上。

（2）交易标的（如股权）涉及的资产净额（同时存在账面值和评估值的，以高者为准）占上市公司最近一期经审计净资产的10%以上，且绝对金额超过1000万元。

（3）交易的成交金额（包括承担的债务和费用）占上市公司最近一期经审计净资产的10%以上，且绝对金额超过1000万元。

（4）交易产生的利润占上市公司最近一个会计年度经审计净利润的10%以上，且绝对金额超过100万元。

（5）交易标的（如股权）在最近一个会计年度相关的营业收入占上市

公司最近一个会计年度经审计营业收入的10%以上，且绝对金额超过1000万元。

（6）交易标的（如股权）在最近一个会计年度相关的净利润占上市公司最近一个会计年度经审计净利润的10%以上，且绝对金额超过100万元。

每年11月底前由出资企业向省国资委提交企业下一年度投资计划草案，并提供重大投资项目的计划书等相关文件和资料。

上市公司发生的交易达到下列标准之一的，上市公司除应当及时披露外，还应当提交股东大会审议：

（1）交易涉及的资产总额（同时存在账面值和评估值的，以高者为准）占上市公司最近一期经审计总资产的50%以上。

（2）交易标的（如股权）涉及的资产净额（同时存在账面值和评估值的，以高者为准）占上市公司最近一期经审计净资产的50%以上，且绝对金额超过5000万元。

（3）交易的成交金额（包括承担的债务和费用）占上市公司最近一期经审计净资产的50%以上，且绝对金额超过5000万元。

（4）交易产生的利润占上市公司最近一个会计年度经审计净利润的50%以上，且绝对金额超过500万元。

（5）交易标的（如股权）在最近一个会计年度相关的营业收入占上市公司最近一个会计年度经审计营业收入的50%以上，且绝对金额超过5000万元。

（6）交易标的（如股权）在最近一个会计年度相关的净利润占上市公司最近一个会计年度经审计净利润的50%以上，且绝对金额超过500万元。

以上是需要及时披露并提交股东会审议的。

对于提交股东大会审议的，上市公司对外投资仅提交股东大会审议规则的第（3）项或第（5）项标准，且上市公司最近一个会计年度每股收益的绝对值低于0.05元的，公司可以向交易所申请豁免提交股东大会决议。

五、投资事后管理

国有企业在完成年度投资后，合规层面上应当编制年度投资完成情况报告，并且要选取部分已完成的重大投资项目开展后评价，形成后评价专项报告。最后国有企业应当对开展的重大投资项目进行专项审计。

（一）编制年度完成情况报告及形成后评价专项报告

根据《投资监管办法》第二十条的规定，中央企业在年度投资完成之后，应当编制年度投资完成情况报告，并于下一年1月31日前报送省国资委，年度投资完成情况报告包括但不限于以下内容：（1）年度投资完成总体情况；（2）年度投资效果分析；（3）重点投资项目进展情况；（4）年度投资后评价工作开展情况；（5）年度投资存在的主要问题及采取的措施。

（二）形成评价专项报告并审计

在国有企业编制年度投资完成情况报告并报送国资委的同时，根据《投资监管办法》第二十一条及第二十二条的规定，出资企业应当每年选择部分已完成的投资项目开展后评价，形成后评价专项报告。通过项目后评价，完善企业决策机制，提高项目成功率和投资收益，总结投资经验，为后续投资活动提供参考，提高投资管理水平。而且，所出资企业应当开展重点投资项目专项审计，审计的重点包括投资项目决策、投资方向、资金使用、投资收益、投资风险管理等方面。

第二节　国有企业融资担保合规

一、国有企业对外担保合规

（一）国有企业对外担保合规基本规范

在国有企业融资对外担保中，国有企业作为一般的法律主体既要受到《中华人民共和国民法典》（以下简称《民法典》）、《公司法》中关于担保和合同编及相关司法解释的规制，又要受到《企业国有资产法》等法律法规的规制。地方政府出台的一些地方性法规也会对国有企业对外担保进行相应的规范，各个地方规范不一，且可能会有违反上位法的嫌疑，因此本书以《公司法》《民法典》《企业国有资产法》及相关司法解释为基础，进行国有企业对外担保的合规事项分析。

（二）国有企业对外担保主体资格认定

国有企业作为对外担保的主体，法律上并未做相应的限制。根据《民法典》第六百八十三条的规定，机关法人不得为保证人，但是经国务院批准为使用外国政府或者国际经济组织贷款进行转贷的除外。以公益为目的的非营利法人、非法人组织不得为保证人。《民法典》中关于担保主体资格限制的仅此一条，保证虽与狭义上的担保物权不同，但根据《最高人民法院关于适用〈中华人民共和国民法典〉有关担保制度的解释》（以下简称《担保制度司法解释》）第一条的规定，该条文使用了"因抵押、质押、留置、保证等担保发生的纠纷"的表述，因此保证也在担保的内涵之中，且根据该担保司法解释第四条与第五条的规定，担保主体也可以是规范机关法人与以公益为目的的非营利性学校、幼儿园、医疗机构、养老机构等。而以营利为目的的国有企业并不在上述主体之中，因此国有企业作为对外担保的主体，法律上并没有对此做相应的限制。

（三）国有企业对外担保的担保类型

根据《公司法》第十六条的规定，公司向其他企业投资或者为他人提供担保；《企业国有资产法》第三十条及第四十五条都没有明确说明此处的担保类型属于哪种，是否包括非典型担保；《民法典》第二编第四分编规定了抵押权、质权、留置权这种典型的担保物权，并且在第三编第二分编第十三章规定了保证合同。《担保制度司法解释》第一条将"所有权保留、融资租赁、保理等涉及担保功能发生的纠纷"此种非典型担保的情形适用在担保编中。因此担保的类型包括《民法典》明确记载的抵押、质押、留置、保证此类典型的担保，同时也包含非典型担保。这一观点体现在2021年10月9日由国资委颁发的《关于加强中央企业融资担保管理工作的通知》（国资发财评规〔2021〕75号，以下简称75号文）第一条中："融资担保主要包括中央企业为纳入合并范围内的子企业和未纳入合并范围的参股企业借款和发行债券、基金产品、信托产品、资产管理计划等融资行为提供的各种形式担保，如一般保证、连带责任保证、抵押、质押等，也包括出具有担保效力的共同借款合同、差额补足承诺、安慰承诺等支持性函件的隐性担保，不包括中央企业主业含担保的金融子企业开展的担保及房地产企业为购房人按揭贷款提供的阶段性担保。"并且，对于如何理解此处的"具有担保效力"，国资委于2022年8月10日作出答复：按照75号文的要求，企业提供共同借款合同、差额补足承诺、安慰函、支持函等函件是否具有担保效力，需要企业法律部门根据具体条款进行判定，具有担保效力的则属于隐性担保。

综上所述，根据75号文的要求，依据《民法典》《担保制度司法解释》之规定，只要实质上具有担保功能，无论其名称与内容如何，均应适用国有企业对外担保的规定。

（四）国有企业对外担保的程序

1.对外担保的决策机构

按照《企业国有资产法》第五条的规定，国有企业是指国家出资的国有独资企业、国有独资公司，以及国有资本控股公司、国有资本参股公司。根据《公司法》《企业国有资产法》的相关规定，国有资本控股公司与国有资本参股公司均由股东会及股东大会或者董事会决议。国有独资公司由董事会来予以决定。国有独资企业由企业集体负责人来予以决定。

国有资本控股公司与国有资本参股公司对外担保的决策机构有可能是股东会或董事会。根据《公司法》第十六条，公司向其他企业投资或者为他人提供担保，依照公司章程的规定，由董事会或者股东会、股东大会决议；根据《企业国有资产法》第三十三条，国有资本控股公司与国有资本参股公司的决策机构一致，由公司股东会、股东大会或者董事会决议。而且，根据《企业国有资产法》第十三条，在国有资本控股公司、国有资本参股公司中，股东会会议及股东大会会议由履行出资人职责机构委派的股东代表参加，根据委派机构的指示提出提案、发表意见、行使表决权，并将其履行职责的情况和结果及时报告委派机构。

《企业国有资产法》第三十条规定，国家出资企业为他人提供大额担保应当遵守法律、行政法规及公司章程的规定。该法第三十二条和第三十三条规定，国有资本控股公司、国有资本参股公司的大额担保由公司股东会、股东大会或者董事会决定；国有独资企业、国有独资公司为他人提供大额担保由履行出资人指定的机构决定的以外，国有独资企业由企业负责人集体讨论决定，国有独资公司由董事会决定。

须注意的是，国有独资公司与国有独资企业对外担保的决策机构有所不同。国有独资公司并不设股东会或股东大会，因此对外担保由董事会决定即可。而国有独资企业是指国家单独出资、由国务院或者地方人民政府授权本级人民政府国有资产监督管理机构履行出资人职责的非公司制形式的企业，在企业形态上不采用公司制，不受《公司法》规制。国有独资企业对外担保由企业集体负责人讨论决定。根据《企业国有资产法》第二十二条的规定，企业集体负责人主要指经理、副经理、财务负责人和其他高级管理人员。

2.对外担保的决议效力

根据《公司法》第二十二条及《最高人民法院关于适用〈中华人民共和国公司法〉若干问题的规定（四）》（以下简称《公司法司法解释

四》）第五条的规定，将公司决议效力分为三种情形，为无效决议、可撤销决议及决议不成立。关于决议的法律性质，学术界多有争议，但根据《民法典》第一百三十四条的规定，法人、非法人组织依照法律或者章程规定的议事方式和表决程序作出决议的，该决议行为成立。该条列于《民法典》第六章民事法律行为下，根据体系解释的原理，决议应该属于法律行为。因此决议属于一种特殊的法律行为，不同于单方法律行为与双方法律行为，决议的特殊性在于其采取多数决原则。同时，行使表决权的主体有其意思表示，所以仍旧适用意思表示的理论。当《公司法》的规范补充不足时，可以适用法律行为的基本理论来予以补充。此外，上述《公司法》第二十二条与《公司法司法解释四》第五条的划分也是按照法律行为效力基本架构而划分。

在国有公司对外担保领域需要着重探讨的则是决议无效的情形及决议可撤销的情形。公司股东会或者股东大会、董事会的决议内容违反法律、行政法规的无效，以及股东会或者股东大会、董事会的会议召集程序、表决方式违反法律、行政法规或者公司章程，或者决议内容违反公司章程的，股东可以自决议作出之日起60日内，请求人民法院撤销。

3.中央国有企业对外担保中担保对象的限制

中央国有企业不得为集团外企业提供担保，原则上不得为不具备持续经营能力的子企业或参股企业及金融子企业提供担保，集团内无直接股权关系的子企业之间原则上不得互保，如果要对上述公司提供担保，需要经过集团董事会进行审批。根据75号文第三条的规定，严格限制融资担保对象。中央企业严禁对集团外无股权关系的企业提供任何形式担保。原则上只能对具备持续经营能力和偿债能力的子企业或参股企业提供融资担保。不得对进入重组或破产清算程序、资不抵债、连续3年及以上亏损且经营净现金流为负等不具备持续经营能力的子企业或参股企业提供担保，不得对金融子企业提供担保，集团内无直接股权关系的子企业之间不得互保，以上三种情况确因客观情况需要提供担保且风险可控的，需经集团董事会审批。

那么对"集团内无直接股权关系"该如何界定呢？国资委2021年11月26日给出的答复是"直接股权关系不仅限于直接的母子公司关系，某个企业对其实际控制的各级子公司均有直接股权关系"。由此可见，此处的"直接股权关系"并不限于直接的母子公司，而是按照穿透关系来认定，即对于集团企业的各级子公司，只要集团企业对其具有控制权，都可以认定为具有直接股权关系。

另外，"不得对不具备持续经营能力的子企业或参股企业提供担保，不得对金融子企业提供担保，集团内无直接股权关系的子企业之间不得互保"这一规定是原则，75号文第三条在最后也设置了上述三种情形的例外，即确因客观情况需要提供担保且风险可控时，经集团董事会审批后亦可开展。比如上述第三种情形，A、B企业均为某集团的全资控股子企业，且A和B之间无相互持股关系，若A向B提供担保，需经中央企业集团董事会审批。此外，国资委在2022年8月9日对此类问题的答复还指明，子企业对母公司提供担保亦适用于此条例外情形。

综上，国有企业只能对集团内子企业和参股企业提供担保，对不具备持续经营能力的子企业或参股企业、金融子企业提供担保及集团内无直接持股关系的子企业之间的互保，需由集团董事会审批。

4.中央国有企业对外担保额度的限制

75号文第四条规定，"原则上总融资担保规模不得超过集团合并净资产的40%，单户子企业（含集团本部）融资担保额不得超过本企业净资产的50%"。问题是，此处的担保规模是指对外担保的合同总金额即发生额，还是指尚未履行完毕的合同余额？国资委于2021年12月14日的答复是，这里的融资担保余额指的是实际提供担保的融资余额，而不是发生额。75号文第五条规定"严格按照持股比例对子企业和参股企业提供担保。严禁对参股企业超股比担保"。在实践中，金融机构接受多股东比例担保的仍属个例，特别是在融资企业存在多名股东的情况下，那么前述按照持股比例担保的限制是否存在弹性适用空间呢？对此，75号文规定："对子企业确需超股比担保的，需报集团董事会审批，同时，对超股比担保额应由小股东或第三方通过抵押、质押等方式提供足额且有变现价值的反担保。对所控股上市公司、少数股东含有员工持股计划或股权基金的企业提供超股比担保且无法取得反担保的，经集团董事会审批后，在符合融资担保监管等相关规定的前提下，采取向被担保人依据代偿风险程度收取合理担保费用等方式防范代偿风险。"国资委在2021年12月14日对比例担保弹性适用的答复中采取了较严的口径，即要求严格按照75号文第五条的规定来落实反担保措施。

综上来看，国有企业对外担保亦受额度限制。整体担保额度限制在其合并净资产的40%范围内，个案担保要区分被担保人为参股企业还是子企业，对参股企业严禁超股比担保。对控股子企业确需超股比担保的，应报集团董事会审批且由小股东或第三方提供足额且有变现价值的反担保。无法取得反担保的，可以向被担保人收取担保费的方式替代。

5.国有企业关联担保的注意事项

（1）国有资本控股公司及国有资本参股公司股东代表与董事的表决权回避。根据《公司法》第十六条，在关联担保下，如果公司为公司股东或者实际控制人提供担保，必须经股东会或者股东大会决议，且其股东不得参加表决，出席会议的其他股东需要所持表决权的过半数通过。在国有资本控股公司及国有资本参股公司中，由履行出资人职责的机构委派股东代表参加股东会或者股东大会，该股东代表是否构成《公司法》第十六条所说的公司股东？《企业国有资产法》第十二条规定："履行出资人职责的机构代表本级人民法院对国家出资企业依法享有资产收益、参与重大决策和选择管理者等出资人权利。该股东代表不是公司法意义上的股东，但为防止国有资产流失，该股东代表如果构成关联交易的话，对《公司法》第十六条仍旧应当扩大解释，即采取表决权回避的方式。"

在由国有资本控股公司及国有资本参股公司董事会对公司对外担保事项进行决议的情形下，根据《企业国有资产法》第四十六条的规定，公司董事会对公司与关联方的交易作出决议时，该交易涉及的董事不得行使表决权，也不得代理其他董事行使表决权。这种规定也运用了表决权回避的相关原理。

（2）在国有独资企业及国有独资公司关联担保中，获得履行出资人职责的机构的同意。关于国有独资企业和国有独资公司的对外担保，在国有独资企业中是由集体负责人讨论决定的，在国有独资公司中是由董事会决定的。但根据《企业国有资产法》第四十五条的规定，若涉及为关联方进行担保，需要经过履行出资人职责的机构的同意。关联方的范围依照该法第四十三条的规定，是指本企业的董事、监事、高级管理人员及其近亲属，以及这些人员所有或者实际控制的企业。这比《公司法》第二百一十六条多出了"及其近亲属，以及这些人员所有或者实际控制的企业"的内容。在涉及关联担保时，国有独资企业与国有独资公司均需要经由履行出资人职责的机构同意，而不是经由董事会同意，这也反映了国有独资企业及国有独资公司对国有资产的特殊保护。

（五）国有企业对外担保没有决议时的法律效果

1.国有企业越权担保基本法理概要

若国有企业的担保并未经过股东会或董事会的决议，也就是构成了越权担保，在这种情况下仍应当先按照《公司法》第十六条的基本原理予以解读。关于违反《公司法》第十六条在学理上争议已久，但现今认为应当按照代理法来处理公司对外担保的法律问题。下面简单介绍，为何用代理法的相关规范而不是适用违反强制性规范的相关规范来予以规制越权担保的情形。根据《民法典》第一百四十三条的规定，对外担保的合同属于一般民事法律行为，该法律行为只需要满足意思表示真实有效即可成立并生效。但《民法典》第一百五十三条规定："违反强制性规定及违背公序良俗的民事法律行为无效。但是，该强制性规定不导致该民事法律行为无效的除外。"

原来的审判实践中，会将违反法律的行为根据该规定究竟是管理性法律规定还是强制性法律规定的区分标准来进行判定。这是根据原来的《民商事合同指导意见》第十六条给出的判定标准，即"如果强制性规范规制的是合同行为本身即只要该合同行为发生即绝对地损害国家利益或者社会公共利益的，人民法院应当认定合同无效。如果强制性规定规制的是当事人的'市场准入'资格而非某种类型的合同行为，或者规制的是某种合同的履行行为而非某类合同行为，人民法院对于此类合同效力的认定，应当慎重把握，必要时应当征求相关立法部门的意见或者请示上级人民法院"。

但需要指出的是，这种二分法目前站不住脚。朱庆育教授指出，《民商事合同指导意见》第十六条以"合同行为"为中轴，前后延展至以"市场准入"资格与"合同履行行为"为两端，再以"国家利益或者社会公共利益"为判别依据，试图为效力性与管理性强制性规定画出一道相对清晰的分界线。此举用心良苦，却将本就逻辑错乱的概念进一步推入泥淖。[①]上述理解也得到《民法典》第一百五十三条的支持。

因此原来将《公司法》第十六条作为强制性规定与管理性规定的分类标准是错误的。因为违反《公司法》第十六条，即如果在国有企业中存在违反上述必要的法定程序为其关联方作出担保的情形，则属于私法上的权限逾越，构成无权代理。同时要指出的是，以公司的名义订立担保合同，在称谓上区分"代理"和"代表"并没有意义[②]。

因此在判断是否构成国有公司越权担保的情形时，国有出资企业中的主要负责人及国有公司的法定代表人、董事、监事、高级管理人员、某一部门的工作人员甚至跟国有公司毫不相关的人员在没有公司决议的情形下以国有公司的名义对外担保都有可能构成无权代理。总而言之，该观点分别在《九民纪要》第十七条与《担保制度司法解释》第七条中体现，在没有担保决议的情况下，法定代表人对外签署担保合同构成越权代表。因此违反《公司法》第十六条的规定应当适用代理法的相关规定。

2.国有公司对外担保表见代理构成要件认定

国有公司对外担保表见代理的构成要件按照《民法典》及相关司法解释的规定分别为无权代理、存在有理由相信的代理权外观、相对人善意无过失，而学理上则需要增加可归责性要件（在国有公司对外担保中，本书仍然主张需要考虑该要件）。关于无权代理，《民法典》第一百七十一条规定，无权代理是指行为人没有代理权、超越代理权或者代理权终止后，仍然实施代理行为。无权代理的法效果是该法律行为处于效力待定的状态，此时国有出资企业具有追认的权利。但如果构成表见代理，则国有企业就会面临承担担保责任的风险。一般而言，没有有效的公司决议或者公司章程没有规定，或是超越了公司决议与公司章程的规定，或是撤销了决

[①]朱庆育：《〈合同法〉第52条第5项评注》，《法学家》2016年第3期，第153—174页。

[②]朱庆育：《民法总论（第二版）》，北京大学出版社2016年版，第460页。

议等，都有可能构成无权代理。

关于相对人有理由相信行为人有代理权。按照《民法典》第一百七十二条的规定，行为人没有代理权、超越代理权或者代理权终止后，仍然实施代理行为，相对人有理由相信行为人有代理权的，代理行为有效。何为相对人有理由相信，根据《最高人民法院关于适用〈中华人民共和国民法典〉总则编若干问题的解释》（以下简称《总则编司法解释》）第二十八条可以得出，其一是存在代理权外观；其二是相对人不知道行为人行为时没有代理权，且无过失。

代理权外观的意义在于从一般理性第三人的视角出发，锚定一般意义上的情形，因此代理权外观是指本人一方的举止态度在一般情况下存在"代理权通知"的表示价值。国有企业必须在内部建立自己的授权行为，管好内部的规章，不能让相对人有机会根据其在国有企业一般的举止态度下存在"代理权通知"的外观特征。

相对人不知道行为时没有代理权且无过失，一般是指相对人的主观状态，"无过失"是指相对人本身的注意义务。值得注意的是，权利外观因素越充分，越能够说明合同相对人"善意且无所过失"。因此，在主观层面上强调的是"具体相对人"的主观样态。在某些"特殊情况"，虽然存在就一般情形而言的代理权表象，但个案中的相对人仍须核实确认其代理权之有无，并且有时存在客观表象但仍可认为相对人善意或者恶意。因此在国有企业合规治理的过程中应当注意合作相对人本身的资质特点，从交易相对人的交易方式、交易性质的特殊性上来进行规范从而防止出现表见代理的情形，以进一步防止国有资产的流失。

在相对人的善意认定上，相对人应当对决议采取"合理审查"，根据《担保制度司法解释》第七条的规定，要判断相对人是否善意，相对人在订立担保合同时不知道且不应当知道法定代表人超越权限，并且相对人有证据证明已对公司决议进行了合理审查。在此处，最高人民法院关于善意的认定发生了转变，根据《九民纪要》的规定，在需要表决权之处与不需要表决权之处，需要对股东大会决议等进行"形式审查"。而担保司法解释使用的是"合理审查"的说法，究竟形式审查是否等同于"合理审查"？按照《总则编司法解释》第二十八条的规定，即存在代理权外观，相对人不知道行为时没有代理权，且无过失。因此从这一层面来讲，《担保制度司法解释》将相对人的注意义务改成合理审查较为合理，因为相对人的主观状态需要在个案中具体判定。从这点而言，《九民纪要》的观点并不正确，《担保制度司法解释》又在《九民纪要》之后，且《担保制度司法解释》在效力上高过《九民纪要》，因此不应当采取《九民纪要》的规定。

关于可归责性，上述司法解释在学理上仍然存在缺失，即被代理人的可归责性，若没有可归责性这一要件，对被代理人来说就会显得过于严苛，但在实务裁判中明确指出本人的可归责性是表见代理构成要件之一的可谓是凤毛麟角，最高人民法院公报刊载的涉及表见代理的5个案件及最高人民法院作出的和表见代理或者职务行为直接或者间接相关的244项判决与裁定中，均无明示本人可归责要件者[①]。但往往法院会将该要件隐藏在"是否具有代理权外观""相对人是否非善意无过失"中隐晦地考虑其中。因此，从国有企业合规的角度，也要考虑到可归责性的要件。

（六）国有企业未经国资委批准对外担保合同效力的认定

国有企业对外担保的合同效力还会受到是否经过国资委批准的影响。不同地区国资委的批准对合同效力的影响在实践中存在争议，各个地方的规章对国有企业对外担保的规定存在不同的管制要件。根据上文可以得出《国有企业资产法》并没有规定国有公司对外担保一定要由本级地方政府授权的国资委批准才认可其对外担保的效力，且各个地方国资委的监管并不相同，下文仅通过简单列举来说明如规章中要求国有企业未经国资委批准的对外担保的效力。

例如江门市人民政府国资委印发的关于《市属国有企业担保管理工作规则》（江国资办〔2020〕35号）中第十三条第一款"市国资委审核事项包括：单项评估值1000万元及以上的担保；为控股企业提供超过其出资比例的担保；为参股企业提供担保"。《厦门市国有企业担保管理暂行办

---

① 杨芳：《〈合同法〉第四十九条（表见代理规则）评注》，《法学家》2017年第6期，第158—174页、第180页。

法》（厦国资产〔2009〕166号）规定，企业及所投资企业不得对外担保，特殊情况需要对外担保的，应报市国资委批准后方可进行。

根据《北京市国有企业担保管理暂行办法》的规定，市属企业对外担保，应当在董事会（或相关决策机构）决策后10个工作日内向市国资委备案。市国资委对备案资料进行核实，原则上在收到完整备案资料之日起10个工作日内出具备案意见。

倘若国有公司违反了上述规章，是否涉及《民法典》第一百五十三条第一款的规定？该条文规定，出于限制政府权力的目的，只有在该法律行为违反法律或者行政法规的情形下，才会构成无效。但根据《民法典》第一百五十三条第二款的规定，违反上述规章，国有企业的对外担保行为仍然可能违反公序良俗而构成无效。根据《九民纪要》第三十一条的规定，涉及金融安全、市场秩序、国家宏观政策等为公序良俗。因此判定其是否违反公序良序，也即该对外担保的对象或者对外担保的资产是否涉及要违反上述所言的金融安全、市场秩序、国家宏观政策。由于上述的种种理由过于抽象。但法院一般会推定基于市场的交易安全，并不适用《民法典》第一百五十三条第二款的规定。

二、国有上市公司对外担保合规

国有企业许多属于上市公司或者作为公众公司。在国有企业作为上市公司的情形下，因为其不仅涉及全民的利益，还涉及众多中小投资者的利益，并且涉及金融市场秩序的安全。因此国有上市企业的对外担保有特殊的规制模式，除了需要履行内部决议等手续外，还需要进行对外披露。《担保制度司法解释》第九条规定，担保权人如要接受上市公司提供的担保，则必须要查询到上市公司的公告，公告中需明确该担保事项已经获得决议通过，否则，担保权人无法要求上市公司承担担保责任。

根据《担保制度司法解释》及相关的司法实践，上市国有公司的担保公告需体现担保事项已经董事会或者股东大会决议通过的信息，具体表现为：

（1）董事会或股东大会的决议内容和表决情况（是否通过决议）；

（2）通过的决议内容：包括担保人（为谁担保）、担保权人（向谁担保）、额度（担保金额多少）、期限等。

同时，上市公司公告的时间，一般应当是当天决议、当天公告，最迟第二天公告。并且国有上市公司对外担保上存在具体的实施细则，有增强的程序要件，而且，在国有上市公司对外担保中有存在关联交易及关联关系的扩张，这都是国有上市公司需要在企业合规中注意的，具体分析如下。

（一）国有上市公司对外担保增强的程序要件

国有上市公司要满足上文所言的《公司法》第十六条的程序来进行对外担保，在国有上市公司的情形下，还需要满足上市公司对达到一定情形或者数额的担保事项下采取更严格的规制。存在以下规制。

第一，上市公司对外担保的数额占公司资产总额达到一定比例，则必须经出席会议的股东的表决权比例达到特别多数决（三分之二以上）。根据《公司法》第一百二十一条的规定上市公司在1年内担保金额超过公司资产总额30%的，应当由股东大会作出决议，并经出席会议的股东所持表决权三分之二以上通过。

第二，上市公司还需要遵守《证券法》、《上海证券交易所股票上市规则》（以下简称《上交所上市规则》）及《深圳证券交易所股票上市规则》（以下简称《深交所上市规则》），对于特定的担保事项（构成对股票交易价格产生重大影响的重大事件）必须由上市公司的董事会及股东大会审议并且及时披露。上市国有公司的控股股东或者实际控制人对重大事件的发生、进展发生较大影响的，应当将及时知悉的有关情况书面告知公司，并配合公司履行信息披露义务。

《证券法》第八十条规定，对于可以发生在上市公司、股票在国务院批准的全国性证券交易场所交易的公司的股票交易价格产生重大影响的重大事件，投资者尚未得知时，公司应当立即将有关该重大事件的情况向国务院证券监督管理机构和证券交易场所报送临时报告，并予以公告，说明事件的起因、目前的状态和可能发生的法律后果。在此，重大担保事项就会构成重大事件，属于应当进行信息披露的范围，且国有公司的控股股东或者实际控制人对重大事件的发生、进展发生较大影响的，应当将及时知悉的有关情况书面告知公司，并配合公司履行信息披露义务。重大事件的标准则根据《证券法》第八十一条的规定"重大事件中公司对外担保提供担保超过上年末净资产的百分之二十"来确定。

根据《上交所上市规则》及《深交所上市规则》的规定，发生"提供担保"交易事项，应当提交董事会或者股东大会进行审议，并及时披露。

下述担保事项应当在董事会审议通过后提交股东大会审议：

（1）单笔担保额超过公司最近一期经审计净资产10%的担保。

（2）公司及其控股子公司的对外担保总额，超过公司最近一期经审计净资产50%以后提供的任何担保。

（3）为资产负债率超过70%的担保对象提供的担保。

（4）按照担保金额连续12个月内累计计算原则，超过公司最近一期经审计总资产30%的担保。

（5）按照担保金额连续12个月内累计计算原则，超过公司最近一期经审计净资产的50%，且绝对金额超过5000万元。

（6）本所或者公司章程规定的其他担保。

对于董事会权限范围内的担保事项，除应当经全体董事的过半数通过外，还应当经出席董事会会议的三分之二以上董事同意；上述第（4）项担保，应当经出席会议的股东所持表决权的三分之二以上通过。

第三，还需要履行对债权人负有提交相关材料的义务，其在办理贷款担保业务时应向银行业金融机构提交公司章程、该担保事项的股东大会决议原件、刊登该担保事项信息的指定报刊等材料。

（二）上交所与深交所上市规则关联交易之扩张及关联关系之扩张

还值得注意的是，《深交所上市规则》中第10.1.1条将提供担保界定为关联交易，并且在上述第9.11条重申：对股东、实际控制人及其关联人提供担保的，还应当在董事会审议通过后提交股东大会审议；股东大会在审议为股东、实际控制人及其关联人提供的担保议案时，该股东或者受该实际控制人支配的股东，不得参与该项表决，该项表决须经过出席股东大会的其他股东所持表决权的半数以上通过。

因此将上述"提供担保"直接认定为关联交易，这是国有上市公司合规审查中时需要在对外进行担保方面特别注意的一点。而关于什么是关联关系的界定，《深交所上市规则》及《上交所上市规则》第十章全面、具体地规划了"关联交易"。具体的"关联关系"的界定请参见本书第五章第三节。在国有上市企业需要注意的内容上，作为自律规则的上交所及深交所的上市规则不仅突破了《公司法》第十六条第二款所规定的公司关联担保的对象范围，并且超越了《上市公司对外担保通知》所规定的对象范围。

在上市公司对外担保的效力认定上，总体而言，上市公司违法关联担保的情形罕见，仍然需要根据《公司法》第十六条、第一百零四条、第一百二十一条的规定来进行判断。

上市公司的担保违规案例在实务中极少，其中"陈双培诉林文智、林云燕、冠福股份民间借贷纠纷案"属于违规关联担保的情形。该案的基本事实为：冠福控股股份有限公司的控股股东林文智在未经公司董事会同意下，擅自以公司名义将自己和林云燕作为共同借款人，向陈双培借款。冠福控股股份有限公司未履行正常审批决策程序，就在担保函、保证合同等法律文件上加盖了公章。对于此案，法院认定，上市公司作为违规担保人须履行还款职责。

第三节　国有企业资本市场合规

一、概述

资本市场基本定义的明确对理解国有企业资本市场合规有一定的意义。资本市场，又称长期资金市场，是指期限在1年以上的金融资产交易的市场，主要进行中长期的资金借贷融通活动。

2021年5月18日，中国移动从纽交所退市。2022年1月5日，作为国有企业的中国移动在A股市场上市成功，这一事件也暗示着我国的大部分国有企业正在积极地参与A股市场。据相关数据统计，截至2021年底，我国共有51家国有企业成功在A股上市。由此可见，近年来我国的国有企业在资本市场这一领域表现得非常活跃、发展得非常迅速，值得引起更多的关注与思考。

（一）我国国有企业资本市场的作用

1.资本市场的运作提高了我国国有企业的企业质量

在我国，未进入资本市场之前的国有企业主要经营目标就是完成国家下派的任务，可以说，当时的国有企业并不以营利为目的，没有哪个国有企业的厂长每天想着如何为国企牟取更多的利润。当然，这也与政治因素有关，国企始终笼罩在中央或地方政府的掌控之下。随着国有企业逐渐进入资本市场进行公开发行股票或者上市等活动，企业的经营业绩与盈利将影响股票的价格与公司的净资产总额，无形中也在倒逼国有企业不断优化自身、提高自身的盈利水平与企业质量。与此同时，资本市场也为我国国有企业改革的融资、并购等计划提供了支持，使得国有企业的企业质量得到不断的提升。

2.资本市场的发展影响着我国的资源配置格局

中国资本市场的发展几乎是与我国的经济体制改革并驾齐驱的，我国资本市场从诞生到现在走过的几十年的历程，正是我国经济体制改革如火如荼开展的几十年，在这几十年里，我国的经济也在飞速地发展着。可以说，我国资本市场的产生与发展对建构我国市场机制的基本框架与结构发挥了重要的作用，也深刻影响了我国的资源配置格局，使得市场配置资源逐渐成为我国资源配置的主流趋势与导向。都说股市是一个国家经济发展的晴雨表，通过股票价格的走向，可以窥知一国经济的大致发展水平与趋势，多年来，国人已经习惯了通过股市来判断我国经济的发展与走向。

3.资本市场的存在分散了国有企业改革的风险

改革开放以来的几十年，我国的国有企业一直走在不断改革的路上，比如说股权分置制度的取消等，国有企业的企业质量与发展水平也在不断地提高。然而，我国的国企之所以能够如此安心、大刀阔斧地进行改革，事实上，其改革的很多成本与代价转嫁给了股市。可以说，股市的存在吸收了一部分国有企业改革的风险，为国有企业的改革保驾护航，保障了国有企业的平稳运行，转移了一部分社会制度变迁的成本。

（二）资本市场监管制度的必要性

如上文所述，我国的资本市场在我国国有企业改革与发展的道路上扮演了不可或缺的重要角色，但所谓物极必反，不加以规制与监管的资本市场必将会逐渐脱离掌控，走向歧途。首先，证监会在资本市场的职权过大，行政裁量权的行使超出了合理的范围，容易导致权力寻租和腐败现象的出现。然后就是我国资本市场内上市公司结构的不合理，大部分上市公司都是央企、国企，国有控股上市公司是A股上市公司中的重要力量，民营企业所占的比例很小。我国国企在上市公司结构中的比例如此之大，倘若不针对我国国企在资本市场方面制定专门的监管部门与监管制度，那后果可能是难以想象的，恐怕将不能很好地驾驭资本市场这匹烈马。

二、上市公司证券发行审核制度的监管

（一）注册制改革的背景

为了调整政府与市场在资本市场的关系，赋予我国的资本市场更多的自由与活力，从而健全我国的资本市场运作体系，"十四五"时期的计划纲要中提出要全面推行股票发行注册制，从而提高我国上市公司的整体质量。随后，注册制改革的有关概念与字眼连续4年在我国的政府工作报告中出现，从一开始只是在科创板试点注册制，到创业板试点成功加入，再到2022年的"全面实行股票发行注册制"[1]，不得不说，我国在资本市场推行注册制改革的步伐迈得有序而稳健，循序渐进又扎实坚定，也取得了很多阶段性的重要成果。

《证券法》第四十六条规定："申请证券上市交易，应当向证券交易所提出申请，由证券交易所依法审核同意，并由双方签订上市协议。"关于注册制改革的初衷及必须稳步前进的原因，由于注册制改革涉及的不仅仅只是我国资本市场的发行环节，还牵连着发行后的一系列环节与程序。甚至可以说，注册制改革事关证券资本市场的全要素、全过程的活动，是我国全面深化市场改革的一个重要方面。因此，注册制改革表面上只是在发行环节进行改革，实际上关系到的环节与涉及的范围甚广，其中所包含的各方利害关系也是极其复杂的。如此情况下，注册制改革必然不能一蹴而就、迅速落地，需要在试点的基础上缓步前行[2]。

关于证券市场注册制改革的目的，是通过发行主体向社会公众提供能反映自己证券实质条件的一些形式上的资料，使得社会公众投资者据此作出相对理性的投资决策，尽量平衡投资者与发行主体之间的信息不对称关系。当然，证券注册制只是负责对有关发行主体是否提供了有关形式资料进行监管，并不保证发行主体发行的股票必然是股价上升的好股。换句话来说，注册制的监管并不能成为社会投资者免受投资损失的保护伞。

---

①张琼斯：《注册制改革必须稳步推进》，《上海证券报》，2022年3月10日，第1版。
②彭扬：《五方面着手　稳步推进注册制改革》，《中国证券报》，2022年3月10日，第1版。

（二）注册制与核准制的区别

近些年来，"注册制改革"的字眼一直被反复提及。关于注册制的具体定义，通过查阅相关资料，可以概括成一句话：注册制是指在我国的股票市场，发行主体按照强制性法律规定将与发行证券相关的所有必要信息集中到一份法律文件上，并提交给主管机关进行审核的一种制度。需要注意的是，主管机关只需要对有关主体提供的资料或信息是否履行了信息披露义务而进行形式上的审查，并不需要对这些资料或信息进行实质上的审核。只要发行主体公开了必要信息、履行了信息披露义务，注册登记主管部门不得以其他任何理由拒绝为其进行登记注册，比如证券价格、发行公司未来的发展前景等方面的理由。也就是说，证券发行人的营业性质、发行人财力、发行人素质、发展前景、发行数量与价格等实质条件均不作为发行审核条件，也不进行价值判断。

我国的证券市场在全面推行注册制改革之前，对股票的发行实行的是核准制，相比起注册制来说，核准制的监管要求要比注册制更严格一点。关于核准制的定义，是指发行证券的企业在向主管部门申请发行证券时，不仅需要提交有关的必要信息履行信息披露义务，还必须满足法律的相关规定及我国证监会规定的相关条件。作为上市公司申请股票上市的发行管理制度，证券监管部门可以将不符合发行条件的股票申请驳回。在具体的审查内容方面，证券监管机关不仅要对发行主体提交的体现公司经营情况的书面文件是否真实、准确、完整、及时进行形式上的审查，还需要对发行主体的公司经营状况、盈利能力、财务收支现状、未来发展前景、证券发行数量与价格等方面进行实质性的审查。在进行形式与实质的双重审查之后，证券监管机构才能够据此作出发行主体是否符合法定条件的价值判断及是否批准申请的决定。

在对注册制与核准制的具体含义进行了解后，就不难理解两者的区别[①]了，笔者在这里将其概括为四点。

[①]魏佳慧、宋阳：《证券发行核准制和注册制对比研究》，《商业观察》2021年第5期，第53—55页。

1.核准制需要符合法定的条件

核准制的定义下，发行主体除了提交相应的书面文件履行自己的信息披露义务以外，还需要符合法定的条件，倘若不符合法定的发行条件，是不被允许进行发行申请的。因此从发行主体的角度来说，注册制背景下只需要完成相关资料的提交即可，核准制的背景下还需要符合相关的法定条件，门槛更高，要求更严格。

2.核准制更加主张事前控制

证券发行管理机构不仅需要对发行主体提供的有关信息进行真实性、准确性、完整性等的核查，还要对发行主体提交的信息进行内容上的判断，判断发行主体是否有投资价值。核准制主张对证券的发行进行事前控制，减小投资者在这方面的判断需求，而注册制则是提倡投资者在信息披露制度的背景下对投资价值进行自主判断，更倾向于事后的规制与处罚。

3.核准制需要对有关信息进行实质判断

在注册制的环境下，证监会主要负责对上市公司进行形式审核，由证券交易所进行上市公司的实质性审核。在核准制环境下，证监会和中介机构都需要对企业进行实质性审核，这就导致证监会的工作量会比较大。因为实质判断涉及的方面较多，涉及发行主体的财务状况、经营能力、盈利水平、未来发展前景等，核准制下由证券监管部门在申请时即完成审查，是非常耗费行政资源的，并且效果也不一定好。

4.核准制下发行人的发行成本更高

证券发行人在发行证券时的成本更低，可以提高公司的上市效率，消耗更少的社会资源，公司上市需要的审核时间也比较短。在市场经济环境下，通过资本的运作，可以实现对资源的快速配置。但如上文所述，核准制下证券监管部门所要承担的责任更大，发行主体所需要的发行成本也更高，程序也相对来说更加烦琐。

三、国有上市公司信息披露制度监管

（一）含义

2019年修订的《证券法》将信息披露制度单列成章，并且第一次提出了"信息披露义务人"的概念[1]，将关于证券发行、交易及公司收购信息披露制度的有关规定整合到了一起，同时对上市公司信息披露的具体范围作了拓展，对信息披露的具体标准也作了补充。由此可见，上市公司信息披露制度对我国资本市场的良性发展及上市公司的平稳、向好运行至关重要。

信息披露制度也称公示制度、公开披露制度，是信息披露主体，即上市公司依照相关强制性法律规定将自己的财务变化、经营状况及其他影响投资者决策的重大事项向社会公开披露，并同时向证券管理部门和证券交易所报告的制度，目的是让处于信息不对称的弱势地位的社会投资者能够充分了解上市公司的情况从而调整自己的投资计划和决策，也为了使上市公司接受社会公众的监督。

我国资本市场的信息披露制度包括两种，一种是证券发行时的信息披露，又称发行公开或初次公开；另一种是证券上市后的公开，又称持续公开或继续公开。前者是一次性的披露，只需要在公开发行证券时进行必要的信息披露即可；后者是持续性的信息披露，并不是一次性的，除了定期的报告之外，上市公司存在一些重要报告事项，也需要及时向社会公开。我国信息披露的内容具体包括：预披露、初次公开时的发行说明书、证券上市时的上市公告书及证券上市后的定期报告书、临时报告书、上市公司收购公告等。

（二）我国国企信息披露制度的合规建议

近几年来，我国证券发行审核制度由原先的审核制转变为注册制，将证券发行的审核标准放低了，可以说是在一定程度上也降低了国有企业证券发行的准入门槛。在这种情况下，将会有更多的企业带着更多的证券涌入我国国有企业的资本市场，此时信息披露制度的配套运用将显得极为重

---

[1]封文丽、刘姝好：《证券市场信息披露制度规范研究》，《财富时代》2021年第9期，第57—58页。

要。在证券发行准入门槛降低的情况下作出强制性规定，规定公开发行证券的发行主体必须向社会公众披露规定的必要信息，可以对我国的证券资本市场更好地进行规制与监管。面对这样的形势，我国国有企业在公司治理结构完善时应当注意这一方面的重大变化，并且有针对性地进行一些调整与优化，促进国有企业信息披露制度方面的合规化。

1.关注立法动向，及时做好调整

关于信息披露的具体要求，2019年修订的《证券法》第七十八条第二款规定："信息披露义务人披露的信息，应当真实、准确、完整，简明清晰，通俗易懂，不得有虚假记载、误导性陈述或者重大遗漏。"仅仅规定了信息的真实性、准确性、完整性[①]，这是远远不够的。因为一份需要披露的信息必然是有时效性的，证券发行公开需要发行义务人在发行证券时一并披露必要信息，证券持续公开需要发行义务人在上市公司上市时及上市后持续地披露相关信息。倘若是一份披露得极为真实、准确、完整的信息，只是缺失了时效性，对于社会投资者来说，没有在适当的时间了解这些信息，没有发挥披露信息对社会投资者决策的参考作用，也是白费的。关于公平性，就是指信息披露义务人应当将其依法应当披露的信息公开地披露给所有社会公众，以社会公众普遍都能支持的披露方式，而不是有差异性地只披露给一部分群体。有差别的披露不仅违背了《证券法》的公平原则，而且对没有接收披露信息的那一部分社会投资者来说会损害他们的合法权益，影响他们作出相对来说更加客观、理性的投资判断。因此，国有企业的管理人员在对本企业必要信息进行披露时要满足以上要求，从而在洞悉立法动向、达到立法标准的基础上对自身的信息披露制度及时作出调整，真正做到信息披露制度的法律合规化。

2.建立并完善自愿信息披露制度

《证券法》第八十四条规定："除依法需要披露的信息之外，信息披露义务人可以自愿披露与投资者作出价值判断和投资决策有关的信息，但不得与依法披露的信息相冲突，不得误导投资者。"对于国有企业资本市

---

①乔少辉、王佳：《新〈证券法〉视角下上市公司信息披露制度的完善》，《中国管理信息化》2021年第13期，第46—47页。

场信息披露制度来说，已经上市的国有企业愿意披露的有关企业自身的信息自然越多越好，强制性的信息披露只是为了确保进入证券市场的发行主体能够披露其必须披露的基础信息。而且，并不是披露义务人只要披露了强制披露的内容就是尽到了自身的义务，那只是最基础的，除此之外发行主体也应该自愿披露一些其他信息，避免"蹭热点"和"报喜不报忧"等现象的发生。自愿披露制度能够使得社会投资者与披露义务人之间形成一种更为良性的投资与被投资的关系，同时在某种程度上也符合国有企业证券市场的客观发展需要。综上所述，为了监管者更好更高效地监管，也为了国有企业内部能够更好地进行自我监督，从而给社会投资者更多的信任与好感，国有企业应该主动建立自愿信息披露制度。自愿信息披露制度的建立，意味着国有企业除了披露法律规定的必须按时披露的信息之外，以合适的方式向投资者和监管者自愿、主动地披露有用的信息，这样也有助于树立国有企业良好的社会形象。

3.环境信息披露制度的引入与优化①

环境信息披露是国有企业环境合规治理体系的重要机制，也是生态环境保护的前提和基石。在环境领域，由于环境污染具有影响范围广泛，治理成本高昂，持续时间长久，损害后果严重等特性，所以国有企业的环境行为对公众的生存与生活有着重大影响，同时，国有企业的生死存亡也与员工、社区、债权人、政府等利益相关者密切相关。尽管中国已基本建立全覆盖、全流程、全要素的生态环境信息披露体系，但环境信息披露制度仍存在环境信息披露质量不高、内容不全、信息获取不畅等问题②。在这样的背景之下，国有企业环境合规作为一种系统性综合性制度，显示出环境合作治理理念、外部激励功能和环境社会责任的理论优势与现实价值，信息披露人可在公司章程中嵌入环境信息披露合规豁免规则，构建国有企业

---

① 吴杨：《完善公司环境信息披露机制的合规路径》，《中南民族大学学报（人文社会科学版）》2022年第6期，第130—136页、第186—187页。
② 《生态环境部综合司相关负责人就〈环境信息依法披露制度改革方案〉答记者问》，中华人民共和国生态环境部网站，2021年5月28日，最后访问时间：2022年12月16日，https://www.mee.gov.cn/zcwj/zcjd/202105/t20210528_835267.shtml。

绿色合规文化的"软法体系"，建立绿色区块链的"透明—信任"机制，提高国有企业环境信息披露的有效性，推进我国生态文明治理体系和治理能力现代化。国有企业作为现代企业中与政府联系最为密切的一类企业，要在环境信息披露制度这一块做好表率作用，承担起国有企业应该承担的社会责任，促进国有企业在环境信息披露方面的合规化。

第四节　国有企业其他投融资工具合规

一、融资租赁业务合规

（一）基本含义

融资租赁业务最大的特点是将融资与融物进行了紧密结合，满足了融资方对目标物的使用需求，也解决了融资方由于资金短缺而无法支付目标物全部价款的困境。其基本含义是由投资人作为出租方，融资人作为承租方，对租赁物件的选择由承租方提出特定需求和特定物件的指定，出租方负责出资购买承租方指定的物件，并与承租方签订租赁合同。在此基础上，承租方按照合同规定分期向出租方支付租金，待承租方付清所有租金后，将取得租赁物件的所有权。更重要的一点是，在承租方无力支付租金时，出租方可以将租赁物以所有权人的身份向第三人出卖从而收回剩余的出资，在这一点的保障下，这样的投融资工具风险性相对较小，对融资企业的资信和担保要求不高，对中小企业比较友好。总的来说，融资租赁是集融资与融物、贸易与技术更新于一体的新型金融产业。

（二）合规要点

1.产品风险合规[①]

对于国有企业来说，面对瞬息万变的市场环境，其在使用融资租赁这一金融工具时很有可能是为了引进先进的技术设备。在这样的情况下，国有企业就需要充分考虑使用租赁设备生产产品的市场风险，以及产品的销

[①] 革梦宇：《企业融资租赁风险及制度完善研究》，《今日财富（中国知识产权）》2021年第2期，第25—26页。

售范围、目标人群、现有市场占有率、未来发展趋势等。若对这些因素考虑不充分、调查不尽职而盲目使用融资租赁工具，不仅影响国有企业后续的经营计划，也会诱发产品市场方面的合规风险。

此外，融资租赁最明显的好处之一就是在资金不够的情况下能够引进先进的技术和设备，在技术上领先行业内的一些同类企业。但凡事有利必有弊，在融资租赁工具使用的过程中也会存在很多技术风险，先进技术是否足够成熟、是否存在潜在的隐患，成熟的技术是否在法律上侵犯他人权益等因素，都是需要考虑的问题。技术风险一旦被忽视，严重时可能会使得整个国有企业的该项业务处于疲软甚至瘫痪状态，实力不够雄厚的国有企业很有可能就此一蹶不振。因此，国有企业在利用融资租赁这一金融工具时要对目标物件做好技术方面的调查与评估，避免引来不必要的诉讼争议与技术风险，也有利于国有企业的合规化发展。

2.业务范围合规

由于融资租赁自身存在一定的金融风险与不可控性，因此经营融资租赁服务的公司必须在合法的业务范围内进行营利活动，融资租赁公司在注册时应当标明自己的业务范围，在实际经营时不得超过该范围。2020年5月银保监会发布的《融资租赁公司监督管理暂行办法》（银保监发〔2020〕22号，以下简称《融租新规》）第五条规定："融资租赁公司可以经营下列部分或全部业务：（一）融资租赁业务；（二）租赁业务；（三）与融资租赁和租赁业务相关的租赁物购买、残值处理与维修、租赁交易咨询、接受租赁保证金；（四）转让与受让融资租赁或租赁资产；（五）固定收益类证券投资业务。"

除了规定了正面的可经营业务范围，《融租新规》也从反面规定了融资租赁公司不得经营的业务范围，可以称之为"负面清单"。其第八条具体内容为："融资租赁公司不得有下列业务或活动：（一）非法集资、吸收或变相吸收存款；（二）发放或受托发放贷款；（三）与其他融资租赁公司拆借或变相拆借资金；（四）通过网络借贷信息中介机构、私募投资基金融资或转让资产；（五）法律法规、银保监会和省、自治区、直辖市（以下简称省级）地方金融监管部门禁止开展的其他业务或活动。"

3.融资租赁物合规

关于具备怎样条件的物品才能成为合规的融资租赁物，《融租新规》第七条规定："适用于融资租赁交易的租赁物为固定资产，另有规定的除外。融资租赁公司开展融资租赁业务应当以权属清晰、真实存在且能够产生收益的租赁物为载体。融资租赁公司不得接受已设置抵押、权属存在争议、已被司法机关查封、扣押的财产或所有权存在瑕疵的财产作为租赁物。"可以看出，未被抵押、权属不明存在争议的物品、虚拟物品、没有经济价值的固定资产才能成为法律上允许的融资租赁物。同时，《融租新规》中虽将租赁物的范围限于"固定资产"，但该条有个但书"另有规定的除外"，且并未明确"另有规定"的发布主体及效力层级，这给各地方金融监管部门结合本地融资租赁行业特点留下了操作空间。若想在"固定资产"范围之外经营融资租赁业务，可密切关注地方金融监管部门的融资租赁规定。比如，《浙江融资指引》并未明确提及是否将租赁物限定于固定资产。

《浙江融租指引》第二十一条规定："融资租赁公司应当合法取得租赁物的所有权。融资租赁公司开展融资租赁业务应当以权属清晰、真实存在且能够产生收益的租赁物为载体。融资租赁公司不得接受已设置抵押、权属存在争议、已被司法机关查封、扣押的财产或所有权存在瑕疵的财产作为租赁物。"

从实际的案例中也可以看出，融资租赁的租赁物需有独立性，不能是附属物。如在上海市第一中级人民法院作出的（2014）沪一中民六（商）终字第469号民事判决书中，法院认为，装修材料在装修完毕后即附合于不动产，从而成为不动产的组成部分，不能单独地成为法律上的一个单独物品。因此，使用完毕后的装修材料无法单独成为融资租赁的对象。与此同时，标的物需要被特定化，未被特定化的标的物可能会被误认为种类物，从而无法作为租赁标的物。如在实践中，城市管网或布线等需要通过标识特定化才可以成为融资租赁的标的物，若无法被特定化，法院就可能以"不具备返还可能，未起到担保效果"为由不支持有关的诉讼请求。

二、保理业务合规

（一）基本含义

"保理合同"制度是伴随着《民法典》的出台而问世的，给国有企业融资提供了新的思路与金融工具。《民法典》第七百六十一条规定："保理合同是应收账款债权人将现有的或者将有的应收账款转让给保理人，保理人提供资金融通、应收账款管理或者催收、应收账款债务人付款担保等服务的合同。"简单来说就是，国有企业作为供货商向他人销售货物或者商品，此时国有企业作为债权人将取得一个应收账款债权，当国有企业资金短缺需要对外融资时，可以将这一应收账款债权转让给银行或者其他能够出资的主体，也就是保理人，从而形成一个保理合同。①

按照法律规定，保理合同分为两种，一种是有追索权的保理合同，另一种是无追索权的保理合同。《民法典》第七百六十六条规定："当事人约定有追索权保理的，保理人可以向应收账款债权人主张返还保理融资款本息或者回购应收账款债权，也可以向应收账款债务人主张应收账款债权。保理人向应收账款债务人主张应收账款债权，在扣除保理融资款本息和相关费用后有剩余的，剩余部分应当返还给应收账款债权人。"《民法典》第七百六十七条规定："当事人约定无追索权保理的，保理人应当向应收账款债务人主张应收账款债权，保理人取得超过保理融资款本息和相关费用的部分，无须向应收账款债权人返还。"

（二）合规要点

1.基础合同合规审查②

基础交易合同是应收账款债权转让的前提，基础交易合同如有特殊约定可能会影响保理合同履行，致使保理人收回应收账款面临障碍。如果基础交易合同存在效力瑕疵，应收账款债权人和债务人就基础交易合同进行

---

① 景国红：《〈民法典〉中保理合同适用的相关规则探析》，《法制博览》2022年第23期，第41—43页。

② 殷佳唯、李俊一：《保理合同履行规则的冲突与调整》，《福建金融》2022年第1期，第71—78页。

变更或者协商终止，此时是否对保理人发生效力存有争议。简单地说，只有基础合同有完整的效力、无法律瑕疵，保理合同业务才能够合规地进行下去。因此对于要利用保理合同进行融资的国有企业来说，事先对基础合同进行审查，确保其不存在法律瑕疵影响基础合同的效力，进而影响保理合同业务的顺利进行。

2.善意保理人的保护问题

《民法典》在第七百六十三条对虚构应收账款情形作出规定："应收账款债权人与债务人虚构应收账款作为转让标的，与保理人订立保理合同的，应收账款债务人不得以应收账款不存在为由对抗保理人，但是保理人明知虚构的除外。"这体现了对善意保理人的信赖利益保护，该法条对虚构应收账款骗取投资款项的行为作出了不予保护的立法态度展示，而对此并不知情的善意保理人则需要进行保护。[①]国有企业在借用保理合同进行投融资时要注意这一点，切忌采用不正当的手段损害善意保理人的合法权益从而招致于己不利的法律后果。

3.保理合同纠纷的管辖权合规

保理合同纠纷案件往往在案件审理时要涉及对两个合同关系的审查，除了保理合同以外，还涉及对应收账款的基础合同的审查，且保理合同和基础合同对发生争议的管辖条款可能存在完全不同的约定。在有追索权保理纠纷的司法实践中，对于保理合同纠纷的管辖，究竟是依据保理合同争议解决条款确定，还是依据基础合同争议解决条款确定（债权转让后基础合同的约定对受让人具有约束力），存有较大争议。

如，江苏省高级人民法院作出的（2015）苏商辖终字第00216号民事判决书认为："《最高人民法院关于适用〈中华人民共和国民事诉讼法〉的解释》第三十三条规定，合同转让的，合同的管辖协议对合同受让人有效，但转让时受让人不知道有管辖协议，或者转让协议另有约定且原合同相对人同意的除外。保理人既已办理保理业务受让应收账款债权，向应收账款债务人主张应收账款，理应了解基础合同的约定。"故该案中江苏高

[①]徐昊：《保理合同项下应收账款法律问题研究》，《经济研究导刊》2022年第16期，第143—145页。

院认为应当适用基础合同中的管辖约定，而不应适用保理合同中的相关约定。又如，最高人民法院作出的（2015）民二终字第98号民事判决书认为："应收账款的债权转让与保理合同的订立构成一笔完整的保理业务，涉及保理人、应收账款债权人、应收账款债务人三方权利义务主体，以及相互之间的权利义务关系。《应收账款债权转让通知书》为保理合同附件的一部分，与保理合同具有同等法律效力，构成完整的保理合同项下的双方权利义务内容。应收账款债务人在《应收账款债权转让通知书》上加盖公章是其真实意思表示，应当视为其接受保理合同相关条款的约束。"该案中，最高人民法院认为，应收账款债务人在债权转让通知书上加盖公章，应当视为其接受保理合同中协议管辖条款的约束，故应按照保理合同的约定确定管辖法院。

4.对"将来应收账款"的合规理解

并不是所有的将来债权都应该被解释为可以成为保理合同客体，关于将来债权范围的解释，在让与人破产或者债权多重让与时有非常重要的意义。其理由是，对将来债权让与的慷慨接受存在不利因素，它可能因不公平损害让与人的其他债权人的利益，尤其是当让与人破产时，由于让与人的真实经济状况不确定，法律的确定性也会受到妨碍。将有的应收账款必须要有一定的确定性，才能作为保理合同标的。否则，随便一个自然人或法人组织对外宣称我将来有一笔虚无缥缈的交易存在，就可进行保理交易，这将引发保理业混乱甚至大规模诈骗。如果基础交易合同尚未生效甚至不存在（例如概括性地转让所有将来产生的应收账款），保理合同的标的无法特定化，则保理合同不成立。

完全没有确定性的应收账款，显然不能作为保理合同的标的。但是有一定确定性，又有一定变数的应收账款，在实践中的判断将会依赖于法官的自由裁量和类案检索适用。以工程未来应收保理为例，[①]保理人受让承包人（债权人）在施工总承包合同项下未来可能享有的工程进度款并提供融资，此时工程进度款对应的工程量尚未形成或工程量已形成但尚未计量，

①方新军：《〈民法典〉保理合同适用范围的解释论问题》，《法制与社会发展》2020年第4期，第107—118页。

建设单位（债务人）支付工程进度款的付款前提并未满足，其并未形成向承包人支付工程进度款的确定义务。此类将来的应收账款能否作为保理合同的标的，争议颇大。

三、金交所发行产品合规

（一）基本含义

金交所全称为金融资产交易所，每个省会都有一个甚至多个金交所，如北京的叫作北京金融资产交易所，天津的叫作天津金融资产交易所。金交所的主要工作是为企业提供投资及融资平台，按规模收取一定服务费。企业通过金交所挂牌资产转让业务就是所谓的挂牌，目的是使投资融资业务合法合规化。金交所的金融资产多属于非标资产业务，有四类：基础资产交易、权益资产交易、融资类业务、中介类业务。"金交所"一词是金融资产交易所的简称，现在融资难，如果信托不能发，私募不能发，金交所是一个不错的选择。

（二）合规要点

1.第一还款来源须充足

我们知道定融定投属于直接融资工具。拿到一款产品时，先看看底层是什么，即融资人打算用什么作为第一还款来源、是否充足。产品发行时，大部分的资金用途是"用于补充融资人的流动资金"。这时，就需要投资者，看看融资方是准备用什么来还款的、是否足额。

2.定融资人须有还款能力

了解产品底层之后，就需要考察融资方的背景实力，即是否具备还款能力。一般而言，国企、上市公司或者在行业里有一定龙头品牌效应的企业，它的实力肯定比一般的民营企业更强，资金实力更雄厚。这里可通过"天眼查"或者"企查查"查到企业的股东实力情况。另外，还可以查看融资人历年的财务报表，资产负债率是否健康？资产负债率在70%以内，一般是健康正常的。再看它的盈利能力如何，看它的现金流是否正常，即是否有正现金流，一般这个数据越大越好，投资者的资金就越有保障。

3.须有增信措施

定融定投产品在金交中心发行备案时，金交所一般对融资方也有严格的审核要求，通常会要求发行方办理抵质押相关风控措施，同时还会要求各大评级机构评为ＡＡ＋的关联主体，为产品如期兑付提供无条件不可撤销连带责任担保，如果发行方违约，增信方即担保方，需要代为偿付或者处置抵质押担保物，进行偿付，以确保投资人的本息兑付。因此，投资人需要查看计划购买的产品，是否有相应的增信措施，增信方的实力是否雄厚，当发行方无法偿付时，投资人资金是否有代偿保障。

四、绿色金融债券发行合规

（一）基本含义

2021年9月21日，习近平主席在第七十六届联合国大会上指出，加快绿色低碳转型，实现绿色复苏发展，中国将力争2030年前实现碳达峰、2060年前实现碳中和。[1]在这样一种绿色金融理念的提倡下，碳中和债这样一种新的投融资金融工具应运而生。[2]在当今绿色金融的概念被普遍应用的背景下，碳中和债无疑是我国近年来探索绿色债券的又一大新的尝试，鼓励并且提倡国内金融债券市场更多地投入能够实现碳达峰目标、碳中和目标的领域，从而使得绿色债券的头衔名副其实。那么关于碳中和债的具体含义，笔者稍加整理概括所查到的资料，可以理解为符合一定条件的适格发行主体发行的一种绿色投融资工具，向公众筹措资金，投入与减少、控制碳排放量相关的环保项目领域，并且较为严格地遵循信息披露制度及接受有关部门的监管。

---

[1]黄敬文：《习近平出席第七十六届联合国大会一般性辩论并发表重要讲话 提出全球发展倡议，强调携手应对全球性威胁和挑战，推动构建人类命运共同体》，《人民日报》，2021年9月22日，第1版。
[2]徐寒飞：《碳中和债的现状、发展及展望》，《中国货币市场》2022年第2期，第18—21页。

关于发行主体，碳中和债的发行主体大体上由国企发行，具体的原因也显而易见。从投资领域来看，碳中和债所募集的资金用途有严苛的限制，只能用于碳减排相关领域，发行主体不得将募集的资金挪作他用，这样将会极大地损害投资人的正当利益与合法权利。而一般的民营企业难以摆脱最大限度牟利的本性，即使个别并非如此，但社会投资人也难以对此建立深度的信任。另外，碳减排相关的产业本质上是带有环保公益性质的，交给社会资本运营的可行性有待考察，不过国有资本与社会资本合作倒是可以考虑的一种路径。

（二）合规要点

碳中和债作为一种金融投融资工具，虽然发行主体主要是国有企业，与一般的传统债券相比存在着自身的一些特性。但万变不离其宗，碳中和债终究也是一种金融债券，自然也会具有债券的一般属性，如与投资人之间的关系本质上是一种附有期限的债权债务关系，债券到期后发行人将承担还本付息的责任，利息在发行时便已经提前规定。[1]除此之外，碳中和债还具有以下一些自身特殊的特征，在对其进行合规化管理时应该进行考虑。

1.不得将筹集资金用于规定以外的用途

碳中和债属于绿色债券的子概念，绿色债券筹集的资金所用用途本身就仅限于绿色环保公益领域，而有关部门将碳中和债的资金用途限制在了更为有限的范围。按照我国交易商协会的有关规定，碳中和债所筹资金主要有以下用途：（1）光伏、风电及水电等清洁能源类项目；（2）电气化轨道交通等清洁交通类项目；（3）绿色建筑等可持续建筑类项目；（4）电气化改造等工业低碳改造类项目。因此，有关的发行主体不得将发行碳中和债所募集的资金用作规定以外的用途，也不得将资金用于无法达到碳减排效果的一些项目。

2.从发行期限来说属于中长期债券

短期债券是指发行人为了筹措短期资金而发行的短期内即能归还本金及约定利息的一种债券，时间一般在一年以内。短期债券经常会在发行人

---

① 胡宇、邓立松、高尧：《"碳中和"下的债市发展与创新》，《农银学刊》2021年第3期，第19—25页。

资金暂时无法周转时被使用，而碳中和债则用于投资一些实现碳减排效益的项目，众所周知，考察一个项目能否达到实现碳减排的有效目标并不是一朝一夕的事情，是需要长时间的监测与考量的。如此，很明显短期债券并不适用于碳中和债，碳中和债投资的项目周期一般都较长，项目实施的时间较长，预期效果的呈现也需要较长时间。因此，碳中和债属于中长期债券的一种，而非短期债券。

3.信用评级较高

所谓债券的信用评级，指的是以发行主体发行的有价证券为对象进行有关信用方面的等级评定制度，等级越高，意味着对应的有价证券的信用越好，投资人的本金和收益的安全性越高。而纵观我国债券市场上的碳中和债发行主体的信用评级，可以发现几乎所有主体的评级都在AA＋及以上，甚至AA＋还只是一个小头，大部分发行主体都达到了AAA的评级，具体占比达到95%。当然，这种高信用评级的局面还与发行主体大部分都是国企有关，打着国字招牌的国企相比起其他一些民营企业来说，确实是更值得信赖的。

4.发行主体多为国企

从实际情况来看，目前市场上碳中和债的发行主体大部分是国有企业，虽然并没有规定禁止民营企业发行碳中和债，但好像暂时还没有具体实践中的例子出现。由国企作为发行主体的优点有很多，如上文中所提到的碳中和债的信用评级会呈现一个较高水平的状态。[1]那么为何发行主体主要是国企呢？由于碳中和债涉及的投资领域有关碳减排效益的环保公益项目，是为了维护社会公共利益及推动人类命运共同体构建，从这个角度来看，可能国企更适合承担这类项目的推行与运作。虽然民营企业在追求自己的经济利益以外，也会承担相应的社会责任，但归根结底，任何一个民营企业都是以企业盈利为自己的第一目的的。当然，未来也可以尝试探索民营企业资本参与碳中和债的合理路径，这存在着可开发性与无限可能性。

---

[1]任涛：《绿色金融支持碳中和发展政策解读》，《新理财》2021年第5期，第35—39页。

国有企业招投标合规

第一节　国企依法必须招标的范围

国有企业招标项目周期长、程序复杂、金额较大、专业性强，历来是合规与廉政风险较高的领域。《违规追责意见》明确将对"未按照规定进行招标或未执行招标结果""擅自变更工程设计、建设内容""项目管理混乱，致使建设严重拖期、成本明显高于同类项目"等行为进行追责。但在国有企业招投标领域，长期以来普遍实行多头监管的监管体制，中央及地方均有不同部门出台了不同效力等级的法律、法规、规章、文件对招投标进行规定，还有公权力机关以答问的形式对规定文义之罅隙予以细化、明确，也因此对相关专业人员及法律工作者提出了更高的要求。面对纷繁复杂的适用标准，明确厘清招投标范围，避免因招投标程序瑕疵引发合法性、合规性风险具有重大意义。本书将对国企必须招标的范围进行梳理，同时补充司法案例，明确司法层面对必须招标的项目范围的界定，以及对违反招投标行为的效力认定的观点。

一、相关法律法规

目前在招标投标领域适用的法律法规如表5-1所示。

表 5-1　招标投标领域适用法律法规

发文机关	名称	生效时间
全国人民代表大会常务委员会	《中华人民共和国招标投标法》（以下简称《招标投标法》）	2017 年 12 月 18 日
国务院	《中华人民共和国招标投标法实施条例》（以下简称《招标投标法实施条例》）	2018 年 3 月 19 日
国家发展和改革委员会	《必须招标的工程项目规定》（国家发展和改革委员会令第 16 号，以下简称 16 号令）	2018 年 6 月 1 日
国家发展和改革委员会	《必须招标的基础设施和公用事业项目范围规定》（发改法规〔2018〕843 号，以下简称 843 号文）	2018 年 6 月 6 日
国家发展和改革委员会办公厅	《关于进一步做好〈必须招标的工程项目规定〉和〈必须招标的基础设施和公用事业项目范围规定〉实施工作的通知》（发改办法规〔2020〕770 号，以下简称 770 号文）	2020 年 10 月 19 日
住房和城乡建设部	《房屋建筑和市政基础设施工程施工招标投标管理办法》	2018 年 9 月 28 日

除上表所示的主要法律法规外，在实际判断具体项目是否需要招标时，项目所在地颁布的地方性法规和地方政府规章也是不容忽视的一环。但须注意的是，770号文第三条规定，各地方应当严格执行16号令和843号文规定的范围和规模标准，不得另行制定必须进行招标的范围和规模标准，也不得作出与16号令、843号文和本通知相抵触的规定。因此，虽然在实际操作过程中，招标单位必然需要遵从地方性法规和地方政府规章，但可能存在地方政府未及时清理而导致既有规定与770号文相抵触的情况。由此若在后续产生争议纠纷，对采购单位依照此类规定开展招标的行为效力，以及中标与中标后签订的合同效力，受限于"准据法"的效力位阶，可能在司法层面存在一定的不确定性。另外，各采购单位内部也可能存在严于上述规定的规程。

因不涉及具体项目及确定的采购单位，本书暂不考虑各地及各采购单位的规定，仅从国家层面的法律法规予以分析。

二、必须招标的项目范围及除外情况

（一）必须招标的项目

《招标投标法》作为招标投标领域效力等级最高的法律文件，其第三条所规定的"必须招标"明确指向了我国境内进行的工程建设项目。因此，判断是否必须招标这一问题的首要前提系判断具体项目是否属于建设工程项目，这里的建设工程，不仅包括建筑物和构筑物的新建，也包括改建、扩建，以及相关的装修、拆除、修缮等。根据第三条的规定，下列三类建设工程项目必须招标：

（1）大型基础设施、公用事业等关系社会公共利益、公众安全的项目。

（2）全部或者部分使用国有资金投资或者国家融资的项目。

（3）使用国际组织或者外国政府贷款、援助资金的项目。

但此仅是对国有企业必须招标的项目范围的原则性规定，对于具体哪些项目包含在上述三种类别的项目范畴内并没有列举细化，也因此在实际操作过程中很难产生参考价值，具体范围还应参照国家发改委后续发布的16号令及843号文。

1.大型基础设施、公用事业等关系社会公共利益、公众安全的项目

根据843号文，必须招标的大型基础设施、公用事业等关系社会公共利益、公众安全的项目具体包括：

（1）煤炭、石油、天然气、电力、新能源等能源基础设施项目。

（2）铁路、公路、管道、水运，以及公共航空和A1级通用机场等交通运输基础设施项目。

（3）电信枢纽、通信信息网络等通信基础设施项目。

（4）防洪、灌溉、排涝、引（供）水等水利基础设施项目。

（5）城市轨道交通等城建项目。

在843号文颁布实施之前，司法实践中对于民营经济或个人投资的商品房是否属于依法必须招标的项目争议最甚，大多数案例都认定涉及经济适用房的商品房建设工程属于涉及社会公共利益、公众安全的项目，依法必须进行招标；而民营经济或个人投资的一般商品房建设工程不属于依法必

须招标的项目。①843号文颁布后不再有此类困扰，规定中明确商品房建设工程并不在必须招标的范畴内。如最高人民法院作出的（2019）最高法民终485号民事判决书认为，名为棚户区改造，实为商品房住宅的项目并非必须招标的工程。作出该判决的时间为2019年11月8日，在一定程度上可视为对843号文的回应。

2.全部或者部分使用国有资金投资或者国家融资的项目

根据16号令，全部或者部分使用国有资金投资或者国家融资的项目包括：

（1）使用预算资金200万元人民币以上，并且该资金占投资额10%以上的项目。

（2）使用国有企业事业单位资金，并且该资金占控股或者主导地位的项目。

如何理解上文中的"预算资金"？770号文对此予以阐释，其是指《预算法》中规定的预算资金，包括一般公共预算资金、政府性基金预算资金、国有资本经营预算资金、社会保险基金预算资金。

770号文进一步明确，国有企业事业单位资金"占控股或者主导地位"，参照《公司法》第二百一十六条关于控股股东和实际控制人的理解执行，即主要包括以下三种情形：

（1）出资额占有限责任公司资本总额50%以上或者其持有的股份占股份有限公司股本总额50%以上的股东，即绝对控股。

（2）出资额或者持有股份的比例虽然不足50%，但依照其出资额或者持有的股份所享有的表决权足以对股东会、股东大会的决议产生重大影响的股东，即在股权分散的情况下，单一最大股东。

（3）国有企业事业单位通过投资关系、协议或者其他安排，能够实际支配项目建设。

项目中国有资金的比例，需要按照项目资金来源中所有国有资金之和计算。即存在多个国有资金的，需要合并计算。

①也存在反面案例，如在（2016）最高法民终574号民事判决书、（2016）最高法民再91号民事判决书中，不对商品房性质进行区分，而一律认为其属于必须招标的项目。

根据《招标投标法》的规定，招标分为公开招标和邀请招标两种，上文所涉及的所有"招标"的概念实际均为"公开招标"。对于国有资金占控股或者主导地位的依法必须进行招标的项目，有下列情形之一的，可以邀请招标：

（1）技术复杂、有特殊要求或者受自然环境限制，只有少量潜在投标人可供选择。

（2）采用公开招标方式的费用占项目合同金额的比例过大。

有第二项所列情形，且属于按照国家有关规定需要履行项目审批、核准手续的依法必须进行招标的项目，由项目审批、核准部门在审批、核准项目时作出认定；其他项目由招标人申请有关行政监督部门作出认定。

3.使用国际组织或者外国政府贷款、援助资金的项目

根据16号令，使用国际组织或者外国政府贷款、援助资金的项目包括：

（1）使用世界银行、亚洲开发银行等国际组织贷款、援助资金的项目。

（2）使用外国政府及其机构贷款、援助资金的项目。

4.下述项目的勘查、设计、施工、监理，以及与相关设备、材料的采购活动，如果达到一定标准，必须招标

根据16号令，下述项目，其勘察、设计、施工、监理，以及与工程建设有关的重要设备、材料等的采购达到下列标准之一的，必须招标：

（1）施工单项合同估算价在400万元人民币以上。

（2）重要设备、材料等货物的采购，单项合同估算价在200万元人民币以上。

（3）勘察、设计、监理等服务的采购，单项合同估算价在100万元人民币以上。

同一项目中可以合并进行的勘察、设计、施工、监理，以及与工程建设有关的重要设备、材料等的采购，合同估算价合计达到前款规定标准的，必须招标。

另外，770号文明确，发包人对工程及与工程建设有关的货物、服务全部或者部分实行总承包发包，总承包中勘察、设计、施工，以及与工程建设有关的重要设备、材料各部分采购的估算价中，有一项以上达到必须招

标标准的，整个总承包发包必须招标。

国家发改委法规司在其网站的答复中确定，施工单项合同估算价在400万元人民币以上（含400万元），[①]以此类推，货物采购和服务采购的价格标准也都应包含本数。而若施工、货物、服务采购的单项合同估算价没有达到16号令规定规模标准的，该单项采购由采购人依法自主选择采购方式，任何单位和个人不得违法干涉。[②]

此外，住建部和国家发改委联合于2019年12月发布的《房屋建筑和市政基础设施项目工程总承包管理办法》第八条规定，建设单位依法采用招标或者直接发包等方式选择工程总承包单位。工程总承包项目范围内的设计、采购或者施工中，有任一项属于依法必须进行招标的项目范围且达到国家规定规模标准的，应当采用招标的方式选择工程总承包单位。笔者认为，国家发改委是该办法的联合发布部门之一，且该办法发布于16号令之后。因此，对于该办法调整的房屋建筑和市政基础设施总承包项目，如果项目属于16号令第二条或第三条的规定的项目，只要承包商工作范围，即设计、采购或施工等项中的任何一项达到了16号令第五条规定的金额标准，即属于法定必须招标的项目。

（二）除外情况

上文对依照规定必须招标的项目的范围作了梳理，但除此以外还存在一些特殊情况，使得项目虽属于上述范围内，但若严格依照招标流程可能造成不利后果，如泄露国家机密、危及国家安全、无法及时响应等。针对上述情况，《招标投标法》和《招标投标法实施条例》对可以不进行招标的项目作了规定。

《招标投标法》第六十六条规定："涉及国家安全、国家秘密、抢险救灾或者属于利用扶贫资金实行以工代赈、需要使用农民工等特殊情况，

---

① 《400万元的建设工程项目是否必须公开招标？》，中华人民共和国国家发展和改革委员会网站，2021年2月19日，最后访问时间：2022年3月10日，https://www.ndrc.gov.cn/hdjl/lyxd/202103/t20210311_1269345.html?code=&state=123。
② 《400万元以下建设工程类是否可以直接发包？》，中华人民共和国国家发展和改革委员会网站，2021年1月21日，最后访问时间：2022年3月10日，https://www.ndrc.gov.cn/hdjl/lyxd/202102/t20210208_1267113.html?code=&state=123。

不适宜进行招标的项目，按照国家有关规定可以不进行招标。"《招标投标法实施条例》第九条规定了可以不进行招投标的项目类型：

（1）涉及需要采用不可替代的专利或者专有技术。

（2）采购人依法能够自行建设、生产或者提供。

（3）已通过招标方式选定的特许经营项目投资人依法能够自行建设、生产或者提供。

（4）需要向原中标人采购工程、货物或者服务，否则将影响施工或者功能配套要求。

（5）国家规定的其他特殊情形。

"采购人依法能够自行建设、生产或者提供"应符合以下相关要求：采购人是指符合民事主体资格的法人或者其他组织，不包括与其相关的母公司、子公司，以及与其具有管理或利害关系的法人、其他组织；采购人自身具有工程建设、货物生产或者服务提供的资质和能力；采购人不仅要具备相应的资质和能力，还应当符合法定要求，对于依照法律、法规规定采购人不能自己同时承担的工作事项，采购人应当进行招标。

三、违反招投标规定的法律后果

（一）必须进行招投标但实际未进行招投标或中标无效的，合同无效

根据《最高人民法院关于审理建设工程施工合同纠纷案件适用法律问题的解释（一）》（以下简称《建设工程解释一》）第一条规定，建设工程必须进行招标但实际未招标或者中标无效的，所签订的施工合同属于《民法典》第一百五十三条规定的无效合同。

对于何种情况属于中标无效，《招标投标法》中规定了以下几种情况：

（1）招标代理机构泄露应当保密的与招标投标活动有关的情况和资料，或者与招标人、投标人串通损害国家利益、社会公共利益或者他人合法权益。上述行为影响中标结果的。

（2）依法必须进行招标的项目的招标人向他人透露已获取招标文件的潜在投标人的名称、数量或者可能影响公平竞争的有关招标投标的其他情

况的，或者泄露标底的。上述行为影响中标结果的。

（3）投标人相互串通投标或者与招标人串通投标的，投标人以向招标人或者评标委员会成员行贿的手段谋取中标的。

（4）投标人以他人名义投标或者以其他方式弄虚作假，骗取中标的。

（5）依法必须进行招标的项目，招标人与投标人就投标价格、投标方案等实质性内容进行谈判并影响中标结果的。

（6）招标人在评标委员会依法推荐的中标候选人以外确定中标人的，依法必须进行招标的项目在所有投标被评标委员会否决后自行确定中标人的。

上述中标无效的情况，在《招标投标法实施条例》及国家发改委2013年发布的《工程建设项目施工招标投标办法》中也同样得到了确认。

不仅如此，最高人民法院在审判通辽京汉置业有限公司、中建二局第四建筑工程有限公司建设工程施工合同纠纷案①时还认为，中标后发出的中标通知书对投标文件的内容作出实质性修改的，也可以作为认定中标无效的依据之一，在实际上拓展了《招标投标法》第五十九条关于中标文件实质性修改的法律后果。

而对于合同实质性内容的变更的认定，在实践中也是一个疑难问题，存在不同的观点与标准。在上文所举例的案件中，最高人民法院因中标人发出的承诺书、招标人出具的中标通知书中列明的价格和工期均不同于投标文件，从而认定双方对合同实质性内容作了变更，这符合《建设工程解释一》第二条的规定，即工程范围、建设工期、工程质量、工程价款构成合同的实质性内容。但由于国企招标的项目通常较为重大、复杂，从投标人递交投标文件参与招标，到签订最终的合同，往往已经过去了相当一段时间，在此期间可能项目情况已产生了一定的变化，使得最初投标文件中的内容不再完全适用于现实情况。在此情况下，能否经以上述条款的变化及认定为实质性变更，在实践中也存在不同的回应。如，四川省高级人民法院在《关于审理建设工程施工合同纠纷案件若干疑难问题的解答》（川高法民一〔2015〕3号）中就曾提出："建设工程施工合同履行过程中，

---

① （2018）最高法民申3724号民事裁定书。

因设计变更、建设工程规划调整等非双方当事人原因，且无须重新进行招投标并备案的，当事人通过签订补充协议、会谈纪要等形式对工程价款、计价方式、工程期限、工程质量标准等合同内容进行合理变更或补充的，不应认定为与经过备案的中标合同实质性内容不一致，当事人主张以该变更或补充内容结算工程价款的，应予支持。"另外，由于《建设工程解释一》对构成实质性内容的部分采取了不完全列举的方式，以"等"字作为兜底，这也留下了解释的模糊地带，如《民法典》第四百七十条所列举的合同的基本条款是否也能视作实质性内容，有待方家之言。

（二）非必须进行招投标而采取招标形式的，也须遵守招投标规定，否则中标无效

770号文明确，对16号令第五条第一款第三项中没有明确列举规定的服务事项、843号文第二条中没有明确列举规定的项目，且没有法律、行政法规或者国务院规定依据的，不得强制要求招标。国家发改委法规司也在其网站选登的问答中对未达到必须招标标准项目的采购人自主选择采购方式的权利予以肯定。[1]但此问答仅赋予了采购人对采购方式的选择权，若其自主选择了招标形式，则依然必须遵守与招标相关的规定。

在（2018）黑民终156号案件中，案涉建设工程并非必须招标的项目，而发包人与承包人在招标程序前已经签订了一份建设工程施工合同，在承包人中标后又签订了第二份施工合同，两份合同的内容相同。一审法院对第二份合同的效力予以肯定，但二审时黑龙江省高级人民法院则直接对此予以反驳，其认为，无论案涉工程是否为必须进行招投标的项目，只要双方当事人采取招投标的形式签订合同，即应受到《招标投标法》中相关规定的约束。鉴于本案存在未招先定等违反法律禁止性规定的行为，违反《招标投标法》第四十三条、第五十五条等规定，中标无效，双方所签两份合同亦无效。最高人民法院在该案的再审裁定书[2]中也直接表明，《招标

---

①《400万元的建设工程项目是否必须公开招标？》，中华人民共和国国家发展和改革委员会网站，2021年2月19日，最后访问时间：2022年3月10日，https://www.ndrc.gov.cn/hdjl/lyxd/202103/t20210311_1269345.html?code=&state=123。

②（2019）最高法民申第4527号民事裁定书。

投标法》第二条并未区分依法必须招标的工程项目和非必须招标的工程项目的招标投标活动，因此，凡是在中华人民共和国领域内发生的招标投标活动均应符合《招标投标法》的规定，裁定驳回再审申请，对二审判决予以维持。持有相同观点的还有最高人民法院审理的杭州建工集团有限责任公司与阜阳巨川房地产开发有限公司建设工程施工合同纠纷案①与上海市第一中级人民法院审理的中铁上海工程局集团有限公司与上海亿佰建筑劳务有限公司建设工程施工合同纠纷二审案②。

不过，如果当事人在招投标前虽然进行了谈判并达成合作意向，但未就建设施工合同主要条款达成一致，或仅签订了框架协议，约定具体内容待后确定的，该谈判的行为未影响中标结果的，双方签订的建设施工合同并不必然无效。例如，在最高人民法院作出的（2019）最高法民终347号民事判决书中，原告和被告在招投标前进行了谈判并达成合作意向，签订了《建筑施工合作框架协议书》。该协议书中没有约定投标方案等内容，也没有载明开工时间，合同条款中还存在大量不确定的约定，如关于施工内容，双方约定"具体规划指标与建设内容以政府相关部门最终的批复文件为准"，关于合同概算，双方约定"项目建筑施工总概算约人民币3亿元，具体概算数值待规划文件，设计方案确定后双方另行约定"。《建筑施工合作框架协议书》签订后，双方按照《招标投标法》的规定，履行了招投标相关手续。法院认为，双方在招投标前进行了谈判并达成合作意向，但未就建设施工合同主要条款达成一致，该谈判的行为未影响中标结果，双方签订的建设施工合同有效。

另外，在招标过程中，非必须招标项目的要求并非处处与必须招标项目相同，最高人民法院就特别点明了例外。《建设工程解释一》第二十三条规定："发包人将依法不属于必须招标的建设工程进行招标后，与承包人另行订立的建设工程施工合同背离中标合同的实质性内容，当事人请求以中标合同作为结算建设工程价款依据的，人民法院应予支持，但发包人与承包人因客观情况发生了在招标投标时难以预见的变化而另行订立建

---

① （2019）最高法民终523号民事判决书。
② （2020）沪01民终385号民事判决书。

设工程施工合同的除外。"但这一规定在实践中，太过依赖法官的自由心证。北京市第三中级人民法院作出的（2021）京03民终6013号民事判决书认为，成本的增加、市场的变化均为难以预见的变化。但此两者普遍存在于市场内任意一笔商业业务之中，若不能以标准明确达到何种程度才能视作"不可预见"，则在此条款的适用范围内，法的可预期性将经受极大的考验。

【司法案例】

（1）裁判要旨：名为棚户区改造，实际为商品房开发的项目不属于必须招标的工程，未经招投标而签署的该项目建设工程施工合同有效。

案情简介[①]：安徽环球房地产股份有限公司（发包人，以下简称安徽环球公司）与中国二十冶集团有限公司（承包人，以下简称二十冶公司）未经招投标而签订了《建设工程施工合同》，对"阜阳解放北大街棚户区改造项目——环球国际广场"相关建设事宜达成一致约定，后二十冶公司进场进行施工，双方因规划调整增加工程量及工程款支付方式发生纠纷。

一审法院并未掌握案涉项目未经招投标的信息，二审法院另查明，安徽环球公司未就案涉项目进行公开招标，案涉《建设工程施工合同》由安徽环球公司与二十冶公司经过协商后签订，就案涉项目是否属于必须招标的工程，二审法院观点如下。

最高人民法院认为，16号令第四条表明，随着国家深化建筑行业改革，缩小并严格界定必须进行招标的工程建设项目范围，放宽有关规模标准，招标范围应当按照确有必要、严格限定原则确定，成为工程建设项目招投标改革趋势。案涉工程虽然名为棚户区改造工程，并涉及部分拆迁安置房的建设，但从整个工程施工内容来看，主要是商品房开发，且安徽环球公司未举证证明案涉工程属于全部使用或部分使用国有资金投资或国家融资的项目。综合二十冶公司在案涉工程桩基工程进行施工后即退场，且双方曾在阜阳市人民政府主持下，就解除案涉《建设工程施工合同》相关问题于2016年4月19日达成一致意见并形成《专题会议纪要》的事实，本案

---

① （2019）最高法民终485号民事判决书。

仅以案涉工程未招投标而认定案涉《建设工程施工合同》无效依据不足，且与双方协商一致解除案涉《建设工程施工合同》的行为相矛盾，故对安徽环球公司以案涉工程未进行招投标为由主张案涉合同无效的上诉理由，法院不予支持。

（2）裁判要旨：市政基础设施建设工程为必须招标的工程，未经招投标提前协商一致签署的建筑工程施工合同无效。

案情简介①：全椒奥莱祥能置业有限公司（以下简称奥莱祥能公司）与苏中市政工程有限公司（以下简称苏中市政公司）就"京沪高铁滁州站南区现代服务业产业园道路工程"于2011年12月17日签订《补充协议（一）》，对工程内容、承包方式、工程造价计算方式、工程款结算与支付、履约保证金、工期等作了约定。2012年1月17日，奥莱祥能公司在全椒县招标采购中心对案涉工程公开招标，苏中市政公司中标。2012年3月18日，奥莱祥能公司与苏中市政公司签订《建设工程施工合同》。

就案涉工程是否为必须招标的工程，一审及二审法院观点如下。

安徽省高级人民法院认为，依据《招标投标法》第三条规定，参照《工程建设项目招标范围和规模标准规定》第二条、第七条的规定，诉争工程系市政基础设施建设工程，合同价款为1亿元有余，属于必须进行招标的项目，应当受《招标投标法》的规制。苏中市政公司与奥莱祥能公司在招投标之前先行磋商，并签订协议，上述行为违反了《招标投标法》第四十三条"在确定中标人前，招标人不得与投标人就投标价格、投标方案等实质性内容进行谈判"的规定，该中标无效。依据《最高人民法院关于审理建设工程施工合同纠纷案件适用法律问题的解释》第一条第三项的规定，建设工程施工合同必须进行招标而未招标或者中标无效的，应当根据《中华人民共和国合同法》第五十二条第五项的规定认定无效。故双方于2012年3月18日签订的《建设工程施工合同》及双方先后签订的《补充协议（一）》《补充协议（二）》，因违反了法律的效力性强行性规定均为无效。

最高人民法院认为，案涉工程范围为同乐路、纬七路（滁全路—同乐

---

① （2018）最高法民终1206号民事判决书。

路）土石方工程，道路工程，桥涵工程，雨污排水工程等，属关系社会公共利益、公众安全的基础设施项目，中标价格为1亿元以上。依据案涉工程招投标时仍然有效的《工程建设项目招标范围和规模标准规定》第二条、第七条规定，案涉工程项目属必须进行招标的工程。原审判决认定案涉《建设工程施工合同》《补充协议（一）》《补充协议（二）》无效并无不当。

（3）裁判要旨：医院所涉项目并非必须招标的工程，在判断医院相关项目时应结合资金来源、项目性质具体判断，如不涉及财政资金或贷款的，未经招投标而签署建筑工程施工合同有效。

案情简介[①]：2012年6月26日，西安建工第五建筑有限责任公司（以下简称五建公司）、西安唐城医院（以下简称唐城医院）签订《陕西省建设工程施工合同》，约定西安唐城医院医疗综合大楼工程由五建公司承包施工。2012年6月27日，唐城医院向五建公司发出中标通知书，其内容与6月26日五建公司与唐城医院签订的《陕西省建设工程施工合同》基本一致。6月28日，五建公司与唐城医院又签订一份《建设工程施工合同》，后双方因工程质量等问题产生纠纷。

对于案涉工程是否为必须进行招标的工程，一审法院及二审法院观点如下。

陕西省西安市中级人民法院认为，根据原审查明的事实，五建公司、唐城医院2012年6月28日签订的《建设工程施工合同》，与招标结果、备案合同存在实质性差异，为无效合同。《建设工程施工合同》虽经备案，但五建公司、唐城医院在中标人确定之前，已经就案涉工程的投标价格、计价依据、合同工期、投标方案等实质性内容进行了谈判，五建公司的中标应当认定无效，2012年6月26日签订的《建设工程施工合同》也为无效合同。

陕西省高级人民法院认为，法律、行政法规及规章并未将医院所涉项目建设纳入强制招投标的范围，虽然16号令、843号文分别自2018年6月1

---

① （2020）陕民终778号民事判决书。

日和2018年6月6日起施行，双方实际履行的《建设工程施工合同》签订时间为2012年6月28日，但将该原则适用于既往签订的合同，有利于尊重当事人的真实意思，且并无证据证明适用的结果将损害社会公共利益和公共安全。据此，五建公司、唐城医院于2012年6月28日签订的《建设工程施工合同》没有关于违反招投标相关法律强制性规定的效力阻却事由，故该合同应当认定合法有效。原审认定该合同无效不妥，陕西省高级人民法院予以纠正。

第二节　联合体招投标合规

联合体投标，是指两个以上法人或者其他主体组成一个集团，以一个投标人的身份参与投标活动。在各类大型、复杂项目中，由于对人力、资金等的高标准要求，单个主体难以完成招标项目要求的相关工作，抑或是为了增加中标概率、分散投标风险，许多投标人常常选择组成联合体参与投标活动。客观上，联合体投标的方式，也使得更多的市场主体参与招投标活动，促进了市场竞争。

一、联合体的范围

对招投标中的联合体，《中华人民共和国政府采购法》（以下简称《政府采购法》）和《招标投标法》分别作了规定，两部法律的规定略有不同。《政府采购法》第二十四条规定，两个以上的自然人、法人或者其他组织可以组成一个联合体，以一个供应商的身份共同参加政府采购。《招标投标法》第三十一条规定，两个以上法人或者其他组织可以组成一个联合体，以一个投标人的身份共同投标。

可见，《政府采购法》规定的可以构成联合体的主体有三种：自然人、法人、其他组织，而《招标投标法》规定的可以构成联合体的主体只有两种：法人、其他组织，并不包括自然人。两部法律规定有差异的主要原因是《政府采购法》第二十一条规定，供应商是指向采购人提供货物、工程或者服务的法人、其他组织或者自然人，而《招标投标法》第二十五条规定，投标人是响应招标、参加投标竞争的法人或者其他组织。依法招标的科研项目允许个人参加投标的，投标的个人适用本法有关投标人的规定。

参与招投标活动的国有企业应对该范围的差异提起注意。虽然自然人可以参与政府采购，企业也可以与自然人组成联合体参与政府采购，但政府采购采用招标形式进行的，不得与自然人组成联合体共同投标；国有企业采用招标形式进行采购的，也不应接受有自然人组成的联合体。

二、联合体及其组成主体的资质

《政府采购法》第二十二条规定，参加联合体的供应商均应当具备一定条件，包括六个方面：（1）具有独立承担民事责任的能力；（2）具有良好的商业信誉和健全的财务会计制度；（3）具有履行合同所必需的设备和专业技术能力；（4）有依法缴纳税金和社会保障资金的良好记录；（5）参加政府采购活动前3年内，在经营活动中没有重大违法记录；（6）法律、行政法规规定的其他条件。第二十二条规定以联合体形式进行政府采购的，参加联合体的供应商均应当具备本法第二十二条规定的条件。

换言之，虽然投标人组成联合体的初衷往往是为了弥补自身资质上的缺失，但我国的政府采购活动明确要求联合体的组成成员是"强强联合"，而不是"扬长补短"。法条中，"联合体各方"指联合体的每个组成成员，"均应具备"指每位联合体的参与成员分别具备相应的条件，任一成员均应具备相应资质。一部分成员具备一部分资质，另一部分成员具有另一部分资质以相互补充来组成联合体的方式，显然不符合我国《招标投标法》的规定。特别需要注意的是，财政部于2004年发布的《政府采购货物和服务招标投标管理办法》第三十四条中，曾有"采购人根据采购项目的特殊要求规定投标人特定条件的，联合体各方中至少应当有一方符合采购人规定的特定条件"这样允许"扬长补短"的规定，但该管理办法于2017年修订后，就不再有上述与上位法不一致的规定。

在实践中，常有相同专业或同类资质的单位组成联合体，该类联合体资质等级的确定原则是"从低不从高"。

《招标投标法》第三十一条规定，由同一专业的单位组成的联合体，按照资质等级较低的单位确定资质等级。《中华人民共和国政府采购法实施条例》（以下简称《政府采购法实施条例》）第二十二条规定，联合体中有同类资质的供应商按照联合体分工承担相同工作的，应当按照资质等级较低的供应商确定资质等级。在特定行业，如建筑行业，也有类似的规定①。

因此，在国企组成联合体参与投标的过程中，要注意其他参与方的最低资质等级。在招标过程中，对联合体的资质等级也同样根据"从低不从高"的原则来确认。

三、联合体各方之间应签订共同投标协议

《招标投标法》第三十一条规定，联合体各方应当签订共同投标协议，明确约定各方拟承担的工作和责任，并将共同投标协议连同投标文件一并提交招标人。

根据两部法律的规定，国有企业组成联合体前，应与其他参与方签订共同投标协议，明确各方针对拟投标承担的工作，厘清各方权利与义务，并对可能获得的收益、可能承担的风险进行事先的分配。若联合体投标时没有提交共同投资协议，则根据《招标投标法实施条例》第五十一条②的规定，评标委员将会否决其投标。

《招标投标法》对共同投标协议作了原则性和概括性的规定，国务院出台的《招标投标法实施条例》也仅将共同投标协议作为联合体投标的必备要件，而并没有对联合体的法律性质、联合体内部运作规则、参与方之间的权

①《中华人民共和国建筑法》第二十七条："大型建筑工程或者结构复杂的建筑工程，可以由两个以上的承包单位联合共同承包。共同承包的各方对承包合同的履行承担连带责任。两个以上不同资质等级的单位实行联合共同承包的，应当按照资质等级低的单位的业务许可范围承揽工程。"

②《招标投标法实施条例》第五十一条："有下列情形之一的，评标委员会应当否决其投标：（一）投标文件未经投标单位盖章和单位负责人签字；（二）投标联合体没有提交共同投标协议；（三）投标人不符合国家或者招标文件规定的资格条件；（四）同一投标人提交两个以上不同的投标文件或者投标报价，但招标文件要求提交备选投标的除外；（五）投标报价低于成本或者高于招标文件设定的最高投标限价；（六）投标文件没有对招标文件的实质性要求和条件作出响应；（七）投标人有串通投标、弄虚作假、行贿等违法行为。"

利义务分担等进行详细的规定。故建议国有企业在共同投标协议中详细约定牵头主体、中标项目的管理模式、对外责任承担及风险分担等权利义务。

四、联合体各方应共同与招标人签订合同

《政府采购法》第二十四条规定，以联合体形式进行政府采购的，参加联合体的供应商均应当具备本法第二十二条规定的条件，并应当向采购人提交联合协议，载明联合体各方承担的工作和义务。联合体各方应当共同与采购人签订采购合同，就采购合同约定的事项对采购人承担连带责任。

《招标投标法》第三十一条规定，联合体各方应当签订共同投标协议，明确约定各方拟承担的工作和责任，并将共同投标协议连同投标文件一并提交招标人。联合体中标的，联合体各方应当共同与招标人签订合同，就中标项目向招标人承担连带责任。

类似于多家银行组成银团向借款人发放贷款时，除牵头行或代理行外的各参与行也应当一起签订合同，多个投标人组成联合体投标并中标后，联合体各方应当共同与招标人签订合同。反言之，以联合体中的某一方为代表与招标人签订合同的方式是违反《政府采购法》和《招标投标法》的规定的。在国有企业招标的情景下，对中标的联合体，也应要求联合体组成各方共同签订合同。法律规定要求联合体各方应当共同与招标人签订合同的原因是为了更好地明确联合体各方应承担的责任。

《政府采购法》和《招标投标法》规定联合体各方承担连带责任。而根据《民法典》第一百七十八条的规定，二人以上依法承担连带责任的，权利人有权请求部分或者全部连带责任人承担责任。这就意味着中标事项引发的一切责任可能由联合体组成成员之一承担。而鉴于国有企业实力和背景，招标方很可能主张由联合体中的国企组成成员承担责任。这样的制度和安排便要求国有企业在组成联合体参与投标活动时，要对其他组成成员的信誉、资质、财务状况、履约能力进行详尽的调查与论证，避免承担连带责任的不利后果。而一旦承担了联合体的连带责任后，为维护国有资产与国有企业的合法权益，国有企业应当向联合体中有责的参与方主张追偿。

【司法案例】

案情简介①：采购人X局委托代理机构G公司就"X局监管系统项目"（以下简称X项目）进行公开招标。2019年4月4日，代理机构G公司发布招标公告，后组织了开标、评标工作，评标委员会推荐Y公司、M公司、R公司组成的联合体（以下简称联合体B）为第一中标候选人。

5月31日，F公司向财政部门提起投诉。投诉事项中的一项为：联合体B成员M公司于2016年8月11日因不文明施工被F市城乡建设局处以10万元罚款及停工整治，不符合《政府采购法》第二十二条的规定，联合体B不是合格供应商，应认定投标无效。

财政部门依法受理本案，并向相关当事人调取证据材料。经向F市城乡建设局核实，M公司于2016年8月11日被处以10万元罚款，属于建设行政处罚中的较大数额罚款。根据《政府采购法实施条例》第十九条第一款的规定，属于重大违法记录。联合体B以一个供应商的身份共同参加政府采购，根据《政府采购法》第二十四条第二款的规定，联合体B不具备参加政府采购活动的条件。

财政部门认为，投诉事项成立，影响采购结果。鉴于X项目尚未签订政府采购合同，认定中标结果无效，由采购人X局依法另行确定中标供应商。

五、禁止以联合体的形式重复投标

《政府采购法实施条例》第二十二条规定，以联合体形式参加政府采购活动的，联合体各方不得再单独参加或者与其他供应商另外组成联合体参加同一合同项下的政府采购活动。

《招标投标法实施条例》第三十七条规定，联合体各方在同一招标项目中以自己名义单独投标或者参加其他联合体投标的，相关投标均无效。

上述两个实施细则对联合体投标的排他性进行限定。任何主体参与投标均能选择且只能选择加入一个联合体并作为联合体成员投标，或以自己

①《指导性案例32号——X局监管系统项目投诉案》，中国政府采购新闻网，2020年3月16日，最后访问时间：2022年6月6日，http://www.cgpnews.cn/articles/51729。

的名义投标两种方式中的一种。只要加入了联合体，便自动丧失了独立参与投标的资格，不得重复以本身的名义或者加入另一个联合体参与投标。

建议国有企业在组成联合体参与投标时，在与联合体各方共同签订的共同投标协议中约定参与者的排他条款，并明确相关违约责任，避免其他联合体参与方因重复参与投标导致本联合体投标行为被认定无效，从而造成损失。

六、国有企业作为招标人不得强制要求投标人组成联合体

《招标投标法》第五十一条规定，招标人以不合理的条件限制或者排斥潜在投标人的，对潜在投标人实行歧视待遇的，强制要求投标人组成联合体共同投标的，或者限制投标人之间竞争的，责令改正，可以处1万元以上5万元以下的罚款。

国有企业以招标方式采购产品、服务或开展项目时，招标条件的设置应符合标的的实际情况并秉持公平、合理原则。投标人是否采取联合体方式进行投标属于意思自治范畴。招标人以保障业务顺利开展等理由设置投标人必须以联合体方式参与投标的条件违反了《招标投标法》，可能面临责令改正甚至罚款的行政处罚。

七、联合体确定后成员变动的后果

（一）投标阶段联合体成员变动的法律后果

根据《招标投标法实施条例》第三十七条第二款规定，招标人接受联合体投标并进行资格预审的，联合体应当在提交资格预审申请文件前组成。资格预审后联合体增减、更换成员的，其投标无效。

联合体虽然不存在独立的主体资格，但在招投标活动中，联合体是一个单独且完整的投标人。其内部成员的改变代表着联合体本身实际性的变化，基于变更前联合体所做的一切工作或准备失去了相应基础。因此在招投标阶段的联合体成员变化将使联合体进行的投标无效。

（二）中标后联合体成员变动的法律后果

现有法律并未对中标后联合体成员变动的情况作出规定，但往往招标人在招标文件中会规定联合体成员的稳定性。若在中标后中标合同签订前联合体成员变动，招标人可能停止招标程序并要求联合体承担违约责任；若在中标合同签订后联合体成员变动，招标人可能根据中标合同或招标文件要求联合体各方承担违约责任，甚至以联合体根本违约为由解除中标合同。

因此，建议国有企业在组成联合体参与投标活动时，在共同投标协议中约定联合体成员退出或变更的违约责任，确实需要变更联合体的，应征得招标人的同意；国有企业在招标时的表述中，也应规定参与投标的联合体的稳定性，并规定相应法律后果。

八、对投标联合体法律性质的探讨

《招标投标法》及其他规范招标投标行为的规范性文件均未规定投标联合体的法律性质。

从联合体各方应共同与招标人签订合同并承担连带责任，且实践中联合体通常不在某个机关登记为单独实体的特征来看，联合体本身不属于法人或非法人组织。其不符合以自己的名义从事民事活动、依法登记的条件，更不符合具有民事权利能力和民事行为能力、依法独立享有民事权利和承担民事义务这一法人成立的要件。

投标联合体具有以下特征：第一，联合体基于共同投标协议而成立，联合各方为共同投标而签订共同投标协议；第二，联合体虽没有独立的主体资格，但其在投标活动及中标后的合同履行中，是一个共同出资、共同经营、利益共享、风险共担的共同体；第三，共同体组成各方就中标事项向招标人承担连带责任。上述特征与《民法典》规定的有名合同之一——合伙合同相一致[①]。因此在联合体投标及履约过程中产生的问题，联合体各方之间的法律关系等，可根据合伙的规定来界定。

---

①《民法典》第九百六十七条："合伙合同是两个以上合伙人为了共同的事业目的，订立的共享利益、共担风险的协议。"

第三节　关联企业招投标合规

在招标投标活动进行的过程中，各参与方，比如招标人和招标代理人的关联公司投标具有高度敏感性。基于关联企业之间的控制或重大影响，关联方参与投标常常被视为"围标""串标"，实践中也经常受到其他投标人的瞩目甚至投诉。本节引用当前法律法规和相关规定，分析各参与方的关联公司参与投标的适格性和投标行为的有效性。

一、关联企业的定义

随着资本市场的发展和现代企业制度在我国的不断实行，企业间相互持股、控制或有重大影响的案例不再鲜见。但不同语境下对关联企业的定义却不尽相同。

（一）《公司法》口径下对关联企业的认定标准

《公司法》第二十一条规定关联交易损害"公司的控股股东、实际控制人、董事、监事、高级管理人员不得利用其关联关系损害公司利益。违反前款规定，给公司造成损失的，应当承担赔偿责任"。

《公司法》第二百一十六条规定，关联关系，是指公司控股股东、实际控制人、董事、监事、高级管理人员与其直接或者间接控制的企业之间的关系，以及可能导致公司利益转移的其他关系。但是，国家控股的企业之间不仅因为同受国家控股而具有关联关系。

从《公司法》的立法意图来看，其防止不正当交易的目的，是防止

"利用关联交易掏空公司，侵害公司及中小股东、债权人利益"[1]。但公司法对"关联关系""关联交易"的表述较为大体化和原则化，难以直接适用判断是否存在关联关系、构成关联交易。

（二）企业会计准则口径下对关联企业的认定标准

《关联方披露》第三条规定："一方控制、共同控制另一方或对另一方施加重大影响，以及两方或两方以上同受一方控制、共同控制或重大影响的，构成关联方。控制，是指有权决定一个企业的财务和经营政策，并能据以从该企业的经营活动中获取利益。共同控制，是指按照合同约定对某项经济活动所共有的控制，仅在与该项经济活动相关的重要财务和经营决策需要分享控制权的投资方一致同意时存在。重大影响，是指对一个企业的财务和经营政策有参与决策的权力，但并不能够控制或者与其他方一起共同控制这些政策的制定。"

其第四条规定："下列各方构成企业的关联方：（一）该企业的母公司；（二）该企业的子公司；（三）与该企业受同一母公司控制的其他企业；（四）对该企业实施共同控制的投资方；（五）对该企业施加重大影响的投资方；（六）该企业的合营企业；（七）该企业的联营企业；（八）该企业的主要投资者个人及与其关系密切的家庭成员。主要投资者个人，是指能够控制、共同控制一个企业或者对一个企业施加重大影响的个人投资者；（九）该企业或其母公司的关键管理人员及与其关系密切的家庭成员。关键管理人员，是指有权力并负责计划、指挥和控制企业活动的人员。与主要投资者个人或关键管理人员关系密切的家庭成员，是指在处理与企业的交易时可能影响该个人或受该个人影响的家庭成员；（十）该企业主要投资者个人、关键管理人员或与其关系密切的家庭成员控制、共同控制或施加重大影响的其他企业。"

其第七条规定："关联方交易，是指关联方之间转移资源、劳务或义务的行为，而不论是否收取价款。"

---

[1]胡光宝、王令浚：《〈中华人民共和国公司法〉释义及适用指南》，群众出版社2005年版，第93页。

其第八条规定："关联方交易的类型通常包括下列各项：（一）购买或销售商品；（二）购买或销售商品以外的其他资产；（三）提供或接受劳务；（四）担保；（五）提供资金（贷款或股权投资）；（六）租赁；（七）代理；（八）研究与开发项目的转移；（九）许可协议；（十）代表企业或由企业代表另一方进行债务结算；（十一）关键管理人员薪酬。"

（三）资本市场监管口径下对关联企业的认定标准

1.《证券法》中对关联账户/人员的界定

（1）短线交易。《证券法》第四十四条规定："上市公司、股票在国务院批准的其他全国性证券交易场所交易的公司持有百分之五以上股份的股东、董事、监事、高级管理人员，将其持有的该公司的股票或者其他具有股权性质的证券在买入后六个月内卖出，或者在卖出后六个月内又买入，由此所得收益归该公司所有，公司董事会应当收回其所得收益。但是，证券公司因购入包销售后剩余股票而持有百分之五以上股份，以及有国务院证券监督管理机构规定的其他情形的除外。前款所称董事、监事、高级管理人员、自然人股东持有的股票，包括其配偶、父母、子女持有的及利用他人账户持有的股票。"

（2）内幕交易。《证券法》第五十一条规定："证券交易内幕信息的知情人包括：（一）发行人及其董事、监事、高级管理人员；（二）持有公司百分之五以上股份的股东及其董事、监事、高级管理人员，公司的实际控制人及其董事、监事、高级管理人员；（三）发行人控股或者实际控制的公司及其董事、监事、高级管理人员；（四）由于所任公司职务或者因与公司业务往来可以获取公司有关内幕信息的人员；（五）上市公司收购人或者重大资产交易方及其控股股东、实际控制人、董事、监事和高级管理人员；（六）因职务、工作可以获取内幕信息的证券交易场所、证券公司、证券登记结算机构、证券服务机构的有关人员；（七）因职责、工作可以获取内幕信息的证券监督管理机构工作人员；（八）因法定职责对证券的发行、交易或者对上市公司及其收购、重大资产交易进行管理可以获取内幕信息的有关主管部门、监管机构的工作人员；（九）国务院证券监督管理机构规定的可以获取内幕信息的其他人员。"

《刑法》第一百八十条规定："证券、期货交易内幕信息的知情人员或者非法获取证券、期货交易内幕信息的人员，在涉及证券的发行，证券、期货交易或者其他对证券、期货交易价格有重大影响的信息尚未公开前，买入或者卖出该证券，或者从事与该内幕信息有关的期货交易，或者泄露该信息，或者明示、暗示他人从事上述交易活动，情节严重的，处五年以下有期徒刑或者拘役，并处或者单处违法所得一倍以上五倍以下罚金；情节特别严重的，处五年以上十年以下有期徒刑，并处违法所得一倍以上五倍以下罚金。"

《最高人民法院、最高人民检察院关于办理内幕交易、泄露内幕信息刑事案件具体应用法律若干问题的解释》第二条规定："具有下列行为的人员应当认定为刑法第一百八十条第一款规定的'非法获取证券、期货交易内幕信息的人员'：（一）利用窃取、骗取、套取、窃听、利诱、刺探或者私下交易等手段获取内幕信息的；（二）内幕信息知情人员的近亲属或者其他与内幕信息知情人员关系密切的人员，在内幕信息敏感期内，从事或者明示、暗示他人从事，或者泄露内幕信息导致他人从事与该内幕信息有关的证券、期货交易，相关交易行为明显异常，且无正当理由或者正当信息来源的；（三）在内幕信息敏感期内，与内幕信息知情人员联络、接触，从事或者明示、暗示他人从事，或者泄露内幕信息导致他人从事与该内幕信息有关的证券、期货交易，相关交易行为明显异常，且无正当理由或者正当信息来源的。"

（3）操纵市场。《证券法》第五十五条规定："禁止任何人以下列手段操纵证券市场，影响或者意图影响证券交易价格或者证券交易量：（一）单独或者通过合谋，集中资金优势、持股优势或者利用信息优势联合或者连续买卖；（二）与他人串通，以事先约定的时间、价格和方式相互进行证券交易；（三）在自己实际控制的账户之间进行证券交易；（四）不以成交为目的，频繁或者大量申报并撤销申报；（五）利用虚假或者不确定的重大信息，诱导投资者进行证券交易；（六）对证券、发行人公开作出评价、预测或者投资建议，并进行反向证券交易；（七）利用在其他相关市场的活动操纵证券市场；（八）操纵证券市场的其他手段。"

《刑法》第一百八十二条规定："有下列情形之一，操纵证券、期货市场，影响证券、期货交易价格或者证券、期货交易量，情节严重的，处五年以下有期徒刑或者拘役，并处或者单处罚金；情节特别严重的，处五年以上十年以下有期徒刑，并处罚金：（一）单独或者合谋，集中资金优势、持股或者持仓优势或者利用信息优势联合或者连续买卖的；（二）与他人串通，以事先约定的时间、价格和方式相互进行证券、期货交易的；（三）在自己实际控制的帐户之间进行证券交易，或者以自己为交易对象，自买自卖期货合约的；（四）不以成交为目的，频繁或者大量申报买入、卖出证券、期货合约并撤销申报的；（五）利用虚假或者不确定的重大信息，诱导投资者进行证券、期货交易的；（六）对证券、证券发行人、期货交易标的公开作出评价、预测或者投资建议，同时进行反向证券交易或者相关期货交易的；（七）以其他方法操纵证券、期货市场的。单位犯前款罪的，对单位判处罚金，并对其直接负责的主管人员和其他直接责任人员，依照前款的规定处罚。"

《关于办理操纵证券、期货市场刑事案件适用法律若干问题的解释》第五条规定："下列账户应当认定为刑法第一百八十二条中规定的'自己实际控制的账户'：（一）行为人以自己名义开户并使用的实名账户；（二）行为人向账户转入或者从账户转出资金，并承担实际损益的他人账户；（三）行为人通过第一项、第二项以外的方式管理、支配或者使用的他人账户；（四）行为人通过投资关系、协议等方式对账户内资产行使交易决策权的他人账户；（五）其他有证据证明行为人具有交易决策权的账户。有证据证明行为人对前款第一项至第三项账户内资产没有交易决策权的除外。"

2.《上市公司信息披露管理办法（2021年修订）》中对关联人的界定

《上市公司信息披露管理办法（2021年修订）》第六十二条规定，上市公司的关联交易，是指上市公司或者其控股子公司与上市公司关联人之间发生的转移资源或者义务的事项。关联人包括关联法人（或者其他组织）和关联自然人。

具有以下情形之一的法人（或者其他组织），为上市公司的关联法人（或者其他组织）：

（1）直接或者间接地控制上市公司的法人（或者其他组织）；

（2）由前项所述法人（或者其他组织）直接或者间接控制的除上市公司及其控股子公司以外的法人（或者其他组织）；

（3）关联自然人直接或者间接控制的，或者担任董事、高级管理人员的，除上市公司及其控股子公司以外的法人（或者其他组织）；

（4）持有上市公司5%以上股份的法人（或者其他组织）及其一致行动人；

（5）在过去12个月内或者根据相关协议安排在未来12个月内，存在上述情形之一的；

（6）中国证监会、证券交易所或者上市公司根据实质重于形式的原则认定的其他与上市公司有特殊关系，可能或者已经造成上市公司对其利益倾斜的法人（或者其他组织）。

具有以下情形之一的自然人，为上市公司的关联自然人：

（1）直接或者间接持有上市公司5%以上股份的自然人；

（2）上市公司董事、监事及高级管理人员；

（3）直接或者间接地控制上市公司的法人的董事、监事及高级管理人员；

（4）上述第（1）项、第（2）项所述人士的关系密切的家庭成员，包括配偶、父母、年满18周岁的子女及其配偶、兄弟姐妹及其配偶，配偶的父母、兄弟姐妹，子女配偶的父母；

（5）在过去12个月内或者根据相关协议安排在未来12个月内，存在上述情形之一的；

（6）中国证监会、证券交易所或者上市公司根据实质重于形式的原则认定的其他与上市公司有特殊关系，可能或者已经造成上市公司对其利益倾斜的自然人。

3.《上交所上市规则》中对关联交易的界定

《上交所上市规则》规定了上交所口径下的关联交易：

上市公司的关联交易，是指上市公司、控股子公司及控制的其他主体与上市公司关联人之间发生的转移资源或者义务的事项，包括：（1）本规则第6.1.1条规定的交易事项；①（2）购买原材料、燃料、动力；（3）销售产品、商品；（4）提供或者接受劳务；（5）委托或者受托销售；（6）存贷款业务；（7）与关联人共同投资；（8）其他通过约定可能引致资源或者义务转移的事项。

上市公司的关联人包括关联法人（或者其他组织）和关联自然人。

具有以下情形之一的法人（或者其他组织），为上市公司的关联法人（或者其他组织）：（1）直接或者间接控制上市公司的法人（或者其他组织）；（2）由前项所述法人（或者其他组织）直接或者间接控制的除上市公司、控股子公司及控制的其他主体以外的法人（或者其他组织）；（3）关联自然人直接或者间接控制的，或者担任董事（不含同为双方的独立董事）、高级管理人员的，除上市公司、控股子公司及控制的其他主体以外的法人（或者其他组织）；（4）持有上市公司5%以上股份的法人（或者其他组织）及其一致行动人；

具有以下情形之一的自然人，为上市公司的关联自然人：（1）直接或者间接持有上市公司5%以上股份的自然人；（2）上市公司董事、监事和高级管理人员；（3）直接或者间接地控制上市公司的法人（或者其他组织）的董事、监事和高级管理人员；（4）本款第（1）项、第（2）项所述人士的关系密切的家庭成员。

在过去12个月内或者相关协议或者安排生效后的12个月内，存在本规

---

① 《上交所上市规则》第6.1.1条："本节所称重大交易，包括除上市公司日常经营活动之外发生的下列类型的事项：（一）购买或者出售资产；（二）对外投资（含委托理财、对子公司投资等）；（三）提供财务资助（含有息或者无息借款、委托贷款等）；（四）提供担保（含对控股子公司担保等）；（五）租入或者租出资产；（六）委托或者受托管理资产和业务；（七）赠与或者受赠资产；（八）债权、债务重组；（九）签订许可使用协议；（十）转让或者受让研发项目；（十一）放弃权利（含放弃优先购买权、优先认缴出资权等）；（十二）本所认定的其他交易。"

则第6.3.3条第二款、第三款^①所述情形之一的法人（或者其他组织）、自然人，为上市公司的关联人。

中国证监会、本所或者上市公司可以根据实质重于形式的原则，认定其他与上市公司有特殊关系，可能或者已经造成上市公司对其利益倾斜的法人（或者其他组织）或者自然人为上市公司的关联人。

上市公司与《上交所上市规则》第6.3.3条第二款第二项所列法人（或者其他组织）受同一国有资产管理机构控制而形成该项所述情形的，不因此构成关联关系，但其法定代表人、董事长、总经理或者半数以上的董事兼任上市公司董事、监事或者高级管理人员的除外。

《深交所上市规则》关于关联关系和关联交易的规定与上交所的上述规定一致。

综合上述法律法规来看，不同部门对关联关系、关联交易的认定标准不尽相同，有的粗略，有的详细，有的能普遍适用，有的仅规范部分主体（如证券交易所口径下的关联关系仅能规范上市企业）。但鉴于关联企业投标行为的高度敏感性，为保证招标投标过程的公平公正，从而保证招标投标活动的顺利开展，国有企业在招投标活动中对关联企业进行审查时，应当对关联企业的定义作最大化的解释，对各部门规定均予以适用，涉及上市公司的，还应适用证券交易所的相关规则。

（四）税务系统对关联企业的认定标准

国家税务总局于2016年发布了《关于完善关联申报和同期资料管理有

---

① 《上交所上市规则》第6.3.3条第二款："具有以下情形之一的法人（或者其他组织），为上市公司的关联法人（或者其他组织）：（一）直接或者间接控制上市公司的法人（或者其他组织）；（二）由前项所述法人（或者其他组织）直接或者间接控制的除上市公司、控股子公司及控制的其他主体以外的法人（或者其他组织）；（三）关联自然人直接或者间接控制的，或者担任董事（不含同为双方的独立董事）、高级管理人员的，除上市公司、控股子公司及控制的其他主体以外的法人（或者其他组织）；（四）持有上市公司5%以上股份的法人（或者其他组织）及其一致行动人。"
《上交所上市规则》第6.3.3条第三款："具有以下情形之一的自然人，为上市公司的关联自然人：（一）直接或者间接持有上市公司5%以上股份的自然人；（二）上市公司董事、监事和高级管理人员；（三）直接或者间接地控制上市公司的法人（或者其他组织）的董事、监事和高级管理人员；（四）本款第（一）项、第（二）项所述人士的关系密切的家庭成员。"

关事项的公告》（国家税务总局公告2016年第42号），该公告的规定是对《中华人民共和国企业所得税法》《中华人民共和国税收征收管理法》《中华人民共和国企业所得税法实施条例》[①]《中华人民共和国税收征收管理法实施细则》[②]等税法部门法律法规的细化，其第二条详细列举了关联企业的认定标准：

（1）一方直接或者间接持有另一方的股份总和达到25%以上；双方直接或者间接同为第三方所持有的股份达到25%以上。

如果一方通过中间方对另一方间接持有股份，只要其对中间方持股比例达到25%以上，则其对另一方的持股比例按照中间方对另一方的持股比例计算。

两个以上具有夫妻、直系血亲、兄弟姐妹，以及其他抚养、赡养关系的自然人共同持股同一企业，在判定关联关系时持股比例合并计算。

（2）双方存在持股关系或者同为第三方持股，虽持股比例未达到本条第（1）项规定，但双方之间借贷资金总额占任一方实收资本比例达到50%以上，或者一方全部借贷资金总额的10%以上由另一方担保（与独立金融机构之间的借贷或者担保除外）。并明确了借贷资金总额占实收资本比例的计算方法。

（3）双方存在持股关系或者同为第三方持股，虽持股比例未达到本条第（1）项规定，但一方的生产经营活动必须由另一方提供专利权、非专利技术、商标权、著作权等特许权才能正常进行。

（4）双方存在持股关系或者同为第三方持股，虽持股比例未达到本条第（1）项规定，但一方的购买、销售、接受劳务、提供劳务等经营活动由另一方控制。

---

① 《中华人民共和国企业所得税法实施条例》第一百零九条规定，企业所得税法第四十一条所称关联方，是指与企业有下列关联关系之一的企业、其他组织或者个人：（1）在资金、经营、购销等方面存在直接或者间接的控制关系；（2）直接或者间接地同为第三者控制；（3）在利益上具有相关联的其他关系。

② 《中华人民共和国税收征收管理法实施细则》第五十一条规定，税收征管法第三十六条所称关联企业，是指有下列关系之一的公司、企业和其他经济组织：（1）在资金、经营、购销等方面，存在直接或者间接的拥有或者控制关系；（2）直接或者间接地同为第三者所拥有或者控制；（3）在利益上具有相关联的其他关系。

上述控制是指一方有权决定另一方的财务和经营政策，并能据以从另一方的经营活动中获取利益。

（5）一方半数以上董事或者半数以上高级管理人员（包括上市公司董事会秘书、经理、副经理、财务负责人和公司章程规定的其他人员）由另一方任命或者委派，或者同时担任另一方的董事或者高级管理人员；或者双方各自半数以上董事或者半数以上高级管理人员同为第三方任命或者委派。

（6）具有夫妻、直系血亲、兄弟姐妹，以及其他抚养、赡养关系的两个自然人分别与双方具有本条第（1）项至第（5）项关系之一。

（7）双方在实质上具有其他共同利益。

二、招标人关联企业

招标人以招投标的形式将项目、工程安排给某一特定企业，关联企业投标便是实现该目的的手段之一，在该种情况下，招标活动的公正性便难以得到保证。

因此，《招标投标法实施条例》第三十四条规定了与招标人相关的不得参与投标的相关情形[①]，即"存在利害关系"且"可能影响招标公正性"的情形，并对在此情形下关联企业投标人的主体适格性和投标行为的有效性作了否定。

根据法条的表述，《招标投标法实施条例》并未对所有招标人关联企业的投标行为均持否定意见。根据《中华人民共和国招标投标法实施条例释义》一书对此的释义，"与招标人存在利害关系可能影响招标公正性。考虑到我国经济体制改革还需要进一步深化，各行业、各地区经济社会发展水平不一，以及产业政策与竞争政策的协调，本条没有一概禁止与招标人存在利害关系的法人、其他组织或者个人参与投标，构成本条第一款规定情形需要同时满足'存在利害关系'和'可能影响招标公正性'两个条件。即使投

---

① 《招标投标法实施条例》第三十四条规定，与招标人存在利害关系可能影响招标公正性的法人、其他组织或者个人，不得参加投标。单位负责人为同一人或者存在控股、管理关系的不同单位，不得参加同一标段投标或者未划分标段的同一招标项目投标。违反前两款规定的，相关投标均无效。

标人与招标人存在某种'利害关系'，但如果招投标活动依法进行、程序规范，该'利害关系'并不影响其公正性的，就可以参加投标"[①]。

但不论是法条还是释义，均未对"影响招标公正性"的判断标准、判断主体进行规定或解释。鉴于这样的模糊地带，建议国有企业谨慎进行对关联方的招标投标活动。若国企确有需要作为招标人接受关联企业投标的，则在招标文件的条件设定、投标人要求、评标专家及评标流程的选择、开标、评标、定标等各个环节均应严格依法合规、公开透明，严格禁止与关联企业串通投标的情况[②]，并建议收到投标后及时向监管部门报备，以尽量确保招标的公正性，从而确保招标活动的正常开展。

当国有企业作为关联投标人参与招投标活动时，还应注意政府采购的回避条款，《政府采购法实施条例》第九条规定："在政府采购活动中，采购人员及相关人员与供应商有下列利害关系之一的，应当回避：（一）参加采购活动前3年内与供应商存在劳动关系；（二）参加采购活动前3年内担任供应商的董事、监事；（三）参加采购活动前3年内是供应商的控股股东或者实际控制人；（四）与供应商的法定代表人或者负责人有夫妻、直系血亲、三代以内旁系血亲或者近姻亲关系；（五）与供应商有其他可能影响政府采购活动公平、公正进行的关系。"

三、招标代理公司关联企业

《招标投标法》第十二条规定，招标人有权自行选择招标代理机构，委托其办理招标事宜。

招标代理机构根据招标人委托办理招标事宜，其与招标人构成民法意

---

①国家发展和改革委员会法规司、国务院法制办公室财金司、监察部执法监察司：《中华人民共和国招标投标法实施条例释义》，中国计划出版社2012年版。

②《招标投标法实施条例》第四十一条规定，禁止招标人与投标人串通投标。有下列情形之一的，属于招标人与投标人串通投标：（1）招标人在开标前开启投标文件并将有关信息泄露给其他投标人；（2）招标人直接或者间接向投标人泄露标底、评标委员会成员等信息；（3）招标人明示或者暗示投标人压低或者抬高投标报价；（4）招标人授意投标人撤换、修改投标文件；（5）招标人明示或者暗示投标人为特定投标人中标提供方便；（6）招标人与投标人为谋求特定投标人中标而采取的其他串通行为。

义上的委托代理关系，代理人的关联公司向委托人投标，也可能影响招标活动的公正性。

《招标投标法实施条例》第十三条对招标代理机构的代理行为作出禁止性规定："招标代理机构代理招标业务，应当遵守招标投标法和本条例关于招标人的规定。招标代理机构不得在所代理的招标项目中投标或者代理投标，也不得为所代理的招标项目的投标人提供咨询。"

国有企业在作为招标人参与招标活动时，应监督并规范招标代理机构的行为，对代理机构的关联企业参与投标的，应持审慎态度。

四、投标人的关联企业

现实中，很多集团公司的发展与成长常常立足于某一具体的行业，而在该行业的深耕中可能基于细分领域、地域等因素成立多个子公司，子公司之间的董事、监事、高级管理人员之间也可能存在交集，这在工程领域尤为常见。在招投标实践中就常见同一母公司持股的多家子公司同时参与某一项目的投标，甚至两个投标人的管理层有同一自然人的情况。

《招标投标法实施条例》第三十四条规定，单位负责人为同一人或者存在控股、管理关系的不同单位，不得参加同一标段投标或者未划分标段的同一招标项目投标。

虽然上述规定仅限制了"单位负责人为同一人""存在控股、管理关系的不同单位"两种限制同一投标的情形，但鉴于二者之间的特殊关系，"兄弟公司"之间更容易就投标事项相互沟通，影响投标活动的竞争性，容易令人怀疑有围标、串标的可能性。而对于评标人而言，也难以判断投标人互为关联企业情形下是否存在串标行为。因此在实践中，很多招标文件设置的条件中明确不允许同一母公司的多家子公司投标，或要求存在董监高交集的公司对投标人进行告知。

为保证招标程序的公正性，建议国有企业招标时设置对"兄弟公司"同一投标、存在董监高交集的公司参与投标的禁止性规定，以排除可能存在的影响公平的投标主体。而当国有企业作为投标人时，建议及时向投标人披露与其他投标人的关联情况，以防出现投标无效等情况而造成损失。

第六章

国有企业反垄断合规

第一节　反垄断合规概述

一、反垄断合规的发展现状

在"百年之未有之大变局"中，我国经济已由高速增长阶段转向高质量发展阶段，在建设全国统一大市场的背景下，"打破行政性垄断，防止市场垄断"成为我国经济治理的重要抓手。反垄断法作为市场经济的基础性法律制度，具有较强的政策性，其以维护市场竞争秩序、提高经济运行效率、维护消费者利益为目标，关乎着整个行业的发展及行业内头部企业的运营，在促进经济体制改革和鼓励创新方面发挥着举足轻重的作用。市场经济越成熟，就越需要反垄断，反垄断法能够发挥作用的空间也就越大。近年来，反垄断法在市场经济建设中的重要性不断加强，反垄断执法和司法也在该背景下持续升温，并进入"强监管常态化"阶段。对此，国有企业应在日常经营与管理活动中高度重视反垄断合规，积极关注反垄断法相关法律、法规、规章、文件的解读，把握反垄断违法行为的认定标准及实务适用。本章将以反垄断合规为主题，从法理到实务，梳理各类反垄断违法行为类型，并结合司法案例、法律法规，为国有企业的反垄断提出建议。

（一）相关法律法规

目前反垄断合规领域的法律法规如表6–1所示。

表 6-1　反垄断合规领域法律法规

名称	发布部门	生效时间	效力级别
《中华人民共和国反垄断法（2022年修正）》（以下简称《反垄断法2022》）	全国人大常委会	2022 年 8 月 1 日	法律
《企业境外反垄断合规指引》（国市监反垄发〔2021〕72 号）	国家市场监督管理总局	2021 年 11 月 15 日	部门规范性文件
《关于原料药领域的反垄断指南》（国反垄发〔2021〕3 号）	国务院反垄断委员会	2021 年 11 月 15 日	
《关于平台经济领域的反垄断指南》（国反垄发〔2021〕1 号）	国务院反垄断委员会	2021 年 2 月 7 日	
《经营者反垄断合规指南》（国反垄发〔2020〕1 号）	国务院反垄断委员会	2020 年 9 月 11 日	
《关于相关市场界定的指南》（国反垄发〔2009〕3 号）	国务院反垄断委员会	2009 年 7 月 6 日	
《关于经营者集中申报标准的规定》	国务院	2018 年 9 月 18 日	行政法规
《禁止滥用市场支配地位行为规定（征求意见稿）》	国家市场监督管理总局	/	部门规章
《禁止滥用知识产权排除、限制竞争行为规定（征求意见稿）》	国家市场监督管理总局	/	
《禁止垄断协议规定（征求意见稿）》	国家市场监督管理总局	/	
《经营者集中审查规定（征求意见稿）》	国家市场监督管理总局	/	
《制止滥用行政权力排除、限制竞争行为规定（征求意见稿）》	国家市场监督管理总局	/	

　　由于反垄断法具有较强的政策性，除上表所示的主要法律法规外，国有企业在开展反垄断合规工作时，还需要注意各地政府颁布的反垄断合规指引等地方工作文件，本书仅从国家层面的法律法规予以分析。

　　纵观中国反垄断政策的立法演进史，我国反垄断政策的重点由建立基本制度转向制定和完善具体配套的规章和细则，有效增强了制度的针对性和可操作性。随着国内外政治经济环境不断变革，自2008年8月1日起施行的《中华人民共和国反垄断法》（以下简称《反垄断法2008》）迎来了首次修订。2022年6月24日，第十三届全国人大常委会第三十五次会议审议通过修改《反垄断法2008》的决定，并于2022年8月1日起实施《反垄断法2022》。

本次修订在内容上由原来的57条扩展至70条，回应了反垄断法执法实践中的诸多焦点问题，并结合市场经济现状与国家发展战略，对反垄断执法的重点领域作了相应调整，对国有企业的反垄断合规具有重大意义。主要包括以下内容的修订：（1）确立了竞争政策的基础地位[①]，建立公平审查制度，全面规范政府行为[②]；（2）大幅提升反垄断违法行为的处罚力度；[③]（3）进一步明确反垄断相关制度在平台经济领域的具体适用规则；[④]（4）完善垄断协议"安全港"规则；[⑤]（5）增设了达成垄断协议组织者、帮助者的法律责任；[⑥]（6）对未达到申报标准的经营者集中的调查程序进行完善；[⑦]（7）对经营者集中的审查工作提出具体要求；[⑧]（8）明确了公益诉讼制度[⑨]及刑事责任[⑩]在垄断案件中的适用；（9）对民生等领域的经营者集中应加强审查[⑪]。

（二）反垄断执法司法再度升级

自2020年底中央政治局会议和中央经济工作会议提出"强化反垄断和防止资本无序扩张"后，反垄断执法不断加强，审查处理的各类垄断案件的数量和质量均呈现上升趋势。此外，随着垄断领域相关研究不断深入具体，我国反垄断执法体制也日益完善，形成了以行政执法为主、民事诉

① 《反垄断法2022》第四条第二款。

② 《反垄断法2022》第五条。

③ 《反垄断法2022》第五十六条（对垄断协议加大处罚力度，并增加了经营者与主要负责人的双重责任）、第五十八条（提高未依法申报经营者集中的处罚力度）、第六十二条（提供拒不配合调查的加大处罚力度）、六十三条（新增情节特别严重罚款数额加倍条款）、六十四条（新增信用记录条款）。

④ 《反垄断法2022》第九条、第二十二条第三款。

⑤ 《反垄断法2022》第十八条。

⑥ 《反垄断法2022》第十九条。

⑦ 《反垄断法2022》第二十六条第二款。

⑧ 《反垄断法2022》第三十二条。

⑨ 《反垄断法2022》第六十条。

⑩ 《反垄断法2022》第六十七条。

⑪ 《反垄断法2022》第三十七条。

讼为辅的双轨制模式。行政执法是公共执法，由反垄断机关依职权主动发现或接到举报后，启动反垄断审查措施；民事诉讼是私人执法，由原告起诉，法院审判来规制反垄断行为。两者在执行部门和执法重点上存在差异。对执行部门而言，2018年，国务院机构改革后，反垄断执法职能统一归属国家市场监督管理总局。地方上，统一授权省级市场监管部门负责本行政区域内有关垄断执法工作。反垄断民事诉讼二审则统一由2019年成立的最高人民法院知识产权法庭负责，裁判上的专业性和统一性得到加强。从反垄断执法结果看，行政执法和民事诉讼各有侧重点：民事诉讼侧重滥用市场支配地位，行政执法侧重垄断协议执法。以滥用市场支配地位纠纷为例，该类案件占民事诉讼案件的90%以上，而在行政执法中占比不到20%。[1]

此外，由于反垄断诉讼的举证责任较重、诉讼成本较高，我国又没有集体诉讼制度及三倍赔偿制度，垄断行为的受害者往往缺乏提起诉讼的动力与能力，反垄断司法诉讼并不活跃。为了有效激发反垄断司法诉讼的活力，《反垄断法2022》响应党的十九届四中全会关于"拓展公益诉讼案件范围"的要求，增设了反垄断行为公益诉讼制度，依靠国家公权力调查和搜集证据，具有较高的效率和较强的威慑力。最高人民检察院检察长张军在《最高人民检察院工作报告》中就2022年的工作安排所提出的"加强反垄断、反暴利、反不正当竞争司法，支持和引导资本规范健康发展"。反垄断公益诉讼制度的建立将产生较强的示范效应，并随之带动了更多的民事公益诉讼与一般反垄断民事诉讼。事实上，在《反垄断法2022》正式颁布之前，已有多个省级人大常委会通过决定或决议，授权检察机关在互联网侵害公益、个人信息保护等相关领域探索公益诉讼实践。[2]贵州检察机关办理的网络餐饮凭条不正当竞争公益诉讼案，对黔西县某网络餐饮平台代理商涉嫌实施"二选一"不正当竞争行为依法查处，被最高人民法院评为

[1]罗志恒：《反垄断：当前背景、制度变迁与政策建议》，新浪网，2021年3月10日，最后访问时间：2022年3月23日，http://stock.finance.sina.com.cn/stock/go.php/vReport_Show/kind/lastest/rptid/668730986640/index.phtml。

[2]张璁：《检察机关全面履行公益诉讼、民事、行政检察职能——将法律监督延伸到网络空间》，《人民日报》，2021年4月8日，第19版。

典型公益诉讼案例。[①]

随着可诉主体、案件数量的增加，可以预测，国有企业在未来将会面临更多的反垄断诉讼风险。一方面，国有企业将需要在反垄断方面承担更多的法律责任；另一方面，国有企业将会支出如起诉、应诉等各项反垄断诉讼费用，从而导致反垄断合规成本增加。对此，国有企业应高度重视反垄断合规工作。在从事经营活动前，对于相关市场界定、支配地位认定、正当理由成立、竞争损害效果认定等方面进行全面预测，精准评估法律风险，作出有效的经营决策，同时，在经营活动中注重证据保全。此外，国有企业也要客观认识到反垄断合规的不确定性，适当留出"安全距离"并及时做好跟踪监测评估。

（三）反垄断行政执法机构改革

《反垄断法2008》施行15年间，随着反垄断执法实践情况的不断更新，反垄断执法体制在顺应时代潮流中历经了三次蜕变。

在2018年之前，我国的执法机构设置采取了"1＋3"模式，如表6-2所示。"1"是指国务院反垄断委员会，负责组织、协调、指导反垄断行政执法工作。"3"是指三家由国务院规定的承担反垄断执法职责的机构，包括国家发改委的价格监督检查与反垄断局，主要负责查处与价格相关的垄断行为；国家工商行政管理总局的反垄断与反不正当竞争执法局，主要负责查处不涉及价格的垄断行为；商务部的市场反垄断局，主要负责经营者集中的反垄断审查。

表6-2　反垄断执法机构（2007年至2018年）

	国务院		
"1"	反垄断委员会		
"3"	国家发改委：价格监督检查与反垄断局	国家工商行政管理总局：反垄断与反不正当竞争执法局	商务部：市场反垄断局
主要职能	价格相关：市场支配地位、垄断协议、行政垄断行为	非价格相关：市场支配地位、垄断协议、行政垄断行为	经营者集中

[①]《贵州检察机关办理的这个案件写入最高检工作报告，上央视！》，腾讯网，2021年3月9日，最后访问时间：2022年3月23日，https://new.qq.com/omn/20210309/20210309A06HOP00.html。

该模式符合反垄断法立法之初的现状，契合当时各执法机构的权利划分、专业分工。但是随着我国市场经济的持续增长，该执法机构的设置已不能适应反垄断执法实践的新情况，因为一个案件中的反垄断行为往往同时包含了价格因素与非价格因素，从而导致案件管辖的划分困难。此外，多部门的反垄断执法所导致的执法标准不统一，也影响了反垄断执法的效率和权威。

2018年3月13日，国务院向第十三届全国人民代表大会第一次会议提请审议国务院机构改革方案的议案。根据该方案，国务院将组建国家市场监督管理总局，结束反垄断执法"三驾马车"并行局面。国家市场监督管理总局作为国务院直属机构，总揽反垄断执法之职责，如表6-3所示。其中，国务院反垄断委员会将继续保留，具体工作由国家市场监督管理总局承担。统一的反垄断执法机构具有更高的独立性和权威性，有利于组建更为高效的反垄断执法队伍，统一反垄断执法标准，满足反垄断执法的专业性需求，提高执法效率。

表6-3　反垄断执法机构（2018年至2021年11月）

	国务院
"1"	国家市场监督管理总局
"1"	市场反垄断局
主要职能	市场支配地位、垄断协议、行政垄断行为、经营者集中

自2020年底中央经济工作会议明确将"强化反垄断和防止资本无序扩张"作为重点任务以来，2021年中国反垄断执法工作一路高歌猛进，进入反垄断"强监管时代"。2021年11月18日，在国家市场监督管理总局办公大楼，"国家反垄断局"正式挂牌，意味着国家反垄断局正式成立。国家反垄断局的设立彰显着我国反垄断行政监管力量的充实，顺应了加强反垄断监管的时代浪潮。

如表6-4所示，原反垄断局扩充为三个司，即竞争政策协调司、反垄断执法一司和反垄断执法二司。在职能方面，竞争政策协调司负责统筹推进竞争政策实施，负责反垄断综合协调工作；指导地方开展反垄断工作；牵头拟订反垄断制度措施和指南；组织实施公平竞争审查制度；负责滥用行政权力排除、限制竞争反垄断执法工作；承担反垄断案件内部法制审核工作；承担国务院反垄断委员会日常工作。反垄断执法一司和反垄断执法二司的办案属性更强。其中，一司主要负责查处及指导、组织协调地方查处垄断协议、滥用市场支配地位案件；二司主要负责审查经营者集中案件及查处违法实施集中案件等。

　　国家反垄断局的设立，标志着中国反垄断事业要进入一个新的发展阶段，体现了国家对反垄断机制的进一步完善，有利于加快建立全方位、多层次、立体化的反垄断监管体系，实现事前事中事后全链条全领域监管，以高效监管促进高质量经济发展。

表 6-4　反垄断执法机构（2021 年 11 月至今）

	国务院		
"1"	国家市场监督管理总局		
"1"	国家反垄断局		
"3"	竞争政策协调司	反垄断执法一司	反垄断执法二司
主要职能	行政垄断行为、拟定反垄断竞争政策、其他综合事务	垄断协议、滥用市场支配地位	经营者集中

（四）小　结

　　当前我国市场经济持续增长，反垄断案件不断呈现出复杂化的趋势，对反垄断违法行为的分析和判断，需要考虑经济学和行业特点，强调综合研判与合理分析相结合。可以预见，国有企业的反垄断合规将不断面临新的挑战。

　　反垄断法作为规范国家经济秩序和市场竞争秩序的基本法律制度，被誉为市场经济中的"经济宪法"。为充分落实党中央有关"强化反垄断和防止资本无序扩张"的决策部署，我国反垄断法坚持问题导向和目标导向，在改革中加速出台新政背景下的中国方案。随着《反垄断法2022》的出台，国有企业的反垄断违法成本以倍数增长的方式大幅提高，国有企业的合规管理者更应当在日常经营和管理活动中高度重视反垄断合规，及时关注、评估所在行业的业态发展和商业模式，加强反垄断合规组织架构建设，持续跟进反垄断相关政策的理论与实践学习，对国有企业开展的业务行为做好跟踪监测评估。

二、反垄断合规的底层逻辑

竞争是市场经济的根本性特征。在市场充分竞争的压力下，企业会自发地提高自身效率、提升创新能力，并改善经营管理成本。消费者因此能够以更合理的价格，享受到优质的产品和服务，并获得更多的消费选择。垄断行为是损害市场竞争的具体表现。对此，如何有效预防和制止垄断行为，维护公平竞争的市场环境，充分发挥市场在资源配置中的决定性作用，是反垄断法之根本目的。

正如《反垄断法2022》第一条开宗明义地指出："为了预防和制止垄断行为，保护市场公平竞争，鼓励创新，提高经济运行效率，维护消费者利益和社会公共利益，促进社会主义市场经济健康发展，制定本法。"概言之，反垄断法的根本目标在于保护市场竞争，并以此促进企业经营活动的创新，维护竞争者和消费者的利益。

基于此，国有企业在进行反垄断合规时应主要关注相关行为是否对市场竞争造成损害。其中，竞争损害理论是判断一个行为是否产生反竞争效果的有效工具。竞争损害理论以经济学原理为基础，阐释了一个行为产生反竞争效果的基本逻辑，有效地契合着反垄断法合规的底层逻辑。

竞争损害理论认为，当一个行为具有反竞争效果时，反垄断法才能予以规制。其中，反竞争效果是指在一个存在竞争的市场中，某一竞争行为具有排除、限制市场竞争的效果，从而减损了市场配置效率和消费者福利。因此，竞争损害并不是对某一经营者造成的损害，而是对经营者所在的相关市场造成的损害。

由于竞争损害理论的建构以经济学对市场竞争的理解为基础，经营者提升价格的能力是评估竞争损害的重要指标。根据经济学原理，经营者提升价格的能力与市场竞争具有直接的关联。在完全竞争的市场中，产品的价格等于边际成本，市场配置的效率和消费者福利处于最大化。此时，经营者不具有提升产品价格的能力，因为在该市场中一旦提升产品价格，将会促使消费者向市场中的其他竞争者处流动，从而导致产品销量的减少，不仅未能获得更高的利润，还具有减损利润的风险。换言之，在该市场中，竞争对手之间具有紧密的替代性，因提价所导致的销量转移会约束经营者的提价能力。[①]与之相反，若某些经营者存在限制、排除竞争效果的行为，该经营者因损害竞争而增强了提升价格的能力，此时产品的价格可能会远超边际成本，从而损害市场资源配置效率和消费者福利。

在反垄断合规的实践中，国有企业应当关注以下两类具有反竞争效果的行为。第一类是经营者联合竞争对手，共同从事某种行为，从而导致产品价格的提升，比如横向垄断协议。第二类是经营者封锁竞争对手，促使竞争对手的产品销量均转移至自己的市场之中，最终导致产品价格的提升，滥用市场支配地位是该类典型情形之一。

综上所述，国有企业的反垄断合规应当关注"竞争损害"这一核心要件。从竞争损害理论把握反垄断合规的底层逻辑，有利于国有企业有效地识别经营活动中的反垄断行为，精准地评估国有企业发展过程中面临的反垄断违法风险，从而全面充分地应对相关业务行为中的潜在风险。

三、反垄断合规组织架构

反垄断组织架构的体系化是有效防控反垄断合规风险的重要基础，助力国有企业充分落实反垄断合规的相关工作。因此，国有企业应当完善反垄断合规管理机构的相关条款，并根据自身情况搭建反垄断合规组织架构。具体来说，市场份额占比高、经营规模较大的企业具有较高的反垄断风险，对此，国有企业应当设置专门的反垄断法领域合规部门。

（一）反垄断合规管理制度构建应遵循PDCA的循环理念

垄断合规制度的建立是反垄断合规工作体系化的重要一环，明确清晰

[①]宁度：《版权拒绝许可的反垄断法规制》，《中国版权》2021年第19期，第36—40页。

的制度落实有助于规范企业经营管理行为，降低员工从事违法风险行为的可能性，从而助力企业在市场中树立良好的经营者形象。因此，国有企业应当重视反垄断合规制度的建立和执行，降低企业经营管理风险。

参照国务院反垄断委员会2021年2月7日发布的《关于平台经济领域的反垄断指南》（国反垄发〔2021〕1号，以下简称《平台指南》），国有企业应构建一套合理的反垄断合规制度，严格遵循PDCA的循环理念，主要包括计划（Plan）、运行（Do）、评价（Check）及改进（Action）四个环节。

1.计划（Plan）

国有企业在计划阶段应当明确其反垄断合规的目标，并以该目标为基点，形成相应的人员组织架构和支持保障制度。系统性计划设计包括明确规划未来行动、评估持有资源、确定目标执行者、制定执行后的评估体系。

2.运行（Do）

国有企业应当将反垄断合规制度落实于企业的日常经营管理活动之中。第一，国有企业应当做好反垄断风险识别；第二，搭建国有企业内部的风险控制机制，建立内部举报、开展内部调查、配合外部调查等机制，从而使得国有企业能够及时发现问题，并快速应对困境。

3.评价（Check）

国有企业应当制订内部和外部的评价制度。在内部评估方面，国有企业应当合理地制订评估范围、流程、标准，形成详细的评估报告，并及时对相关文件归档；在外部评估方面，国有企业应当邀请第三评估机构以独立、客观为目标，对国有企业的合规管理制度是否完善进行审查，并且对国有企业内部运行可能存在的风险行为予以审查。

4.改进（Action）

国有企业应当落实评估结果，及时对反垄断合规管理机制所存在的现有问题予以改进。改进是对反垄断合规管理制度适宜性、充分性及有效性的推动。面对不合格的评估结果，国有企业内部应当为其确定不合格的原因，并采取相应的纠正措施，以确保改进的可行性。在采取改进措施后，国有企业需要对已存的反垄断合规管理机制进行复评。

（二）搭建全方位的反垄断合规人员组织架构

1.反垄断合规管理部门是企业反垄断合规的中心部门

根据国务院发布的《经营者反垄断合规指南》第十条[①]，反垄断合规管理部门的主要职责主要包括制定和执行反垄断合规制度两方面。在制度构建层面，第一，反垄断合规管理部门应当及时关注反垄断法的发展动态，加强对国内外反垄断法的各项研究，及时为有关部门提供反垄断法的合规建议。第二，反垄断合规管理部门应当根据国有企业的合规战略目标和规划，制定国有企业内部的反垄断合规管理办法，结合企业的业务内容落实企业内部的反垄断合规管理和流程。在制度执行层面，第一，反垄断合规管理部门应当定期监督、审核、评估企业经营管理和业务行为的合规性，并形成有效的反馈、改进机制，及时采取对应措施纠正不合规的经营行为，并对违规人员进行责任追究或者提出处理建议。第二，反垄断合规管理部门协助相关部门为员工开展反垄断合规培训，并为相关部门提供反垄断合规咨询。第三，反垄断合规管理部门应建立合规汇报和记录台账，为反垄断合规举报制定调查方案并开展调查，将合规责任落实至企业岗位职责之中，形成员工绩效考核评价机制。第四，反垄断合规管理部门在应对反垄断风险事件时应采取恰当的控制和补救措施，积极配合执法机构开展调查，并及时制定和推动实施整改措施。

[①]《经营者反垄断合规指南》第十条规定，反垄断合规管理部门和合规管理人员一般履行以下职责：（1）加强对国内外反垄断法相关规定的研究，推动完善合规管理制度，明确经营者合规管理战略目标和规划等，保障经营者依法开展生产经营活动；（2）制定经营者内部合规管理办法，明确合规管理要求和流程，督促各部门贯彻落实，确保合规要求融入各项业务领域；（3）组织开展合规检查，监督、审核、评估经营者及员工经营活动和业务行为的合规性，及时制止并纠正不合规的经营行为，对违规人员进行责任追究或者提出处理建议；（4）组织或者协助业务部门、人事部门开展反垄断合规教育培训，为业务部门和员工提供反垄断合规咨询；（5）建立反垄断合规报告和记录台账，组织或者协助业务部门、人事部门将合规责任纳入岗位职责和员工绩效考评体系，建立合规绩效指标；（6）妥善应对反垄断合规风险事件，组织协调资源配合反垄断执法机构进行调查并及时制定和推动实施整改措施；（7）其他与经营者反垄断合规有关的工作。鼓励经营者为反垄断合规管理部门和合规管理人员履行职责提供必要的资源和保障。

2.不同级别的岗位人员应当承担相应的反垄断合规任务

根据不同岗位针对性地分配反垄断合规任务能够提高反垄断合规制度的执行效率，提高企业经营管理水平。

最高管理者应当从宏观层面把握反垄断合规管理要求，确保反垄断合规目标与公司战略方向保持一致；确保相关资源、具体合规要求、考核与奖惩机制的顺利配置实施；持续推进反垄断合规目标的实现与反垄断合规管理工作的进行等。此外，由于我国反垄断法执法力度的不断加强，国有企业应充分落实管理层承诺制度，要求董监高等最高管理层能以书面形式作出反垄断合规的个人承诺。管理层承诺制度能够促使最高管理层充分了解中国的反垄断法，精准判断排除、限制竞争效果，以及对国有企业所从事的可能构成反垄断违法的相关经营行为予以严加管控。企业最高层的反垄断个人承诺书系企业反垄断合规的指导方针和总领思想，反映出企业有做好反垄断合规的决心并乐意为此调配充足资源的意愿。[①]

中高层管理者应当在反垄断合规管理工作中起配合和支持作用，协助开展对反垄断合规风险的评估等。同时，持续推进其分管领域内的员工遵守相关反垄断合规要求，鼓励员工对可能违规的事项进行内部举报等。员工应当遵守反垄断合规管理要求，积极参加反垄断合规培训，以此充分了解自身岗位的反垄断合规要求，对违反要求的后果进行内部举报，必要时提请开展风险评估机制等。

（三）建构体系化的反垄断合规制度

1.汇报机制

汇报机制包括对内汇报和对外汇报。对外汇报是指国有企业经营者应当积极向反垄断执法机构书面报告国有企业竞争合规制度的建立情况及制度执行的实际效果。尤其当国有企业接受反垄断机构的调查时，有效的合规制度建构及执行能够减轻对企业给予的行政处罚。对内汇报是指国有企业在日常经营活动中要及时向国有企业内部的决策和管理机构汇报企业反垄断合规的运行情况，并要求相关机构给出相应的建议。通过内外汇报机

---

① 曹志龙：《企业合规管理：操作指引与案例解析》，中国法制出版社2021年版，第266页。

制的联动，促进反垄断执法机构与国有企业之间的合作，形成良性的行业反垄断合规动态的沟通渠道。

2.审核机制

审查机制是指国有企业在面对重大经营决策，与竞争对手或潜在竞争对手签署相关重要协议或进行商业合作时，应当由企业反垄断合规部门、法务部等相关部门予以严格审查。尤其需要重视国有企业与经销商等其他合作者所签订的模板协议，相关经营管理策略的变更会直接或间接地影响经营管理模式，因此要尤其注意反垄断审查。此外，其他的日常经营行为应当结合反垄断法的相关规定，对较高风险的行为予以审查。

3.咨询机制

经营者在反垄断合规管理机制中建立相应的咨询机制，制度设计主要分为三个部分，包括内部咨询、向外部专家咨询及向执法机构咨询。第一，内部咨询主要是指国有企业的决策和管理部门的相关人员在从事经营业务或管理活动时可以就相关问题向国有企业内部所设置的反垄断合规部门、法务部门予以咨询。第二，向外部专家咨询主要是指向从事反垄断相关业务、具有专业知识的律师询问国有企业经营管理中所遇到的问题。第三，向执法机构咨询是指对于复杂且专业性较强，且具有重大反垄断风险的事项，国有企业可以以集中申报的形式将不确定的事宜向反垄断执法机构予以反馈，申请以商谈的形式，由官方权威机构对相关问题予以解答。

4.文件保管机制

在反垄断执法调查中，完整、有效的文件是认定国有企业是否从事反垄断行为的重要证据材料。因此，国有企业应当规范文件制作过程中的形式要求，制定明确的文件保管机制、企业材料归档流程及企业存档文件清单，定期审查企业对文件材料的保管落实情况。尤其要注意保存能够证明企业行为具有正当性的事实证据和材料。此外，国有企业应当设立相关的培训机制，确保员工知晓销毁文件和妨碍反垄断执法的严重后果，确保文件保存的完整性和有效性。

5.考核机制

将反垄断合规的责任落实到员工的考核评价体系之中，能够切实提高国有企业内部对涉及反垄断违法行为的评估和审查。考核机制并不局限于对违反反垄断法行为的处罚，也包括对知情不报员工的处罚；不局限于向反垄断合规负责人举报后的员工奖励，也包括对这些"吹哨人"的匿名保护及防止报复机制。[①]

6.反垄断合规培训及内部合规指南

反垄断培训能够帮助员工对反垄断法律法规、违法行为、其法律责任及应对措施有充分的了解，提升员工的反垄断合规意识，促进国有企业构建良好的合规文化秩序。反垄断合规培训内容包括对企业具体业务模式的介绍和主要风险点的指引。[②]在培训过程中，国有企业应当与员工形成有效互动，收集员工在执行企业经营管理业务中的意见反馈，从而助力制定更具针对性和实操性的员工反垄断合规指南。此外，需要注意的，随着反垄断法规政策的相继出台，国有企业对反垄断合规培训也要随之持续推进，定期为员工开展培训。

---

① 曹志龙：《企业合规管理：操作指引与案例解析》，中国法制出版社2021年版，第268页。
② 曹志龙：《企业合规管理：操作指引与案例解析》，中国法制出版社2021年版，第269页。

第二节 滥用市场支配地位合规审查

一、滥用市场支配地位合规风险概述

经营者提高价格的能力是反馈竞争是否受损的关键指标。[1]反垄断法之所以规制滥用市场支配地位，是由于该类行为将最终导致产品价格被提升到竞争水平之上，产生排斥性反竞争效果，从而损害市场资源的有效配置与消费福利。

由于市场支配地位本质上是经营者"提价能力"的一种表现形式，滥用市场支配地位是指经营者不当利用其"提价能力"，实施了排除、限制竞争效果的行为。一般来说，滥用市场支配地位的行为表现是经营者利用其在市场中所具有的支配地位，封锁竞争对手的方式，使竞争对手的产品销量均转移至自己的市场之中，最终将产品价格提升到竞争性水平之上。由此可见，经营者实施了滥用市场支配地位的行为仅是认定垄断行为的前提条件，经营者所实施的行为是否实际封锁了竞争对手们，从而导致了产品价格的提高才是滥用市场支配地位的本质特征。

在执法实践中，对滥用市场支配地位的考察需要结合行业特点，从以下五个方面进行综合复杂的分析：第一，界定相关市场；第二，认定市场支配地位；第三，分析经营者是否实施了滥用市场支配地位之行为；第四，分析相关行为是否或可能具有排除、限制竞争的效果；第五，经营者所提出的抗辩事由是否成立。

---

[1]宁度：《版权拒绝许可的反垄断法规制》，《中国版权》2021年第19期，第36—40页。

概言之，经营者的"提价能力"与"提价行为"是界定该行为的核心要素。

对此，具有市场支配地位的国有企业需关注其经营活动是否具有损害竞争的风险，其中，及时评估相关经营活动对产品价格的影响是预估反垄断风险的关键。

本节将结合法条和典型案例围绕滥用市场支配地位的合规展开详细论述，一方面，通过分析市场支配地位、滥用行为和竞争损害效果的判断标准，来厘清滥用市场支配地位的行为边界；另一方面，把握"正当理由"条款的具体情况，探寻国有企业滥用市场支配地位的抗辩空间。

二、滥用市场支配地位认定中的合规风险

（一）相关市场的界定

相关市场是指经营者在一定时期内就特定商品或者服务进行竞争的商品范围和地域范围。相关市场可以分为相关商品市场与相关地域市场。相关商品市场是根据商品的特性、用途及价格等因素，由需求者认为具有较为紧密替代关系的一组或一类商品所构成的市场。相关地域市场，是指需求者获取具有较为紧密替代关系的商品的地理区域。

1.需求、供给替代分析是对相关市场的定性分析

在界定相关市场时，需求替代分析是反垄断执法机关经常使用的工具。国有企业需关注企业所在地市场经济的特点，从需求端和供给端进行替代性分析。

需求替代分析是指从需求者的角度确定不同商品之间的替代程度。根据国务院反垄断委员会2009年7月发布的《关于相关市场界定的指南》（国反垄发〔2009〕3号，以下简称《相关市场界定指南》）第五条，"需求替代是根据需求者对商品功能用途的需求、质量的认可、价格的接受以及获取的难易程度等因素。原则上，从需求者角度来看，商品之间的替代程度越高，竞争关系就越强，就越可能属于同一相关场"。供给替代分析从经营者的角度确定不同商品之间的替代程度。根据《相关市场界定指南》第

六条，"供给替代是根据其他经营者改造生产设施的投入、承担的风险、进入目标市场的时间等因素。原则上，其他经营者生产设施改造的投入越少，承担的额外风险越小，提供紧密替代商品越迅速，则供给替代程度就越高，界定相关市场尤其在识别相关市场参与者时就应考虑供给替代"。

界定相关商品市场与相关地域市场所考虑的需求和供给替代因素并不相同。在界定相关商品市场和相关地域市场时，应分别参照《相关市场界定指南》第八条和第九条所罗列的因素进行具体分析。需要注意的，国有企业的合规管理者应充分认识到界定相关市场的不确定性，相关市场的考量因素需要结合个案的情况有所侧重。因此，国有企业在从事相应的经营活动时，应适当留出"安全距离"，并做好跟踪监测评估。

2.假定垄断者测试是对相关市场的定量分析

经营者的"提价能力"决定了其在相关市场的地位，根据这一原理，传统的相关市场界定采用的是假定垄断者测试法。根据《相关市场界定指南》第十一条，假定垄断者测试是通过模拟销售条件及目标商品价格的涨幅，测量商品或地域的需求替代关系，以此来界定相关商品市场和相关地域市场。国有企业可以借助这一经济学工具分析相关数据，确定假定垄断者可以将价格维持在高于竞争价格水平的最小商品集合和地域范围。

3.平台领域的相关市场界定具有特殊性

首先，平台服务市场具有双边或多边市场的特征，呈现出跨边网络效应。平台服务对一类用户的价值很大程度上取决于平台另一类用户的规模，此时双边用户（即经营者和消费者）对网络零售平台服务的需求具有紧密关联，需要从多边进行需求替代分析。以网络餐饮外卖平台服务为例，执法机关在进行反垄断执法时，分别从服务餐饮经营者和消费者这两个角度，论证涉案产品的相关市场。

其次，反垄断执法机关更倾向于根据消费者行为而非是产品价格变动对需求替代关系的影响来界定平台服务领域的相关市场。由于平台内消费者所使用的大多数产品是"免费"的，消费者在选择平台服务时对价格的敏感程度相对较低，依据价格调控分析需求的假定垄断者测试法在该市场不再具有适用性。因此，反垄断执法机关更倾向于从消费者的消费方式、选择偏好等方面把握平台服务满足消费者的基本属性，并结合交易数据进行需求替代分析。

最后，相关领域的界定更关注平台的实质功能。平台的服务功能是多层次的，不仅包括线上服务，还可能包括线下服务，市场的多维性使平台服务的相关市场界定具有一定的不确定。根据过往的执法实践，就以算法技术实现的线上业务来说，一般不受地域因素的限制，如外卖配送等线下业务则会受到地域限制。反垄断执法不仅会关注平台实质功能和业务范围，比如是否是从全国层面制定重大策略、开展竞争的，而且也会关注业务所在地的地域特点，考虑是否需要进行市场的细分。

4.小　结

综上，相关市场的范畴决定了国有企业在多大程度上能够利用其市场支配地位从事相关的经营活动。因此，在作出经营决策之前，国有企业有必要结合不同行业市场经济的特点，运用客观、真实的数据，对相关市场予以界定，预估其在市场中的地位。

（二）市场支配地位的认定

市场支配地位是对经营者市场力量的描述。根据《反垄断法2022》第二十二条第三款，"市场支配地位"是指"经营者在相关市场内具有能够控制商品价格、数量或者其他交易条件，或者能够阻碍、影响其他经营者进入相关市场能力的市场地位"。依据该表述，市场支配地位被界定为两种能力：一是控制商品价格、数量或者其他交易条件的能力；二是阻碍、影响其他经营者进入相关市场的能力。前者所关注的是经营者在竞争市场中的提价能力，后者则强调的是潜在竞争者进入市场的难易程度。两者满足其一即可。

关于"市场支配地位"的认定，《反垄断法2022》第二十三条和第二十四条分别从定性分析和定量分析的角度规定了认定市场支配地位的考量因素，以及以特定市场份额推定"市场支配地位"的标准。

1.定性分析

市场支配地位的定性分析不仅要关注相关市场的市场结构，还要考量企业自身特点。就前者而言，反垄断执法机关会根据国有企业在该行业的市场份额考虑，同时也关注相关市场的进入难度。具体来说，反垄断局需要考虑进入相关市场的成本，以及市场的竞争状况，并结合行业经济的特点分析新进入者达到临界规模的难度。就后者而言，反垄断局会关注以下因素，包括：（1）经营者控制销售市场或原材料采购市场的能力，对该能力的考察涉及产业链上下游市场、销售渠道、交易条件等多个方面；（2）经营者的财力和技术条件，其中包括经营者的资产规模、盈利能力、技术创新和应用能力等因素；（3）其他经营者对该经营者在交易上的依赖程度，可以考虑其他经营者与该经营者之间的交易情况、在合理时间内转向其他交易相对人的难易程度等因素。

2.定量分析

在具体的案件中，当反垄断执法机关能够收集到较为充足的数据时，还会依据相关数据对企业的市场份额进行定量分析，考量HHI指数（赫芬达尔—赫希曼指数）和CR2指数（市场集中度指数）。比如在平台领域，反垄断机关会根据数据量和数据处理情况考察对平台市场支配地位的影响。

3.平台市场支配地位认定的特殊性

一方面，平台具有较强的网络效应，庞大的用户群体和较强的用户黏性使得规模较大的平台服务商具有天然的优势，达到临界规模成为平台进入市场的必要条件，因此，新进入者进入相关市场的门槛较高。另一方面，平台经济具有较强的外延性，往往涉及多边市场。对新进入者来说，其若想成为潜在的竞争者，必须要在多边市场上均达到临界规模的数量，才能形成循环正反馈，从而有效进入市场，这加大了进入市场的难度。与之对应，一边市场所形成的封锁效应会延及另一市场，以网络餐饮外卖平台为例，用户黏性的增强会变相地加强平台内经营者对平台的依赖程度。对此，反垄断局在对认定平台的市场支配地位时，不仅关注行为所涉及的相关市场，还会分析企业对关联市场的布局情况。

4.小　结

综上所述，反垄断执法机关会从定性和定量的两个角度考察企业的市场支配地位。因此，在日常经营管理活动中，国有企业的合规管理者需依据执法机关的认定思路，注意保留能够证明企业不具有市场支配地位的相关证据。

（三）滥用市场支配地位的行为具有多样性

如上文所述，"市场支配地位"本质上是指企业具备一定的提价能力，企业具有市场支配地位并不违法，只要企业能够以不损害竞争的合理方式在市场竞争中开展商业活动。滥用市场支配地位，是指具有市场支配地位的经营者，不当利用其所具有的提价能力，在相关市场中从事限制、排除竞争的行为，产生了损害竞争的后果。

区分正常运用市场力量的行为与滥用市场支配地位的行为具有一定的难度，因此要借助法律规定的立法表述对行为要件予以分析。《反垄断法2022》第二十二条规定了六种典型的滥用市场支配地位的情形，并增加了以下条款："具有市场支配地位的经营者利用数据和算法、技术以及平台规则等设置障碍，对其他经营者进行不合理性限制的，属于滥用市场支配地位的行为。"这一条款的增加确认了《平台指南》中对相关条款的法律基础，反映出平台经济领域在未来可预见的时间内仍然是反垄断执法的重点领域，尤其强调了利用数据、算法、技术及平台规则行为在分析滥用市场支配地位中的意义。以下将结合典型案例对各类具体行为进行逐一分析，并结合平台经济的特点，考察平台领域滥用市场支配地位的重点行为，以帮助国有企业有效识别经营活动中的反垄断合规风险。

1.以不公平的高价销售商品或者以不公平的低价购买商品

以不公平的交易价格销售或者购买商品是典型的垄断剥削行为。规制该类行为的关键点不在于价格"高多少"或者"低多少"，而在于是否"不公平"，即企业是否将产品的价格提升到竞争价格之上，从而导致了竞争损害后果。在执法实践中，价格比较的方法是认定经营者是否实施该行为的关键，其中主要关注两个方面，一是经营者价格变化是否明显，二是价格变化是否公平。

【司法案例】

2021年11月17日，上海市场监督管理局对南京宁卫医药有限公司（以下简称南卫公司）所实施的以不公平的高价销售氯解磷定原料药、附加不合理交易条件的行为进行了行政处罚，罚款数额高达658万元。[①]

案情简介：旭东海普与南卫公司曾多次商谈采购氯解磷定原料药。经多轮协商，2018年3月，双方签订《氯解磷定原料药采购供应协议书》，约定在4年内旭东海普向南卫公司采购氯解磷定原料药的价格。但协议签订后不久，2019年初，南卫公司要求修改与旭东海普的供货合同，与旭东海普重新签订《氯解磷定原料药采购供应及生产技术合作协议书》，上调氯解磷定原料药的销售单价，同时调整了其他交易条件。

执法要点："不公平的交易价格"应进行横向与纵向的价格比较，考察相关市场中同类商品的定价情况及历史价格。本案中，执法机关对比了南卫公司修改协议书前后的加价情况及其过往销售氯解磷定原料药的历史价格，从加价情况看，南卫公司的销售价格是进价的5到10倍；从历史价格比较看，南卫公司在2018年至2019年销售该原料药的价格是2014年12月的26.09—52.17倍。最终，认定南卫公司销售氯解磷定原料药的价格明显不公平。

风险预警：国有企业在从事相关的经营活动前，应充分了解相关市场的实际交易情况，考察销售商品的市场定价及历史价格，注意留出适度的安全距离，从而防止将商品价格提高到竞争性水平之上。

2.以低于成本的价格销售商品

"以低于成本的价格销售商品"又被称为"掠夺性定价"，该类行为一般分为两个阶段，第一阶段，经营者以低价销售商品，从而吸引竞争对手的客户或阻碍潜在竞争对手进行市场，但低价只是暂时的。当经营者占据市场垄断地位、排除市场竞争后，即进入了第二阶段。经营者将大规模提升商品价格，使其高于竞争性水平之上，最终损害消费者的利益。根据2022年6月国家市场监督管理总局发布的《禁止滥用市场支配地位行为规定

[①] 上海市市场监督管理局行政处罚决定书（沪市监反垄处〔2021〕3220190101511号）。

（征求意见稿）》第十四条第二款，认定该行为的关键是在于如何界定平均可变成本。平均可变成本是指随着生产的商品数量变化而变动的每单位成本。其中在涉及平台经济领域的免费模式时，应当综合考虑经营者提供的免费商品及相关收费商品等情况。

3.拒绝与交易相对人进行交易

在一般的商品交易领域，当事人可以根据意思自治的原则选择相应的交易相对方，法律一般不予介入，不干涉当事人的交易自由。当某一经营者在其相关市场中具有较大的市场份额时，消费者难以从其他渠道获得该经营者所提供的产品或替代品时，消费者只能选择与该经营者进行交易。此时，具有市场支配地位的经营者无正当理由，不能基于意思自治形式拒绝交易，否则可能会构成滥用市场支配地位。

《禁止滥用市场支配地位行为规定（征求意见稿）》第十六条对执法实践进行了总结，从四个角度列举了拒绝交易的情形：一是拒绝现有交易，经营者实质性削减与交易相对人的现有交易数量，或拖延、中断与交易相对人的现有交易；二是拒绝新的交易，经营者与交易相对人此前有过交易，但拒绝开展新的交易；三是变相拒绝交易，经营者虽然不直接拒绝与交易相对人进行交易，但设置限制性条件，导致交易相对人难以与其进行交易；四是拒绝提供必要设施，该经营者拥有必需设施，而必需设施是交易相对人参与市场竞争的基础条件，如果该经营者拒绝其他经营者以合理条件适用其必需设施，也构成拒绝交易。

【司法案例】

2021年1月22日，国家市场监督管理总局对先声药业集团有限公司（以下简称先声药业）所实施的拒绝与交易相对人进行交易的行为进行行政处罚，罚款数额高达1亿元。[①]

案情简介：先声药业在中国巴曲酶原料药销售市场具有市场支配地位，中国境内生产巴曲酶注射液的企业仅有北京托毕西制药有限公司（以下简称下游制剂企业）一家，同时先声药业也正在研发巴曲酶注射液，是

①国家市场监督管理总局行政处罚决定书（国市监处〔2021〕1号）。

巴曲酶注射液市场的潜在进入者。2019年11月以来，下游制剂企业多次通过邮件、信函、口头等形式向先声药业进行询价，希望购买巴曲酶原料药，先声药业以下游制剂企业面临众多诉讼、债务负担沉重、曾被纳入失信被执行人、需要面谈等为由，始终不予报价。为获得原料药供应，自2020年2月起，下游制剂企业法定代表人等多次与先声药业相关负责人进行面谈，先声药业提出希望收购下游制剂企业股权，将巴曲酶原料药的供应作为股权谈判的一部分，不单独销售巴曲酶原料药。此后，先声药业一直未向下游制剂企业报价和供应巴曲酶原料药，导致下游制剂企业于2020年6月起停产，巴曲酶注射液不能稳定供应。先声药业根据从客观原因、交易人具有不良信用记录、与交易相对人进行交易将使其利益发生不当减损三个方面提出抗辩。

执法要点：先声药业所提出的抗辩理由均未能成立。首先，先声药业处于自主研发的早期阶段，对巴曲酶原料药的使用量较小，不影响对外销售。先声药业即使没有库存，也可以向DSM Pentapharm下订单采购，并最终交付采购方。DSM Pentapharm的库存压力较大，迫切希望能够出售巴曲酶原料药，所以并未妨碍当事人对外销售原料药。其次，交易安全、商业纠纷并非先声药业拒绝向下游制剂企业销售巴曲酶原料药的真实原因。一方面，先声药业知晓下游制剂企业实际控制人已发生变更，诉讼逐步解决，且已不在失信人名单；另一方面，上述仲裁已于2020年3月结束，此后先声药业仍未向下游制剂企业提供报价。最后，先声药业知晓下游制剂企业巴曲酶原料药库存将于2020年上半年用尽，采购原料药是为维持制剂生产。先声药业掌控巴曲酶原料药货源、拒绝向下游制剂企业出售，是为了将原料药的销售作为股权谈判的筹码，实现收购下游制剂企业股权的目的，以便于进入巴曲酶注射液市场。此外，由于巴曲酶注射液在治疗突发性聋时具有重要作用及其不可被其他药物完全替代，发生断供后影响相关疾病的治疗。最终，执法机关认定先声药业的拒绝交易行为不仅排除了中国巴曲酶注射液市场的竞争，还严重损害了消费者利益，构成滥用市场支配地位之情形。

风险预警：对拒绝交易的限制较为普遍地出现在市场集中程度较高的寡头垄断市场，而本案中的原药料市场就是典型的代表。由于原料药市场具有较高的市场进入壁垒，原料药生产企业面临良好生产规范GMP认证与逐年提高成本的要求，部分特定小品类原料药市场中生产企业数量较少。大多数原料药企业都具有寡头垄断的市场力量。

此外，由于原料药和制剂之间存在生产条件上的供需关系，无原料药则无制剂。因此，原料药经营者几乎掌控了制剂企业的存续、产量、价格等关系市场存活与营利的决定性因素，制剂企业对原料药的天然依赖性使得原料药经营者具备了极强的"提价能力"，该类企业极易利用其所具有的市场优势地位实施垄断行为。对此，国家屡次出台相关文件[①]以加强对原料药市场垄断行为的关注和审查，以期推动我国原料药和成品药市场高质量发展。

由此可见，从事原料药生产和供应的国有企业极易被推定为具有市场支配地位，潜在的反垄断合规风险较为突出，加之《反垄断法2022》生效后显著提升的违法成本及不断加强的执法趋势，国有企业的合规管理者应当尤其重视反垄断合规工作，通过制定和完善企业合规政策体系和文本制度、开展反垄断合规培训和日常咨询等方式加强企业合规建设工作，及时把控相关经营行为的反垄断合规风险。

4.限定交易相对人只能与其或其指定的经营者进行交易

限定交易即排他性交易。除直接限定外，限定交易还可能体现为各种间接的利诱、胁迫等方式，如通过忠诚折扣等方式进行变相限定。《禁止滥用市场支配地位行为（征求意见稿）》第十七条规定了三种限定交易的情形：一是限定只与其自身进行交易，具有市场支配地位的经营者运用其

---

① 2017年，国家发展和改革委员会根据中共中央、国务院发布的《关于推进价格机制改革的若干意见》（中发〔2015〕28号），制定《短缺药品和原料药经营者价格行为指南》，要求短缺药品和原料药经营者遵循诚实信用、公平竞争的原则依法开展经营活动。2019年10月，国务院办公厅印发《关于进一步做好短缺药品保供稳价工作的意见》，要求加大对原料药垄断等违法行为的执法力度，以最严的标准依法查处原料药和制剂领域垄断、价格违法等行为。2020年7月，国务院办公厅印发《深化医药卫生体制改革2020年下半年重点工作任务》，提出"加大对原料药、进口药等垄断违法行为的执法力度"。2020年10月，国家市场监督管理总局发布《关于原料药领域的反垄断指南（征求意见稿）》向社会公开征求意见。2021年1月，中共中央办公厅、国务院办公厅印发《建设高标准市场体系行动方案》，提出坚决反对垄断和不正当竞争行为，并特别指出要制定原料药等专项领域反垄断指南。

市场力量，限定交易相对人只能与其进行交易，剥夺了交易相对人的选择权和竞争对手的交易机会，排除、限制了其他经营者的竞争。二是限定与特定经营者进行交易，具有市场支配地位的经营者要求交易相对人只能与其所指定的经营者进行交易，导致该指定的经营者不当获得了竞争优势，从而影响了其他经营者有效参与市场竞争，损害市场的公平竞争。三是限定不得与特定经营者进行交易，该行为不仅会影响交易相对人的交易选择，也以间接的方式剥夺了特定经营者的交易机会，将其排挤出竞争市场。

【司法案例】

2021年11月17日，江苏省市场监督管理局对宜兴港华燃气有限公司（以下简称宜港燃气公司）所实施的以不公平高价销售商品，无正当理由限定交易相对人只能与其进行交易，以及无正当理由在交易时附加其他不合理条件的行为进行行政处罚，罚款数额高4000余万元。[①]

案情简介：管道燃气行业属于具有普遍服务属性的公用事业领域，宜港燃气公司拥有宜兴市管道天然气供应的独家经营权。在推行高污染燃料锅炉或者燃煤工业窑炉整治中，宜港燃气公司与部分非居民用户所签订的《天然气供用合同》中设定追溯优惠、照付不议条款等惩罚性措施。宜港燃气公司虽按照约定对用户燃气工程及气价给予优惠，同时将优惠气价作为谈判条件，以合同形式明确宜港燃气公司为用户唯一气源或燃料的供应商，从而约束和限制用户改用第三方气源或燃料。

执法要点：具有市场支配的经营者通过合同约定的方式设定追溯优惠、照付不议条款等惩罚性措施的，构成限定交易。宜港燃气公司以合同形式明确其为用户唯一气源或燃料的供应商，并设定追溯优惠或照付不议条款，极大地增加了签约用户的违约责任，从而防止用户向其他潜在的供应商转移。具体来说，宜港燃气公司的合同约定对用户设定了数量强制义务，虽然用户可以选择相关市场上的其他竞争者，但该用户将被追溯已享受的优惠，或者需要按照照付不议条款约定的气量支付气费款，不具有经济合理性，限定交易效果十分明显。最终，执法机关认为宜港燃气公司的

---

① 江苏省市场监督管理局行政处罚决定书（苏市监反垄断案〔2021〕4号）。

行为改变了用户潜在的消费意愿，限制了用户自主选择权，实际上形成对下游用户及其需求的锁定，进一步巩固了宜港燃气公司在管道天然气供应及管道设施安装服务市场的支配地位，构成滥用市场支配地位实施限定交易的行为。

风险预警：通过合同约定的方式设定追溯优惠、照付不议条款等惩罚性措施是较为典型的限定交易情形。公用事业领域的国有企业往往具有天然的垄断地位，在与用户签订相关协议时，应当审查所拟定的格式合同条款是否限定了用户的交易，重点审查是否要求用户承担了过重的违约责任，从而潜在地限制了用户在相关市场的自主选择权。

5.搭售商品，或者在交易时附加其他不合理的交易条件

搭售商品，是指在某一相关市场上具有市场支配地位的经营者以搭售商品的方式给另一相关市场（被搭售商品）带来连锁效应，从而影响该市场的公平竞争。附加不合理的交易条件是指具有市场支配地位的经营者利用其市场力量，在交易时附加不合理的交易条件，从而使处在弱势地位的交易相对人处于不利的境地，影响了交易公平。后者在滥用市场支配地位的行为类型中最为典型。

《禁止滥用市场支配地位行为规定（征求意见稿）》第十七条明确列举了五种典型的搭售与附加不合理交易条件的具体情形：一是违背交易惯例、消费习惯或无视商品的功能，将不同商品捆绑销售或组合销售；二是对合同期限、支付方式、商品的运输及交付方式或者服务的提供方式等附加不合理的限制；三是对商品的销售地域、销售对象、售后服务等附加不合理的限制；四是交易时在价格之外附加不合理费用；五是附加与交易标的无关的交易条件。

6.对条件相同的交易相对人在交易价格等交易条件上实行差别待遇

差别待遇的本质即同等交易的不同人获得了不同待遇，构成差别待遇需要满足两个要件，一是交易相对人"条件相同"；[①]二是交易价格等交易

---

① 《禁止滥用市场支配地位行为规定（征求意见稿）》第十八条对"条件相同"的内涵予以明确，即交易相对人之间在交易安全、交易成本、规模和能力、信用状况、所处交易环节、交易持续时间等方面不存在实质性影响交易的差别。

条件上具有差异。歧视性交易的认定关键在于考虑交易条件与交易成本之间的关系，即交易条件的差异是否能因交易成本的不同来予以补足。如果交易条件的差异不足以支持交易成本的差异，则构成歧视性待遇。

《禁止滥用市场支配地位行为规定（征求意见稿）》第十八条列举了4种差别待遇的具体形式：一是实行不同的交易价格、数量、品种、品质等级；二是实行不同的数量折扣等优惠条件；三是实行不同的付款条件、支付方式；四是实行不同的保修内容和期限、维修内容和时间、零配件供应、技术指导等售后服务条件。

7.国务院反垄断执法机构认定的其他滥用市场支配地位的行为

这是一个兜底条款，即在明确列举的滥用市场支配地位行为之外，国务院反垄断执法机构可能会认定其他滥用市场支配地位行为。需要强调的是，只有国务院反垄断执法机构能够对其他类型的滥用市场支配地位行为予以认定，省级执法部门无此权限。

8.平台领域滥用市场支配地位的主要情形

我国正逐步迈入"反垄断强监管时代"，平台经济领域的发展与反垄断监管一直作为重点内容被予以关注。[1]近期，中央全面深化改革委员会第二十六次会议再次强调，强化平台企业反垄断、反不正当竞争监管，加强平台企业沉淀数据监管，规制大数据杀熟和算法歧视。随着《反垄断法2022》的生效，可以预见平台经济领域仍将是反垄断执法的重点领域。

（1）平台"二选一"行为。平台领域的滥用市场地位行为具有多样性和隐蔽性，反垄断执法机关往往会从行为的内容、目的、正当性等多方面进行综合分析，其中平台"二选一"是我国当前平台领域反垄断执法的关注重点。

平台"二选一"本质上是一种排他性交易，是指平台经营者利用资金、技术、规模等优势，要求平台内经营者与其签订独家协议、选择只在

---

[1]国家市场监督管理总局发布的《中国反垄断执法年度报告（2021）》显示，2021年，反垄断执法机构共查办互联网行业滥用市场支配地位案件3件，滥用行政权力排除、限制竞争案件2件；审结平台经济领域经营者集中28件，对98件平台经济领域未依法申报违法实施经营者集中案件作出行政处罚。以上案件罚没金额共计217.4亿元。

其平台进行新产品的独家首发、不在竞争对手平台经营、不参加竞争对手平台的促销活动等。

根据《平台指南》，平台"二选一"行为构成滥用市场支配地位中的限定交易行为，应根据《反垄断法2022》第二十二条第一款第四项"没有正当理由，限定交易相对人只能与其进行交易"的行为构成要件予以分析。

【司法案例】

2021年10月8日，国家市场监督管理总局对美团网（以下简称美团）所实施的无正当理由在交易时附加其他不合理的交易条件的行为进行行政处罚，罚款数额高34亿余元。[①]

案情简介：美团在中国境内网络餐饮外卖平台服务市场中具有市场支配地位。首先，美团采取多种手段促使平台内经营者签订《战略合作伙伴优惠政策申请书》《诚信战略合作伙伴优惠政策支持自愿申请书》《优加合作计划政策支持自愿申请书》等独家合作协议。其次，美团通过建立考评机制、开展攻坚"战役"、加强培训指导、强化代理商管理等方式系统推进"二选一"行为实施。最后，美团通过大数据检测和惩罚、一线业务人员"劝说"非独家经营者整改、向独家经营者收取保证金的方式有效保障"二选一"要求实施。

执法要点："二选一"的独家协议是由美团平台强制实施的。执法机关通过形式看本质，对根据独家协议所设置的条款予以分析，认为美团系统、全面实施"二选一"行为，强制平台内经营者与其签订独家协议。

美团实质性地限制平台经营者的选择权。执法机关从独家协议的内容、针对非独家合作的平台内经营者的处罚措施、独家与非独家平台内经营者在平台内的不同经营条件的对比、限制的效果等多个方面进行考察。在本案中，首先，独家协议中采用的"仅和美团建立战略合作关系""不再与美团经营相同或近似的网络服务平台进行业务合作"等表述，表明平台在主观上拟通过协议实质性地限制平台内经营者的选择权。其次，在佣金费率、平台补贴、流量加权等线上经营条件上，非独家经营者的待遇远

---

①国家市场监督管理总局行政处罚决定书（国市监处罚〔2021〕74号）。

不如独家经营者，从而使得非独家经营者"迫使"与平台签订独家协议。最后，美团平台还设置了一系列仅针对非独家经营者的惩罚措施，妨碍与其他竞争性平台合作，同时，还采用大数据监测与分析的方式跟踪独家经营者对协议的履行情况，并向其收取了一定保证金。通过上述措施，美团平台有效迫使平台内经营者执行"二选一"要求，不在其他竞争性平台开展经营活动，从而有效锁定了网络餐饮外卖平台服务市场的商家侧供给。

美团的"二选一"行为不具有正当理由。一是平台内经营者并非自愿与当事人独家合作。美团采取的系列措施迫使处于相对弱势地位的餐饮经营者只能执行当事人要求。同时，大量平台内经营者被处罚，也证明平台内经营者并非自愿与当事人独家合作。二是当事人相关行为排除、限制了相关市场竞争。在调查过程中，当事人未能提供证据证明相关行为促进竞争、提升经济效率，相关行为不具有正当理由。

风险预警：国有企业在平台领域从事经营活动时，应当注重对数据、算法、技术及平台规则进行全面的合规审查，并适时评估自身市场力量、制定正常合理的经营规则，防止实施"二选一"、大数据杀熟、算法歧视等滥用行为。此外，有力的正当理由抗辩需要有客观的证据予以证明，因此，国有企业的经营管理人员需格外注意对有利于证明正当理由的事实证据的保存和记录。

（2）强制收集非必要用户信息。数据行为是此次新增条款重点关注的行为之一，《平台指南》第十六条第一款第五项认定具有市场支配地位的平台经济领域经营者"强制收集非必要用户信息"，可能构成"附加不合理交易条件"的滥用市场支配地位行为。目前国内尚且没有滥用用户信息的反垄断执法案例，"强制收集非必要用户信息"的认定标准是否直接参考《个人信息保护法》的知情同意和最小必要的收集原则仍需进一步探讨。国有企业在进行用户信息收集和使用时，应当进一步完善用户数据收集和处理的反垄断合规体系。

三、滥用市场支配地位的抗辩事由

经营者基于"正当理由"的有效抗辩能够帮助执法机关识别正常利用市场力量的经营行为，从而使经营者能够豁免因垄断违法行为而所遭受的处罚。在我国的反垄断法中，垄断协议与经营者集中都有相应的豁免规定，而对滥用支配地位行为的豁免规定则在《禁止滥用市场支配地位行为规定（征求意见稿）》中有所体现。

具体来说，对"正当理由"的判断应当同时符合如下要件：首先，从效果来说，限制竞争行为应当能够促进经济效率或带来非经济的社会公共利益，即该行为一定要能够为社会带来积极的效果。其次，从对象来说，限制竞争行为应当能够让消费者获益。再次，从比例原则的角度，该限制竞争行为在实现经济效率或社会公共利益上具有必要性。履行法定义务是必要性之典型案例。最后，没有排除或者严重限制相关市场的实际或者潜在竞争。市场竞争使市场经济效率的作用处于核心地位，严重损害竞争效果之行为所带来的积极效应往往难以抵消其所带来的消极效应。

由此可见，经营者若想基于"正当理由"提出抗辩，具有较高的门槛。但需要注意的是，经营者以"正当理由"抗辩的情形不应局限于《禁止滥用市场支配地位行为规定（征求意见稿）》所罗列的内容，只要符合上述的四要件，就能够构成"正当理由"中的其他情形。因此，国有企业在进行反垄断合规时，应根据"正当理由"的运行逻辑，注意在经营活动中及时保存有利证据。以下将对滥用市场支配地位行为的"正当理由"的具体情形进行简单介绍。

1.掠夺性市场定价行为的正当理由

根据《禁止滥用市场支配地位行为规定（征求意见稿）》第十四条第三款，"以低于成本的价格销售商品"具有三种典型的抗辩情形，分别是：（1）降价处理鲜活商品、季节性商品、有效期限即将到期的商品或者积压商品的；（2）因清偿债务、转产、歇业降价销售商品的；（3）在合理期限内为推广新商品进行促销的。

2.拒绝交易行为的正当理由

根据《禁止滥用市场支配地位行为规定（征求意见稿）》第十五条第三款，"拒绝与交易相对人进行交易"具有三种典型的抗辩情形，分别是：（1）因不可抗力等客观原因无法进行交易；（2）交易相对人有不良信用记录或者出现经营状况恶化等情况，影响交易安全；（3）与交易相对人进行交易将使经营者利益发生不当减损。

3.限定交易行为的正当理由

根据《禁止滥用市场支配地位行为规定（征求意见稿）》第十六条第三款，"限定交易"具有三种典型的抗辩情形，分别是：（1）为了满足产品安全要求所必须；（2）为保护知识产权所必须；（3）为保护针对交易进行的特定投资所必须。

4.搭售或附加不合理的交易条件行为的正当理由

根据《禁止滥用市场支配地位行为规定（征求意见稿）》第十七条第二款，"搭售商品，或者在交易时附加其他不合理的交易条件"的三种典型的抗辩情形，分别是：（1）符合正当的行业惯例和交易习惯；（2）为满足产品安全要求所必须；（3）为实现特定技术所必须。

5.差别待遇行为的正当理由

根据《禁止滥用市场支配地位行为规定（征求意见稿）》第十八条第三款，"差别待遇"具有两种典型的抗辩情形，分别是：（1）根据交易相对人实际需求且符合正当的交易习惯和行业惯例，实行不同交易条件；（2）针对新用户的首次交易在合理期限内开展的优惠活动。

6.平台经营者利用数据和算法、技术及平台规则等的正当理由

根据《禁止滥用市场支配地位行为规定（征求意见稿）》第二十条第二款，"具有市场支配地位的平台经营者利用数据和算法、技术及平台规则等"具有两种典型的抗辩情形，分别是：（1）基于公平、合理、无歧视的平台规则实施的展示或者排序；（2）符合正当的行业惯例和交易习惯。

第三节　经营者集中申报的合规审查

一、经营者集中合规概述

近年来，接连推行的反垄断政策及反垄断执法的落地昭示着反垄断强监管时代的到来。国家反垄断局于2022年1月5日集中公布13件违法实施经营者集中的行政处罚案件，处罚金额大部分适用"50万元罚款顶格处罚"。由密集化、常规化的处罚现象可以窥见，经营者集中已成为政府规范市场经济领域反垄断执法的工作重点。

依照《反垄断法2022》所界定的，所谓经营者，是指从事商品生产、经营或者提供服务的自然人、法人和非法人组织。经营者集中，是包括经营者合并，经营者通过股权收购、资产收购取得对其他经营者控制权，经营者通过合同约定等方式取得对其他经营者的控制权或能够对其他经营者施以决定性影响的行为。其中，"通过合同等方式取得对其他经营者的控制权或者能够对其他经营者施以决定性影响"，该情形在国有企业中的外在表现形式各异，例如通过服务协议、业务托管、一致行动安排、表决权委托等。

所谓申报，即如果两个或两个以上经营者拟实施"集中"行为，只要单个经营者的营业额达到申报标准，且无豁免情形的，就必须先进行经营者集中申报，经反垄断部门审查通过后，方能实施"集中"行为。例如，就国有企业收购上市公司而言，收购通常即构成"集中"行为。可见，国有企业相较于一般的企业收购，鉴于"收购方和被收购方体量（营业额）都比较大"这一特点，极易触发"经营者集中申报"义务。

根据反垄断法及案例实践，国企经营者实施经营者集中行为应符合以下要求：在实施经营者集中之前，如有必要，可以与反垄断执法机构进行沟通，寻求法律指导；在计划实施经营者集中过程，根据反垄断法相关规定评估是否符合申报标准。如符合，应按规定事先向执法机构进行经营者集中申报，未申报的不得实施集中、不得在申报后未经批准实施集中、不得违反附加限制性条件或禁止集中的决定。

国有企业需要明晰，申报标准只是经营者集中的申报门槛，达到此标准即应依法申报，但这不意味着该集中就会被禁止或者限制。截至2022年5月，国务院反垄断执法机构共审结经营者集中4497件，大都为无条件批准；对于符合一定条件的简易案件，我国也制定有相应的简化程序，降低申报方申报负担。

经营者集中本质上是一种有计划的长期行为，因而，未进行申报的经营者集中行为属于持续性违法行为。但实务中，很多企业因缺乏事前监管的重视而未进行申报。现有趋势来看，监管部门未来会继续向社会释放加强反垄断监管的信号，打消一些企业可能存在的侥幸和观望心理，产生相应的威慑效果。

因此，下文将围绕经营者集中申报及法律责任进行分析和阐述，以期为国有企业进行提前的风险识别与评估。

二、经营者集中申报标准

《反垄断法2022》第二十五条规定，经营者集中是指下列情形：

（1）经营者合并；

（2）经营者通过取得股权或者资产的方式取得对其他经营者的控制权；

（3）经营者通过合同等方式取得对其他经营者的控制权或者能够对其他经营者施加决定性影响。

《国务院关于经营者集中申报标准的规定》[①]第四条规定，经营者集中

---

①2008年8月3日国务院令第529号公布，后根据2018年9月18日《国务院关于修改部分行政法规的决定》修订。

未达到本规定第三条规定的申报标准，但按照规定程序收集的事实和证据表明该经营者集中具有或者可能具有排除、限制竞争效果的，国务院反垄断执法机构应当依法进行调查。

《反垄断法2022》第二十六条规定，经营者集中达到国务院规定的申报标准的，经营者应当事先向国务院反垄断执法机构申报，未申报的不得实施集中。

2022年6月27日，国家市场监督管理总局发布《经营者集中审查规定（征求意见稿）》，其第七条规定："经营者集中未达到申报标准，但有证据证明该经营者集中具有或者可能具有排除、限制竞争效果的，市场监管总局可以要求经营者申报并书面通知经营者。"结合《反垄断法2022》第二十五条，有以下两个要素需在"集中"过程中被考量：控制权变动或取得控制权，具有或可能具有排除、限制竞争效果。

"经营者集中申报"本质上是一种事前审查制度，故要求国企对交易中涉及的合规要点提起注意，国企可通过以下方面分析判断自身交易行为是否需要进行经营者集中申报。

（一）定性分析

1.交易类型

（1）合并，包括新设合并与吸收合并。一个经营者吸收其他经营者为吸收合并，被吸收的经营者解散。两个以上经营者合并设立一个新的经营者为新设合并，合并各方解散。该两种合并形式都属于经营者集中。

（2）经营者通过取得股权或者资产的方式取得对其他经营者的控制权，包括股权收购、资产收购。

（3）通过合同等方式取得对其他经营者的控制权或者能够对其他经营者施加决定性影响。该情形是指经营者通过新设合营企业、其他方式取得对其他经营者的控制权或者能够对其他经营者施加决定性影响。例如，波洛莱公司依据当地法律规定自动获得了双重投票权，属于通过"其他方式取得"维旺迪股份有限公司控制权的情形。

2.国有企业控制权的界定

2018年9月，国家市场监督管理总局发布的《关于经营者集中申报的指导意见》（以下简称《经营者指导意见》）第三条指出，判断经营者是否通过交易取得其他经营者的控制权，通常考虑包括但不限于下列因素：

（1）交易的目的和未来的计划；

（2）交易前后其他经营者的股权结构及其变化；

（3）其他经营者股东大会的表决事项及其表决机制，以及其历史出席率和表决情况；

（4）其他经营者董事会或监事会的组成及其表决机制；

（5）其他经营者高级管理人员的任免等；

（6）其他经营者股东、董事之间的关系，是否存在委托行使投票权、一致行动人等；

（7）该经营者与其他经营者是否存在重大商业关系、合作协议等。

在反垄断法领域，"控制权"的概念并不具有明晰的外延。控制权取得，可由经营者直接取得，也可通过其已控制的经营者间接取得。

正如霍姆斯所主张的，法律的生命不是逻辑，而是经验。《经营者指导意见》中特别说明，判断经营者是否通过交易取得对其他经营者的控制权，取决于大量法律和事实因素。集中协议和其他经营者的章程是重要判断依据，但并非唯一。某些交易中，虽然从集中协议和章程无法判断取得控制权，但由于其他股权分散等原因，实际上赋予了该经营者事实上的控制权，属于经营者集中所指的控制权取得。

关于新设合营企业的经营者集中判断标准，《经营者指导意见》的第四条作出了特殊的规定，即如果至少有两个经营者共同控制该合营企业，则构成经营者集中；如果仅有一个国有企业经营者单独控制该合营企业，其他的经营者没有控制权，则不构成经营者集中。

《反垄断法2022》大幅提高了对违法实施经营者集中的处罚力度，并明确对民生、金融、科技、媒体等领域经营者集中加强审查等方面。以国有银行为例，金融业作为典型的多重监管行业，金融业的监管部门对金融机构股东对金融机构控制权的认定，也有各自的标准。例如，银保监会颁布的《商业银行股权管理暂行办法》规定了商业银行的控股股东和实际控制人的认定标准、中国人民银行颁布的《金融控股公司监督管理试行办法》规定了投资方实质控制金融机构的认定标准。无独有偶，财政部颁布的《企业会计准则第33号——合并财务报表》同样对企业之间"控制"的概念作了界定。

反垄断局在审查经营者集中时对"控制权"的认定标准会将股权结构、三会运作等事项作为重要因素，也会将经营者之间的商业关系和交易目的等商业维度的考量纳入其中。

因此，在机构设立或股权转让等交易过程中，国企需要审慎地考虑该交易被认定为经营者集中的可能性，并做好进行经营者集中申报的充分准备。

（二）定量分析

《国务院关于经营者集中申报标准的规定》第三条规定，经营者集中达到下列标准之一的，经营者应当事先向国务院反垄断执法机构申报，未申报的不得实施集中：

（1）参与集中的所有经营者上一会计年度在全球范围内的营业额合计超过100亿元人民币，并且其中至少两个经营者上一会计年度在中国境内的营业额均超过4亿元人民币；

（2）参与集中的所有经营者上一会计年度在中国境内的营业额合计超过20亿元人民币，并且其中至少两个经营者上一会计年度在中国境内的营业额均超过4亿元人民币。

营业额包括相关经营者上一会计年度内销售产品和提供服务所获得的收入，扣除相关税金及附加。

参与集中的经营者的营业额，应当为该经营者及申报时与该经营者存在直接或者间接控制关系的所有经营者的营业额总和，但是不包括上述经营者之间的营业额。经营者取得其他经营者的组成部分时，出让方不再对该组成部分拥有控制权或者不能施加决定性影响的，目标经营者的营业额仅包括该组成部分的营业额。参与集中的经营者之间或者参与集中的经营者和未参与集中的经营者之间有共同控制的其他经营者时，参与集中的经营者的营业额应当包括被共同控制的经营者与第三方经营者之间的营业额，且此营业额只计算一次。

结合这一申报标准可得出结论，即营业额高的经营者（如国有企业）更容易符合申报标准，但需要注意的是，并非营业额少的经营者（以下简称小企业）就没有申报义务。例如一个由多个经营者共同新设合营企业的交易，国有企业营业额满足了申报标准，如果小企业同时也取得了控制权，则此时小企业同样是申报义务人。

在计算营业额时，反垄断法下的计算标准也具有独特之处，例如要扣减相关经营者之间"关联交易"的营业额、税费，部分行业（如金融）的计算标准也要参照相关规定来计算，这些计算方式都与财务角度的计算方式有本质区别，具体建议咨询专业法律顾问。

（三）豁免情形

《反垄断法2022》第二十七条规定了以下两种情形无须申报：一是参与集中的一个经营者拥有其他每个经营者50%以上有表决权的股份或者资产的；二是参与集中的每个经营者50%以上有表决权的股份或者资产被同一个未参与集中的经营者拥有的。

三、国企经营者集中申报注意点

（一）"抢跑"情形

"抢跑"，即应该申报而未申报或在申报后审批前就实施了某一交易。2022年1月5日，国家市场监督管理总局反垄断局集中公布13件处罚决定，多家企业因经营者集中"应报未报"而受到处罚。因经营者集中申报制度属于事前监管措施，在过往的收并购中，较少国企对此项制度存在重视，多数可能存在观望心理。

近年来，我国、欧盟及美国等世界主要法域纷纷加强了对反垄断申报中的"抢跑"行为的关注及执法力度。《反垄断法2022》对"抢跑"的法律责任有新的规定，其中包括某一"抢跑"案件具有或可能具有排除、限制竞争效果的，可处以最高为上一年度集团销售额10%的罚款，对于不具有排除、限制竞争效果的，可处以500万元以下的罚款，这一处罚力度比

《反垄断法2008》规定的处罚力度要提高不少。在此大背景下，关注"抢跑"的行为类型及认定标准具有重要意义。

在事先申报规制模式下，如交易当事人未依法申报或在反垄断执法机构作出批准决定之前即实施经营者集中的，将可能被认定为构成违反反垄断监管规定的"抢跑"行为，除经济罚款外，甚至可能被责令停止实施集中、限期处分股份或者资产、限期转让营业或采取其他必要措施恢复到集中前的状态。

1.应报未报型"抢跑"

即达到国务院规定的申报标准而未申报的情形，关于申报标准，前文已述，此不做赘述。

2.未批先行型"抢跑"

即已申报，但在获得国务院反垄断执法机构批准前实施集中的情形。

结合我国、欧盟及美国反垄断执法实践，被认定为构成"未批先行型抢跑"的行为主要表现为以下三种典型行为类型：（1）在取得反垄断执法机构的批准决定前，在复杂的多步骤交易架构中提前实施部分交易步骤；（2）在取得反垄断执法机构的批准决定前，提前实施相当于实质取得控制权的行为；（3）在取得反垄断执法机构的批准决定前，提前过度交换敏感商业信息。

目前在反垄断执法实践中，"未批先行型抢跑"的行为类型及认定标准仍存在一定的不确定性，为避免因反垄断合规问题而对交易造成不利影响，交易当事人应特别警惕相关行为被认定为构成"未批先行型抢跑"的风险，重视防范前文中指出的可能被认定为构成"未批先行型抢跑"的各类典型行为，在交易前期尽早咨询交易律师的意见，合理规划取得反垄断执法机构批准决定前的交易安排，以期在尽量满足商业目的及交易效率的前提下避免反垄断违规风险。

（二）国企仅收购少数股权的情形

有国企认为，收购目标公司多数股权、成为大股东才构成取得"控制权"；而仅收购少数股权并未取得控制权，不属于经营者集中，因此无须申报。这一观点的合理性可在公司法层面站住脚跟，但无法在反垄断法领域内成立。

股权比例、表决权只能作为判断是否取得"控制权"的参考因素，而不能作为决定性因素。部分情况下，虽然未取得过半数表决权，但能对日常经营管理事项施加决定性影响，例如董事会组成人员的否决权、高级管理人员的任免权、重大经营事项的一票否决权等，都可能被认为取得"控制权"，并且，实践当中也不乏这样的案例。

【司法案例】

2021年7月7日，国家市场监督管理总局审理海南交控、南网电动、小桔新能源、海南电网设立合营企业一案[①]，认为该案构成违法实施的经营者集中，分别对小桔新能源、海南交控、南网电动、海南电网作出罚款50万元的行政处罚。

案情简介：2019年11月5日，该合营企业取得营业执照。国家市场监督管理总局对涉案企业的2018年全球营业额进行分析，认定合营各方构成了共同控制，达到《国务院关于经营者集中申报标准的规定》第三条规定的申报标准，属于应当申报但未申报的情形，违反《反垄断法2008》第二十一条，对涉案主体分别作出罚款50万元的行政处罚。

执法要点：本案中，小桔新能源、海南交控、南网电动、海南电网设立合营企业，其中海南交控持股42.5%，南网电动持股38%，海南电网持股4.5%，小桔新能源持股15%，共同控制合营企业，属于《反垄断法2008》第二十条规定的经营者集中。

本案中，国家市场监督管理总局认为海南电网虽仅持合营企业4.5%的股权，但与南网电动属于同一控制人，也被认定为构成共同控制；小桔新能源持股虽只有15%，但可能存在协议安排涉及构成共同控制的情形。

风险预警：国有企业应当警惕即使是在收购目标公司少数股权的情形下，也有可能取得"控制权"的这类情况。由实践判例可以见得，"控制权"的衡量因素不只是表面上的股权比例，实质是分析其能否对日常经营管理事项施加决定性影响。

---

① 国家市场监督管理总局行政处罚决定书（国市监处〔2021〕48号）。

（三）国有企业之间并购的情形

由于国有企业通常体量较大，可能相对容易达到反垄断申报门槛。国有企业在兼收并购时需进行反垄断评估，应当注意政府主导的合并整合并不能豁免国有企业的申报义务，需要依法进行反垄断申报，否则将导致延缓交易进程，或者导致未依法申报而承担行政处罚的法律风险。国有企业合并整合未依法申报的典型案例为辽宁港口集团取得大连港集团和营口港务集团股权案。

【司法案例】

2019年12月9日，国家市场监督管理总局审理辽宁港口集团取得大连港集团和营口港务集团股权一案[①]，认为其构成未依法申报经营者集中，对辽宁港口集团处以35万元人民币罚款的行政处罚。

案情简介：辽宁港口集团（原辽宁港航）2017年度未开展实际业务，也未产生营业额；大连港集团2017年度全球和中国营业额均为人民币146.07亿元；营口港务集团2017年度全球和中国营业额均为人民币97.95亿元。2018年2月9日，大连港集团和营口港务集团分别完成股东工商登记变更，此前未依法申报。

执法要点：辽宁港口集团（原辽宁港航）取得大连港集团和营口港务集团100%股权，属于《反垄断法2008》第二十条规定的经营者集中。辽宁港口集团（原辽宁港航）2017年度未开展实际业务，也未产生营业额；大连港集团2017年度全球和中国营业额均为人民币146.07亿元；营口港务集团2017年度全球和中国营业额均为人民币97.95亿元，达到《国务院关于经营者集中申报标准的规定》第三条规定的申报标准，属于应当申报的情形。2018年2月9日，大连港集团和营口港务集团分别完成股东工商登记变更，未依法申报，违反《反垄断法2008》第二十一条规定，构成未依法申报的经营者集中。

风险预警：国有企业不可忽视地存在着"体量大"这一特点，更要重视在交易过程中是否触发"经营者集中申报"义务，审慎督查合规工作，

---

① 国家市场监督管理总局行政处罚决定书（国市监处〔2019〕48号）。

尽最大力量避免卷入诉讼浪潮。

经营者集中是一个长期行为，违法实施经营者集中属于"连续性"或"继续性"违法状态，反垄断的执法场景将扩充到过往历史交易，在《反垄断法2022》生效后，有关交易如果仍处于应报未报状态，并不适用"从旧兼从轻"原则。《反垄断法2022》出台后，处罚力度大幅上升，因此有部分企业选择在《反垄断法2008》修法的窗口期内主动负荆。建议国有企业尽快对既往交易是否需要进行"申报"义务开展自查，根据排查结果，谨慎评估，考虑是否进行补充申报，加强合规、降低风险。

因此，国有企业在未来的投资并购交易中，要注重评估是否符合经营者集中申报的情形，在交易的规划和谈判中充分考虑申报对交易时间线的影响。同时建议相关方应尽早咨询专业人员进行相关市场和竞争分析等角度评估，以避免可能的调查影响最终交易进展。

（四）"停钟"制度的引入

《反垄断法2022》第三十二条规定，有下列情形之一的，国务院反垄断执法机构可以决定中止计算经营者集中的审查期限，并书面通知经营者：

（1）经营者未按照规定提交文件、资料，导致审查工作无法进行。

（2）出现对经营者集中审查具有重大影响的新情况、新事实，不经核实将导致审查工作无法进行。

（3）需要对经营者集中附加的限制性条件进一步评估，且经营者提出中止请求。

自中止计算审查期限的情形消除之日起，审查期限继续计算，国务院反垄断执法机构应当书面通知经营者。

《反垄断法2022》的"大修"中引入了"停钟"（Stop-the-clock）制度。针对第二款规定，尽管实践中在申报过程中出现新情况、新事实较为少见，但也帮助国企经营者避免了不必要的重复撤回再申报，待交易恢复正常后起算审查时限，提高审批时间的可预测性。

针对第三款规定，在审查较为复杂的经营者集中案件中，例如"可能造成排除、限制竞争效果"，经营者需要就救济措施或承诺与反垄断监管机构反复磋商沟通。

具有申报义务的国有企业应重视、配合执法机构的审查，为使申报所需时间更符合预期，不影响交易整体进程，应当在申报材料准备阶段即尽可能完善资料要求，尽早与专业人员合作，提高申报材料的专业性、完整性，调查过程中保持与执法机构的联系跟进，主动提前寻求指导，配合调查程序尽快完成。自中央持续发出反垄断信号以来，反垄断的"强监管"时代已经正式到来。执法触角同样随着接踵而至的新政策、新规则无尽延伸到传统企业和新兴企业，而国有企业亦作为重点关注对象之一，其不可忽视地存在着"体量大"这一特点，更要重视在交易过程中是否触发"经营者集中申报"义务，审慎督查合规工作，最大限度地避免卷入诉讼浪潮。

四、经营者集中申报程序

（一）经营者集中的申报主体

1.合并情形下的经营者集中

以合并方式实施经营者集中的，各方均为申报义务人。

2.其他情形下的经营者集中

以其他方式实施经营者集中的，取得控制权或能够施以决定性影响的经营者为申报义务人，其他经营者予以配合。

3.涉及多个申报义务人

同一经营者集中有多个申报义务人的，可委托一位进行申报。被委托的义务人未申报的，其他义务人不可豁免申报义务，申报义务人如未申报，其他参与集中的经营者可提出申报。

（二）经营者集中的申报时间

申报人应在集中协议签署后、集中实施前向国家市场监督管理总局申报。以公开要约方式收购上市公司的，已公告的要约收购报告书可视同已签署的集中协议。

（三）经营者集中的申报文件、材料

国家市场监督管理总局于2022年6月发布的《经营者集中审查规定（征求意见稿）》第十四条明确，申报文件、资料应当包括如下内容：

（1）申报书。申报书应当载明参与集中的经营者的名称、住所（经营场所）、经营范围、预定实施集中的日期，并附申报人身份证件或者注册登记文件，境外申报人还须提交当地公证机关的公证文件和相关的认证文件。委托代理人申报的，应当提交授权委托书。

（2）集中对相关市场竞争状况影响的说明。包括集中交易概况；相关市场界定；参与集中的经营者在相关市场的市场份额及其对市场的控制力；主要竞争者及其市场份额；市场集中度；市场进入；行业发展现状；集中对市场竞争结构、行业发展、技术进步、创新、国民经济发展、消费者及其他经营者的影响；集中对相关市场竞争影响的效果评估及依据。

（3）集中协议。包括各种形式的集中协议文件，如协议书、合同及相应的补充文件等。

（4）参与集中的经营者经会计师事务所审计的上一会计年度财务会计报告。

（5）市场监管总局要求提交的其他文件、资料。

（四）经营者集中的申报方式

在新冠疫情期间，根据《市场监管总局关于调整疫情防控期间接待等工作方式的公告》，经营者集中反垄断审查工作改由非现场方式进行。申报人应通过《经营者集中反垄断审查申报表》客户端申报软件，选择填报《经营者集中反垄断审查申报表》或《经营者集中简易案件反垄断审查申报表》，编辑申报文件材料。有实践者提出，该客户端操作不易上手，建议通过国家市场监督管理总局反垄断局邮箱jyzjz@samr.gov.cn提交材料，该邮箱用于接收经营者集中申报文件资料、受理申报前商谈、接收第三方对经营者集中简易案件公示期内提出的异议。在正式申报前，经营者可以就拟申报的经营者集中是否符合简易案件标准等问题向国家市场监督管理总局反垄断局申请商谈，但商谈不是经营者集中申报的前置要件，经营者可以自行决定是否申请商谈。

第四节　垄断协议的合规审查

一、垄断协议合规风险概述

垄断协议是指排除、限制竞争的协议、决定或者其他协同行为。垄断协议一般具有三方面的特征：一是实施主体是两个或两个以上的经营者，二是共同或者联合实施，三是以排除、限制竞争为目的或具有此类效果。[①]

垄断协议的合规应当是国有企业经营者反垄断合规的重点。这是因为，从反垄断法的规制体系上看，垄断协议属于共同行为，滥用市场支配地位属于单方行为。一般而言，反垄断法对共同行为的规制严于单方行为，对横向垄断协议的规制又严于纵向垄断协议。

（一）应了解法院与执法机构不同的分析模式

反垄断法的目的是保护竞争，故反垄断违法行为需要对竞争造成损害，即排除、限制竞争效果。《禁止垄断协议暂行规定》第五条明确规定："垄断协议是指排除、限制竞争的协议、决定或者其他协同行为。"因此，并非所有经营者签订的协议都属于垄断协议，只有那些会阻碍、扭曲市场竞争的协议，才会受到反垄断法的关注。

然而，对竞争影响进行调查毕竟会投入大量的司法资源并耗费大量时间。如果对任何协议都要求原告证明对竞争的影响，则不仅会浪费大量社会资源，也不利于及时打击那些真正有害的垄断行为。故经过不断发展，反垄断法针对不同类型的垄断协议，会使用不同的分析模式。分析模式就

---

①尚明：《〈中华人民共和国反垄断法〉理解与适用》，法律出版社2007年版，第11页。

是对"排除、限制竞争"效果举证责任的分配。当前，分析模式可大致分为本身违法原则（per se rule）与合理原则（rule of reason）两种。前者推定被控垄断协议已经产生了排除、限制竞争效果，由被告证明该行为对竞争没有负面影响，或者干脆禁止被告进行反驳。换言之，在适用本身违法原则时，只要执法机构或民事诉讼中的原告证明被告在形式上从事了垄断协议行为，被告的行为便直接违法。后者则由指控垄断协议的一方承担证明排除、限制竞争效果的举证责任，若指控方不能完成举证责任，则被告不违法。

根据《最高人民法院关于审理因垄断行为引发的民事纠纷案件应用法律若干问题的规定》第七条[1]，我国对五种典型横向垄断协议采用本身违法原则的分析模式，但允许被告就竞争效果进行反驳，即被告可证明该行为不排除、限制竞争。

除此以外其他类型的横向垄断协议及纵向垄断协议，在分析模式上相对复杂。我国对垄断行为的规制主体可分为行政执法机构与法院，出于效率的考虑，二者常采用不同的分析模式。法院在诉讼中会按照合理原则进行分析，即需要综合考虑协议所涉及的市场具体情况、协议实施前后的市场变化情况、协议的性质和后果等因素，才能得出涉案协议是否违法的结论。行政执法机构则出于效率的考虑，仅就部分垄断协议适用合理原则，而对其他垄断协议适用本身违法，但可参照举证责任倒置的规定，由经营者举证反驳该协议不具有排除、限制竞争效果。正如最高人民法院在海南裕泰案[2]中所说，在当前的市场体制环境和反垄断执法处于初期阶段的情况下，如果要求反垄断执法机构在实践中对纵向垄断协议都进行全面调查和复杂的经济分析，以确定其对竞争秩序的影响，将极大增加执法的成本，降低执法效率，不能满足当前我国反垄断执法工作的需要。因此，对于各类典型垄断协议，反垄断机构在查清存在相关行为的情况下，就可以直接作出违法推定。

---

[1]《最高人民法院关于审理因垄断行为引发的民事纠纷案件应用法律若干问题的规定》第七条："被诉垄断行为属于反垄断法第十三条第一款第（一）项至第（五）项规定的垄断协议的，被告应对该协议不具有排除、限制竞争的效果承担举证责任。"

[2]（2018）最高法行申4675号行政裁定书。

（二）关联企业签订协议的垄断协议合规风险

在实践中，一家公司的经营者可能会与其子母公司或关联公司订立协议，共同从事商业活动，这在形式上似乎满足了垄断协议的表面特征。此时，该如何判断该协议是否落入了反垄断法所禁止的范畴？从主体上看，反垄断法中，垄断协议的主体与一般法律意义上的民事主体不尽相同，前者倾向于认定为具有独立决策能力的一个整体为一方主体。[①]换言之，如果该公司在订立协议之前，就在共同从事商业活动的范围内缺乏独立决策的能力，则经营者与该公司很难被认定为"具有竞争关系的经营者"。

这种以公司的决策能力判断其是否属于不同经营者的标准，源于美国1984年的Copperweld案。[②]在该案中，法院将分析的重心放在经济利益上，认为只有在签订协议之前追求不同经济利益的主体才能成为垄断协议的主体。这一规则于2010年又被美国最高法院明确，法院认为这种经济利益标准应当是实质性的，而非形式上的分析。只有在追求不同经济利益的经济角色间成立的协议，才可能违反反垄断法，因为这种协议使得市场中的独立决策者未能发挥其应有的作用。[③]

这对国有企业经营者的合规启示有二。一方面，由于反垄断法仅禁止具有竞争关系的经营者签订的垄断协议，因此母公司与全资子公司等具有强控制关系的企业间签订的协议并不会引起反垄断执法风险；另一方面，由于垄断协议的主体更偏重实质划分，因此经营者应当仔细辨别协议各方的决策能力是否独立，避免仅从控股比例就得出简单结论。

（三）海外出口中的垄断协议合规风险

2005年1月，美国两家维生素C采购公司在美国提起反垄断诉讼，指控河北维尔康制药有限公司等中国维生素C生产出口企业构成了固定价格、限制出口的横向垄断协议，认为其行为违反了美国反垄断法。被告虽然同意其从事了相关行为，但认为该行为是政府的强制要求，并援引国际礼让原则、外国主权强制与国家行为原则进行抗辩。该案经过上诉、申诉、重

---

① 尚明：《〈中华人民共和国反垄断法〉理解与适用》，法律出版社2007年版，第58页。
② Copperweld Corp. v. Independence Tube Corp., 467 U.S. 752（1984）.
③ American Needle, Inc. v. Nat'l Football League, 560 U.S. 183（2010）.

审，最终以联邦第二巡回上诉法院判中国企业胜诉而告终。[①]

本案虽然胜诉，但历经时间长，且法院曾多次作出对我国经营者不利的判决。而对于企业反垄断合规而言，规避风险才是首要考虑。因此，对国有企业经营者来说，在海外出口业务中了解当地的竞争法体系是非常必要的。

实际上，无论是在境外从事经营业务的中国企业，还是在境内从事经营业务但可能对境外市场产生影响的中国企业，都需要注重海外的反垄断合规风险。对此，2021年国家市场监督管理总局发布的《企业境外反垄断合规指引》第十九条指出："企业可以根据境外业务规模、所处行业特点、市场情况、相关司法辖区反垄断法律法规以及执法环境等因素识别企业面临的主要反垄断风险。"

该指引特别提及了垄断协议的合规风险。大多数司法辖区禁止企业与其他企业达成和实施垄断协议及交换竞争性敏感信息，企业在境外开展业务时应当高度关注以下行为可能产生与垄断协议有关的风险：一是与竞争者接触相关的风险，二是与竞争者之间合同、股权或其他合作相关的风险，三是在日常商业行为中与某些类型的协议或行为相关的风险。在中国，反垄断合规的主要风险可能是执法机构的罚款，但在美国等国家，却可能遭遇私人反垄断诉讼并要求三倍赔偿的问题。因此，国有企业经营者在反垄断合规中应当以中国反垄断法为基本框架，了解商业活动可能影响到哪些国家，对该国反垄断法体系、判断标准有大致了解。

二、横向垄断协议中的合规风险

横向垄断协议是指两个或两个以上具有竞争关系的经营者以协议、决定或其他方式实施的排除、限制竞争的行为。横向垄断协议是世界各国都严格禁止并将处以最严厉处罚的行为，在美国最高法院2004年审判的Trinko案中，法院甚至将其表述为"反垄断法中最大的恶行"[②]，这也是经

---

①In re Vitamin C Antitrust Litigation, 8 F. 4th. 136（2d.Cir. 2021）.

②Verizon Communications Inc. v. Trinko, 540 U.S. 398（2004）.

营者面临的最主要的反垄断法风险。

(一) 订立合同应避免落入典型垄断协议的范围

无论是法院还是执法机构，对五种典型横向垄断协议均适用本身违法原则进行分析，即仅需证明经营者存在从事相关行为的事实，便可以推定违法。故对于国有企业而言，知晓横向垄断协议的典型行为类型至关重要，且应当在交易活动中予以避免。根据《反垄断法2008》第十七条，横向垄断协议具有五种典型类型。

1.固定或者变更商品价格的垄断协议

根据《禁止垄断协议暂行规定》第七条，固定或变更商品或服务价格的垄断协议主要形式有三：一是固定或者变更价格水平、价格变动幅度、利润水平或者折扣、手续费等其他费用；二是约定采用据以计算价格的标准公式；三是限制参与协议的经营者的自主定价权。

通过总结不难发现，涉及价格固定类型的横向垄断协议的核心特征是不同经营者之间通过串通的方式形成最终的价格，其关键在于价格的形成机制。在竞争性的市场环境下，不同经营者各自独立进行决策，此时价格可以反映市场供求，并指引分配资源。反垄断法之所以规制固定或价格的横向垄断协议，就在于这种协议破坏了市场机制和竞争过程。因此，国有企业经营者应当注重独立地进行定价决策，对不同经营者共同对最终定价行为产生影响的行为要高度警惕。

2.限制商品的生产数量或者销售数量的垄断协议

根据《禁止垄断协议暂行规定》第八条，限制商品的生产数量或者销售数量的垄断协议主要形式有二：一是以限制产量、固定产量、停止生产等方式限制商品的生产数量，或者限制特定品种、型号商品的生产数量；二是以限制商品投放量等方式限制商品的销售数量，或者限制特定品种、型号商品的销售数量。

应当注意的是，此处限制产量的垄断协议不仅包括限制生产数量，还包括限制投放数量、销售数量等，只要涉案协议会影响到最终消费者可以购买到的商品数量，都可能被认定为限制产量的垄断协议。

3.分割销售市场或者原材料采购市场的垄断协议

根据《禁止垄断协议暂行规定》第九条，分割市场类垄断协议主要形式有三：一是划分商品销售地域、市场份额、销售对象、销售收入、销售利润或者销售商品的种类、数量、时间。二是划分原料、半成品、零部件、相关设备等原材料的采购区域、种类、数量、时间或者供应商。需要注意的是，这里的"原材料"不仅包括物质上的生产材料，还包括经营者生产经营所必需的技术和服务。三是通过其他方式分割销售市场或者原材料采购市场。

垄断协议不仅包括直接限制产量或价格的典型垄断协议，还包括划分市场这种通过减少竞争，进而损害消费者利益的垄断协议。有观点认为，分割市场比其他类型的横向垄断协议有更大的危害，因为在固定价格、销售数量类型的垄断协议中，各经营者起码还保有通过创新、提高服务质量等进行竞争的动力，但分割市场的情况下经营者则几乎丧失了这种动力。出于保护消费者福利和市场效率的考虑，划分市场协议也被严格禁止。因此，国有企业经营者需要对地理、客户和产品等划分市场的协议高度警惕。

4.限制购买新技术、新设备或者限制开发新技术、新产品的垄断协议

根据《禁止垄断协议暂行规定》第十条，该种垄断协议主要形式有五种：一是限制购买、使用新技术、新工艺；二是限制购买、租赁、使用新设备、新产品；三是限制投资、研发新技术、新工艺、新产品；四是拒绝使用新技术、新工艺、新设备、新产品；五是通过其他方式限制购买新技术、新设备或者限制开发新技术、新产品。

反垄断法对竞争的关注，没有局限于传统的价格、销售数量等，同时也关注质量、服务、产品多样性和创新等。在界定相关市场时，域外执法机构也曾认定过相关创新市场，可见创新对市场竞争的重要性。

5.联合抵制交易的横向垄断协议

根据《禁止垄断协议暂行规定》第十一条，联合抵制交易的横向垄断协议主要形式有四种：一是联合拒绝向特定经营者供应或者销售商品；二是联合拒绝采购或者销售特定经营者的商品；三是联合限定特定经营者不得与其

具有竞争关系的经营者进行交易；四是通过其他方式联合抵制交易。

联合抵制交易，也称集体拒绝交易，是指一部分经营者共同拒绝与其他经营者交易的限制竞争行为。由于联合抵制交易行为限制了经营者选择交易对象的自由，以及被拒绝者可能因经济上不利而最终退出市场，故联合抵制交易也被作为典型横向垄断协议禁止。①

（二）谨慎对待协同行为

根据《禁止垄断协议暂行规定》第五条，垄断协议是指排除、限制竞争的协议、决定或者其他协同行为。其中，"协议"指经营者通过明确的协议来表达限制竞争的意愿并决定付诸行动，这种共同意愿可以书面的形式固定，也可以口头合同的形式表达；"决定"指经营者通过团体的形式形成的集体意思表示，并在团体成员中执行，其在性质和后果上相当于成员之间的协议；"协同行为"指经营者虽未明确订立书面或者口头形式的协议或者决定，但实质上存在协调一致的行为。

这说明，我国反垄断法对横向垄断协议的规制范围是十分宽泛的，不仅包括明确的协议与决定，还包括不同经营者之间在事实上步调一致的协同行为。这类协同行为既可以被用来规制证据十分隐蔽的协议行为，也可以被用来规制没有签订具体条款，但通过交换信息、意思联络等方式，使得经营者们默示共同限制竞争的行为。此时，如经营者不能对其行为的协同性作出合理解释，则可能被认定为违法。

我国执法机构在认定经营者之间是否存在协同行为时，会考虑：（1）经营者的市场行为是否具有一致性；（2）经营者之间是否进行过意思联络或者信息交流；（3）经营者能否对行为的一致性作出合理解释；（4）相关市场的市场结构、竞争状况、市场变化等情况。国有企业经营者应特别注意以下几点。

首先，经营者在与其他经营者交换信息时，应当避免交换那些和竞争密切相关的信息，包括但不限于对某类特别顾客的销售信息、消费者不知道的价格信息等，同时也应当避免核查其他公司之前的交易价格等。这

---

①史际春等：《反垄断法理解与适用》，中国法制出版社2007年版，第102页。

些证据都可以使执法机关推断出可能存在的协同行为。其次，经营者应当通过完善内部工作机制、发布相关指南、进行员工合规培训等方式，确定交流的方式、交流信息的程度、保存好交流信息的备份，在遭遇执法机关调查时，这将成为证明不存在协同行为的有力证据。最后，在参与行业协会、峰会等会议时，应当注意是否有其他竞争对手参加，以及是否可能存在信息交流的机会。当对手提出交流敏感信息或私下交流时，国有企业经营者应当避免参与。例如，在美国的Interstate circuit案中，法院就认为只要经营者知道其他人也会考虑该计划，且该计划实施后会有限制竞争的效果，而该经营者也参与了，那么就足以证明有协同行为的存在。[①]

此外，国有企业应当密切关注自己行业中市场结构的情况，不同的市场结构会影响到横向垄断行为是否容易实现。在容易达成横向垄断行为的市场，反垄断执法机构会给予更多的关注。国有企业经营者尤其应当谨慎作出市场决策。这些市场结构因素包括但不限于：市场壁垒较高，或存在市场经营许可等因素，使得经营者较少、规模较大；该行业曾经发生过多次横向垄断行为，例如原料药行业、汽车行业、医疗行业等；某一行业的特征使得达成横向垄断协议的经营者可以及时发现其中的扩大产量行为，并对未遵守横向垄断协议的经营者进行惩罚等。当前，我国反垄断执法机构已针对汽车行业、知识产权领域、原料药领域发布了相关反垄断执法指南，说明这些领域是执法机构密切关注的对象，这些行业中的国有企业经营者应做好相关合规措施。[②]

三、纵向垄断协议中的合规风险

（一）纵向垄断的行为类型与认定

与横向垄断协议不同，纵向垄断协议的特点是当事人处于不同生产、流通环节，相互间的竞争性较弱，对竞争造成损害的可能性也比较小。其

---

①Interstate Circuit, Inc. v. United States, 306 U.S. 208.
②参见《国务院反垄断委员会关于知识产权领域的反垄断指南》《国务院反垄断委员会关于汽车业的反垄断指南》《国务院反垄断委员会关于原料药领域的反垄断指南》。

与横向垄断协议的最大不同在于，实施纵向垄断协议的行为人并不限于有竞争关系的经营者。根据《反垄断法2022》，纵向垄断协议的行为类型主要有二：

（1）固定向第三人转售商品的价格（转售价格固定）。即固定向第三人转售商品的价格水平、价格变动幅度、利润水平或者折扣、手续费等其他费用，最终使得不同的经销商只能以相同价格销售，或以相同方式形成价格的行为。这相当于在同一品牌内的不同销售者之间成立了横向的垄断协议。

（2）限定向第三人转售商品的最低价格（最低转售价格维持）。限定向第三人转售商品的最低价格，或者通过限定价格变动幅度、利润水平或者折扣、手续费等其他费用限定向第三人转售商品的最低价格。

【司法案例】

2021年，浙江省市场监督管理局对公牛集团固定、限制转售价格的行为进行行政处罚，罚款数额达2.9亿元。

案情简介：本案中，经营者生产、销售民用电工产品，其销售模式以经销为主、直销为辅，并授权经销商在线上平台开店销售。2014年至2020年，该经营者制定含有固定产品转售价格、限定最低转售价格内容的文件，通过发布价格政策、与经销商签订经销合同、承诺书等方式，实现对产品价格的管控。

这些固定和限定价格的行为在线上和线下经销商中均得到了实际执行。同时，该经营者还通过强化考核监督、委托中介机构维价、惩罚经销商等措施，进一步强化固定和限定价格协议的实施。

执法要点：执法机关认定，当事人上述行为排除、限制了竞争，损害了消费者利益和社会公共利益。值得注意的是，执法机关在对其处罚的理由中，特别提及了品牌内的竞争。执法机关指出，当事人固定和限定价格的行为，排除、限制了相关产品在经销商之间的竞争和在零售终端的竞争，损害了消费者合法权益和社会公共利益。考虑到"当事人在接受调查时能积极配合，深刻认识垄断行为的危害"，执法机构根据《反垄断法2008》第四十六条第一款对其处以2020年度中国境内销售额98.27亿元3%

的罚款，计2.9481亿元。

风险预警：我国法院与执法机构对纵向垄断协议的不同观点如下。

（1）分析模式上的不同观点。如前所述，在公牛集团被处罚案中，执法机构在查清相关事实后就直接认定了违法性。这说明，我国执法机构在纵向垄断协议上采用的是本身违法的分析模式，即执法机构仅需证明经营者签订了相关协议，就可以推定相关协议存在排除、限制竞争效果。在裕泰案中法院也曾表示，我国执法机构采用的是"推定违法＋可反驳"的分析模式。

我国法院的整体立场是，除了五种典型的横向垄断协议以外，其他的垄断协议不适宜适用本身违法原则。对于典型的纵向垄断协议，则应当适用合理原则进行分析，即由指控方证明该协议存在排除、限制竞争效果后，才能认定其违法性。在锐邦强生案中，法院指出，一般认为，由于横向协议直接排除、限制了市场竞争，横向协议限制竞争的效果甚于纵向协议，举重以明轻，反竞争效果强的横向协议构成垄断协议尚需以具有排除、限制竞争效果为必要条件，反竞争效果相对较弱的纵向协议更应以具有排除、限制竞争效果为必要条件。[①]

但是，《反垄断法2022》对纵向垄断协议条款作了修改，其第十八条第二款新增了抗辩理由的规定，要求经营者能够证明其实施的固定转售价格或限定最低转售价格不具有排除、限制竞争效果时，该行为才不违反反垄断法。这实际上将举证责任转移到了经营者：在《反垄断法2022》出台之前，在诉讼中应由原告证明排除、限制竞争效果；在《反垄断法2022》出台之后，则由经营者证明没有排除、限制竞争效果。这对国有企业经营者的合规提出了更高的要求。但是，这一条款的变动争议较大，后续如何发展，还有待该法最终的出台和落实情况。

（2）关注角度上的不同点。前述案例中，执法机构认为阻碍品牌内竞争的行为违法。品牌内竞争指同一品牌或供应商的销售者之间的竞争，与之相对的概念是品牌间竞争，即不同品牌的生产者、销售者之间的竞争。

[①] （2012）沪高民三（知）终字第63号民事判决书。

品牌内竞争与品牌间竞争是分析纵向垄断协议行为的一个基本角度：不少商业行为在阻碍品牌内竞争的同时，却可能加剧品牌间的竞争。例如，品牌内限制了经销商之间的最低价格，虽然可能阻碍了同一品牌的不同销售者进行价格竞争，但却可能通过提高服务质量的方式，加剧该品牌商品与其他品牌商品的竞争。此时，该如何判断这一行为是否违反反垄断法？我国的反垄断执法机构与法院存在不同观点。

就执法机构而言，其既关注品牌内竞争，也关注品牌间竞争。例如，2013年初，国家发改委价格监督检查与反垄断局曾对茅台与五粮液进行调查，并称茅台和五粮液因实施价格垄断行为被罚款4.49亿元。其中，茅台被罚2.47亿元，五粮液则收到2.02亿元的罚单。这一事件源于2012年底，茅台为了稳定价格、维护品牌形象，发出"限价令"，要求经销商们不得擅自降价。根据茅台集团的要求，经销商处"53度飞天"零售价格不能低于1519元，团购价格不能低于1400元。随后，茅台集团于1月5日发出处罚通报，惩罚了三家经销商。随后，五粮液也陆续对12家降价的经销商进行通报处罚。

就这一行为来看，其在品牌内与品牌间有着不同的竞争效果。在品牌内竞争上，不同经销商不能进行价格竞争，故竞争受到阻碍；就品牌间竞争而言，不同品牌的白酒维护了品牌形象，似乎促进了不同品牌的竞争。但反垄断执法机构的处罚依据却是《反垄断法2008》第十四条所规定的固定、限制转售价格的纵向垄断协议。结合前述的公牛集团被处罚案，不难发现，执法机构认为仅限制品牌内竞争的垄断协议也具有违法性，体现了较为严格的态度。

与之相反，我国法院对待品牌内竞争的观点较为宽松，更关注品牌间的竞争。在上海日进电气有限公司垄断协议纠纷案中，法院认为，即便在经销商层面存在分割销售市场的协同行为，但同时也具有提高生产商销售商品的效率、推动品牌间竞争的可能性。市场上仍有品牌间竞争的空间，消费者有选择不同品牌的自由，不一定排除、限制市场竞争。只有在相关市场竞争不充分、存在一定市场力量的情形下，品牌内限制竞争协议的影响力才可能外溢到品牌间，构成垄断。[①]这一观点在格力空调垄断纠纷案中也得到了确认。[②]

可见，就品牌内竞争而言，我国法院的观点较为宽松，认为在品牌间竞争充分的情况下，对品牌内竞争进行适当限制并不违法；我国执法机构则相对严厉，认为限制品牌内竞争的行为也具备违法性，构成垄断协议。就品牌间竞争而言，我国执法机构与法院则持同样观点，认为不能限制品牌间的竞争。因此，国有企业经营者应当对涉及品牌间竞争的纵向行为高度警惕，对于仅涉及品牌内竞争的纵向协议行为，则应当考虑相关市场品牌间的竞争是否充分、不同地区法院与执法机构的观点而综合决定。

（二）　"安全港"制度对纵向垄断协议违法性认定的影响

《反垄断法2022》第十八条第三款规定，"经营者能够证明其在相关市场的市场份额低于国务院反垄断执法机构规定的标准，并符合国务院反垄断执法机构规定的其他条件的，不予禁止"。这一规定被称为垄断协议的"安全港"制度，即若市场份额低于某个标准，经营者便可驶入安全港，原则上不受反垄断法禁止。

纵观我国反垄断法及其司法解释对垄断协议的规定，我国分别从安全港、竞争效果、豁免事由三个维度划定了禁止范围与举证责任，为了更好地理解反垄断法对垄断协议的规制，有必要进行全面的梳理。

按照反垄断法的审查顺序，应当分析某一协议签订的主体是否符合"安全港"规定的标准。这是一种门槛式的规定，若经营者的市场份额低于该门槛，无论该协议是否符合几种典型的垄断协议的行为类型，在原则上该协议都被推定为合法，反垄断法不介入。这一制度可以看作反竞争效果与执法资源的平衡：当经营者的市场份额小于某一标准时，能够造成的反竞争损害通常较为有限，此时投入执法资源进行调查，一方面可能得不偿失，另一方面也可能阻碍某些促进竞争的商业行为。要注意的是，在此前的反垄断法修正草案中，"安全港"制度适用于全部类型的垄断协议，然而《反垄断法2022》却规定"安全港"制度仅适用于纵向垄断协议，这

---

① （2014）沪一中民五（知）初字第120号民事判决书。
② （2015）粤知法商民初字第33号民事判决书。

意味着横向垄断协议所受的规制依然十分严格。

在判断完协议主体的市场份额后，应当审查涉案协议的竞争影响，即是否具有排除、限制竞争效果。从理论基础出发，判断这一点通常需要先考察是否具有反竞争效果，再考察是否具有促进竞争效果，最后进行综合判断。但在实际执法中，这种判断往往与不同分析模式结合在一起，划分出不同的举证责任。与此同时，我国法院和执法机构各自出于公平与效率的考虑，在选择的分析模式上也不尽相同，这使得竞争影响的判断在理论和实务层面都具有相当的复杂性。本书在此试图为国有企业经营者和相关法律行业从业人员提供一个大致的框架。

以反垄断法是否明确规定了行为类型为标准，可将横向垄断协议分为五种典型横向垄断协议与"国务院反垄断执法机构认定的其他垄断协议"。前者被假定违法，指控方只要证明该协议符合法定的行为类型即可；后者被假定合法，指控方需要证明该协议具有反竞争效果。

对于"国务院反垄断执法机构认定的其他垄断协议"，无论是法院还是执法机构，都允许经营者以"不具有排除、限制竞争效果"进行抗辩。但对于五种典型横向垄断协议而言，是否允许经营者抗辩"该协议不具有排除、限制竞争效果"？对此，法院和执法机构存在着不同观点。

法院的观点是肯定的，它允许经营者证明该协议不具备排除、限制竞争效果而免受反垄断法规制，这一观点的法律依据是《最高人民法院关于审理因垄断行为引发的民事纠纷案件应用法律若干问题的规定》第七条，其规定"被诉垄断行为属于反垄断法第十三条第一款第一项至第五项规定的垄断协议的，被告应对该协议不具有排除、限制竞争的效果承担举证责任"。但是，执法机构的回答却是否定的，其认为我国反垄断法对垄断协议的规定是"禁止＋豁免"模式，经营者不能通过抗辩不具有排除、限制竞争效果来免受规制，只能通过证明符合相应豁免情形来免受规制。二者的区别在于前者是该协议竞争影响的判断，判断的内容是竞争效果；后者是该协议的竞争效果与其他政策或利益的平衡，判断的内容是公共利益。国家市场监督管理总局颁布的《禁止垄断协议暂行规定》第十三条规定："不属于本规定第七条至第十二条所列情形的其他协议、决定或者协同行为，有证据证明排除、限制竞争的，应当认定为垄断协议并予以禁止。"
从该条款的反面进行解释，对于该规定第七条至第十二条所列情形的垄断
协议（五种典型横向垄断协议与一种纵向垄断协议），执法机构不需要证
明排除、限制竞争，也可以认定为垄断协议并予以禁止，这就从根本上切
断了经营者抗辩竞争影响的路径。

在通过"安全港"的门槛、判断完竞争影响后，经营者还可以证明
自己符合反垄断法所规定的豁免事由。对于豁免事由的具体情形与适用条
件，下文将进行详细阐述。此处提及意在指出豁免事由在垄断协议审查中
的判断顺序，即豁免应当是审查的最后一步，其与可能产生的竞争效果无
关，是一种竞争影响与其他公共利益的权衡判断。对于是否符合豁免事
由，应当由经营者主张并加以证明。

四、合规全覆盖：垄断协议的豁免事由及减轻、免除处罚事由

（一）垄断协议的豁免事由

反垄断法为横向垄断协议和纵向垄断协议规定了相应抗辩，经营者要
想形成有效的抗辩，需要满足三个条件。

1.符合规定的抗辩情形

《反垄断法2022》第二十条规定了六种典型的抗辩情形，经营者应确
保自己符合这类情形。

另外，根据《禁止垄断协议暂行规定》第二十七条的规定，反垄断执
法机构在审查经营者是否属于这些抗辩情形时，应当考虑：（1）协议实
现该情形的具体形式和效果；（2）协议与实现该情形之间的因果关系；
（3）协议是否是实现该情形的必要条件等因素。

2.证明消费者可以受益

单单满足上述情形还不足以形成有效抗辩，在此之外，反垄断法还要
求经营者应证明所达成的协议能够使消费者分享由此产生的利益。

反垄断执法机构在认定消费者能否分享协议产生的利益时，会考虑消
费者是否因协议的达成、实施在商品价格、质量、种类等方面获得利益。

换言之，国有企业经营者应当尽可能保存该协议对商品价格降低、质量提高、服务提高、产品多样性增加等方面益处的证据。

3.不会严重限制竞争

根据《反垄断法2022》第二十条的要求，经营者还应当证明该垄断协议不会严重限制相关市场的竞争。可见，执法机构不仅在认定违法时会考虑竞争状况，在审查抗辩事由时也同样会加以考虑。若某类协议使得相关市场中的竞争极不充分，则有可能无法满足豁免要求。

（二）垄断协议中的宽大制度

我国关于垄断协议的宽大制度法律依据源于《反垄断法2022》第五十六条第三款，其规定，经营者主动向反垄断执法机构报告达成垄断协议的有关情况并提供重要证据的，反垄断执法机构可以酌情减轻或者免除对该经营者的处罚。2019年国务院反垄断委员会发布了《国务院反垄断委员会横向垄断协议案件宽大制度适用指南》（以下简称《宽大制度指南》），进一步明确了宽大制度在横向垄断协议中的适用。

宽大制度的意义在于，横向垄断协议通常具有严重排除、限制竞争的效果，同时具有高度隐秘性，且经营者之间相对稳定，如果相关经营者能够主动配合，将极大降低执法机构发现横向垄断协议并展开调查的难度。

参照《宽大制度指南》，若国有企业经营者被执法机构调查相关垄断协议行为，则应当注意以下要点。

1.宽大制度的法律效果

根据《宽大制度指南》，执法机构按照经营者申请宽大的时间先后为经营者排序，确定经营者申请宽大的顺位。顺位越靠前，执法机构可以对经营者免除的罚款数额越多，但一般情况下，执法机构在同一垄断协议案件中最多给予三个经营者宽大。

2.申请免除处罚需要满足的条件

根据《宽大制度指南》，申请免除处罚的条件可以总结为如下几点。

第一，经营者应当第一个向执法机构提交相应材料，该材料包括垄断协议有关情况的报告，以及重要证据。

第二，关于垄断协议有关情况的报告，首先，需要明确承认经营者从事了涉嫌违反反垄断法的垄断协议行为；其次，需要详细说明达成和实施垄断协议的具体情况；最后，该报告还应当包括《宽大制度指南》第六条第二款所规定的八项信息。若经营者提交的材料不满足这几项要求，则执法机构将不会出具收到材料的书面回执，将无法产生确定顺位的效果，最终将无法申请免除或减轻处罚。

第三，关于经营者提供的重要证据，既包括执法机构尚未掌握案件线索或者证据时，足以使执法机构立案或者依据反垄断法启动调查程序的证据，也包括执法机构立案后或者依据反垄断法启动调查程序后，执法机构尚未掌握的，并且能够认定构成反垄断法规定的横向垄断协议的证据。

第四，经营者不存在组织、胁迫其他经营者参与达成、实施垄断协议，或者妨碍其他经营者停止该违法行为的活动。不过，若经营者仅不满足此项要求，其效果仅是不能申请免除处罚，但可以申请减轻处罚。

第五，必须满足下列五项行为：（1）申请宽大后立即停止涉嫌违法行为，但执法机构为保证调查工作顺利进行而要求经营者继续实施上述行为的情况除外。经营者已经向境外执法机构申请宽大，并被要求继续实施上述行为的，应当向执法机构报告。（2）迅速、持续、全面、真诚地配合执法机构的调查工作。（3）妥善保存并提供证据和信息，不得隐匿、销毁、转移证据或者提供虚假材料、信息。（4）未经执法机构同意不得对外披露向执法机构申请宽大的情况。（5）不得有其他影响反垄断执法调查的行为。

3.申请减轻处罚需要满足的条件

根据《宽大制度指南》，申请减轻处罚的条件可以总结为如下几点。

第一，需要向执法机构提交垄断协议有关情况的报告，报告需要包括垄断协议的参与者、涉及的产品或者服务、达成和实施的时间、地域等。

第二，需要向执法机构提交重要证据。该证据必须是执法机构尚未掌握的，并对最终认定垄断协议行为具有显著证明效力的证据，包括：（1）在垄断协议的达成方式和实施行为方面具有更大证明力或者补充证明价值的证据；（2）在垄断协议的内容、达成和实施的时间、涉及的产品或者服务范畴、参与成员等方面具有补充证明价值的证据；（3）其他能够证明和固定垄断协议证明力的证据。

第三，必须满足下列五项行为：（1）申请宽大后立即停止涉嫌违法行为，但执法机构为保证调查工作顺利进行而要求经营者继续实施上述行为的情况除外。经营者已经向境外执法机构申请宽大，并被要求继续实施上述行为的，应当向执法机构报告。（2）迅速、持续、全面、真诚地配合执法机构的调查工作。（3）妥善保存并提供证据和信息，不得隐匿、销毁、转移证据或者提供虚假材料、信息。（4）未经执法机构同意不得对外披露向执法机构申请宽大的情况。（5）不得有其他影响反垄断执法调查的行为。

第七章

国有企业刑事合规

第一节 国企刑事合规风险概述

一、刑事合规风险概述

（一）刑事合规的概念

刑事合规概念最初来自美国。其萌芽于1946年的荷兰·弗尼斯案，第一次以合规管理为抗辩理由，证明公司已经尽到合理注意义务。之后如科勒公司案、哈尼公司案、1972年的希尔顿酒店案、1978年凯迪拉克纺织品公司案、1983年基建公司案，都以合规管理作为抗辩理由，排除企业刑事责任的成立。通用电气联合垄断案和水门事件海外贿赂案，直接促成了将企业刑事合规管理立法成为正式制度。其中最为核心的两部法律，当属美国国会颁布《海外反腐败法》（*Foreign Corrupt Practice Act*，"FCPA"）与1991年美国联邦量刑委员会修订的《联邦量刑指南》（*United States Sentencing Commission Guidelines Manual*）。此两部法律的颁布，使得企业意识到，建立刑事合规管理体系，是企业健康发展的必要前提。建立一套得到有效贯彻落实的刑事合规管理体系，是企业规避风险的必要之举。

主流观点认为，美国《海外反腐败法》的颁布，仅仅是企业刑事合规的萌芽。1991年的《联邦量刑指南》则将企业刑事合规制度全面引入法律制度。1991年11月1日，美国联邦量刑委员会修订《联邦量刑指南》，增设第8章《组织量刑》（*Sentencing of Organization*），将合规和道德计划纳入司法评价体系，开启了刑事合规评价制度的先河。《联邦量刑指南》不仅对企业合规对定义作了立法规定，还将企业的合规计划作为罚金刑的法定减轻事由，并设置"监督考验刑"（Probation）。此外还为"有效的"

合规计划规定了相应的认定标准

《联邦量刑指南》规定，刑事合规是"用于预防、发现和制止企业违法犯罪行为的内控机制"。这一对刑事合规界定的概念，已经被世界各国的法律法规所接受和认可。根据《联邦量刑指南》，企业合规不仅可以帮助企业减免刑罚，还可以成为企业是否适用缓刑的重要考量因素。

而在我国，一般认为，企业刑事合规指的是企业通过企业合规管理制度建设，使企业及其员工对业务工作和管理行为，符合刑事法律和刑事政策，从而降低企业和员工实施与企业有关的犯罪的风险，同时将企业刑事合规计划作为企业出罪事由和刑事责任减免因素，降低刑事处罚对企业产生的影响，继而提高企业价值的法律激励机制。2018年7月1日生效的国家标准《合规管理体系指南》也指出："合规意味着组织遵守了适用的法律法规及监管规定，也遵守了相关标准、合同、有效治理原则或道德准则。"

鉴于刑事责任后果的严重性，刑事合规在所有合规计划当中，都应属于重中之重，其核心功能都是预防刑事犯罪、降低公司刑事风险及影响企业刑事责任的有无。具体而言，包括：刑事合规计划影响企业的犯罪成立与否；刑事合规计划影响企业刑罚裁量；刑事合规计划影响对涉罪企业刑事追诉程序与方式的选择。

（二）国企刑事合规风险的类型

北京师范大学中国企业家犯罪预防研究中心对2014年至2018年国有企业犯罪案例进行分析，发现在具体罪名上，可以分为以下几个大类刑事罪名：贪污受贿类犯罪、职务类犯罪、经营类犯罪、诈骗类犯罪、集资类犯罪、安全类犯罪、证券类犯罪[①]。上述罪名，可以将国有企业刑事法律风险

[①]贪污受贿类犯罪包括贪污罪、受贿罪、行贿罪、非国家工作人员受贿罪、单位行贿罪、单位受贿罪、对单位行贿罪、介绍贿赂罪、巨额资产来源不明罪等；职务类犯罪包括挪用公款罪、私分国有资产罪、挪用资金罪、职务侵占罪、滥用职权罪、国有公司人员失职罪等；经营类犯罪包括虚开增值税专用发票罪、串通投标罪，走私普通货物、物品罪，假冒注册商标罪，骗取贷款、票据承兑、金融票证罪，非法占用农用地罪，拒不支付劳动报酬罪，伪造公司印章罪，非法经营罪，生产、销售伪劣商品罪，污染环境罪等；诈骗类犯罪包括合同诈骗罪、诈骗罪等；集资类犯罪包括非法吸收公众存款罪、集资诈骗罪等；安全类犯罪包括重大责任事故罪、污染环境罪等；证券类犯罪包括内幕交易罪等。

分为三类。

一是贪污、腐败、渎职等职务类犯罪，如贪污罪、受贿罪、滥用职权罪、单位受贿罪等。此类案例发生频率最高，占所有案例的60%以上。

二是侵占资产类犯罪，包括挪用公款罪、私分国有资产罪、职务侵占罪、非法占有农用地罪等，此类案件发生频率较低，占比20%。

三是经营类犯罪，包括虚开增值税专用发票罪、串通投标罪、重大责任事故罪、假冒注册商标罪、伪造公司印章罪、非法经营罪、污染环境罪等。

二、刑事合规制度风险识别

目前，我国刑事合规制度建设依据如表7-1所示。

表7-1　我国刑事合规制度建设依据

发文机关	名称	生效时间
国务院国资委	《中央企业全面风险管理指引》	2006年6月6日
银监会	《商业银行风险管理指引》	2006年10月20日
证监会	《上市公司信息披露管理办法》	2007年1月30日
保监会	《保险公司合规管理指引》	2007年9月7日
财政部、证监会、银监会、保监会等	《企业内部控制基本规范》	2008年5月22日
证监会	《证券公司合规管理试行规定》	2008年7月14日
国务院国资委	《中央企业资产损失责任追究暂行办法》	2008年8月18日
商务部	《贸易政策合规工作实施办法（试行）》	2014年12月12日
中共中央、国务院	《关于深化国有企业改革的指导意见》	2015年8月24日
国务院国资委	《关于在部分中央企业开展合规管理体系建设试点工作的通知》	2016年4月18日
国资委、财政部	《企业国有资产交易监督管理办法》	2016年6月24日
保监会	《保险公司合规管理办法》	2016年12月30日
证监会	《证券公司和证券投资基金管理公司合规管理办法》	2017年6月6日
证券业协会	《证券公司合规管理实施指引》	2017年9月8日

发文机关	名称	生效时间
国务院、国资委	《中央企业合规管理指引（试行）》	2018 年 11 月 2 日
国家发改委、外交部、商务部	《企业境外经营合规管理指引》	2018 年 12 月 26 日
国资委	《关于加强中央企业内部控制体系建设与监督工作的实施意见》	2019 年 10 月 19 日
最高人民检察院	在上海浦东、金山、江苏张继刚、山东郯城、广东深圳南山、宝安等 6 家基层检察院开展企业合规改革第一期试点工作	2020 年 3 月
最高人民检察院	决定成立企业合规问题研究指导小组，统筹推进企业合规问题的理论研究和实务指导	2020 年 11 月
最高人民检察院	下发《关于开展企业合规改革试点工作方案》，启动第二期企业合规改革试点工作，试点范围较第一期有所扩大，涉及北京、辽宁、上海、江苏、浙江、福建、山东、湖北、湖南、广东十大省市	2021 年 4 月 8 日
九部门	《关于建立涉案企业合规第三方监督评估机制的指导意见（试行）》（以下简称《第三方评估意见》）	2021 年 6 月 3 日
九部门	《〈关于建立涉案企业合规第三方监督评估机制的指导意见（试行）〉实施细则》（以下简称《第三方评估细则》）、《涉案企业合规第三方监督评估机制专业人员选任管理办法（试行）》（以下简称《第三方专员管理办法》）	2021 年 11 月 22 日
最高人民检察院	最高人民检察院发布第二批共 6 件企业合规典型案例，积极推进第三方监督评估机制的使用	2021 年 12 月 8 日
全国检察长扩大会议	明确涉案企业合规改革第二批试点结束，最高人民检察院将总结经验，在全国检察机关全面推广。最高人民检察院将抓紧立法建议研究工作。做实企业合规，重在落实第三方监督评估机制，着力监督整改	2022 年 1 月 17 日

除上表所示的有关企业合规制度的法律法规之外，在对国企刑事合规风险进行识别、分析过程中，最重要的还是《刑法》及相关司法解释。

（一）刑事合规风险来源不同

根据国有企业刑事风险来源对象的不同，国有企业可能存在的刑事风险大致可以分为以下三个方面。

第一，国有企业内部国家工作人员、非国家工作人员和下属机构的刑事风险。这类风险是国有企业内部工作人员及下属机构所实施的风险，也是国有企业刑事合规风险中最为常见的刑事风险。根据国有企业内部人员是否从事公务，可以将国有企业员工分为国家工作人员和非国家工作人员。《刑法》第九十三条规定，"国有公司、企业、事业单位、人民团体中从事公务的人员和国家机关、国有公司、企业、事业单位委派到非国有公司、企业、事业单位、社会团体从事公务的人员，以及其他依照法律从事公务的人员，以国家工作人员论"。何为"从事公务"呢？2018年中央纪委国家监委印发的《国家监察委员会管辖规定（试行）》第四条规定，国有公司国有企业管理人员，包括国有独资、控股、参股企业及其分支机构等国家出资企业中，由党组织或者国家机关、国有公司、企业、事业单位提名、推荐、任命、批准等，从事领导、组织、管理、监督等活动的人员。因此，在国有企业中，从事领导、组织、管理、监督等活动等人员，属于国有企业中的"国家工作人员"，其他人员属于非国家工作人员。此类风险贯穿于国有企业从设立到发展、清算全流程，分布于企业的生产、采购、销售、审核、检验等经营管理各个环节。其突出表现为国家工作人员的贪污贿赂犯罪，也即廉洁性风险。

第二，国有企业生产经营活动过程中的单位犯罪风险。此类风险突出表现为国有企业生产经营过程中涉及的生产安全犯罪、涉税类犯罪、资源环境类犯罪、非法经营类犯罪、招投标类犯罪、金融类犯罪。国有企业背离合法经营而实施单位犯罪，表明国有企业内控机制出现重大问题。其原因在于国有企业决策管理过程中，集体讨论、决策已经成为国有企业常见的内控手段，决策群体范围的扩大导致国企管理层忽视了管理的风险，法不责众的观念可能已经深埋于心，导致出现刑事合规风险。

第三，国有企业遭受刑事侵害的风险。国有企业遭受外部主体实施的针对国有企业的犯罪是国有企业刑事风险中的重要组成部分。根据侵害主体的不同，可以分为两类：一类是业务接洽过程中，成为外部主体实施犯罪的对象，如合同诈骗罪；另一类是外部主体与内部主体共同实施侵害国有企业利益的刑事风险，包括侵犯商业秘密类犯罪、知识产权类犯罪、廉洁类犯罪及内外勾结的诈骗犯罪。

（二）刑事合规风险发生所依赖的权力不同

根据对众多企业不合规案例事实的统计分析，国有企业在以下七项权力行使的过程，极其容易发生刑事合规事件，决定着刑事合规风险的发生概率。

（1）审核权。审核权是国有企业管理过程中最重要的一项权力，其由国有企业内部各个部门、各个科层的大大小小的"领导"所行使。在国有企业中，对一件事做还是不做、什么时候做、谁来负责做等方面"点头"同意的权力，叫审核权。从最高领导层、执行层关于国有企业的战略目标、重大问题的决策，到子公司最小部门的方案实施，审核权是一个自上而下贯穿企业全局的权力，通过逐级授予、逐级授权的方式，将审核权授予企业组织内部的各个科层，实现企业的正常运营发展。国有企业内部的销售、采购、人事、检验、计量、财务审计等具体业务的开展，都依赖于审核权的行使。审核权对具体业务事前的预判、事中的方案审核、事后的工作成果考核，都具有决定性。因此，审核权可以被认为国有企业运营管理过程中的最大的权力，也是最容易发生权力寻租的权力。因此在国有企业刑事合规风险中，也是最应当给予关注的权力。

（2）市场销售权。国有企业作为国计民生的"根"与"魂"，其改革覆盖面广、错综复杂，是经济体制改革攻坚克难的中心环节。国有企业在整个市场环境中，是基础设施、关乎国计民生的商品的供应者。国有企业是供应者，客户是需求者，国有企业将自身生产的产品销售给广大人民群众的过程，即行使市场销售权的过程，它是国有企业承担社会责任、实现营业收入的一项重要业务权力。市场销售权随行就市，除某些提供垄断商品和服务的国有企业，大部分国有企业仍需要参与市场竞争，对其市场销售仍需要与市场需求方进行商业谈判。在此过程中，如何获得客户的选择和确定市场销售价格，成为市场销售权的核心问题。市场销售权是国有企业对外经营过程中，实现营业收入的关键性权力。

（3）采购权。行使采购权，是指企业在经营活动中从其他市场主体、社会、大自然获得各种生产要素的基本经济活动。行使采购权的核心是客户的选择和确定采购价格，其正好与市场销售权相对。由于国有企业的特殊地位和价值，其采购量大、订单稳定，一个国企采购订单可能足够养活十几家企业，因此在采购权的行使过程中，会产生巨大的利益空间，也会产生巨大的权力寻租空间。采购权行使得当，会极大地降低国有企业生产成本，提供稳定的供应链供给；但同时采购权的行使，也更容易发生刑事合规风险。因此对采购权行使的风险识别和防控，成为国企行使合规中的重点。

（4）人事权。人事权是国有企业进行人力资源管理的专门权力。行使人事权是指专门负责组织正常运行所需要的人力资源开发、管理和运用过程，人事权是通常决定一个人的任职、升迁和罢免的一项权力，决定着企业内部的利益分配格局。由于绝大部分企业处于一种金字塔形的管理体系——高层职务人数少、待遇高，底层职务人数多、待遇低。因此，利益驱使着广大职工不断通过提升业绩、展现工作成果等方式，谋取升迁机会。在此过程中，由于人是有感情的动物，极易因为利益关联、感情的远近亲疏，使人甘冒风险走偏路，通过行贿等手段谋取职位，从而产生廉洁性风险。因此需要在国企刑事合规中予以特别关注。

（5）财务资金权。财务资金权是企业掌握资金流动的重要权力。其通常与公司内部控制审计相关联。凡是涉及业务资金的支配、记账及审计内控，都与财务资金权相关联。

（6）检验计量权。检验计量权，是对外销的物资及从外部采购回来的物资、产品进行检验，待其合格后放行的一项权力。外部采购进企业的物资、产品，应当经过质量、技术、安全等方面的检验、检疫，按照国家行业的标准进行检验、检疫合格后，才能够进入国企供应链体系。在此过程中，若个别物资产品不合格，个别管理人员容易因为个人利益，违规放行，产生廉洁性风险。在产品生产后出厂过程中，若检验人员没有尽职检验抽查，导致不合格产品进入市场，对人体、社会造成损害，容易产生经营性风险。因此检验计量权，是国有企业行使合规风险的重点关注对象。

（7）关键信息权。关键信息权不针对具体业务，它是国有企业在运营管理过程中衍生出的一项权力。在企业外部竞争过程中，依照各自行业分工的不同，自然而然会有信息不对称的情况发生，这种信息不对称的情况有时会成为企业的优势，例如商业秘密、国家秘密、行业数据等。在企业内部，上级掌握权力的人对下级也有信息不对称。由于利益相关方想要获得不对称的信息以提高自己的竞争力，有时会铤而走险，产生利益与关键性信息的不正当交换关系。这也是国有企业刑事合规中的重点。

以上七项权力是国企在生产经营管理过程中极易发生刑事合规风险的权力，其分布在国有企业内部各个岗位、各个业务流程。而且，职位越高的岗位、越接近企业核心业务的业务流程，其权力就越大、越重要，产生刑事合规的风险就越大。基于上述七项权力的合规风险权力识别，构成了刑事合规风险识别的基础。

根据上述对国企刑事合规风险不同的分类方法，我们可以得出一套国有企业刑事合规风险识别流程：只要我们在各个岗位、各个业务流程中，对不同刑事合规风险来源主体，识别了其在上述七项关键性权力的风险情况，并且逐一标注说明，就识别了国有企业的刑事合规风险点。

三、国有企业刑事合规风险评估防范

如何在国企内部开展有效的刑事合规风险识别评估，这根据每个国企所处的行业、规模有不同的解决方案，并不存在一套适用所有国企的识别流程。各国有企业可以根据自身所处的行业、领域，并参照《合规管理体系指南》，制定适用于适合本企业的刑事合规风险识别计划，开展刑事合规风险分析评估工作。

在开展刑事合规风险识别分析评估流程的过程中，要确保刑事合规风险识别分析评估方法适用本企业，这要求根据企业所在的行业、领域、业务复杂程度、风险高低、主要经营市场、市场规模、企业结构、企业文化及主要客户类型，进行与企业匹配的刑事合规风险评估。

我们将根据刑事合规风险的来源不同，基于不同岗位和不同业务流程，针对前文所述七项权力及其所涉及的刑法中的罪名，制作出相应风险识别刑事合规风险识别图。

基于岗位的刑事合规风险识别评估，即根据不同岗位上国有企业员工的职责内容来识别评估分配在岗位职责中的刑事合规风险。其需要明确一个岗位需要负责什么职责，列明岗位职责内容清单，并根据岗位职责内容清单，识别岗位职责对应的七项权力，如表7-2、表7-3所示；根据岗位需要负责的职责权力，制作基于权力的岗位刑事风险识别图。

　　根据不同岗位的岗位职责内容，以及其所对应的企业权力内容，识别其企业刑事合规风险点和刑事合规义务，分析该刑事风险发生的后果，评估风险等级，为企业是否采取风险管理措施提供依据。

表7-2　岗位职责内容清单

岗位名称		岗位级别	
职责项数	岗位职责内容	岗位目标	岗位对应的权力
1			
2			
3			

表7-3 基于权力的岗位刑事风险识别图

岗位名称		编号	1	2	3	4	5	6	7	岗位职责义务	岗位职责刑事风险
岗位性质		权力职责	审核权	市场销售权	采购权	人事权	财务资金权	检验计量权	关键信息权		
岗位职责	职责1										
	职责2										
	职责5										
	职责5										
	职责6										
	职责7										
	岗位职责刑事合规义务										
	岗位职责刑事风险识别										

第二节　国有企业刑事风险类型

一、国有企业内部人员的刑事风险

国有企业是我国经济发展中的中流砥柱，涉及各行各业，把握着国家命脉，因而其在日常经营管理过程中存在的刑事风险也多种多样。其中，最为重要的风险是"人的风险"。在国有企业日常经营管理的过程中，可根据行政管理法律规定，将人员分为国家工作人员、国有企业人员、非国家工作人员。针对不同主体身份的国有企业人员，《刑法》共规定了18种罪名加以规制，如图7-1所示。那么如何分辨国有企业内部人员属于何种主体身份呢？我们分别予以探讨。

为了更好地保护国有资产，国家在监察体制改革中将国企人员纳入监察委管辖。《监察法》第十五条第三款规定："监察机关对下列公职人员和有关人员进行监察：……（三）国有企业管理人员。"

根据中央纪委国家监察委法规室编写、中国方正出版社出版的《〈中华人民共和国监察法〉释义》规定，国有企业管理人员，根据《国有企业领导人员廉洁从业若干规定》等有关规定和实践需要，作为监察对象的国有企业管理人员，主要是国有独资企业、国有控股企业（含国有独资金融企业和国有控股金融企业）及其分支机构的领导班子成员，包括设董事会的企业中由国有股权代表出任的董事长、副董事长、董事，总经理、副总经理，党委书记、副书记、纪委书记，工会主席等；未设董事会的企业的总经理（总裁）、副总经理（副总裁），党委书记、副书记、纪委书记，工会主席等。此外，对国有资产负有经营管理责任的国有企业中层和基层管理人员，包括部门经理、部门副经理，总监、副总监，车间负责人等；

在管理、监督国有财产等重要岗位上工作的人员，包括会计、出纳人员等；国有企业所属事业单位领导人员，国有资本参股企业和金融机构中对国有资产负有经营管理责任的人员，也应当理解为国有企业管理人员的范畴，涉嫌职务违法和职务犯罪的，监察机关可以依法调查。

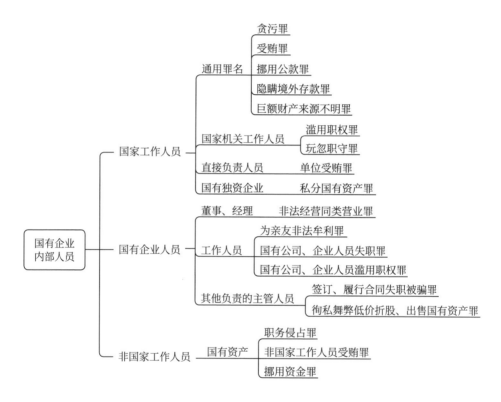

图 7-1　国有企业内部人员刑事风险对照图

然而，在《刑法》及相关立法解释、司法解释中，并没有国有企业、国有企业管理人员的定义，只是在2010年11月最高人民法院、最高人民检察院发布的《关于办理国家出资企业中职务犯罪案件具体应用法律若干问题的意见》（法发〔2010〕49号，以下简称《国家出资企业意见》）中规定了国家出资企业包括国家独资企业、国有资本控股公司、参股公司。下面，我们对国企内部人员不同主体依次进行探讨。

（一）国家工作人员

1.国家工作人员的认定

国家工作人员是指国企中从事公务的人员和国家机关、国企、事业单位委派到非国企从事公务的人员。

根据《刑法》第九十三条的规定，国家工作人员是指国家机关中从事公务的人员。国有公司、企业、事业单位、人民团体中从事公务的人员和国家机关、国有公司、企业、事业单位委派到非国有公司、企业、事业单位、社会团体从事公务的人员，以及其他依照法律从事公务的人员，以国家工作人员论。因此国家工作人员可分为四类：

（1）国家机关中从事公务的人员。

（2）国有公司、企业、事业单位、人民团体中从事公务的人员。

（3）国有公司、企业、事业单位委派到非国有公司、企业、事业单位、社会团体从事公务的人员（委派型国家工作人员）。

（4）其他依照法律从事公务的人员。

其中，与国有公司内部人员的国家工作人员有关的认定应当从第二、第三项中认定："国有公司中从事公务的人员""国有公司委派到非国有公司从事公务的人员"。刑法属于后置法，其法律地位既具有从属性，又具有独立性，刑法的独立性表明刑法中的概念不能照搬于其他法律。在国有企业国家工作人员的认定中，"国有企业"和"从事公务"的概念，有其独立的解释。

根据2001年最高人民法院给重庆市高院《关于在国有资本控股、参股的股份有限公司中从事管理工作的人员利用职务便利非法占有本公司财物如何定罪问题的批复》，国有资本控股、参股的股份有限公司中从事管理工作的人员，除受国家机关、国有公司、企业、事业单位委派从事公务的以外，不属于国家工作人员。因此，刑法中针对贪污贿赂罪、渎职罪的国企，是指国有独资企业，不包含国有控股、参股企业。

根据2003年发布的《全国法院审理经济犯罪案件工作座谈会纪要》规定，所谓委派，即委任、派遣，其形式多种多样，如任命、指派、提名、批准等。不论被委派的人身份如何，只要是接受国家机关、国有公司、企业、事业单位委派，代表国家机关、国有公司、企业、事业单位在非国有公司、企业、事业单位、社会团体中从事组织、领导、监督、管理等工作，都可以认定为国家机关、国有公司、企业、事业单位委派到非国有公司、企业、事业单位、社会团体从事公务的人员。如国家机关、国有公司、企业、事业单位委派在国有控股或者参股的股份有限公司从事组织、领导、监督、管理等工作的人员，应当以国家工作人员论。国有公司、企业改制为股份有限公司后，原国有公司、企业的工作人员和股份有限公司新任命的人员中，除代表国有投资主体行使监督、管理职权的人外，不以国家工作人员论。

根据2005年出台的《关于如何认定国有控股、参股股份有限公司中的国有公司、企业人员的解释》，国有公司、企业委派到国有控股、参股公司从事公务的人员，以国有公司、企业人员论。

根据2010年发布的《国家出资企业意见》，经国家机关、国有公司、企业、事业单位提名、推荐、任命、批准等，在国有控股、参股公司及其分支机构中从事公务的人员，应当认定为国家工作人员。具体的任命机构和程序，不影响国家工作人员的认定；经国家出资企业中负有管理、监督国有资产职责的组织批准或者研究决定，代表其在国有控股、参股公司及其分支机构中从事组织、领导、监督、经营、管理工作的人员，应当认定为国家工作人员。国家出资企业中的国家工作人员，在国家出资企业中持有个人股份或者同时接受非国有股东委托的，不影响其国家工作人员身份的认定。

从以上规定来看，刑法意义上的国有公司仅限于国有独资公司，这也是长期刑事司法实践中的一贯标准。

如何认定国家出资企业中工作人员的主体身份？下文以李培光职务侵占、挪用资金案为例展开分析。

案情简介：被告人李培光，男，原系中铁三局集团有限公司第四工程有限公司（以下简称中铁三局四公司）南广铁路NGZQ-4项目部一分部财务主任。2010年9月8日因涉嫌犯挪用公款罪被逮捕。广西壮族自治区人民检察院南宁铁路运输分院以被告人李培光犯贪污罪和挪用公款罪，向南宁铁路运输中级法院提起公诉。南宁铁路运输中级法院经公开审理查明以下事实。

①贪污事实：

2009年5月至9月，被告人李培光利用担任中铁三局四公司南广铁路NGZQ-4项目部一分部财务主任的职务便利，多次到贵港市港北区税务局虚开收款人为林建顺、谢茂全，总金额为人民币1247040元的发票4张，在单位报账后将1247040元据为己有。

②挪用公款事实：

2010年3月，被告人李培光利用担任中铁三局四公司南广铁路一分部财务主任的职务便利，挪用公款共计860000元归个人使用，进行营利活动。

南宁铁路运输中级法院判处被告人李培光犯贪污罪，有期徒刑7年。犯挪用公款罪，判处有期徒刑5年。一审宣判后，被告人李培光提出上诉。

广西壮族自治区高级人民法院改判上诉人李培光犯职务侵占罪，判处有期徒刑4年；犯挪用资金罪，判处有期徒刑3年；数罪并罚，决定执行有期徒刑6年。

裁判理由：从形式要件分析，认定国家出资企业中的国家工作人员一般要求行为人的职务系经党政联席会等形式批准、任命。

中国中铁股份有限公司上市前名称为中国铁路工程总公司（国有企业），2007年9月，中国铁路工程总公司改制注册为中国中铁股份有限公司，主管机构为国务院国资委。2007年12月，中铁公司上市后，公司股本结构为中国铁路工程总公司持股占58.30%，境内社会公众持股占21.95%，境外社会公众及社保基金理事会持股19.75%。据此，可以认定中国中铁股份有限公司上市后成为国有控股公司，即国家出资企业。

中铁三局集团有限公司（以下简称中铁三局）的前身为铁道部第三工程局，创建于1952年。2000年11月28日改制成立中铁三局集团，股东为中国铁路工程总公司和中铁三局职工持股会。2007年3月，该公司将全部职工个人股权转让给第一股东中国铁路工程总公司，随中国铁路工程总公司整体上市成立中国中铁股份有限公司，中铁三局成为中国中铁股份有限公司的全资子公司，中铁三局四公司系中铁三局的全资子公司。

由上可见，被告人李培光所在中铁三局四公司系上市公司中铁股份有限公司的三级全资子公司，因中铁股份有限公司已经上市，并非国有公司，该公司性质上属于国家出资企业，并非国有公司。李培光在实施相关犯罪行为时，担任中铁三局四公司南广铁路项目部一分部财务主任，直接负责经手、管理所在单位财务，从其岗位职责来讲，属于关键岗位，具有"从事监督、经营、管理工作"的特点。但其是否属于国家工作人员，根据"两高"发布的《国家出资企业意见》的相关规定，要考察其是否具有"经国家出资企业中负有管理、监督国有资产职责的组织批准或者研究决定，代表其在国有控股、参股公司及其分支机构中从事组织、领导、监督、经营、管理工作"的情况。

从现有证据看，中铁三局四公司改制后，全体员工全部重新签订劳动合同，2005年李培光重新签订劳动合同，成为一名劳动合同制员工。李培光在该公司系一名普通工作人员，无任何行政级别，只有技术职称，其工作调动不需要经过公司的任何会议研究决定，而是公司人力资源部根据项目设置和项目需要进行人员调配的。李培光担任中铁三局四公司南广铁路一分部财务主任一职，是经过公司人力资源部提名、主管领导总会计师同意，报公司总经理任命的，因为财务人员不是领导班子成员，故一般无须公司领导层或党政联席会讨论、批准、任命，事实上也没有经过有关会议讨论、批准、任命。因此，李培光担任该职务并非属于"经国家出资企业中负有管理、监督国有资产职责的组织批准或者研究决定"。

从实质要件分析，国家出资企业中的国家工作人员代表负有管理、监督国有资产职责的组织在国有控股、参股公司及其分支机构中从事组织、领导、监督、经营、管理工作。

在国有控股、参股公司中，国家工作人员身份的认定中，除了需要审查行为人的任命程序，还需要审查其是否"代表负有管理、监督国有资产职责的组织"，从事"组织、领导、监督、经营、管理工作"。这一审查主要围绕以下三个特征进行：（1）代表性。作为授权方的负有管理、监督国有资产职责的组织，与作为被授权方的国家工作人员，通过批准、研究决定等政治授权行为方式，产生一种认可被授权方法律行为所建立的法律关系的效果，并将这种法律关系最终归属于国家。也即在国家出资企业中，国家工作人员系代表国有资产的监督、管理组织从事工作，这种代表性是认定国家工作人员身份的首要特征。（2）公务性。公务是管理性的事务，而不是一般的技术性、业务性的活动，与劳务相比，其具有明显的管理属性。公务与职权具有紧密的关联。（3）与国有资产的紧密关联性。对于经党政联席会等形式批准、任命的人员，实践中把握的原则是，只要从事的是公务，一般都认定为国家工作人员。但对于未经党政联席会等形式批准、任命的人员，还要区分是公司整体的公务，还是代表国有资产管理、监督部门从事公务，只有代表国有投资主体行使监督、管理国有资产的职权，才能认定为国家工作人员。本案中，无证据证实被告人李培光属于"受国家机关、国有公司、企业、事业单位委派从事公务"的情形，综合案情和各种证据分析，难以认定其代表国有投资主体行使监督、管理国有资产的职权，因此，从实质层面分析，不应认定李培光具有国家工作人员的身份。

综上，本案被告人职权的变动并未经负有管理、监督国有资产职责的组织批准或者研究决定，其所从事的工作也并非代表国有投资主体在国家出资企业中从事公务。因此，不能认定李培光为国家工作人员，其利用职务便利，将本单位资金非法占为己有的行为，构成职务侵占罪；同时，其挪用本单位资金归个人使用的行为，构成挪用资金罪。

从上述案例中可知，在认定国有企业内部人员的国家工作人员身份过程中，首先，需要判断该国有公司是否属于"刑法上的国有公司"。刑法意义上的国有企业概念不同于一般意义上的国有企业概念，其仅仅包含国有独资公司，而不包括国有控股、参股、出资公司。其次，判断该名国有企业工作人员任命程序属于该国有企业自行任命还是上级委派。若该国有企业工作人员的任职来自该国有企业自行任命，因该国有企业不属于"刑法意义上的国有企业"，故不能认定其为国家工作人员；若该国有企业（国家出资企业）工作人员的任职来自上级委派，一般要求行为人的职务系经党政联席会等形式批准、任命，并在具体事务中代表负有管理、监督国有资产职责的组织在国有控股、参股公司及其分支机构中从事组织、领导、监督、经营、管理工作。最后，判断其是否属于"从事公务"。在实践中，只有代表国有资产管理、监督部门从事公务，只有代表国有投资主体行使监督、管理国有资产的职权，才能认定为国家工作人员。

此外，根据《刑法》的相关规定，在国有企业中，国家工作人员可分为普通国家工作人员、国家机关工作人员、直接负责人员与国有独资企业本身，接下来我们根据不同种国家工作人员分析其刑事法律风险。

2."国家工作人员"涉及的普遍刑事犯罪风险

国家工作人员涉及的普遍刑事犯罪风险指的是国有企业中，具有国家工作人员身份的国企内部人员都能够涉及的刑事犯罪风险。该风险在国企中具有普遍性，其主要涉及的罪名有：受贿罪、贪污罪、挪用公款罪、巨额财产来源不明罪、隐瞒境外存款罪。

根据北京师范大学发布的《中国企业家刑事风险报告》中的内容，国企内部人员触犯的罪名中，受贿罪、贪污罪、挪用公款罪排名前三，三个罪名占据了国企内部人员犯罪的大半，成为国企刑事合规中最需要关注的对象。

（1）受贿罪。受贿罪作为国有企业刑事风险中犯罪数量最多的罪名，在国企刑事合规中具有举足轻重的地位。由于国有企业掌握着国家经济命脉，支配巨量的社会资源，其管理人员拥有巨大的权力，因此也出现了巨大的权力寻租空间，是腐败风险的高发区。

《刑法》第三百八十五条规定，国家工作人员利用职务上的便利，索取他人财物的，或者非法收受他人财物，为他人谋取利益的，是受贿罪。国家工作人员在经济往来中，违反国家规定，收受各种名义的回扣、手续费，归个人所有的，以受贿论处。其第三百八十六条规定，对犯受贿罪的，根据受贿所得数额及情节，依照本法第三百八十三条（贪污罪的处罚规定）的规定处罚。索贿的从重处罚。《刑法》第三百八十八条规定，国家工作人员利用本人职权或者地位形成的便利条件，通过其他国家工作人员职务上的行为，为请托人谋取不正当利益，索取请托人财物或者收受请托人财物的，以受贿论处。

根据《刑法》及相关司法解释规定，受贿罪包括以下几种行为方式：

A.索取型受贿，利用职务上的便利，索取他人财物。

B.收受型受贿，非法收受他人财物，为他人谋取利益。

C.经济型受贿，国家工作人员在经济往来中，违反国家规定，收受各种名义的回扣、手续费，归个人所有的行为。

D.斡旋型受贿，国家工作人员利用本人职权或者地位形成的便利条件，通过其他国家工作人员职务上的行为，为请托人谋取不正当利益，索取请托人或者收受请托人财物的行为。

E.交易型受贿，国家工作人员利用职务上的便利为请托人谋取利益，以交易的形式收受请托人财物的行为。

F.干股分红型受贿，国家工作人员利用职务上的便利为请托人谋取利益，收受请托人提供的干股的行为。

G.合作投资型受贿，国家工作人员利用职务上的便利为请托人谋取利益，以开办公司等合作投资名义收受请托人财物的行为。

H.委托理财型受贿，国家工作人员利用职务上的便利为请托人谋取利益，以委托请托人投资证券、期货、基金或者其他委托理财的名义，未实际出资而获取"收益"，或者虽然实际出资，但获取"收益"明显高于出资应得收益的行为。

I.赌博型受贿，国家工作人员利用职务上的便利为请托人谋取利益，通过赌博方式收受请托人财物的行为。

J."挂名"领薪型受贿，国家工作人员利用职务上的便利为请托人谋取利益，要求或者接受请托人以给特定关系人安排工作为名，使特定关系人不实际工作却获取所谓薪酬的行为。

K.特定关系人收受型受贿，国家工作人员利用职务上的便利为请托人谋取利益，授意请托人以交易、合作投资、委托理财、赌博、挂名领薪等形式，将有关财物给予特定关系人的行为。

L.离职后收受型受贿，国家工作人员利用职务上的便利为请托人谋取利益之前或者之后，约定在其离职后收受请托人财物，并在离职后收受的行为。

从受贿的标的物来看，2016年《最高人民法院、最高人民检察院关于办理贪污贿赂刑事案件适用法律若干问题的解释》（法释〔2016〕9号）规定，受贿犯罪中的"财物"，包括货币、物品和财产性利益。财产性利益包括可以折算为货币的物质利益如房屋装修、债务免除等，以及需要支付货币的其他利益如会员服务、旅游等。

如何认定"利用职务上的便利"，2003年11月13日最高人民法院发布的《全国法院审理经济犯罪案件工作座谈会纪要》规定，《刑法》第三百八十五条第一款规定的"利用职务上的便利"，既包括利用本人职务上主管、负责、承办某项公共事务的职权，也包括利用职务上有隶属、制约关系的其他国家工作人员的职权。担任单位领导职务的国家工作人员通过不属自己主管的下级部门的国家工作人员的职务为他人谋取利益的，应当认定为"利用职务上的便利"为他人谋取利益。

在认定"为他人谋取利益"的认定上，《全国法院审理经济犯罪案件工作座谈会纪要》明确，"为他人谋取利益包括承诺、实施和实现三个阶段的行为。只要具有其中一个阶段的行为，如国家工作人员收受他人财物时，根据他人提出的具体请托事项，承诺为他人谋取利益的，就具备了为他人谋取利益的要件。明知他人有具体请托事项而收受其财物的，视为承诺为他人谋取利益"。2016年《最高人民法院、最高人民检察院关于办理贪污贿赂刑事案件适用法律若干问题的解释》对此进一步明确，具有以下情形之一的，应当认定为"为他人谋取利益"：

A.实际或者承诺为他人谋取利益的。

B.明知他人有具体请托事项的。

C.履职时未被请托，但事后基于该履职事由收受他人财物的。

D.国家工作人员索取、收受具有上下级关系的下属或者具有行政管理关系的被管理人员的财物价值3万元以上，可能影响职权行使的，视为承诺为他人谋取利益。

此外，根据《刑法》第三百八十六条，犯受贿罪的，其处罚依照贪污罪相关规定处罚，索贿的从重处罚。根据《最高人民法院、最高人民检察院关于办理贪污贿赂刑事案件适用法律若干问题的解释》，受贿3万元以上不满20万元的，应当认定为数额较大，依法判处3年以下有期徒刑或者拘役，并处罚金；受贿数额在1万元以上不满3万元，具有以下情形的，应当认定有"其他严重情节"，依法判处3年以下有期徒刑或者拘役，并处罚金：

A.曾因贪污、受贿、挪用公款受过党纪、行政处分的。

B.曾因故意犯罪受过刑事追究的。

C.赃款赃物用于非法活动的。

D.拒不交代赃款赃物去向或者拒不配合追缴工作，致使无法追缴的。

E.造成恶劣影响或者其他严重后果的。

F.多次索贿的。

G.为他人谋取不正当利益，致使公共财产、国家和人民利益遭受损失的。

H.为他人谋取职务提拔、调整的。

受贿数额在20万元以上不满300万元的，应当认定为《刑法》第三百八十三条第一款规定的"数额巨大"，依法判处3年以上10年以下有期徒刑，并处罚金或者没收财产；受贿数额在10万元以上不满20万元，具有上述八种情形之一的，应当认定为《刑法》第三百八十三条第一款规定的"其他严重情节"，依法判处3年以上10年以下有期徒刑，并处罚金或者没收财产。

受贿数额在300万元以上的，应当认定为《刑法》第三百八十三条第一款规定的"数额特别巨大"，依法判处10年以上有期徒刑、无期徒刑或者死刑，并处罚金或者没收财产。受贿数额在150万元以上不满300万元，具有上述八种情形的，应当认定为《刑法》第三百八十三条第一款规定的"其他特别严重情节"，依法判处10年以上有期徒刑、无期徒刑或者死刑，并处罚金或者没收财产。

【司法案例】

裁判要旨：行为人分别在国有独资公司委派到国有参股公司、国有参股公司改制为非国家出资企业任职期间收受贿赂的行为，应当分别认定为受贿罪和非国家工作人员受贿罪。对行为人分别定罪后，数罪并罚。

案情简介：被告人杨孝理，男，尤溪县电力公司职工，2001年1月11日至2003年4月任尤溪县银龙电力建设工程有限责任公司（以下简称银龙公司）经理，2003年4月至2004年11月任尤溪县银力电力工程有限责任公司（以下简称银力公司）经理。2012年6月16日因涉嫌受贿罪被逮捕。

尤溪县人民检察院指控，2001年至2004年11月，被告人杨孝理在担任尤溪县电力公司下属的银龙公司、银力公司经理期间，利用职务上的便利，在安排电工电器货款、工程人工费、指定工程承包人的过程中，非法收受他人贿赂人民币（以下币种同）60000元，并为他人谋取利益，应当以受贿罪追究其刑事责任。

尤溪县人民法院认为，银龙公司系国有参股公司，被告人杨孝理受尤溪县电力公司委派至该公司担任公司经理，履行组织、领导、监督、管理职责，系从事公务，其在担任该公司经理期间，利用职务便利收受他人贿赂30000元，为他人牟利，其行为构成受贿罪。但由银龙公司改制成功的银力公司系电力公司职工个人出资，没有国有股份，不属于国家出资企业。杨孝理系根据银力公司全体股东会研究决定担任该公司经理，在银力公司管理电力公司职工个人出资的资金，其行使的不是国家公务，利用经理的职务便利，收受他人贿赂30000元，为他人牟利，其行为构成非国家工作人员受贿罪。尤溪县人民法院以被告人杨孝理犯受贿罪，判处有期徒刑2年；犯非国家工作人员受贿罪，判处有期徒刑1年；决定执行有期徒刑2年6个月。

（2）贪污罪与挪用公款罪。贪污罪与挪用公款罪国有企业刑事风险中，是触犯次数第二、第三高的罪名。两罪名在构成要件上具有相似性，在司法事件中容易混淆。其常见的争议焦点包括：如何区分这两个罪名、"利用职务便利"的认定、"非法占有目的"的认定及挪用公款归个人使用的认定等。

A.贪污罪。《刑法》第三百八十二条规定，国家工作人员利用职务上的便利，侵吞、窃取、骗取或者以其他手段非法占有公共财物的，是贪污罪。受国家机关、国有公司、企业、事业单位、人民团体委托管理、经营国有财产的人员，利用职务上的便利，侵吞、窃取、骗取或者以其他手段非法占有国有财物的，以贪污论。与前两款所列人员勾结，伙同贪污的，以共犯论处。《刑法》第三百九十四条规定，国家工作人员在国内公务活动或者对外交往中接受礼物，依照国家规定应当交公而不交公，数额较大的，依照贪污罪定罪处罚。《刑法》第一百八十三条规定，国有保险公司工作人员和国有保险公司委派到非国有保险公司从事公务的人员有利用职务上的便利，故意编造未曾发生的保险事故进行虚假理赔，骗取保险金归自己所有的，依照本法贪污罪的规定定罪处罚；《刑法》第二百七十一条规定，国有公司、企业或者其他国有单位中从事公务的人员和国有公司、企业或者其他国有单位委派到非国有公司、企业及其他单位从事公务的人员有职务侵占行为的，依照贪污罪的规定定罪处罚。

根据《刑法》相关规定，贪污罪的主体是国家工作人员，国有企业中的国家工作人员的范围前述有论，在此不赘。另外，根据《刑法》第三百八十二条第二款的规定，受国家机关、企业、事业单位、人民团体委托管理、经营国有财产的人员，可以成为本罪的主体。其条件是：第一，被委托人原本不是管理、经营国有财产的人员；第二，委托单位必须是国家机关、国有公司、企业、事业单位、人民团体；第三，委托的内容是承包、租赁、聘用等管理、经营国有财产；第四，委托具有合法性。在国有企业刑事风险防范中，接受国有企业委托承包、租赁、聘用等管理经营国有资产的主体，也可以成为贪污罪的行为主体。国有保险公司的工作人员和国有保险公司委派到非国有保险公司从事公务的人员利用职务上的便利，故意编造围城发生保险事故进行虚假理赔，骗取保险金归自己所有的，以贪污罪论。

贪污罪的客观行为是利用职务上的便利，侵吞、窃取、骗取或以其他手段非法占有公共财物。其中要点有三：

第一，必须利用职务上的便利。利用职务上的便利是指职务上的主观、管理、经营、经手公共财物的权力及便利条件。"主观"，主要是指负责调拨、处置及其他支配公共财物的职务活动；"管理"，是指负责保管、处理及其他使公共财物不流失的职务活动；"经营"，是指将公共财物作为生产、流通手段等使公共财物增值的职务活动。在国有企业内部，不能认为只要相关国家工作人员利用了职务便利获取财物，就必然构成贪污罪，只有国家工作人员对公共财物享有支配权、决定权，或者对具体支配财物对人员处于领导、指示、支配地位，进而利用职务上的便利的，才能认定为贪污罪。否则只能认定为盗窃罪、诈骗罪。

第二，必须使用侵吞、窃取、骗取或以其他手段非法占有公共财物。贪污罪中的"侵吞"，是指将自己基于职务而管理、控制、支配、占有下的财物占为己有，所谓的监守自盗，不过是一种典型的侵吞；所谓窃取，是指将自己基于职务而共同占有、支配或者辅助、监视占有下的本单位财物非法占为己有；所谓骗取，是指行为人基于自己作为单位成员的身份或地位，欺骗管理、控制、支配、占有本单位财物的人员，使其作出将本单位财物处分给行为人的决定，进而取得财物；所谓其他手段，是指将个人债务转移给本单位承担。

第三，行为对象必须是公共财物，而不能是公民私人所有的财物。公共财物包括公款和公物，其中不对公款、公物的合法性作出要求，例如贪污国有企业收受的回扣、贪污国有企业合同诈骗所得的财物。公共财物不限于有体物，财产性利益也属于公共财物，例如土地使用权、债权等。

贪污罪的处罚与受贿罪一致。

B.挪用公款罪。《刑法》第三百八十五条规定，国家工作人员利用职务上的便利，挪用公款归个人使用，进行非法活动的，或者挪用公款数额较大、进行营利活动的，或者挪用公款数额较大、超过3个月未还的，是挪用公款罪，处5年以下有期徒刑或者拘役；情节严重的，处5年以上有期徒刑。挪用公款数额巨大不退还的，处10年以上有期徒刑或者无期徒刑。挪用用于救灾、抢险、防汛、优抚、扶贫、移民、救济款物归个人使用的，从重处罚。《刑法》第一百八十五条规定，国有商业银行、证券交易所、期货交易所、证券公司、期货经纪公司、保险公司或者其他国有金融机构的工作人员和国有商业银行、证券交易所、期货交易所、证券公司、期货经纪公司、保险公司或者其他国有金融机构委派到前款规定中的非国有机构从事公务的人员有前款行为的，依照挪用公款罪的规定定罪处罚。

本罪构成要件的内容是国家工作人员利用职务上的便利，挪用公款归个人使用，分为三种情况：一是挪用公款进行非法活动；二是挪用公款数额较大，进行营利活动；三是挪用公款数额较大，归个人使用，超过3个月未还。

本罪同样要求利用职务上的便利，在此不赘。本罪的行为对象是公款，包括挪用用于救灾、抢险、防汛、优抚、扶贫、移民、救济款物归个人使用。公款不等于现金。挪用公有国库券的行为，以挪用公款论处；挪用金融凭证、有价证券用于质押，使公款处于风险之中，与挪用公款为他人提供担保没有实质区别，应以挪用公款罪论处。挪用非特定公物归个人使用的，不以挪用公款论处。

C.贪污罪与挪用公款罪的区分。

（a）同样是侵犯了本单位的财产，贪污罪与挪用公款罪两项罪名的界限在哪里？

根据《刑法》第三百八十二条、第三百八十四条，贪污罪和挪用公款罪的适用对象都是国家工作人员，其主要区别如下：

第一，在主观方面，二者的故意内容不同。挪用公款罪是为了临时"使用"而暂时占有公款，准备将来归还；而贪污罪则是为了将公款归为己用而占有公款，不准备归还。

第二，行为方式不同。挪用公款罪在账面上、他人面前留有"挪用"的痕迹，甚至留下借条，没有平账，仔细查问就可以知道公款是否被行为人挪用；而贪污罪则必然不择手段地隐瞒、掩盖其侵吞、窃取、骗取公款的行为，因此，很难发现公款已被侵占，即使因怀疑而追查，也很难弄清该公款已被行为人非法占有，因为行为人已涂改或者销毁了账簿，以假货、次货填补了被自己侵吞的货物等。

挪用公款构成犯罪的，分为三种情形：其一，挪用公款归个人使用，进行非法活动的；其二，挪用公款数额较大、进行营利活动的；其三，挪用公款数额较大、超过3个月未还的。其中，对于挪用公款进行非法活动的，对数额和事件均无要求。

贪污公共财物构成犯罪，要求是以侵吞、窃取、骗取或者以其他手段非法占有公共财物。

第三，对财产权利的侵害程度对不同。挪用公款罪侵犯的是公款的占有、使用和收益权，没有侵犯公款的处分权；贪污罪侵犯的是公共财物（包括公款）的占有、使用、收益和处分权。

第四，犯罪对象的范围不同。挪用公款罪的犯罪对象主要为公款，此外还包括用于救灾、抢险、防汛、优抚、扶贫、移民、救济的特定物品；而贪污罪的犯罪对象是公共财物，既包括公款，又包括公物，犯罪对象的范围明显大于挪用公款罪。

（b）挪用公款罪与贪污罪如何相互转化？

在实践中，对挪用资金罪和贪污罪之间的罪名转化，是司法实践中认定的难点。为此，2003年最高人民法院在《全国法院审理经济犯罪案件工作座谈会纪要》明确，具有以下情形之一，可以认定行为人具有非法占有公款的目的：

第一，根据《最高人民法院关于审理挪用公款案件具体应用法律若干问题的解释》第六条的规定，行为人"携带挪用的公款潜逃的"，对其携带挪用的公款部分，以贪污罪定罪处罚。

第二，行为人挪用公款后采取虚假发票平账、销毁有关账目等手段，使所挪用的公款已难以在单位财务账目上反映出来，且没有归还行为的，应当以贪污罪定罪处罚。

第三，行为人截取单位收入不入账，非法占有，使所占有的公款难以在单位财务账目上反映出来，且没有归还行为的，应当以贪污罪定罪处罚。

第四，有证据证明行为人有能力归还所挪用的公款而拒不归还，并隐瞒挪用的公款去向的，应当以贪污罪定罪处罚。

【司法案例】

裁判要旨：被告人身为国有企业从事公务的人员，利用职务上的便利，挪用公款进行营利活动，情节严重，其行为已构成挪用公款罪。

案情简介①：（1）被告人孙红群利用职务上的便利，挪用公款200万元进行营利活动。

2019年5月，漯河市召陵区城市投资有限公司（以下简称召陵城投公司）因银行授信额度不足，无法直接从银行贷款，经研究决定借用漯河鹏楷建筑工程有限公司（以下简称漯河鹏楷公司，实际控制人孙红群，法定代表人魏某）资质，由万金建设投资有限公司（以下简称万金建投公司）提供担保，从召陵区农信社贷款950万元，并商定950万元贷款归万金建投公司全额实际使用，万金建投公司负责偿还借款期间的本金及利息，按7.5%的比例给漯河鹏楷公司留下保证金。同时，为规避银行资金监管，被

---

① （2021）豫1104刑初138号刑事判决书。

告人孙红群安排漯河鹏楷公司与漯河市鸿成混凝土有限公司（以下简称漯河鸿成公司，实际控制人李某某，业务负责人刘某某）签订虚假购买混凝土合同，并经该公司账户过账。

2019年6月28日，召陵区农信社放贷后向漯河鹏楷公司账户转入950万元贷款，被告人孙红群安排魏某将950万元转入漯河鸿成公司账户，随后又安排魏某通知刘某某于2019年7月3日、7月4日通过漯河鹏楷公司转入万金建投公司678.75万元，漯河鹏楷公司按照会议商定留下贷款金额的7.5%即71.25万元作为保证金。被告人孙红群私自安排魏某通知刘某某于2019年7月3日将剩余的200万元分两笔转入漯河正邦金运肉食品有限公司（以下简称漯河正邦公司），用于该公司经营使用。案发后，漯河正邦公司以两套房折抵漯河鹏楷公司未支付万金建投公司的200万元。

（2）被告人孙红群利用职务上的便利，挪用公款185万元进行营利活动。

2020年初，召陵城投公司、万金建投公司、漯河市东城经济开发有限公司（以下简称东城经开公司）三方签订借款合同，由东城经开公司作为贷款主体，召陵城投公司担保向郑州银行股份有限公司申请贷款资金，由万金建投公司实际使用并由万金建投公司偿还本息。同时，为规避银行监管，被告人孙红群找到漯河瑞景建材有限公司（以下简称漯河瑞景公司）法定代表人刘某某，对其提出需要借用其公司账户过账，刘某某同意。

2020年5月28日，郑州银行股份有限公司向东城经开公司发放2000万元贷款，东城经开公司分别于2020年5月29日、6月3日将2000万元贷款全额转入漯河瑞景公司，孙红群安排刘某某分多笔转入漯河鹏楷公司1635万元、漯河市大旭商贸有限公司（以下简称漯河大旭公司）315万元，共计1950万元，关于剩余的50万元，被告人孙红群私自决定借给刘某某个人经营使用，2020年9月9日，刘某某将50万元归还万金建投公司。另1635万元转入漯河鹏楷公司后，被告人孙红群安排魏某将1500万元转给万金建投公司，关于剩余的135万元公款，孙红群于2020年6月5日私自决定用于漯河鹏楷公司经营使用。漯河鹏楷公司于2020年6月24日、9月2日、12月21日分三次将135万元归还万金建投公司。

河南省漯河市召陵区人民法院认为，告人孙红群身为国有企业从事公务的人员，利用职务上的便利，挪用公款进行营利活动，情节严重，其行为已构成挪用公款罪。公诉机关的指控成立。被告人孙红群犯挪用公款罪，判处有期徒刑3年。

3. "直接负责人员"涉及的刑事犯罪风险

（1）单位受贿罪。《刑法》第三百八十七条规定，单位受贿罪是指国家机关、国有公司、企业、事业单位、人民团体，索取、非法收受他人财物，为他人谋取利益，情节严重的，对单位判处罚金，并对其直接负责的主管人员和其他直接责任人员，处5年以下有期徒刑或者拘役。前款所列单位，在经济往来中，在账外暗中收受各种名义的回扣、手续费的，以受贿论，依照前款的规定处罚。犯本罪的，对单位判处罚金，并对其直接负责的主管人员和其他责任人员，处5年以下有期徒刑或拘役。

（2）私分国有资产罪。私分国有资产罪在国有企业较为容易发生，应当予以特别关注。《刑法》第三百九十六条第一款规定，私分国有资产罪是指国家机关、国有公司、企业、事业单位、人民团体，违反国家规定，以单位名义将国有资产集体私分给个人，数额较大的，对其直接负责的主管人员和其他直接责任人员，处3年以下有期徒刑或者拘役，并处或者单处罚金；数额巨大的，处3年以上7年以下有期徒刑，并处罚金。

私分国有资产罪主体是国家机关、国有公司、企业、事业单位、人民团体，本罪是单位犯罪，但是只处罚私分国有资产的直接负责的主管人员和其他责任人员。所谓直接的主管人员，是指在该犯罪活动中有主要决策责任的国有单位负责人或其他领导人员，具体应包括：直接作出私分决定的单位负责人；直接作出私分决定的单位分管领导；参与集体研究并同意研究决定的领导；具体指挥私分行为的领导。所谓其他直接责任人员，是指除直接负责的主管人员外，其他对该类犯罪行为负有责任的人员，也就是单位犯罪行为的直接实施或协助实施者，包括：提出私分建议并具体策划私分行为的人员；具体组织实施私分行为的人员。

私分国有资产罪的犯罪对象是国有资产，依照1999年最高人民检察院《关于人民检察院直接受理立案侦查案件立案标准的规定（试行）》（高检发释字〔1999〕2号），国有资产应当界定为国家依法取得和认定的，或者国家以各种形式对企业投资和投资收益、国家向行政单位拨款等形成的资产。国有资产除国有资金外，还包括国有的生产资料乃至属于国有的产品、商品等，所以，本罪私分的对象既可以是国有的金钱、股份、其他有价证券，也可以是国有的其他资产。

关于"以单位名义将国有资产集体私分给个人"，根据《国家出资企业意见》，国有公司、企业违反国家规定，在改制过程中隐匿公司、企业财产，转为职工集体持股的改制后公司、企业所有的，对其直接负责的主管人员和其他直接责任人员，以私分国有资产罪定罪处罚；改制后的公司、企业的管理人员或者少数职工持股，改制前公司、企业的多数职工未持股的，以贪污罪定罪处罚。

关于本罪的立案标准，根据最高人民检察院《关于人民检察院直接受理立案侦查案件立案标准的规定（试行）》，涉嫌私分国有资产，累计数额在10万元以上的，应予立案。应该注意的是，这里的数额是指累计数额，并不要求单次私分数额达到多少。

私分国有资产罪与贪污罪有许多相同之处，区分私分国有资产罪和贪污罪，我们可以从以下几点把握：首先，从主体和主观方面来看，私分国有资产的主体是单位，表现为一种群体犯罪意志，且具有非法将国有资产为单位谋利的目的；共同贪污的主体是国家工作人员，并且还可以是受国家机关、国有公司、企业、事业单位、人民团体委托管理、经营国有财产的人员，体现的是贪污人的个体犯罪意志，是为了个人中饱私囊，具有将公共财产非法据为己有的目的。其次，从客观方面来看，私分国有资产表现为违反国家规定，以单位名义为单位成员谋利；共同贪污在客观上则表现为利用职务上的便利，以侵吞、窃取、骗取等手段，非法将公共财物占为己有。最后，犯罪对象不同。私分国有资产罪的犯罪对象是国有资产，侵犯国有资产所有权；而贪污罪的犯罪对象是公共财物，其范围要大于国有资产。

【司法案例】

裁判要旨：被告人王海庆、姚秉昌身为国有企业直接负责的主管人员和直接责任人员，违反国家规定，利用职务便利，采用制作假账的方式虚报利润，以单位名义将国有资产集体私分给个人，数额巨大，且造成企业注册资金缩减，致使国有资产流失，构成私分国有资产罪。

案情简介[①]：被告人王海庆、姚秉昌于2002年至2005年初分别担任国有企业上海市食品进出口国际货运公司（以下简称国际货运公司）经理、财务人员，在该公司2002年至2004年连续3年经营亏损，按照上级公司上海市食品进出口公司（以下简称食品进出口公司）《关于试行公司内部经营预算管理的若干办法》等有关考核规定无资格向上级公司申请批准发放奖金的情况下，仍由王海庆指使姚秉昌对经营收入与成本不作配比，将部分当年成本延后至下一财务年度入账，人为抬高收入，虚列利润、制造假账，将账目伪造成收入与成本略有盈余，而后向食品进出口公司报送内容虚假的财务报表，并由王海庆申请骗得食品进出口公司批准，获得国际货运公司半年奖、年终奖发放额度，并且实际超过食品进出口公司核准的工资奖金总额和账面登载的奖金列支数额，由姚秉昌从该公司开户银行企业基本账户中将国际货运公司的流动资金提现共计人民币1089700元转存于户名为黄舜石的交通银行个人活期储蓄账户内。此后，王海庆、姚秉昌以给该公司职工发放半年奖和年终奖的名义对上述公款进行集体私分。其中，王海庆、姚秉昌个人分别实得人民币15.7万元和9.9万元。在被告人王海庆个人实得的15.7万元中，有2.7万元系其故意隐瞒其已在上级公司领取过半年奖和上级公司总经理批给其个人的年终奖数额，擅自为自己重复列支领取半年奖，超过上级领导实际批准数额，为自己开列领取年终奖所得。

上海市虹口区人民法院认为，被告人王海庆、姚秉昌身为国有企业直接负责的主管人员和直接责任人员，违反国家规定，利用职务便利，采用制作假账的方式虚报利润，以单位名义将国有资产集体私分给个人，数额巨大，且造成企业注册资金缩减，致使国有资产流失，构成私分国有资产

---

① 《私分国有资产罪中违反国家规定的理解与把握》，《人民司法》2008年第16期，第61—63页。

罪。关于公诉机关指控被告人王海庆犯贪污罪，法院认为，公诉机关指控王海庆贪污2.7万元的行为和其指控王海庆私分国有资产的行为实为一个行为，王海庆仅仅隐瞒了其向上级公司领取了半年奖或上级公司核准其在国际货运公司领取的年终奖数额低于其从国际货运公司实际领取的数额这一事实。其余事实，如其从国际货运公司实际领取的奖金数额，并没有向国际货运公司隐瞒，故其行为尚不能构成贪污罪，但该2.7万元应计入其私分国有资产的犯罪数额。判决被告人王海庆犯私分国有资产罪，判处有期徒刑2年，并处罚金人民币5万元。被告人姚秉昌犯私分国有资产罪，判处有期徒刑1年，缓刑1年，并处罚金人民币3万元。私分的国有资产予以追缴发还给上海市食品进出口国际货运公司。二审法院上海市第二中级人民法院经审理认为，原判认定事实清楚，定罪量刑并无不当，审判程序合法，驳回上诉，维持原判。

其中的主要问题是，私分国有资产罪与贪污罪的界限如何把握？

本案中，被告人王海庆所在的国际货运公司的上级主管单位食品进出口公司规定，食品进出口公司下级单位的负责人（如总经理）的半年奖由食品进出口公司的总经理直接发放，各负责人不得在本单位领取半年奖；年终奖由各负责人在本单位领取，但其额度由食品进出口公司的总经理决定，各单位负责人不得超出核定的额度范围在本单位领取年终奖。本案中，被告人王海庆虚列利润，制造假账，将单位的流动资金提现后私分，共计分得15.7万元，其中有2.7万元系其故意隐瞒其已在上级公司领取过半年奖和上级公司总经理批给其个人的年终奖数额，于本公司职工发放半年奖和年终奖时再擅自为自己重复列支领取半年奖，超过上级领导实际批准数额，为自己开列领取年终奖的所得。对于这2.7万元，公诉机关认为应当另外定贪污罪，其理由是，虽然这2.7万元是王海庆在整个私分过程中以半年奖和年终奖的名义领取，但基于其不能在本单位领取半年奖，只能在上级单位领取半年奖，而领取年终奖不能超出上级单位核定的额度，故其在本单位领取的半年奖和其超出核定额度领取的年终奖，系其虚报冒领，这种行为已经超出私分国有资产罪的构成要件而又单独构成贪污罪。而辩护人认为不应当认定为贪污罪。法院判决没有采纳公诉机关的意见。主要理由如下。

第一，被告人王海庆领取的这2.7万元和其他13万元，均系一个整体行为，而不是两个行为，都是其和姚秉昌采取虚列利润、制造假账，从流动资金中提取现金后，制造半年奖和年终奖的发放账册，按照同一程序领取。所以，王海庆领取2.7万元和13万元是一个不可分割的行为整体，只能定一罪，而不能定两罪。

第二，贪污罪和私分国有资产罪的一个重要区别是看行为的公开性。如果行为是在单位内部公开的，结合其他条件，一般可以考虑定私分国有资产罪；如果行为在单位内部是不公开的，一般可以考虑定贪污罪。本案中，王海庆领取的2.7万元虽然有隐瞒单位同事其已从上级单位领取过半年奖，且其不能在本单位领取半年奖，以及其不能超额领取上级单位核定的年终奖的事实，但鉴于其领取这2.7万元的一个前提是其在整个私分的过程中进行的，其并没有采取欺骗手段瞒着单位的其他人领取这些钱款。对于王海庆分得的2.7万元这一基本事实，单位其他人是知情的，王海庆也和其他人一样履行了领款的手续。虽然这笔钱王海庆不应当领取，但仅凭这一点隐瞒尚不足以认定其构成贪污罪。因为私分国有资产罪中的钱款也是不应当领取的，否则，行为人也不可能构成私分国有资产罪。所以，王海庆分得2.7万元和其分得其他钱款没有犯罪构成要件意义上的区别，应当统一定私分国有资产罪。

应当指出的是，如果王海庆不是在私分的大前提下，而是在私分国有资产之外，向单位其他人隐瞒其已从上级单位领取过半年奖，或其不能在本单位领取半年奖，以及其不能超额领取上级单位核定的年终奖的事实，领取半年奖或超额领取年终奖，则在其他条件符合的前提下，可以考虑定贪污罪。因为这种行为已经不能包容于私分国有资产罪中。从被告人的主观故意来看，也是贪污的故意，而不是私分国有资产罪的故意。或者，王海庆在私分的过程中，在虚列利润套取现金后，从套取的现金中私自截留一块，瞒着单位其他人个人私吞，则其行为是从私分国有资产的行为中分流出来的贪污行为，其私自截留的一部分应当定贪污罪，和私分国有资产罪数罪并罚。

（二）国有企业人员

1.董事、经理涉及的刑事犯罪风险

非法经营同类营业罪。国有公司、企业是我国公有制经济的主体，在国民经济中占有主导地位。国有公司、企业本身对国有资产负有保值、增值的责任，非法经营同类营业必然会影响本公司、企业的正常经营活动，损害国家利益，造成国有资产流失。国有公司、企业的董事、经理是该单位的主管负责人员，《公司法》明令禁止董事、经理使自己置身于公司的利益冲突中，规定了其经营同类营业禁止的义务。国有公司、企业董事、经理利用职务之便自己经营或者为他人经营与所任职公司、企业同类的营业，不仅扰乱了公司、企业的正常管理活动，而且这种化公为私的行为还侵犯了公司、企业的自身经济利益，同时也损害了国家利益。因此，《刑法》作出了以下规定。

《刑法》第一百六十五条规定，非法经营同类营业罪是指国有公司、企业董事、经理，利用职务上的便利，自己经营或者为他人经营与其所在任职公司、企业同类的营业，或缺非法利益数额巨大的行为。非法经营同类营业罪的法律特征表现为：

非法经营同类营业罪的主体是特殊主体，只有国有公司、国有企业的董事、经理才构成本罪。"董事"是指公司、企业的董事会的成员，包括董事长、副董事长和董事。董事主要是通过参加董事会的会议并以形成决议的方式来行使自己的权力。董事会享有广泛的职权，主要如决定公司经营计划和投资方案；制订公司的年度财务预、决算利润分配方案及弥补亏损方案；拟订公司分立、合并、解散的方案等。"经理"是指公司、企业董事会聘任的经理及由经理提名聘任的副经理。经理是为公司管理事务并有权为其签名的公司行政负责人，隶属于董事会并协助董事会执行业务，拥有公司章程授予的辅助执行业务所需的一切权力，如组织实施公司年度经营计划和投资方案；制定公司的具体规章；拟定公司的基本管理制度等。公司、企业中的董事、经理的特定身份决定了他们在单位中拥有广泛的职权，掌握着公司、企业运行和发展的商业秘密（包括技术秘密）。只有他们利用职务上的便利条件为自己或他人经营与其所任职公司、企业同类营业活动才能形成与其所任职公司的不正当竞争，争夺所任职公司、企业的营业机会，损害任职公司的经济利益而为自己获取非法利益。

非法经营同类营业罪中的"国有公司、企业"不限于国有独资公司、企业。"国有公司、企业的董事、经理"并非"国有公司、企业"与"董事、经理"两个词语的简单拼接组合，认为"国有公司、企业"仅限于国有独资公司、企业，进而得出"国有公司、企业的董事、经理"仅限于国有独资公司、企业的董事、经理的观点不符合立法本意。

非法经营同类营业罪在客观上表现为国有公司、企业的董事、经理利用职务上的便利，自己经营或者为他人经营与其所任职公司、企业同类的营业活动，从而获取数额巨大的非法利益。具体而言，实施非法经营同类营业的行为主要表现为：一是自己经营与其所在公司、企业同类的营业；二是为他人经营与其所任职公司、企业同类的营业。所谓同类营业，是指生产、销售同一商品或者经营同类性质的营业。

2.国有企业其他主管人员涉及的刑事犯罪风险

（1）签订、履行合同失职被骗罪。《刑法》第一百六十七条规定，国有公司、企业、事业单位直接负责的主管人员，在签订、履行合同过程中，因严重不负责任被诈骗，致使国家利益遭受重大损失的，处3年以下有期徒刑或者拘役；致使国家利益遭受特别重大损失的，处3年以上7年以下有期徒刑。

本罪的主体只限于国有公司、企业、事业单位直接负责的主管人员。客观行为的内容为在签订、履行合同的过程中，因不负责任被诈骗，致使国家利益遭受重大损失。值得注意的是，并非所有严重不负责任的行为都成立本罪，只有因严重不负责任被诈骗，从而导致国家利益遭受重大损失的，才成立本罪。其中，"被诈骗"不限于对方的行为构成刑法上的普通诈骗、金融诈骗和合同诈骗等罪，还应包括对方的行为属于民事欺诈的情形。

2010年5月7日最高人民检察院、公安部《关于公安机关管辖的刑事案件立案追诉标准的规定（二）》第十四条规定，国有公司、企业、事业单位的主管人员，在签订、履行合同过程中，因严重不负责任而被诈骗，涉嫌下列情形的，应予立案追诉：（1）造成国家直接经济损失50万元以上的；（2）造成有关单位破产、停业、停产6个月以上的，或者被吊销许可证和营业执照、责令关闭、撤销、解散的；（3）其他致使国家利益遭受重大损失的情形。金融机构、从事对外贸易经营活动的公司、企业的工作人员严重不负责任，造成100万美元以上外汇被骗购或者逃汇1000万美元以上的，应予立案追诉。本条规定的"诈骗"，是指对方当事人的行为已经涉嫌诈骗犯罪，不以对方当事人已经被人民法院判决构成诈骗犯罪作为立案追诉的前提。

在遭受利益损失的同时享有所谓的债权的，不影响损失的认定。最高人民检察院2006年7月26日发布的《关于渎职侵权犯罪案件立案标准的规定》"附则"规定，有下列情形之一的，虽然债权存在，但已无法实现债权的，可以认定为已经造成了经济损失：（1）债务人已经法定程序宣告破产，且无法清偿债务；（2）债务人潜逃，去向不明；（3）因行为人责任，致使超过诉讼时效；（4）有证据证明债权无法实现的其他情况。

【司法案例】

裁判要旨：被告人梁汉钊作为国企公司进出口五部部门经理，进口合同的签订、履行由其签章负责，属于单位直接负责的主管人员，符合签订、履行合同失职被骗罪的主体构成要件；被告人梁汉钊代表国企公司在签订、履行合同过程中严重不负责任被诈骗，致使国家利益遭受特别重大损失，符合签订、履行合同失职被骗罪的客观构成要件，依法构成签订履行合同、失职被骗罪。

案情简介：被告人高原在担任国企公司进出口五部副经理期间，于1996年至1998年伙同鹏昌公司（已破产清盘）的朱柏炎（另案处理），以鹏昌公司的名义与国企公司签订虚假内容的合同，诱使国企公司向中国建设银行北京分行等金融机构申请信用证后，又使用伪造的信用证附随单据，骗取信用证项下资金共计2565万余美元（折合人民币21259万余元），均用于鹏昌公司的经营活动，并全部损失。被告人梁汉钊于1996年至1998年担任国企公司进出口五部经理期间，在代表国企公司与鹏昌公司签订、履行合同过程中，由于严重不负责任，致使国企公司被骗美元2565万美元（折合人民币21259万余元）。

北京市第一中级人民法院认为，被告人高原系鹏昌公司直接负责的主管人员，以鹏昌公司非法占有为目的，采用与他人签订虚假的货物进口合同，利用伪造的信用证附随单据，将信用证项下资金贴现的手段，骗取巨额资金，用于公司的经营活动，其行为已构成信用证诈骗罪，且犯罪数额特别巨大，造成国有资产巨额损失，属情节特别严重，依法应予严惩。

其中的主要问题是：（1）能否将国有公司的部门经理认定为国有公司的直接负责的主管人员？（2）如何理解签订、履行合同失职被骗罪的客观要件？

北京市高级人民法院认为，被告人梁汉钊作为国企公司进出口五部部门经理，进口合同的签订、履行由其签章负责，属于单位直接负责的主管人员，符合签订、履行合同失职被骗罪的主体构成要件。直接负责的主管人员作为一个法定专用名词，源于单位犯罪处罚主体的规定，其内涵及外延明显窄于国家工作人员。理由有二：一是从相关的立法例来看，直接负责的主管人员应当有别于一般的国家工作人员，与国家机关工作人员对应的应为国有公司、企业、事业单位的工作人员，而且立法上将后者规定为犯罪主体的也不乏其例，比如为亲友非法牟利罪。二是从解释的法定性、一致性的角度，应当将作为犯罪主体的直接负责的主管人员与作为处罚主体的直接负责的主管人员作同一理解。一方面，作为单位犯罪中特有的法定称谓，沿用已久，不宜作突破解释；另一方面，刑法规定中先后出现的名词，宜作前后一致之连贯解释。由此，对这里的直接负责的主管人员的理解，应当把握以下两点：一是须有管理人员之身份，行使实际管理职权；二是对合同的签订、履行负有直接责任。其中，前者不限于单位的法定代表人，单位的分管副职领导、部门、分支机构的负责人等均属管理人员；后者的着眼点在于对合同的签订与履行有无法律及职务上的责任，不在于是否具体参与合同的签订与履行，尤其是不履行或者不正确履行职责的渎职等过失犯罪中，不要求具有决定、批准、授意等参与合同的签订、履行行为。

被告人梁汉钊代表国企公司在签订、履行合同过程中严重不负责任被诈骗，致使国家利益遭受特别重大损失，符合签订、履行合同失职被骗罪的客观构成要件，依法构成签订履行合同、失职被骗罪。签订、履行合同失职被骗罪作为从玩忽职守罪中分离出来的一个罪名，其客观构成应符合以下三个方面的要件：一是本体要件，严重不负责任，在签订、履行合同过程中不履行职责，即通常所谓的失职行为；二是后果要件，失职行为给国家利益造成重大损失之现实后果；三是中介要件，或者说是附加要件，造成重大损失后果之直接原因系合同对方的诈骗行为。其中，失职行为包括当为、能为、不为三个层面的含义，即具有法定或者职务上避免国家利益遭受损失的义务，正常履行职务本可避免损失，仍不履行或者不正确履行义务。损失后果指的是现实的、具体的经济损失，可能的、间接的、潜在的或者非经济性的损失一般不能视为这里的损失后果。但不得将属由合同对方的诈骗行为直接造成的损失，或者直接的损失对象是第三方，但最终责任将落到该国有单位的损失理解为间接损失。诈骗行为需以构成犯罪为充足，不能将一般的民事欺诈行为理解为这里的诈骗行为，但无须以合同对方已经被人民法院判决构成诈骗犯罪作为认定本案当事人构成签订、履行合同失职被骗罪的前提，在程序上仅需认定对方当事人的行为已经涉嫌构成诈骗犯罪即可。

（2）徇私舞弊低价折股、出售国有资产罪。《刑法》第一百六十九条规定了徇私舞弊低价折股、出售国有资产罪，即国有公司、企业或者其上级主管部门直接负责的主管人员，徇私舞弊，将国有资产低价折股或者低价出售，致使国家利益遭受重大损失的，处3年以下有期徒刑或者拘役；致使国家利益遭受特别重大损失的，处3年以上7年以下有期徒刑。

徇私舞弊低价折股、出售国有资产罪在构成上有三个重要特征：一是犯罪主体必须是国有公司、企业及其上级主管部门的直接负责的主管人员，不具有这种特定身份的人不能构成这种犯罪，因为他们没有处理国有公司、企业财产的权力。二是犯罪行为必须是利用职权的便利条件，徇私舞弊低价折股、低价出售国有资产的行为。因为只有为具备直接负责主管国有公司、企业财产职权的从事公务的人员，才有可能作出低价折股和低价出售国有资产的行为，其他人不可能实施低价折股、低价出售国有资产的行为。三是犯罪的结果必须给国家造成重大的损失。

本罪犯罪行为的具体表现是：在国有企业改为股份制公司、企业时，故意将国有财产以低价值评估，使国有财产在改制后的公司、企业中占有较少的股份，或者在清算国有财产时，故意隐瞒国有资产，使隐瞒的财产不参与折股，在改制后将这些财产作为改制后公司的财产进行经营，使国有财产流失。另一种犯罪行为是低价出售国有财产的行为，其具体表现是：在国有公司出售时，故意将国有财产低价评估，按低价出售国有资产，使国有资产流失；或者出售国有公司、企业时，故意隐瞒国有财产，国家少收入，在改制后再将原国有公司、企业的财产转为改制后的公司、企业所有。

《国家出资企业意见》规定，国家出资企业中的国家工作人员在公司、企业改制或者国有资产处置过程中徇私舞弊，将国有资产低价折股或者低价出售给其本人未持有股份的公司、企业或者其他个人，致使国家利益遭受重大损失的，依照《刑法》第一百六十九条的规定，以徇私舞弊低价折股、出售国有资产罪定罪处罚。对于本罪行为主体私自将国有资产低价折股或低价出售给自己、配偶、子女的，或者形式上低价出售给他人而自己获利的，以及其他符合贪污罪的犯罪构成的行为，应按贪污罪的法定刑处罚。

2010年5月7日最高人民检察院、公安部《关于公安机关管辖的刑事案件立案追诉标准的规定（二）》第十七条规定，国有公司、企业或者其上级主管部门直接负责的主管人员徇私舞弊，将国有资产低价折股或者低价出售，涉嫌下列情形之一的，应予立案追诉：一，造成国家直接经济损失数额在30万元以上的；二，造成有关单位破产，停业、停产6个月以上，或者被吊销许可证和营业执照、责令关闭、撤销、解散的；三，其他致使国家利益遭受重大损失的情形。

3.国有企业工作人员涉及的刑事犯罪风险

（1）为亲友非法牟利罪。《刑法》第一百六十六条规定："国有公司、企业、事业单位的工作人员，利用职务便利，有下列情形之一，使国家利益遭受重大损失的，处三年以下有期徒刑或者拘役，并处或者单处罚金；致使国家利益遭受特别重大损失的，处三年以上七年以下有期徒刑，并处罚金：（一）将本单位的盈利业务交由自己的亲友进行经营的；（二）以明显高于市场的价格向自己的亲友经营管理的单位采购商品或者以明显低于市场的价格向自己的亲友经营管理的单位销售商品的；（三）向自己的亲友经营管理的单位采购不合格商品的。"

为亲友非法牟利罪属于背信罪。背信罪是指受委托处理事务的人，违反了对委托人的忠诚义务，实施了损害委托人利益的行为。虽然本罪在实务中案发率较少，但行为人为亲友牟利的行为往往与为自己牟利的行为交织在一起，可能涉嫌贪污、受贿等问题，在无法查清其为自己牟利的情形下，可以为亲友非法牟利罪定罪处罚。《刑法》设立本罪一是有利于社会主义市场经济的健康发展。市场经济要求资源的配置主要通过市场的方式来进行调节，做到公平、公正、公开，而国家工作人员利用职务上的优势照顾亲友经营管理的单位，是一种不正当竞争的行为。二是有利于国有资产的保护。国家工作人员利用国有经济的优势慷国家之慨，从最终结果来看，是一种损公肥私的行为，必然使国有资产的经营遭受损失。

本罪的主体是国有公司、企业、事业单位的工作人员，这里不仅仅是指国有公司、企业、事业单位的国家工作人员，而是泛指国有公司、企业、事业单位的所有工作人员。

"盈利业务"是指能够产生经济效益、获取利润的业务。本罪所谓的盈利业务，应是指行为人在交由其亲友经营之时，根据当时的市场环境，在本单位正常的经营管理条件下，可能会盈利的业务。

"亲友"是指亲属、亲戚和朋友的合称。"亲属"是指跟自己有血缘关系或婚姻关系的人。"亲戚"是指跟自己家庭有婚姻关系或血统关系的家庭其他成员。"朋友"是指彼此有交情的人。"交情"则是指人与人互相交往而发生的感情。

"自己亲友管理经营的单位"应包括以亲友名义注册或其亲友出资、入股而直接参与利润分配的单位，也包括其亲友负责管理，或担任一定职务的单位。这里的"单位"包括公司、企业、国家机关、人民团体、社会团体及其他组织等。

【司法案例】

裁判要旨：被告人郭某甲系国有企业的工作人员，其利用职务之便，将本单位的盈利业务交由其父经营，严重侵害了国有企业的财产权利，并造成了单位的重大经济损失。被告人郭某的行为所造成的天津市药品包装印刷厂的直接经济损失以法院鉴定的数额为准。

案情简介：天津市医药系统各单位产品的包装印刷业务均由天津市某包装印刷厂统一印刷。天津市某包装印刷厂系国有企业。被告人郭某甲系天津市药品包装印刷厂工作人员，曾先后担任该厂供销科长助理、副科长等职务，现任销售公司业务一部部长，负责该项印刷业务。1997年10月至2001年1月期间，被告人郭某甲利用职务之便，先后将天津市中药制药厂、乐仁堂制药厂、达仁堂制药二厂的印刷业务截留交由其父郭某乙所经营的天津市津东南光印刷厂生产，造成天津市药品包装印刷厂直接经济损失达人民币367337.45元。

法院经审理认为，被告人郭某甲系国有企业的工作人员，其利用职务之便，将本单位的盈利业务交由其父经营，严重侵害了国有企业的财产权利，并造成了单位的重大经济损失。被告人郭某的行为所造成的天津市药品包装印刷厂的直接经济损失以法院鉴定的数额为准。判处被告人郭某有期徒刑2年缓期执行，并处罚金2万元。

（2）国有公司、企业、事业单位人员失职罪和国有公司、企业、事业单位人员滥用职权罪。《刑法》第一百六十八条规定了国有公司、企业、事业单位人员失职罪和国有公司、企业、事业单位人员滥用职权罪："国有公司、企业的工作人员，由于严重不负责任或者滥用职权，造成国有公司、企业破产或者严重损失，致使国家利益遭受重大损失的，处三年以下有期徒刑或者拘役；致使国家利益遭受特别重大损失的，处三年以上七年以下有期徒刑。国有公司、企业、事业单位的工作人员，徇私舞弊，犯前两款罪的，依照第一款的规定从重处罚。"

根据《最高人民检察院公安部关于公安机关管辖的刑事案件立案追诉标准的规定（二）》第十五条规定，国有公司、企业、事业单位的工作人员，严重不负责任，涉嫌下列情形之一的，应予立案追诉：（1）造成国家直接经济损失数额在50万元以上的；（2）造成有关单位破产，停业、停产1年以上，或者被吊销许可证和营业执照、责令关闭、撤销、解散的；（3）其他致使国家利益遭受重大损失的情形。第十六条规定，国有公司、企业、事业单位的工作人员，滥用职权，涉嫌下列情形之一的，应予立案追诉：（1）造成国家直接经济损失数额在30万元以上的；（2）造成有关单位破产，停业、停产6个月以上，或者被吊销许可证和营业执照、责令关闭、撤销、解散的。

两罪的主体都是国有公司、企业、事业单位的工作人员。根据最高人民法院和最高人民检察院有关文件，需要注意以下几类主体。

根据最高人民法院《关于如何认定国有控股、参股股份有限公司中的国有公司、企业人员的解释》（法释〔2005〕10号），为准确认定《刑法（分则）》第三章第三节中的国有公司、企业人员，现对国有控股、参股的股份有限公司中的国有公司、企业人员解释如下：国有公司、企业委派到国有控股、参股公司从事公务的人员，以国有公司、企业人员论。

《国家出资企业意见》规定，国家出资企业中的国家工作人员在公司、企业改制或者国有资产处理过程中严重不负责任或者滥用职权，致使国家利益遭受重大损失的，依照《刑法》第一百六十八条的规定，以国有公司、企业人员失职罪或者国有公司、企业人员滥用职权罪定罪处罚。

根据最高人民检察院研究室《关于中国农业发展银行及其分支机构的工作人员法律适用问题的答复》（高检研发〔2002〕第16号），中国农业发展银行及其分支机构的工作人员严重不负责任或者滥用职权，构成犯罪的，应当依照《刑法》第一百六十八条的规定追究刑事责任。

根据最高人民法院《关于审理扰乱电信市场管理秩序案件具体应用法律若干问题的解释》第六条，国有电信企业的工作人员，由于严重不负责任或者滥用职权，造成国有电信企业破产或者严重损失，致使国家利益遭受重大损失的，依照《刑法》第一百六十八条的规定定罪处罚。

根据最高人民法院、最高人民检察院《关于办理妨害预防、控制突发传染病疫情等灾害的刑事案件具体应用法律若干问题的解释》（法释〔2003〕8号）第四条，国有公司、企业、事业单位的工作人员，在预防、控制突发传染病疫情等灾害的工作中，由于严重不负责任或者滥用职权，造成国有公司、企业破产或者严重损失，致使国家利益遭受重大损失的，依照《刑法》第一百六十八条的规定，以国有公司、企业、事业单位人员失职罪或者国有公司、企业、事业单位人员滥用职权罪定罪处罚。

本罪的客观方面表现为国有公司、企业的工作人员由于严重不负责任或者滥用职权，造成国有公司、企业破产或严重亏损，致使国家利益遭受重大损失，以及国有事业单位的工作人员由于严重不负责任或者滥用职权，致使国家利益遭受重大损失的行为。

所谓严重亏损，是指国有公司、企业的亏损足以使其丧失清偿到期债务的能力。导致严重亏损的原因很多，包括经营管理不善、天灾人祸、不可抗力等，但构成本罪客观方面"严重亏损"的原因只能是企业直接负责的主管人员的徇私舞弊行为。

所谓破产，是指国有公司、企业因严重亏损，无力清偿到期债务，经债权人或债务人申请，被人民法院依法宣布其消灭的行为。这里的无力清偿，是国有公司、企业缺乏清偿债务的能力的客观状态，债务人对于清偿期届满并且债权人已请求清偿的债务，在一定期间内一般（而非个别情形）并且持续（而非暂时的、短期的情形）处于不能清偿的状态。

【司法案例】

裁判要旨：行为人系国有公司财务主管人员，收到诈骗人员打款的微信信息后没有仔细辨别和核实对方真实信息，未严格按照公司制定的财务制度执行报批手续，而是疏忽大意轻信对方的打款要求，导致国有公司财产遭受重大损失的，构成国有公司人员失职罪，对其案发后积极配合公安机关追赃，量刑时可酌情从轻处罚。

案情简介①：贵阳旅文旅游产业发展有限公司（现贵阳旅文旅游产业发展股份有限公司，以下简称贵阳旅文旅游公司）于2001年3月5日成立，系国有公司。被告人汪月华于2014年1月1日到贵阳旅文旅游公司工作，于2014年10月6日任该公司财务核算中心副主任（享受部门正职待遇）。其

---

① （2018）黔0123刑初70号刑事判决书。

工作职责为主持部门工作，组织部门内会议和学习、处理部门业务等有关事宜，组织实施并检查上报财务年度收支计划实施情况，合理安排资金使用，保证满足经营活动资金的需求，监督、指导直接下属人员的财务、会计工作，并监督下属员工及时完成工作计划等。

2015年5月12日，被告人汪月华接到诈骗人员通过微信冒充该公司董事长朱某发送的打款信息后，严重不负责任，在未认真核实对方身份信息且未严格履行公司财务制度的情形下，安排公司财务人员将公司5284000元资金分两次汇入对方指定的私人账户，导致该公司被诈骗5284000元。次日，贵阳旅文旅游公司向修文县公安局报案，成功追回被骗资金3030179.74元，共计损失2253820.26元。2016年9月19日，被告人汪月华到公安机关投案自首。

贵州省修文县人民法院认为，被告人汪月华作为国有公司人员，在工作中严重不负责任，造成国有公司被骗人民币2253820.26元，致使国家利益遭受重大损失，其行为已构成国有公司人员失职罪，依法应予惩处。公诉机关指控被告人汪月华犯国有公司人员失职罪的事实清楚，证据确实充分，法院予以确认。被告人汪月华主动投案，并如实供述自己的犯罪事实，系自首，依法可从轻或减轻处罚；积极配合公安机关追赃，量刑时可酌情从轻处罚。关于辩护人提出本案发生与公司管理不规范有关，并非被告人汪月华一人原因所致。经查，被告人汪月华收到诈骗人员打款的微信信息后，作为公司财务主管人员没有仔细辨别和核实对方真实信息，未严格按照公司制定的财务制度执行报批手续，而是疏忽大意，轻信对方的打款要求，导致国有公司财产遭受重大损失。判决被告人汪月华犯国有公司人员失职罪，判处有期徒刑1年，缓刑2年。

（三）非国家工作人员

（1）职务侵占罪。职务侵占罪是指公司、企业或者其他单位的工作人员，利用职务上的便利，将本单位财物非法占为己有，数额较大的行为。

根据《刑法》第二百七十一条规定，公司、企业或者其他单位的工作人员，利用职务上的便利，将本单位财物非法占为己有，数额较大的，处3年以下有期徒刑或者拘役，并处罚金；数额巨大的，处3年以上10年以下有期徒刑，并处罚金；数额特别巨大的，处10年以上有期徒刑或者无期徒刑，并处罚金。国有公司、企业或者其他国有单位中从事公务的人员和国有公司、企业或者其他国有单位委派到非国有公司、企业及其他单位从事公务的人员有前款行为的，依照贪污罪的规定定罪处罚。

在国有企业刑事风险中，本罪与贪污罪的主要区别在于：第一，职务侵占罪的主体是"公司、企业或者其他单位的人员"，其中"公司、企业"包括国有企业（包括刑法上的国有企业和一般意义上的国有企业）。而贪污罪的主体是国家工作人员，在国有公司、企业中，包括从事公务的人员和国有公司、企业或者其他国有单位委派到非国有公司、企业及其他单位从事公务的人员。第二，职务侵占罪的行为方式是利用职务上的便利，侵占本单位财物的行为；贪污罪的行为方式是指利用职务上的便利，侵吞、盗窃、骗取公共财物的行为。因而，对公司、企业或者其他单位的人员利用职务上的便利窃取、骗取本单位的行为，只能认定为盗窃罪、诈骗罪。

根据最高人民法院、最高人民检察院《关于办理贪污贿赂刑事案件适用法律若干问题的解释》（法释〔2016〕9号），职务侵占罪中的"数额较大""数额巨大"的数额起点，按照受贿罪、贪污罪相对应的数额标准规定的2倍、5倍执行。根据该解释，贪污或者受贿数额在3万元以上不满20万元的，应当认定为《刑法》第三百八十三条第一款规定的"数额较大"，贪污或者受贿数额在20万元以上不满300万元的，应当认定为《刑法》第三百八十三条第一款规定的"数额巨大"。相应地，职务侵占罪中的"数额较大"的起点按照受贿罪、贪污罪相对应的数额标准的2倍，即6万元；职务侵占罪中的"数额巨大"的起点按照受贿罪、贪污罪相对应的数额标准的5倍，即100万元。

【司法案例】

裁判要旨：职务侵占罪的主体是公司、企业或者其他单位的人员，包括非国有公司企业和其他非国有事业单位、社会团体中不具有国家工作人员身份的人员，以及国有单位中不具有国家工作人员身份的人员。职务侵占罪的对象是本单位财物，但此处的财物包括本单位所有的财物和本单位持有的财物。本案中，梁某立等人是公司的聘用人员，其身份不符合贪污罪的主体要件。梁某立等人涂改记录盗卖油品的行为系利用职务便利，侵占本公司的油品，构成职务侵占罪。

案情简介[①]：被告人梁某立、倪某增、陈某革均为中国石油化工股份有限公司北京分公司（以下简称中石化北京分公司）商业客户中心工人，倪某增任水墨林溪撬装站站长，负责该站全面工作，梁某立、陈某革任加油员，三人轮流值班。该撬装站只负责为北京八方达客运有限责任公司天桥分公司（以下简称八方达公司）的952路公交车加油，不对外营业。公交司机在该站加油后，由当日加油员填写三联单和加油记录表，司机核对无误后签字确认，当班加：油员每日结算加油总数，并将三联单的二、三联交给952公交车调度员用于核账，将加油记录表和三联单的第一联上交中石化北京分公司。每月底，八方达公司与中石化北京市分公司凭此单据核对油数并结账。

2011年1月至7月，被告人梁某立、倪某增、陈某革采用将加油记录单上的"6"改成"8"、"7"改成"9"等方式，先后147次在司机签字确认后涂改加油数量，再将该加油记录单据交给双方公司，八方达公司按照加油记录单支付了全部油款。三被告人共虚增加油数量3550升（10号柴油50升、0号柴油3500升），经鉴定，共计价值人民币27678元。

2011年12月22日，北京市房山区人民检察院以被告人梁某立、倪某增、陈某革犯职务侵占罪向房山区人民法院提起公诉。2012年3月8日，北京市房山区人民法院作出（2012）房刑初字第31号刑事判决书，判决被告人梁某立、倪某增、陈某革犯职务侵占罪，并对三人分别判处有期徒刑8个月。

北京市房山区人民法院认为，被告人不属于受委派到非国有公司、企业、事业单位从事管理、经营国有财产的人员，也不是在国有单位中受委托经营、管理国有财产的人员，不具备贪污罪的主体要件。本案中，虽然该公司出具的证明表明，公司所属人员中，除由中国石油化工集团公司任命和管理的人员及一部分中层管理人员具有国家工作人员身份外，其他人

[①] 北京市人民检察院法律政策研究室：《刑事疑难案例参阅：侵犯财产罪》，中国检察出版社2015年版，第198—202页。

员均为非国家工作人员。但显然不能仅凭这一纸书证就轻易得出本案三被告人系非国家工作人员的结论，而是应通过厘清中国石油化工集团公司与中国石油化工股份有限公司北京分公司之间的关系，以及其公司所属工作人员职务来源来判断认定其主体身份。虽然中国石油化工股份有限公司北京分公司为中央直属股份制企业，但是中国石油化工股份有限公司系中国石油化工集团公司依照《公司法》独家发起设立的股份有限责任公司，且系境内上市股份有限责任公司，下设北京分公司，该公司股东包括国有出资股及社会公众股，因此，系非国有独资公司。梁某立等人所在的水墨林溪撬装站是该公司下设工作机构，三人均为中石化北京分公司改制后聘用的工人，受北京石油分公司派遣为八方达公司提供加油等服务，而非中国石油化工集团公司任命或者委派的管理人员。综上所述，梁某立等人受该公司派遣到撬装站负责日常管理和加油等工作，这种基于劳务合同（劳动合同）的聘用，并非来自国有出资者的委派或者任命，因此不能视为"国家工作人员"。

职务侵占类案件，对"本单位财物"的理解应不局限于单位享有实际所有权的财产，应理解为本单位所有的财物和本单位持有的财物。认定三被告人行为是职务侵占罪还是诈骗罪的关键问题之一是涉案财物的权属问题，即柴油是属于中石油北京分公司的"单位财物"还是八方达公司的单位财物。笔者认为，职务侵占、贪污类案件的"本单位财物"应不局限于单位所有的财产，也包括本单位实际占有、使用的他人财产，取得占有的方式可以是通过保管运输租赁合同等多种形式，以及通过职务行为要求他人错误向其交付的单位财物。其理由在于，前者情况下，虽然行为人未直接侵占单位所有的财物，但单位因此而向所有权人承担返还原物及损失赔偿的责任，即单位消极债务的增加造成单位的财产减少，后者情况下，行为人利用职务之便，基于职务行为，而要求他人履行交付义务，交付方在不知情的情况下，履行交付义务，导致行为人将本应由单位获取的财物非法据为己有。此种情况下，单位的债权已经消失，其积极财产减少，同样造成财产的损失。本案中，即使不考虑所有权转移的问题，柴油始终处于该站的实际占有之下，亦属于中石油北京分公司的单位财物。

（2）挪用资金罪。挪用资金罪是指公司、企业或者其他单位的工作人员（与职务侵占罪的主体相同），利用职务上的便利挪用本单位资金归个人使用或者借贷给他人使用，数额较大、超过3个月未还的，或者虽未超过3个月，但数额较大、进行盈利活动的，或者进行非法活动的行为。

《刑法》第二百七十二条规定，企业或者其他单位的工作人员，利用职务上的便利，挪用本单位资金归个人使用或者借贷给他人，数额较大、超过3个月未还的，或者虽未超过3个月，但数额较大、进行营利活动的，或者进行非法活动的，处3年以下有期徒刑或者拘役；挪用本单位资金数额巨大的，处3年以上7年以下有期徒刑；数额特别巨大的，处7年以上有期徒刑。国有公司、企业或者其他国有单位中从事公务的人员和国有公司、企业或者其他国有单位委派到非国有公司、企业及其他单位从事公务的人员有前款行为的，依照挪用公款罪的规定定罪处罚。

本罪的主体必须是公司、企业或者其他单位的工作人员，且根据最高人民法院2000年2月16日发布的《关于对受委托管理、经营国有财产人员挪用国有资金行为如何定罪问题对批复》，对于受国家机关、国有公司、企业、事业单位、人民团体委托，管理、经营国有财产对非国家工作人员，利用国有资金归个人使用构成犯罪的，应当以挪用资金罪定罪处罚。因此，在国有公司、企业中，本罪的犯罪主体为非国家工作人员。

本罪的行为内容为利用职务上的便利，挪用本单位的资金归个人使用或者借贷给他人使用，分为三种情形：挪用单位资金数额较大、超过3个月未还的；挪用单位资金数额较大、进行营利活动的；挪用本单位资金进行非法活动的，没有数额要求。

2020年《刑法修正案（十一）》对挪用资金罪作了修改：调整了法定刑，删除了"数额较大不退还"的规定，对提起公诉前退还的予以从轻处罚，如表7-4所示。

表 7-4 《刑法》第二百七十二条修正对比

《刑法》第二百七十二条（2017 年修正）	《刑法》第二百七十二条（2020 年修正）
公司、企业或者其他单位的人员，利用职务上的便利，将本单位财物非法占为己有，数额较大的，处 5 年以下有期徒刑或者拘役；数额巨大的，处 5 年以上有期徒刑，可以并处没收财产	公司、企业或者其他单位的工作人员，利用职务上的便利，挪用本单位资金归个人使用或者借贷给他人，数额较大、超过 3 个月未还的，或者虽未超过 3 个月，但数额较大、进行营利活动的，或者进行非法活动的，处 3 年以下有期徒刑或者拘役；挪用本单位资金数额巨大的，处 3 年以上 7 年以下有期徒刑；数额特别巨大的，处 7 年以上有期徒刑。 有第一款行为，在提起公诉前将挪用的资金退还的，可以从轻或者减轻处罚。其中，犯罪较轻的，可以减轻或者免除处罚

关于本罪"挪用本单位资金归个人使用或者借贷给他人"的认定，2004 年全国人大常委会法工委刑法室发布的《关于挪用资金罪有关问题的答复》（法工委刑发〔2004〕第 28 号）指出："《刑法》第二百七十二条规定的挪用资金罪中的'归个人使用'与《刑法》第三百八十四条规定的挪用公款罪中的'归个人使用'的含义基本相同。"根据全国人民代表大会常务委员会《关于〈中华人民共和国刑法〉第三百八十四条第一款的解释》，挪用公款"归个人使用"包括三种情形：第一，将公款供本人、亲友或者其他自然人使用的；第二，以个人名义将公款供其他单位使用的；第三，个人决定以单位名义将公款供其他单位使用，谋取个人利益的。最高人民法院《关于印发〈全国法院审理经济犯罪案件工作座谈会纪要〉的通知》第四条第二项规定，对于行为人逃避财务监管，或者与使用人约定以个人名义进行，或者借款、还款都以个人名义进行，将公款给其他单位使用的，应认定为"以个人名义"。

在国有企业刑事风险中，挪用资金罪与挪用公款罪的主要区别在于：首先是主体不同，挪用资金罪的主体是国企内的非国家工作人员，而挪用公款罪的犯罪主体是国企内的国家工作人员。其次是犯罪对象不同，挪用公款罪的犯罪对象是国有公司、企业的资金、有价证券、债权等，挪用资金罪的犯罪对象是公司、企业或其他的那位的资金。

【司法案例】

裁判要旨：国有公司的工作人员在工作期间利用职务之便，将本单位财物非法占为己有，数额较大，超过3个月未归还，因其工作性质不属于国有公司中从事公务的人员，故不具备挪用公款罪的主体资格，对其应以挪用资金罪定罪处罚。

案情简介：周某某系国有独资有限责任公司经营管理科收费员。在任职期间，周某某利用职务之便，违反公司收费员工作标准规定，以现金方式收取水气费后，只通过银行转账交回公司部分收取的款项，而故意将另外一部分款项不按规定存入或转入公司银行账户，反而多次挪出归个人使用，且超过3个月未归还。之后，周某某所在公司在向缴费单位发询征函的过程中发现周某某将收取的水气费未交回单位入账，公司领导随即找周某某谈话。经教育、盘问，周某某主动交代了挪用水气费的犯罪事实。案发后，周某某已退回挪用的部分款项。

公诉机关以周某某犯挪用资金罪，向法院提起公诉。

周某某辩称，其挪用的金额未达到起诉书指控的金额。

周某某辩护人陶建认为，周某某不具备国家工作人员的身份，从事工作不具有公务性，故其行为应为挪用资金罪；本案犯罪金额应以实收款与实交款的有效票据间的金额之差来认定。周某某具有自首情节，对其应依法减轻处罚并适用缓刑。

重庆市长寿区人民法院认为，周某某身为国有独资有限责任公司的工作人员，利用担任经营管理科收费员职务的便利，违反规定收取水气费后挪用本单位的资金归个人使用，数额巨大，且超过3个月未归还，其行为严重侵犯了单位资金的使用权和收益权，故根据《刑法》第二百七十二条第一款的规定，应认定为挪用资金罪。此外，周某某虽为国有独资有限责任公司的工作人员，但其工作性质不属于国有公司中从事公务的人员，不具备挪用公款罪的主体资格，故不能以挪用公款罪对其定罪处刑。综上，应以挪用资金罪对周某某定罪处罚。判处周某某犯挪用资金罪，判处有期徒刑七年，违法所得予以追缴。

（3）职务侵占罪与挪用资金罪的区分。前述案例包括了国有企业内职务侵占罪和挪用资金罪常见的争议焦点，包括非国家工作人员的认定、利用职务便利的认定、非法占有目的的认定等。接下来进行——分析。

如何区分职务侵占罪和挪用资金罪？根据《刑法》第二百七十一条、第二百七十二条的规定，职务侵占罪和挪用资金罪，都是公司、企业或者其他单位的工作人员，利用职务上的便利，侵犯本单位财产的行为。前述两个案例，一个虚增加油量虚增收入，一个转移公司的资金，都是侵犯公司财产的行为。但是前一案例的梁某等、后一案例的张某却分别构成了两个不同的罪名。那么，在司法实践中是如何区分这两个罪名的呢？

第一，在犯罪对象方面，职务侵占罪的犯罪对象是"本单位财物"，既包括单位的现存的资金、财物，也包括单位所有的财产性利益，如债权、股份；而挪用资金罪的行为对象仅仅为"本单位资金"，其范围远远小于职务侵占罪所保护的对象。

第二，在主观方面，职务侵占罪需要行为人具有非法占有目的。具体而言，是明知是本单位财物，仍然希望利用职务便利非法转为自己或第三者所有。关于如何认定行为人主观上具有非法占有目的，2001年9月20日《全国法院审理金融犯罪案件工作座谈会纪要》指出："应当坚持主客观相一致的原则，既要避免单纯根据损失结果客观归罪，也不能仅凭被告人自己的供述，而应当根据案件具体情况具体分析。"坚持主客观相一致原则的基本含义是，对犯罪嫌疑人、被告人追究刑事责任，必须同时具备主客观两方面的条件。因此，认定职务侵占罪行为人之非法占有目的，既要确认客观上没有归还，也要证明主观上不想归还，在司法实践中，主观内容的证明主要采用推定的方式。在职务侵占罪中，非法占有目的客观表现往往体现在平账，也就是从形式上看，占有人不存在返还非法占有的财物的事由。平账，充分体现了行为人逃避返还所占有的财物的心态。换言之，如果行为人没有实施平账行为的，一般不能认定具有非法占有的目的。

而挪用资金罪，是指行为人明知是本单位资金，为了给本人或者他人使用，而擅自动用。行为人虽然具有一定期间内非法占用本单位资金的目的，但却准备日后归还，而非永久占有，主观上不具有非法占有目的。对此，实务中需综合主客观方面进行判断。

对此，通常重点审查行为人是否存在携款潜逃、非法平账、销毁账目、有能力归还而拒不归还等情况。

（4）非国家工作人员受贿罪。非国家工作人员受贿罪，是指公司、企业或者其他单位的工作人员利用职务上的便利，索取他人财物或者非法收受他人财物，为他人谋取利益，数额较大的行为。

根据《刑法》第一百六十三条的规定，公司、企业或者其他单位的工作人员，利用职务上的便利，索取他人财物或者非法收受他人财物，为他人谋取利益，数额较大的，处3年以下有期徒刑或者拘役，并处罚金；数额巨大或者有其他严重情节的，处3年以上10年以下有期徒刑，并处罚金；数额特别巨大或者有其他特别严重情节的，处10年以上有期徒刑或者无期徒刑，并处罚金。公司、企业或者其他单位的工作人员在经济往来中，利用职务上的便利，违反国家规定，收受各种名义的回扣、手续费，归个人所有的，依照前款的规定处罚。国有公司、企业或者其他国有单位中从事公务的人员和国有公司、企业或者其他国有单位委派到非国有公司、企业及其他单位从事公务的人员有前两款行为的，依照本法第三百八十五条、第三百八十六条的规定定罪处罚。

本罪的主体是公司、企业或者其他单位的工作人员。在国有企业中，指一般的工作人员，而排除在国有企业中从事公务的人员。国有公司、企业或者其他国有单位中从事公务的人员和国有公司、企业或者其他国有单位委派到非国有公司、企业及其他单位从事公务的人员，可以成为受贿罪的行为主体。本罪的行为内容为利用职务上的便利，索取或者非法收受他人数额较大的财物，为他人谋取利益的行为。根据"两高"2016年4月18日发布的《关于办理贪污贿赂刑事案件适用法律若干问题的解释》，索取、收受的财物价值在6万元以上的为数额较大。这里的财物不仅包括金钱和实物，而且包括可以用金钱计算数额的财产性利益。"为他人谋取利益"的要求是允诺为他人谋取利益，不要求行为人实际为他人谋取了利益。最后，违反国家规定，收受各种名义的回扣、手续费，归个人所有的，成立本罪。

本罪所说的"回扣"，是指在商品或者劳务活动中，由卖方从所收到的价款中，按照一定的比例扣除一部分返还给买方或者其经办人的款项。

"手续费"，是指在经济活动中，除回扣以外，其他违反国家规定支付给公司、企业或者其他单位工作人员的各种名义的钱，例如，信息费、顾问费、劳务费、辛苦费、好处费等。违反国家规定，收取各种名义的回扣、手续费，是否归个人所有，是区分罪与非罪的主要界限，如果收取的回扣、手续费，都上交给公司、企业或者本单位的，不构成犯罪；只有将收取的回扣、手续费归个人所有的，才构成犯罪。

如何区分非国家工作人员受贿罪和商业馈赠呢？认定本罪时，应当将正当的商业馈赠和违反国家规定，收受各种名义的回扣、手续费的行为相区别。根据《最高人民法院、最高人民检察院关于办理商业贿赂刑事案件适用法律问题的意见》第十条，要注意区分与贿赂的界限：第一，发生财物往来的背景，如双方是否存在亲友关系及历史上交往的情形和程度；第二，往来财物的价值；第三，财物往来的缘由、时机和方式，提供财物方对于接收方有无职务上的请托，接收方是否利用职务上的便利为提供方谋取利益。根据《关于禁止商业贿赂行为的暂行规定》第二条规定："本规定所称商业贿赂，是指经营者为销售或者购买商品而采取财物或者其他手段贿赂对方单位或者个人的行为。"在国有企业中，只要发生商业领域的贿赂就是商业贿赂行为。国家工作人员接受商业贿赂，构成受贿罪；普通国企员工接受商业贿赂的，构成非国家工作人员受贿罪。

【司法案例】

裁判要旨：受贿罪与非国家工作人员受贿罪的根本区别在于犯罪主体不同：受贿罪的主体是国家工作人员，以国家工作人员论的国有公司、企业、其他单位中从事公务的人员和国有公司、企业、国有其他单位委派到非国有公司、企业、其他单位从事业务的人员；非国家工作人员受贿罪的主体是公司、企业、其他单位人员，即非国家工作人员。被劳务公司派遣到国有企业的人员，虽然是在国有企业工作，但是劳务关系却仍存在于其和劳务公司之间，其并不具有国家工作人员的身份。因此，其行为不应被认定为受贿罪，而应认定为非国家工作人员受贿罪。

案情简介①：河南省栾川县龙宇钼业有限公司（系国有控股企业）（以下简称龙宇公司）因商业需要征用栾川县冷水镇南泥湖村土地，该村需整体搬迁。河南慧龙劳务派遣服务有限公司（系非国有企业）（以下简称慧龙公司）根据合同要求将本公司职工杜宗理、陈浩诺派往龙宇公司，主要负责征迁关系协调工作，统计被搬迁对象的财产并登记在册。

璩老虎家的房屋在搬迁之列，其为了在搬迁过程中多得赔偿款，遂让外甥女婿琚平贵想办法联系杜宗理，希望其在登记财产的时候予以照顾。

为了方便办事，璩老虎交给琚平贵6万元现金，又让琚平贵先垫付4万元找杜宗理帮忙。琚平贵找到杜宗理，送给杜7万元。之后，琚平贵根据杜宗理提供的电话号码找到负责登记数据底册的陈浩诺，送给陈浩诺2万元，让陈浩诺给璩老虎的房屋丈量数据上增加一层。后陈浩诺在璩老虎之子璩保国的附属物复查登记表上将二层的砖混房屋改为三层，使龙宇公司多支付了18.1万元赔偿款。璩老虎从中取6万元给了琚平贵，其中2万元是为了还案外的借款，4万元是还琚平贵为办理此事垫付的钱，余下的钱占为己有。

河南省栾川县人民法院经审理认为，被告人杜宗理、陈浩诺系慧龙公司派遣到龙宇公司的工作人员，虽然在龙宇公司中从事具体工作，但二人非该公司职工，不具有国家工作人员身份，二人利用担任龙宇公司拆迁办工作人员的职务便利，为璩老虎谋取利益，分别收受璩老虎经琚平贵送去的贿赂款7万元和2万元的行为已构成非国家工作人员受贿罪。被告人璩老虎的行为已构成对非国家工作人员行贿罪。被告人琚平贵帮助璩老虎向杜宗理、陈浩诺行贿，属于共同犯罪。2013年2月26日，法院判决被告人杜宗理有期徒刑3年，被告人陈浩诺有期徒刑2年、缓刑3年，被告人璩老虎有期徒刑1年、缓刑1年，被告人琚平贵免予刑事处罚。

本案中，杜宗理和陈浩诺是被劳务派遣到国有企业，劳务派遣的特征之一是劳务关系只存在于派遣单位和劳务派遣工之间（即慧龙公司和二被告人之间）。尽管劳务派遣工是为接受单位工作而不是为派遣单位工作，但接受单位并不加入雇佣关系，派遣工不是接受单位的职工，即二被告人

①（2013）栾刑重初字第1号刑事判决书。

杜宗理和陈浩诺不是龙宇公司职工，不具有国家工作人员身份，故杜宗理和陈浩诺的身份应定为公司人员。非国家工作人员受贿罪与受贿罪的根本区别在于犯罪主体不同：非国家工作人员受贿罪的主体是公司、企业、其他单位人员，即非国家工作人员；受贿罪的主体是国家工作人员，以国家工作人员论的国有公司、企业、其他单位中从事公务的人员和国有公司、企业、国有其他单位委派到非国有公司、企业、其他单位从事业务的人员。故杜宗理、陈浩诺应被定为非国家工作人员受贿罪。

二、市场交易领域涉及的刑事犯罪风险

（一）市场交易领域涉及的刑事犯罪风险

1.非法经营罪

《刑法》第二百二十五条：【非法经营罪】违反国家规定，有下列非法经营行为之一，扰乱市场秩序，情节严重的，处5年以下有期徒刑或者拘役，并处或者单处违法所得1倍以上5倍以下罚金；情节特别严重的，处5年以上有期徒刑，并处违法所得1倍以上5倍以下罚金或者没收财产：（1）未经许可经营法律、行政法规规定的专营、专卖物品或者其他限制买卖的物品的；（2）买卖进出口许可证、进出口原产地证明以及其他法律、行政法规规定的经营许可证或者批准文件的；（3）未经国家有关主管部门批准非法经营证券、期货、保险业务的，或者非法从事资金支付结算业务的；（4）其他严重扰乱市场秩序的非法经营行为。

（1）"国家规定"的界定。《刑法》第九十六条规定："本法所称违反国家规定，是指违反全国人民代表大会及其常务委员会制定的法律和决定，国务院制定的行政法规、规定的行政措施、发布的决定和命令。"2011年4月8日，《最高人民法院关于准确理解和适用刑法中"国家规定"的有关问题的通知》明确："刑法中的'国家规定'是指，全国人民代表大会及其常务委员会制定的法律和决定，国务院制定的行政法规、规定的行政措施、发布的决定和命令。"其中，"国务院规定的行政措施"应当由国务院决定，通常以行政法规或者国务院制发文件的形式加以

规定。以国务院办公厅名义制发的文件，符合以下条件的，亦应视为刑法中的"国家规定"：有明确的法律依据或者同相关行政法规不相抵触；经国务院常务会议讨论通过或者经国务院批准；在国务院公报上公开发布。

（2）国有企业经营以下业务，可能构成非法经营犯罪：

A.未经许可经营法律、行政法规规定的专营、专卖物品或者其他限制买卖的物品的。

B.买卖进出口许可证、进出口原产地证明及其他法律、行政法规规定的经营许可证或者批准文件的。

C.未经国家有关主管部门批准非法经营证券、期货、保险业务的，或者非法从事资金支付结算业务的。

D.违反国家规定，实施倒买倒卖外汇或者变相买卖外汇等非法买卖外汇行为，扰乱金融市场秩序的。

E.违反国家规定，未经监管部门批准，或者超越经营范围，以营利为目的，经常性地向社会不特定对象发放贷款，扰乱金融市场秩序，情节严重的。

F.违反国家规定，未经依法核准擅自发行基金份额募集基金，情节严重的。

G.未经国家批准擅自发行、销售彩票。

H.违反国家规定，采取租用国际专线、私设转接设备或者其他方法，擅自经营国际电信业务或者涉港澳台电信业务进行营利活动，扰乱电信市场管理秩序。

I.违反国家规定，使用销售点终端机具（POS机）等方法，以虚构交易、虚开价格、现金退货等方式向信用卡持卡人直接支付现金情节严重的。

J.无危险废物经营许可证从事手机、贮存、利用处置危险废物经营活动，严重污染环境的。

K.违反国家规定，非法经营非国家重点保护野生动物及其制品（包括开办交易场所、进行网络销售、加工食品出售等）。

L.违反国家药品管理法律法规，未取得或者使用伪造、变造的药品经营许可证非法经营药品，情节严重的。

M.以提供给他人生产、销售药品为目的，违反国家规定，生产、销售不符合药用要求的非药品原料、辅料，情节严重的。

N.以提供给他人生产、销售食品为目的，违反国家规定，生产、销售国家禁止用于食品生产、销售的非食品原料，情节严重的。

O.违反国家规定，未经许可经营兴奋剂目录所列物质，涉案物质属于法律、行政法规规定的限制买卖的物品，扰乱市场秩序，情节严重的。

P.违反国家规定，生产、销售国家禁止生产、销售、使用的农药、兽药、饲料、饲料添加剂，或者饲料原料、饲料添加剂原料，情节严重的。

Q.未取得药品生产、经营许可证件和批准文号，非法生产、销售盐酸克仑特罗等禁止在饲料和动物饮用水中使用的药品，扰乱药品市场秩序，情节严重的。

R.出于医疗目的，违反有关药品管理的国家规定，非法贩卖相关麻醉药品或者精神药品，扰乱市场秩序，情节严重的。

S.违反国家规定采挖、销售、收购麻黄草，没有证据证明以制造毒品或者走私、非法买卖制毒物品为目的。

T.违反国家规定，私设生猪屠宰厂（场），从事生猪屠宰、销售等经营活动，情节严重的。

U.违反国家规定，以营利为目的，通过信息网络有偿提供删除信息服务，或者明知是虚假信息，通过信息网络有偿提供发布信息等服务，情节严重的。

V.违反国家在预防、控制突发传染病疫情等灾害期间有关市场经营价格管理等规定，哄抬物价、牟取暴利，严重扰乱市场秩序，违法所得数额较大或者有其他严重情节的。

W.违反国家规定，从事生产、销售非法电视网络接收设备（含软件），以及为非法广播电视接收软件提供下载服务、为非法广播电视节目频道接收提供链接服务等营利性活动。

X.以提供给他人开设赌场为目的，违反国家规定，非法生产、销售具有退币、退分、退钢珠等赌博功能的电子游戏设备或者其专用软件，情节严重的。

Y.非法生产、销售"伪基站"设备，情节严重的。

Z.非法生产、经营烟花爆竹及相关行为。

AA.明知是违法音像制品而进行经营的。

2.串通投标罪

《刑法》第二百二十三条：【串通投标罪】投标人相互串通投标报价，损害招标人或者其他投标人利益，情节严重的，处3年以下有期徒刑或者拘役，并处或者单处罚金。投标人与招标人串通投标，损害国家、集体、公民的合法利益的，依照前款的规定处罚。

（二）安全环保领域涉及的刑事犯罪风险

1.重大责任事故罪

《刑法》第一百三十四条：【重大责任事故罪】在生产、作业中违反有关安全管理的规定，因而发生重大伤亡事故或者造成其他严重后果的，处3年以下有期徒刑或者拘役；情节特别恶劣的，处3年以上7年以下有期徒刑。

2.重大劳动安全事故罪

《刑法》第一百三十五条：【重大劳动安全事故罪】安全生产设施或者安全生产条件不符合国家规定，因而发生重大伤亡事故或者造成其他严重后果的，对直接负责的主管人员和其他直接责任人员，处3年以下有期徒刑或者拘役；情节特别恶劣的，处3年以上7年以下有期徒刑。

3.污染环境罪

《刑法》第三百三十八条：【污染环境罪】违反国家规定，排放、倾倒或者处置有放射性的废物、含传染病病原体的废物、有毒物质或者其他有害物质，严重污染环境的，处3年以下有期徒刑或者拘役，并处或者单处罚金；情节严重的，处3年以上7年以下有期徒刑，并处罚金；有下列情形之一的，处7年以上有期徒刑，并处罚金：

（1）在饮用水水源保护区、自然保护地核心保护区等依法确定的重点保护区域排放、倾倒、处置有放射性的废物、含传染病病原体的废物、有毒物质，情节特别严重的；

（2）向国家确定的重要江河、湖泊水域排放、倾倒、处置有放射性的废物、含传染病病原体的废物、有毒物质，情节特别严重的；

（3）致使大量永久基本农田基本功能丧失或者遭受永久性破坏的；

（4）致使多人重伤、严重疾病的，或者致人严重残疾、死亡的。

有前款行为，同时构成其他犯罪的，依照处罚较重的规定定罪处罚。

4.非法采矿罪

《刑法》第三百四十三条：【非法采矿罪】【破坏性采矿罪】违反矿产资源法的规定，未取得采矿许可证擅自采矿，擅自进入国家规划矿区、对国民经济具有重要价值的矿区和他人矿区范围采矿，或者擅自开采国家规定实行保护性开采的特定矿种，情节严重的，处3年以下有期徒刑、拘役或者管制，并处或者单处罚金；情节特别严重的，处3年以上7年以下有期徒刑，并处罚金。

违反矿产资源法的规定，采取破坏性的开采方法开采矿产资源，造成矿产资源严重破坏的，处5年以下有期徒刑或者拘役，并处罚金。

（三）产品质量领域涉及的刑事犯罪风险

1.生产、销售伪劣产品罪

《刑法》第一百四十条：【生产、销售伪劣产品罪】生产者、销售者在产品中掺杂、掺假，以假充真，以次充好或者以不合格产品冒充合格产品，销售金额5万元以上不满20万元的，处2年以下有期徒刑或者拘役，并处或者单处销售金额50%以上2倍以下罚金；销售金额20万元以上不满50万元的，处2年以上7年以下有期徒刑，并处销售金额50%以上2倍以下罚金；销售金额50万元以上不满200万元的，处7年以上有期徒刑，并处销售金额50%以上2倍以下罚金；销售金额200万元以上的，处15年有期徒刑或者无期徒刑，并处销售金额50%以上2倍以下罚金或者没收财产。

2.生产、销售有毒、有害食品罪

《刑法》第一百四十四条：【生产、销售有毒、有害食品罪】在生产、销售的食品中掺入有毒、有害的非食品原料的，或者销售明知掺有有毒、有害的非食品原料的食品的，处5年以下有期徒刑，并处罚金；对人体健康造成严重危害或者有其他严重情节的，处5年以上10年以下有期徒刑，并处罚金；致人死亡或者有其他特别严重情节的，依照本法第一百四十一

条的规定处罚。

3.生产、销售、提供假药罪

《刑法》第一百四十一条：【生产、销售、提供假药罪】生产、销售假药的，处3年以下有期徒刑或者拘役，并处罚金；对人体健康造成严重危害或者有其他严重情节的，处3年以上10年以下有期徒刑，并处罚金；致人死亡或者有其他特别严重情节的，处10年以上有期徒刑、无期徒刑或者死刑，并处罚金或者没收财产。

药品使用单位的人员明知是假药而提供给他人使用的，依照前款的规定处罚。

（四）劳动用工领域涉及的刑事犯罪风险

1.强令、组织他人违章冒险作业罪

《刑法》第一百三十四条：【强令、组织他人违章冒险作业罪】强令他人违章冒险作业，或者明知存在重大事故隐患而不排除，仍冒险组织作业，因而发生重大伤亡事故或者造成其他严重后果的，处5年以下有期徒刑或者拘役；情节特别恶劣的，处5年以上有期徒刑。

2.拒不支付劳动报酬罪

《刑法》第二百七十六条之一：【拒不支付劳动报酬罪】以转移财产、逃匿等方法逃避支付劳动者的劳动报酬或者有能力支付而不支付劳动者的劳动报酬，数额较大，经政府有关部门责令支付仍不支付的，处3年以下有期徒刑或者拘役，并处或者单处罚金；造成严重后果的，处3年以上7年以下有期徒刑，并处罚金。

单位犯前款罪的，对单位判处罚金，并对其直接负责的主管人员和其他直接责任人员，依照前款的规定处罚。

有前两款行为，尚未造成严重后果，在提起公诉前支付劳动者的劳动报酬，并依法承担相应赔偿责任的，可以减轻或者免除处罚。

3.强迫劳动罪

《刑法》第二百四十四条：【强迫劳动罪】以暴力、威胁或者限制人身自由的方法强迫他人劳动的，处3年以下有期徒刑或者拘役，并处罚金；情节严重的，处3年以上10年以下有期徒刑，并处罚金。

明知他人实施前款行为，为其招募、运送人员或者有其他协助强迫他人劳动行为的，依照前款的规定处罚。

单位犯前两款罪的，对单位判处罚金，并对其直接负责的主管人员和其他直接责任人员，依照第一款的规定处罚。

（五）财务税收领域涉及的刑事犯罪风险

1.逃税罪

《刑法》第二百零一条：【逃税罪】纳税人采取欺骗、隐瞒手段进行虚假纳税申报或者不申报，逃避缴纳税款数额较大并且占应纳税额10%以上的，处3年以下有期徒刑或者拘役，并处罚金；数额巨大并且占应纳税额30%以上的，处3年以上7年以下有期徒刑，并处罚金。

扣缴义务人采取前款所列手段，不缴或者少缴已扣、已收税款，数额较大的，依照前款的规定处罚。

对多次实施前两款行为，未经处理的，按照累计数额计算。

有第一款行为，经税务机关依法下达追缴通知后，补缴应纳税款、缴纳滞纳金，已受行政处罚的，不予追究刑事责任；但是，5年内因逃避缴纳税款受过刑事处罚或者被税务机关给予二次以上行政处罚的除外。

2.虚开增值税发票罪

《刑法》第二百零五条：【虚开增值税发票罪】虚开增值税专用发票或者虚开用于骗取出口退税、抵扣税款的其他发票的，处3年以下有期徒刑或者拘役，并处2万元以上20万元以下罚金；虚开的税款数额较大或者有其他严重情节的，处3年以上10年以下有期徒刑，并处5万元以上50万元以下罚金；虚开的税款数额巨大或者有其他特别严重情节的，处10年以上有期徒刑或者无期徒刑，并处5万元以上50万元以下罚金或者没收财产。

单位犯本条规定之罪的，对单位判处罚金，并对其直接负责的主管人员和其他直接责任人员，处3年以下有期徒刑或者拘役；虚开的税款数额较大或者有其他严重情节的，处3年以上10年以下有期徒刑；虚开的税款数额巨大或者有其他特别严重情节的，处10年以上有期徒刑或者无期徒刑。

虚开增值税专用发票或者虚开用于骗取出口退税、抵扣税款的其他发票，是指有为他人虚开、为自己虚开、让他人为自己虚开、介绍他人虚开行为之一的。

3.非法出售增值税专用发票罪

《刑法》第二百零七条：【非法出售增值税专用发票罪】非法出售增值税专用发票的，处3年以下有期徒刑、拘役或者管制，并处2万元以上20万元以下罚金；数量较大的，处3年以上10年以下有期徒刑，并处5万元以上50万元以下罚金；数量巨大的，处10年以上有期徒刑或者无期徒刑，并处5万元以上50万元以下罚金或者没收财产。

4.伪造公司、企业印章罪

《刑法》第二百八十条：【伪造公司、企业印章罪】伪造公司、企业、事业单位、人民团体的印章的，处3年以下有期徒刑、拘役、管制或者剥夺政治权利，并处罚金。

5.违规披露、不披露重要信息罪

《刑法》第一百六十一条：【违规披露、不披露重要信息罪】依法负有信息披露义务的公司、企业向股东和社会公众提供虚假的或者隐瞒重要事实的财务会计报告，或者对依法应当披露的其他重要信息不按照规定披露，严重损害股东或者其他人利益，或者有其他严重情节的，对其直接负责的主管人员和其他直接责任人员，处5年以下有期徒刑或者拘役，并处或者单处罚金；情节特别严重的，处5年以上10年以下有期徒刑，并处罚金。

前款规定的公司、企业的控股股东、实际控制人实施或者组织、指使实施前款行为的，或者隐瞒相关事项导致前款规定的情形发生的，依照前款的规定处罚。

犯前款罪的控股股东、实际控制人是单位的，对单位判处罚金，并对其直接负责的主管人员和其他直接责任人员，依照第一款的规定处罚。

6.非法吸收公众存款罪

《刑法》第一百七十六条：【非法吸收公众存款罪】非法吸收公众存款或者变相吸收公众存款，扰乱金融秩序的，处3年以下有期徒刑或者拘役，并处或者单处罚金；数额巨大或者有其他严重情节的，处3年以上10年以下有期徒刑，并处罚金；数额特别巨大或者有其他特别严重情节的，处10年以上有期徒刑，并处罚金。

单位犯前款罪的，对单位判处罚金，并对其直接负责的主管人员和其他直接责任人员，依照前款的规定处罚。

有前两款行为，在提起公诉前积极退赃退赔，减少损害结果发生的，可以从轻或者减轻处罚。

（六）知识产权领域涉及的刑事犯罪风险

1.销售假冒注册商标的商品罪

《刑法》第二百一十四条：【销售假冒注册商标的商品罪】销售明知是假冒注册商标的商品，违法所得数额较大或者有其他严重情节的，处3年以下有期徒刑，并处或者单处罚金；违法所得数额巨大或者有其他特别严重情节的，处3年以上10年以下有期徒刑，并处罚金。

2.侵犯著作权罪

《刑法》第二百一十七条：【侵犯著作权罪】以营利为目的，有下列侵犯著作权或者与著作权有关的权利的情形之一，违法所得数额较大或者有其他严重情节的，处3年以下有期徒刑，并处或者单处罚金；违法所得数额巨大或者有其他特别严重情节的，处3年以上10年以下有期徒刑，并处罚金：

（1）未经著作权人许可，复制发行、通过信息网络向公众传播其文字作品、音乐、美术、视听作品、计算机软件及法律、行政法规规定的其他作品的；

（2）出版他人享有专有出版权的图书的；

（3）未经录音录像制作者许可，复制发行、通过信息网络向公众传播其制作的录音录像的；

（4）未经表演者许可，复制发行录有其表演的录音录像制品，或者通过信息网络向公众传播其表演的；

（5）制作、出售假冒他人署名的美术作品的；

（6）未经著作权人或者与著作权有关的权利人许可，故意避开或者破坏权利人为其作品、录音录像制品等采取的保护著作权或者与著作权有关的权利的技术措施的。

（七）海外业务领域涉及的刑事犯罪风险

我国自20世纪末开始推行企业"走出去"战略，取得了良好的经济成果。自2013年以来，我国开始推行"一带一路"倡议，越来越多的企业将商业触角伸向世界每一个角落。在将商业版图扩张至国外的过程中，除了要应对政治、军事及常见的商业风险之外，企业还面临海外刑事风险。如美国《反海外腐败法》《伊朗交易监管法》《伊朗制裁法案》《出口管理法案》《国际紧急经济权利法》《境外账户纳税合规法案》《武器出口管理法案》《对敌交易法令》等一系列美国国内法。

美国《反海外腐败法》（*Foreign Corrupt Practices Act*，FCPA）颁布于1977年，并经过1988年、1994年和1998年三次修订，是美国控制美国企业海外商业贿赂行为的重要法律。然而适用的范围不仅仅为美国企业。根据FCPA的规定，目前FCPA的适用范围为：（1）在美国发行证券的公司和美国公司及其管理人员、董事、职员或代表其行事的股东；（2）任何在美国国内直接或通过代理人进行贿赂行为的外国公司及其管理人员、董事、职员或代理人或股东；（3）美国公民、国民或居民。FCPA的适用范围相当广泛，既包括公司企业也包括自然人，只要公司、企业与美国有业务往来，都有可能受到FCPA的管辖。负责执行该法律的是美国联邦司法部和证券交易委员会，法律后果既有可能构成犯罪，也有可能被追究民事责任。在对象要件方面，贿赂的对象是外国官员，具体指外国政府或其他任何机构，或者公共国际组织的官员或职员，或以公务职位代表该政府、机构或该公共国际组织行事的任何人。在主观要件方面，需要具有腐败意图。同时，法案中还规定了一些例外情况，作为行为人"出罪"的抗辩理由：一是为加速"日常政府行为"而支付的"方便费用"。这类日常政府行为包括：取得许可、执照或其他官方文件；处理政府文件，如签证和工作通知单；提供警察保护；邮件接送；与履行合同有关的列表检查、电信服务；水电服务；装卸货物；保鲜；越境运输；等等。二是外国成文法律规定为合法的经济支出。三是为展示产品或者履行合同所支出的费用。法律责任上，可以追究刑事责任和民事责任。刑事责任分别针对商业主体和个人。针对商业主体，可以处以最高200万美元的罚金；针对个人，对构成犯罪的高级职员，包括董事会成员、雇员或代理人，可以处以最高10万美元和5年监禁。民事责任上，商业实体可以依据美国《选择性罚款法》（*Alternative Fines Act*）被处以非法所得或他人经济损失最高两倍的罚款，个人可根据《选择性罚款法》被处以最高25万美元或者个人非法所得或他人经济损失最高两倍的罚款。此外，违反FCPA也可能面临其他处罚，如禁止参与政府采购活动、剥夺进出口权、禁止进行股票交易等处罚，而且这些处罚并不以行为人被定罪为前提。典型案例如"朗讯门""张恩照案""2016年江森自控案"。以2016年江森自控案为例，江森自控在华子公司涉嫌利用虚假供应商向中国国有船厂员工、船东和其他相关人员支付约490万美元的不恰当款项用于行贿或谋取私利。江森自控同意支付约1400万美元，与SEC就其在FCPA项下所受到的指控达成和解。DOJ适用FCPA Pilot Program，于2016年6月21日对其作出不予起诉决定。

《伊朗交易监管法》《伊朗制裁法案》是美国"长臂管辖"的典型法案。美国对伊朗的制裁源自1979年"伊朗人质危机"，人质危机发生后，美国卡特总统宣布禁止美国从伊朗进口石油，并且要求美国银行冻结伊朗政府和伊朗中央银行高达120亿美元的存款和财产；1980年，全面禁止伊朗和美国的贸易，并禁止美国人前往伊朗或在伊朗从事金融交易；1995年，克林顿政府开始禁止所有美国公司投资伊朗的石油产业，随后推动《伊朗交易监管法》（*Iranian Transaction Regulations*，ITR）通过，全面禁止美国与伊朗的一切贸易和投资；1996年，通过《伊朗制裁法案》对其能源领域进行制裁；小布什总统任期内，小布什政府在财政部下整合各部门，成立了"恐怖主义及金融情报办公室"（Office of Terrorismand Financial Intelligence，TFI），该办公室下辖著名的"海外资产控制办公室"（Office of Foreign Assets Control，OFAC），作为美国经济制裁措施的主要执行机构；奥巴马政府任内，由于伊朗秘密发展核武器，美国对伊朗经济制裁的措施达到了顶峰，截至2015年12月，外国银行的美国分行因为违反美国的制裁规定已累计向美国政府缴纳了高达140亿美元的罚金。其中，美国对伊朗的主要制裁措施包括冻结财产、禁止对伊朗的贸易和投资、对能源领域进行制裁、金融制裁。如《伊朗制裁法案》（ISA）及之后的CISADA，禁止任何企业向伊朗石油工业投资超过2000万美元；禁止任何人向伊朗提供价值超过一百万美金的石油产品；禁止帮助伊朗发展石油工业；禁止向伊朗提供石油、天然气开发生产的设备；禁止购买伊朗国债；禁止帮助伊朗出口石油；禁止成立与石油开发有关的合资公司；禁止帮助伊朗石油公司融资、保险等。值得一提的是，该条款的适用对象包括美国公司以外的主体，这是美国第一次将经济制裁适用全世界任何人：ISA禁止任何人向伊朗的石油工业进行大规模的投资，这就是所谓的"二级制裁"。虽然美国当然没有权力对违反法案的外国公司直接罚款，但是它会禁止违法的外国公司使用美国金融系统的一系列服务。

第三节　涉案企业合规不起诉制度

一、涉案企业合规不起诉制度改革历程

合规不起诉制度在国外又称为暂缓起诉协议制度，其起源于20世纪60年代的美国，最早适用于未成年人和毒品犯罪，后逐渐拓展适用到企业犯罪领域。我国合规不起诉制度（附条件不起诉）和域外暂缓起诉协议制度具有极大的相似性，是企业合规在刑事诉讼领域重要的制度载体和实现路径。在我国，企业合规不起诉制度，是指检察机关对那些涉嫌事实犯罪并作出认罪认罚的企业，在其承诺或者实施有效合规管理体系的前提下，对其作出不起诉的制度。该制度的基本理念旨在要求企业建立有效的合规计划，当企业涉嫌犯罪时，以合规计划作为寻求不起诉、作出无罪抗辩、获得减免刑罚及至与监管机构签署暂缓起诉或不起诉协议的依据，企业由此可以最大限度地减少损失。

我国企业合规不起诉制度改革发端于2020年。2020年3月，最高人民检察院理论研究所在全国6家基层检察机关以科研课题的形式开展涉案企业合规制度改革研究，这一研究逐渐成为一项涉案企业合规改革试点项目。最高人民检察院于2021年3月将第二轮改革试点范围扩大到10个省级检察机关。经过近3年的探索和试点，已经初步形成了合规不起诉的制度框架。单针对该制度框架，各地试点检察机关探索出不同的制度路径。

2020年3月，最高人民检察院开始进行企业合规相对不起诉的改革探索，在上海浦东、金山，江苏张家港，山东郯城，广东深圳南山、保安等6家基层检察院，试点开展"企业合规不起诉适用机制改革"。

2020年11月，最高人民检察院成立企业合规问题研究指导工作组，统筹推进企业合规问题的理论研究和实务指导，确保相关工作严格依法、稳妥有序。

2021年4月，最高人民检察院启动第二批企业合规改革试点工作，试点范围扩大至61个市级院381个基层院。一些非试点省份检察机关根据本地情况，积极主动在法律框架内开展改革相关工作。

2021年6月，最高人民检察院、司法部、财政部等多部门联合发布《第三方评估意见》。同时，总结了前期企业合规经验，发布了企业合规试点典型案例。

2021年9月，最高人民检察院、全国工商联等九部门共同成立第三方监督评估机制管委会。管委会承担对第三方监督评估机制的宏观指导、具体管理、日常监督、统筹协调等职责。

2021年11月，九部门联合下发《第三方专员管理办法》《第三方评估细则》两个配套规定，为第三方机制规范有序运行提供有力制度保障。

2021年12月，九部门正式组建了国家层面第三方机制专业人员库，发挥带头示范效应，探索解决各地区专业人员分布不均衡问题，为第三方机制规范有序运行提供有力人才保障。

2022年1月，全国检察长（扩大）会议召开，确定涉案企业合规改革第二批试点结束，最高人民检察院将总结经验，在全国检察机关全面推开。最高人民检察院将抓紧立法建议研究工作，做实企业合规，重在落实第三方监督评估机制，着力监督整改。

2022年4月，九部门联合下发了《涉案企业合规建设、评估和审查办法（试行）》（以下简称《涉案企业合规办法》），为涉案企业合规整改提供了标准指引。

截至2022年7月，最高人民检察院发布的办案数据显示，涉案企业合规试点以来，全国检察机关已办理合规案件2382件，其中适用第三方监督评估机制案件1584件；对整改合规的606家企业、1159人依法作出不起诉决定。

截至2022年10月，最高人民检察院分别于2021年6月3日、2021年12月8日、2022年7月21日分别发布第一批、第二批、第三批涉案企业合规典型案例，共计15件，如表7-5所示。其中涉及污染环境、虚开增值税专用发票、非国家工作人员行贿、串通投标、假冒注册商标、重大责任事故、走私普通货物、隐瞒犯罪所得、联网企业数据合规、证券犯罪内幕信息保密合规、中介机构简式合规、矿区非法采矿行业治理、高科技民营企业合规等方面，具有较强的指导意义。

表7-5　第一批至第三批涉案企业合规典型案例

序号	案件	来源
1	张家港市L公司、张某甲等人污染环境案	第一批
2	上海市A公司、B公司、关某某虚开增值税专用发票案	第一批
3	王某某、林某某、刘某乙对非国家工作人员行贿案	第一批
4	新泰市J公司等建筑企业串通投标系列案件	第一批
5	上海J公司、朱某某假冒注册商标案	第二批
6	张家港S公司、睢某某销售假冒注册商标的商品案	第二批
7	山东沂南县Y公司、姚某明等人串通投标案	第二批
8	随州市Z公司康某某等人重大责任事故案	第二批
9	深圳X公司走私普通货物案	第二批
10	海南文昌市S公司、翁某某掩饰、隐瞒犯罪所得案	第二批
11	上海Z公司、陈某某等人非法获取计算机信息系统数据案	第三批
12	王某某泄露内幕信息、金某某内幕交易案	第三批
13	江苏F公司、严某某、王某某提供虚假证明文件案	第三批
14	广西陆川县23家矿山企业非法采矿案	第三批
15	福建省三明市X公司、杨某某、王某某串通投标案	第三批

检察机关在探索涉案企业合规不起诉过程中，曾筛选出了两种制度模式：一是"检察建议模式"；二是"附条件不起诉模式"。前者是指检察机关在审查起诉过程中，对于犯罪情节轻微同时认罪认罚的涉案企业，在作出相对不起诉决定之后，通过提出检察建议的方式，责令其建立合规管理体系的制度。后者则是指检察机关在审查起诉过程中，设立一定的考验期，对涉嫌犯罪的企业暂时不予起诉，并对企业建立刑事合规的情况进行

监督考察，在期满后根据企业建立合规管理体系的进展情况，对其作出起诉或者不起诉决定的制度。

从改革试点经验结果来看，我国检察机关采用的是"专项合规计划＋第三方监督评估组织＋检察听证＋附条件不起诉"模式。

"专项合规计划"是指企业针对特定领域的合规风险，为避免企业因为违反相关法律法规而遭受行政处罚、刑事追究及其他相应的损失而建立起来的专门性合规管理体系。如反商业贿赂、涉税类、生态环境保护类、数据安全类、安全生产类、知识产权类专项合规计划。与大而全的整体合规管理体系不同的是，专项合规计划是企业针对特定的合规风险而建立的专门性合规管理体系。专项合规计划中除了要收到企业一般性的合规政策和程序约束外，还需要有相应的合规管理机构、合规管理制度、合规流程监控与合规文化建设。其中，合规流程监控是专项合规计划的重点，主要包括企业合规风险识别预警机制、合规检测和风险评估审查机制、合规信息举报与调查机制、合规应对处理机制等几方面机制。在涉案企业合规不起诉改革中，专项合规计划是指在人民检察院领导下，涉案企业提交的，由第三方监督评估组织审查、考察的，围绕合规计划，主要围绕与企业涉嫌犯罪有密切联系的企业内部治理结构、规章制度、人员管理等方面存在等问题，制定可行的合规管理规范，构建有效的合规组织体系，健全合规风险防范报告机制，弥补企业制度建设和监督管理漏洞。

《第三方评估意见》第一条规定，涉案企业合规第三方监督评估机制，是指人民检察院在办理涉企犯罪案件时，对符合企业合规改革试点适用条件的，交由第三方监督评估机制管理委员会选任组成的第三方监督评估组织，对涉案企业的合规承诺进行调查、评估、监督和考察。其人员通常由法律、企业经营、政府等专业机构人员组成，除了律师外，针对不同的案件，还包括其他专业机构的人员。第三方监督评估专业人员，在涉案企业合规不起诉中，起到监督人的作用。在涉案企业合规中，对涉案企业合规计划的可行性、有效性、全面性进行审查，提出修改完善的意见建议，并根据案件具体情况和涉案企业承诺履行的期限，确定合规考察的期限。此外，第三方监督评估组织可以定期或者不定期对涉案企业进行检察和评估；在合规考察期届满后对涉案企业的合规计划完成情况进行全面检察、评估和考核，并制作合规考察书面报告，报送负责选任第三方组织的第三方机制管委会和负责办理案件的人民检察院。

检察听证指的是涉案企业在第三方监督评估组织的监督下，完成专项合规计划，达成合规目标的前提下，检察院对于拟作出不批准逮捕、不起诉、变更强制措施等决定的涉企犯罪案卷，可以根据《人民检察院审查案件听证工作规定》召开听证会，并邀请第三方组织组成人员到会发表意见。

【司法案例】

裁判要旨：检察机关针对互联网科创企业的数据合规漏洞，深入开展社会调查，积极引导涉案企业开展数据合规。综合考虑涉案企业行业属性、技术行为合规规则，组建独立、专业的第三方组织，提升涉案企业数据合规监督评估有效性。创新优化合规考察模式，在疫情期间灵活运用智慧检务开展"云听证"，兼顾办案的公开与效率，助力复工复产。多措并举推动行业治理，促进互联网行业建立健全数据合规经营体系，助力构建健康清朗的网络生态环境。

案情简介[①]：上海Z网络科技有限公司（以下简称Z公司）成立于2016年1月，系一家为本地商户提供数字化转型服务的互联网大数据公司。Z公司现有员工1000余人，年纳税总额1000余万元，已帮助2万余家商户完成数字化转型，拥有计算机软件著作权10余件，2020年被评定为高新技术企业。被不起诉人陈某某、汤某某、王某某等人分别系该公司首席技术官和核心技术人员。

2019年至2020年，在未经上海E信息科技有限公司（以下简称E公司，系国内特大型美食外卖平台企业）授权许可的情况下，Z公司为了通过提供超范围数据服务吸引更多的客户，由公司首席技术官陈某某指使汤某某等多名公司技术人员，通过"外爬""内爬"等爬虫程序（按照一定的规则，在网上自动抓取数据的程序），非法获取E公司运营的外卖平台（以下

---

① 最高人民检察院：《涉案企业合规典型案例（第三批）》，中华人民共和国最高人民检察院网站，2022年8月10日，最后访问时间：2022年12月11日，https://www.spp.gov.cn/spp/xwfbh/wsfbt/202208/t20220810_570413.shtml#2。

简称E平台）数据。其中，汤某某技术团队实施"外爬"，以非法技术手段或利用E平台网页漏洞，突破、绕开E公司设置的IP限制、验证码验证等网络安全措施，通过爬虫程序大量获取E公司存储的店铺信息等数据。王某某技术团队实施"内爬"，利用掌握的登录E平台商户端的账号、密码及自行设计的浏览器插件，违反E平台商户端协议，通过爬虫程序大量获取E公司存储的订单信息等数据。上述行为造成E公司存储的具有巨大商业价值的海量商户信息被非法获取，同时造成E公司流量成本增加，直接经济损失人民币4万余元。

案发后，Z公司、陈某某等人均认罪认罚，Z公司积极赔偿被害单位经济损失并取得谅解。2020年8月14日，上海市公安局普陀分局以陈某某等人涉嫌非法获取计算机信息系统数据罪提请上海市普陀区检察院审查逮捕。8月21日，普陀区检察院经审查认为，陈某某等人不具有法律规定的社会危险性，依法决定不批准逮捕。2021年6月25日，上海市公安局普陀分局以陈某某等人涉嫌非法获取计算机信息系统数据罪移送普陀区检察院审查起诉。2022年5月，普陀区检察院依法对犯罪嫌疑单位Z公司、犯罪嫌疑人陈某某等14人作出不起诉决定。

企业合规整改情况及效果：

一是介入侦查，把准案件定性。因本案罪名涉及专业领域、作案手法复杂，侦查之初，普陀区检察院即应公安机关邀请介入侦查，引导取证，明确鉴定方向。一方面，引导公安机关固定Z公司爬虫程序、云服务器电子数据，以查清爬虫的运行模式、被爬取的数据属性等关键事实并加以鉴定。同时，走访被害企业，深入核实被害企业数据防护措施、直接经济损失等，为认定案件事实补充完善证据链条；另一方面，引导公安机关在讯问时关注作案动机、Z公司现状及发展前景等与企业合规相关的问题，督促Z公司积极赔偿被害企业损失，消除影响，同时会同执法司法机关、监管部门、专家学者，围绕爬虫的技术原理、合法性边界、法律适用及数据合规重点、难点，深入开展研讨交流，为案件定性、开展企业合规整改奠定工作基础。

二是认真审查，启动合规考察。案件移送审查起诉后，普陀区检察院经实地走访Z公司查看经营现状及会同监管部门研商公司运营情况发现，Z

公司管理层及员工存在重技术开发、轻数据合规等问题，此次爬取数据出于自身拓展业务的动机，未进行二次售卖。考虑到Z公司系成长型科创企业，陈某某等14名涉案人员均认罪认罚，积极赔偿E公司的经济损失并取得谅解，Z公司合规整改意愿强烈，提交了《适用刑事合规不起诉申请书》及企业经营情况、社会贡献度等书面证明材料，检察机关经审查对Z公司作出合规考察决定。

三是因案制宜，围绕数据合规专项计划精准"开方"，对涉案企业开展专业第三方监督评估。经走访座谈、办案调研，普陀区检察院发现，Z公司存在管理盲区、制度空白、技术滥用等合规风险，遂向Z公司制发《合规检察建议书》，从数据合规管理、数据风险识别、评估与处理、数据合规运行与保障等方面提出整改建议。Z公司积极整改，并聘请法律顾问制定数据合规专项整改计划。同时，鉴于开展数据合规的专业性要求较高，本案第三方组织吸纳网信办、知名互联网安全企业、产业促进社会组织等的专家成员，通过询问谈话、走访调查、审查资料、召开培训会等形式，全程监督Z公司数据合规整改工作。第一，数据来源合规。Z公司与E公司达成合规数据交互约定，彻底销毁相关爬虫程序及源代码，对非法获取的涉案数据进行无害化处理，并与E平台API数据接口直连，实现数据来源合法化。第二，数据安全合规。Z公司设立数据安全官，专项负责数据安全及个人信息安全保护工作；构建数据安全管理体系，制定、落实《数据分类分级管理制度》《员工安全管理等级》；加入区级态势感知平台，提升安全威胁的识别、响应处置能力，分拆服务，提高云访问权限，数据及时脱敏、加密，增强网络攻击防护能力。第三，数据管理制度合规。Z公司建立数据合规委员会，制定常态化合规管理制度，开展合规年度报告。

四是"云听证"，确保监督评估考察公正透明。3个月考察期限届满，第三方组织评估认为，涉案企业与个人积极进行合规整改，建立合规组织，完善制度规范，提升技术能级，已完成数据合规建设的整改措施。2022年2月，评定Z公司合规整改合格。普陀区检察院通过听取汇报、现场验收、公开评议等方式对监督考察结果予以充分审查。为保障涉案企业及时复工复产，同年4月28日，普陀区检察院因应疫情开展"云听证"，邀请全国人大代表、人民监督员、侦查机关、第三方组织、被害单位等线上参加或旁听。经评议，参与听证各方一致同意对涉案人员作出不起诉决定。同年5月10日，检察机关经审查后认为，因本案犯罪情节轻微，Z公司及犯罪嫌疑人具有坦白、认罪认罚等法定从宽处罚情节，积极退赔被害企业的损失并取得谅解，系初犯，主观恶性小、社会危害性不大，且Z公司合规整改经第三方考察评估合格，依法对Z公司、陈某某等人分别作出不起诉决定。

五是企业合规整改见实效、显长效。为确保企业将数据合规内化为长效机制，检察机关不定期进行回访，了解到Z公司认真落实合规整改，与E平台达成数据交互合作，通过API数据接口直连，合法合规获取平台数据。同时，Z公司将其与E平台的合作模式进行复制、移植，与3家大型互联网企业达成数据合作。Z公司通过扎实开展企业合规，建立健全数据合规长效机制，公司实现稳步发展，分支机构在全国覆盖面进一步扩大，员工人数比2020年底增加400余人，2021年度全年营收2亿余元，纳税总额1700余万元。

典型意义：

一是合规准备工作前移，积极推动侦查过程中合规准备工作，为审查起诉阶段的合规监督考察奠定基础。本案中，检察机关积极、提前介入侦查，引导公安机关收集合规信息与材料，为后续合规工作的高效开展奠定坚实基础。对于挽救企业而言，早合规优于晚合规，检察机关应当与侦查机关密切配合、相向而行，综合运用好介入侦查引导取证、审查逮捕、强制性措施适用等法定职权，把促进合规的工作做在前面，推动合规改革，释放出最优效果。

二是组建专业化第三方组织，提升涉案企业数据合规监督评估的有效性。检察机关立足区域内互联网产业集聚特点，推动设立涉互联网第三方专业人员名录库。针对涉及"网络爬虫"等数据合规专业领域情况，检察机关经社会调查后认定涉案企业符合企业合规第三方机制适用条件，商请第三方机制管委会从专类名录库中抽取了由互联网行业管理部门、行业龙头企业和专业协会人员组成的第三方组织，为第三方机制运转提供专业性、公正性、协同性支撑。检察机关依托第三方组织的专业优势，以召开评估工作现场会的形式对涉案企业合规计划的可信性、有效性与全面性进行充分审查，围绕案件反映的数据获取问题开展"因罪施救""因案明规"，督促涉案企业构建有效的数据合规整改体系，做到"真合身""真管用"。

三是能动履职强化审查把关，多措并举保障企业有效推进合规整改。本案中，检察机关在依法适用第三方机制的基础上，首先，强化主导责任，因案制宜加强合规考察的审查把关，主动听取第三方组织对企业合规整改的考察情况，协调有关行政机关将涉案企业纳入监测平台，统筹数据专项合规与全面合规，确保企业合规整改措施全方位落实落细，避免出现"纸面合规""形式合规"。其次，延伸合规激励，秉持惩治与挽救并重，加强检企沟通对接，充分听取被害企业意见，积极推动双方企业实现和解，促成涉案企业与数据来源方达成合规数据交互协议，确保数据来源的合法化，最大限度维护涉案企业正常生产经营。最后，深化科技赋能，立足疫情防控常态化下的办案要求，通过"云听证"审查方式兼顾办案公开与效率，召开由全国人大代表、第三方组织、涉案企业参加的线上座谈，听取各方意见，延伸办案效果，实现线上线下对接、场内场外联动，以公开促公正赢公信。

四是由点及面推动行业治理，助力构建健康清朗的网络生态环境。推动网络空间法治化治理，促进互联网企业守法经营，是检察机关肩负的依法能动履职、促进诉源治理的重要责任。数字化转型背景下衍生出的数据侵权、网络犯罪问题，亟须规范引导以保障数字经济高质量发展。本案中，涉案企业与被害企业均为大型互联网科创企业，普陀区检察院深化社会综合治理，依法打击网络灰黑产业链的同时，推动促进互联网行业建立数据合规经营体系。一方面，通过案件办理、检察建议、法治宣传等方式，深入涉案企业所在园区引导广大互联网企业树立数据合规意识，从源头防止再次发生类似违法犯罪；另一方面，以"我管"促"都管"助力营造企业合规文化，推动区政府相关部门、司法机关及30余家区内互联网企业深入落实《普陀区互联网企业合规共识框架》，发布《互联网企业常见刑事法律风险防控提示》，为企业风险防范、合规经营提供法律支持，努力实现"办理一个案件、形成一个合规标准、规范一个行业"的良好效果。

二、涉案企业合规改革制度的意义

（一）有助于激励涉案企业建立合规制度，实施合规计划

一旦企业涉嫌犯罪，被立案、侦查、起诉，对于企业来说带来的打击与影响是沉重且不可逆转的。企业一旦被追究刑事责任，其社会声誉与信用必然受到负面影响，而在我国，企业一旦被贴上犯罪的标签，会极大程度上影响到消费者的偏好与选择，这对于企业来说可能是毁灭性的打击。企业的犯罪门槛相对较低，无论是国企、大型企业或是中小型企业，都面临着被追究刑事责任的风险，企业被追究刑事责任，在某种程度上会影响我国市场经济的持续健康发展。因此，检察机关可以根据涉案企业是否依照要求建立完善的企业合规制度，积极实施合规计划，经过一定的考察期限后，最终根据涉案企业的考察结果作出是否起诉的决定。当涉案企业知道自己积极地制定和实施合规计划后，有可能免于刑罚处罚，企业不会被打上犯罪的标签，就有更强的内驱力促进企业完善自身的内部治理与风险防控机制。同时，对涉案企业免于刑罚处罚的非刑罚化与轻缓化趋向，对我国市场经济的保护也有积极意义。

（二）有助于节省司法资源

当前，我国刑事案件数量呈现上升的态势。根据官方公布数据显示，2021年全国各级检察机关依法履行法律监督职责，全年共提起公诉1572971人，2022年共提起公诉1748962人，同比增长11.19%。可见，我国近年来刑事案件在不断增加，由此产生了不断增加的刑事案件数量与日趋紧张的司法资源之间的矛盾，也就是诉讼效率的问题。近年来，我国也提出了"少捕慎诉慎押"的刑事政策，可诉可不诉的尽量不诉、可捕可不捕的尽量不捕，旨在科学、优化配置有限的司法资源，对不同的刑事案件采取不同的策略。

企业合规不起诉制度规定，若涉案企业在检察机关的考验期内建立合规制度，并且按检察机关的要求履行合规计划，那么检察机关对涉案企业作出不起诉的决定后，该企业就不必进入审判程序，可以充分节约因审判程序消耗的司法资源，提高诉讼效率。同时，这一制度也符合我国近年来

"少捕慎诉慎押"的刑事政策,是该政策的重要体现。

三、涉案企业合规改革试点的适用条件

开展涉案企业合规改革试点,旨在充分发挥检察职能,更好落实依法不捕不诉不提出判实刑量刑建议等司法政策,既给涉案企业以深刻警醒和教育,也防范今后可能再发生违法犯罪。随着合规改革的逐步推行,最高人民检察院相继推出三批改革试点案例,同时发布了两份重要的改革文件。第一份文件是2021年6月实施的《第三方评估意见》。《第三方评估意见》引入了第三方监督评估机制管理委员会的机构设置,检察机关将会同相关行政监管部门,共同组建第三方机制委员会,对企业合规考察过程发挥监督、指导、评估、验收的作用,还确立了由合规监管人组成的第三方组织,正式在企业合规改革中引入专业的监管力量。第二份文件是2022年4月发布的《涉案企业合规办法》。该文件取得两个重大突破,一是确立了有效合规体系建设的基本标准;二是建立了合规整改的验收和评估机制。《涉案企业合规办法》规定了涉案企业制定的专项合规计划,应当能够有效地防止再次发生相同或者类似的违法犯罪行为,犯罪预防成为企业合规改革的重要目标。

(一)适用范围

在涉案企业合规改革试点工作中,2021年3月的《最高人民检察院关于开展企业合规改革试点工作方案》(以下简称《合规改革方案》)和《第三方评估意见》《涉案企业合规办法》对涉案企业的范围和案件罪名作了规定。

《合规改革方案》第二条第一款规定,涉案企业合规改革企业范围包括各类市场主体,主要是指涉案企业及与涉案企业相关联企业。国企民企、内资外资、大中小微企业,均可列入试点范围。案件类型包括企业经济活动涉及的各种经济犯罪、职务犯罪。

《第三方评估意见》规定,对于符合一定条件的涉企犯罪案件,可以运用涉案企业第三方监督评估机制。从案件类型看,第三方机制适用于

公司、企业等市场主体在生产经营过程中涉及的经济犯罪、职务犯罪等案件，既包括公司、企业等实施的单位犯罪案件，也包括公司、企业实际控制人、经营管理人员、关键技术人员等实施和生产经营活动密切相关等犯罪案件。

（二）适用条件

并非所有的单位犯罪都可以适用涉案企业合规第三方机制，只有符合了一定条件的企业才能够适用该制度。根据《第三方评估意见》，对于涉案企业等，应当满足以下条件：（1）涉案企业、个人认罪认罚；（2）涉案企业能够正常生产经营，承诺建立或者完善企业合规制度，具备启动第三方机制的基本条件；（3）涉案企业自愿适用第三方机制。另一方面，《第三方评估意见》从反面角度排除了部分案件不适用企业合规试点及第三方机制：（1）个人为进行违法犯罪活动而设立公司、企业的；（2）公司、企业设立后以实施犯罪为主要活动的；（3）公司、企业人员盗用单位名义实施犯罪的；（4）涉嫌危害国家安全犯罪、恐怖活动犯罪的；（5）其他不宜适用的情形。

（三）合规考察与落实

1.合规考察期限

检察机关需要对涉案企业设定一定的考察期。在考察期内，涉案企业按照检察机关要求积极落实企业合规方案，且能达到合规建设效果的，检察机关对其作出相对不起诉决定。若涉案企业未按照要求进行整改，则检察机关可以撤销附条件不起诉决定，继续对该企业提起诉讼，依法追究其刑事责任。因此，如何设置检察机关的考察期就成了至关重要的问题。这一考察期限不宜过短，一个企业针对企业内部结构性的整改需要涉及人、财、物的重大调整，这需要巨大的成本与时间，要求企业在短时间内建立合规计划是不现实的；但这一考察期也不能过长，过长是对司法资源的消耗巨大，不利于司法效率的实现。

参考我国现有实践，如深圳市宝安区人民检察院设定了附条件不起诉考验期为1—6个月。深圳市南山区人民检察院加大了对涉案企业适用不起诉制度的探索力度，规定对涉案企业的合规监督和考察期间为6—12个月。

再结合域外立法关于企业合规的考察期限，有的国家规定考核期为1—3年，有的国家规定考核期为6个月。笔者认为考察期限可以根据企业规模和整改难度进行区别对待，对于国有企业，限定在1—2年比较合适。

2.合规考察主体

附条件不起诉属于诉前程序，理应由检察机关主导，这也与我国未成年人附条件不起诉制度的考察模式相一致。但是，企业附条件不起诉制度与未成年人的相关制度仍有一定区别。企业合规计划涉及多学科的综合评价，往往需要较强的专业技术，要求检察机关审查涉及不同专业的合规计划并判断可操作性及是否存在缺陷，对于检察机关来说也是一种诘难。我国可以吸取域外有益经验，参考美国、法国等国的做法，在检察机关主导的前提下，委托第三方专业机构进行考察评估。事实上，我国深圳市宝安区在开展试点工作时，已经确立了类似的企业形式合规独立监控人制度，独立监控人需要就企业刑事合规情况进行调查，协助犯罪嫌疑企业指定合规计划及协助区人民检察院监督合规计划的执行，并针对其履职情况、企业刑事合规建设出具阶段性书面监控报告，该报告将作为区人民检察院做相应决定时的参考。

3.合规考察的内容

对于符合适用条件的企业，检察机关一般会与涉案企业签订合规监管协议书，有的地方还要求出具合规承诺。检察机关根据涉案企业签订的协议书在考察期内接受监管，因此对涉案企业合规考察的内容必然涉及企业合规制度的建立、完善与实施。笔者认为，具体来讲，国有企业的合规考察内容可以分为以下几个方面：（1）是否建立了行之有效的合规计划，该计划是否涉及企业规章制度、内部组织机构、合规文化及人员培训等各方面；（2）合规计划是否能得到有效实施，在实践中可以从是否建立和实施有效的内部调查、合规问责与惩戒、持续改进等要素上进行具体判断；（3）该合规计划是否在面向专项整改的同时，形成日常性的合规管理体系，作为公司治理结构的有机组成部分。

根据《涉案企业合规办法》，第三方组织对涉案企业专项合规整改计划和相关合规管理体系有效性的评估，重点包括以下内容：（1）对涉案合规风险的有效识别、控制；（2）对违规违法行为的及时处置；（3）合规管理机构或者管理人员的合理配置；（4）合规管理制度机制建立，以及人力、物力的充分保障；（5）监测、举报、调查、处理机制及合规绩效评价机制的正常运行；（6）持续整改机制和合规文化已经基本形成。

附　录

本书常用法律法规全称、简称对照表

全　称	简　称
《中华人民共和国公司法》	《公司法》
《中华人民共和国刑法》	《刑法》
《中华人民共和国证券法》	《证券法》
《中华人民共和国监察法》	《监察法》
《中华人民共和国企业国有资产法》	《企业国有资产法》
《中华人民共和国公职人员政务处分法》	《公职人员政务处分法》
《中华人民共和国民法典》	《民法典》
《中华人民共和国招标投标法》	《招标投标法》
《中华人民共和国招标投标法实施条例》	《招标投标法实施条例》
《中华人民共和国政府采购法》	《政府采购法》
《中华人民共和国政府采购法实施条例》	《政府采购法实施条例》
《中华人民共和国反垄断法》	《反垄断法2008》
《中华人民共和国反垄断法（2022年修正》	《反垄断法2022》
《最高人民法院关于适用〈中华人民共和国公司法〉若干问题的规定（三）》	《公司法司法解释三》
《最高人民法院关于适用〈中华人民共和国公司法〉若干问题的规定（四）》	《公司法司法解释四》

全　称	简　称
《最高人民法院关于适用〈中华人民共和国民法典〉有关担保制度的解释》	《担保制度司法解释》
《最高人民法院关于适用〈中华人民共和国民法典〉总则编若干问题的解释》	《总则编司法解释》
《最高人民法院关于审理建设工程施工合同纠纷案件适用法律问题的解释（一）》	《建设工程解释一》
《全国法院民商事审判工作会议纪要》	《九民纪要》
《中央企业合规管理办法》	《合规办法》
《中央企业合规管理指引（试行）》	《合规指引（试行）》
《中央企业违规经营投资责任追究实施办法（试行）》	《违规追责办法》
《关于建立国有企业违规经营投资责任追究制度的意见》	《违规追责意见》
《中央企业投资监督管理办法》	《投资监管办法》
《涉案企业合规建设、评估和审查办法（试行）》	《涉案企业合规办法》
《中国共产党国有企业基层党组织工作条例（试行）》	《工作条例》
《中国共产党章程》	《党章》
《企业会计准则第 36 号——关联方披露》	《关联方披露》
《融资租赁公司监督管理暂行办法》	《融租新规》
《关于加强中央企业融资担保管理工作的通知》	75 号文
《必须招标的工程项目规定》	16 号令
《必须招标的基础设施和公用事业项目范围规定》	843 号文
《关于进一步做好〈必须招标的工程项目规定〉和〈必须招标的基础设施和公用事业项目范围规定〉实施工作的通知》	770 号文
《关于经营者集中申报的指导意见》	《经营者指导意见》
《关于办理国家出资企业中职务犯罪案件具体应用法律若干问题的意见》	《国家出资企业意见》
《关于建立涉案企业合规第三方监督评估机制的指导意见（试行）》	《第三方评估意见》

全　称	简　称
《〈关于建立涉案企业合规第三方监督评估机制的指导意见（试行）〉实施细则》	《第三方评估细则》
《涉案企业合规第三方监督评估机制专业人员选任管理办法（试行）》	《第三方专员管理办法》
《最高人民检察院关于开展企业合规改革试点工作方案》	《合规改革方案》
《上海证券交易所股票上市规则》	《上交所上市规则》
《深圳证券交易所股票上市规则》	《深交所上市规则》
《关于平台经济领域的反垄断指南》	《平台指南》
《国务院反垄断委员会关于相关市场界定的指南》	《相关市场界定指南》
《国务院反垄断委员会横向垄断协议案件宽大制度适用指南》	《宽大制度指南》
《关于进一步推进国有企业贯彻落实"三重一大"决策制度的意见》	"三重一大"决策制度

后　记

　　2021年9月，我有幸参加了司法部组织的公司律师涉外法律人才培训班。在那次培训中，其中一门实践课程是去华为北京研究所学习合规管理，华为大中华区法务部总监王高明先生向我们系统地介绍了华为的合规管理体系。当时，社会上关于合规的讨论很热，但是真正能从企业的视角把合规到底应该怎么做讲得非常清晰的却不多，这也一度让我存在很多困惑，而那门实践课程让我产生了一种醍醐灌顶的感觉。华为的合规管理体系与业务实践紧密结合，其合规文化根植于全体员工的内心。一起参加培训的同学多为央企和地方国有企业的公司律师，我们共同的感触是，国有企业在这方面与华为还存在一定的差距。

　　2022年春节前夕，我和王立师兄聊起2022年的写书计划，我们不约而同地想到了企业合规管理这个主题，而我更希望结合企业的实际和自己的工作经验，为国有企业的合规管理提升发挥一定的作用。于是，我们一拍即合，立即启动相关工作。师兄在这方面非常专业，给了团队成员很多细致的指导，一起写书的小伙伴们也非常给力，因为平时工作繁忙，大家都是利用自己休息的时间来写作的。我想，待此书出版时，回忆起这段时光，大家一定会和我一样，感觉累并快乐着吧。

　　特别感谢我的家人，他们在书稿写作过程中给予了我极大的支持，尤其是儿子，一年来我牺牲了很多陪伴他的时间，我想这也是在给他树立良好的榜样吧。我的导师、华东政法大学教授吴弘先生和中华全国律师协会副会长郑金都先生为本书作序，给予我们极大的鼓励，我的同事朱岳灿在书稿的后期完善过程中给我们提供了很多帮助，在此深表感谢！

愿此书的出版，能为提升国有企业合规管理尽绵薄之力。

佟智慧

2023年5月